Grabenwarter/Kodek/Pabel/Spitzer

Einführung in die Rechtswissenschaften

Einführung in die Rechtswissenschaften

von

DDr. Dr. h.c. Christoph Grabenwarter

Universitätsprofessor an der Wirtschaftsuniversität Wien
Präsident des Verfassungsgerichtshofes

Dr. Georg E. Kodek, LL.M.

Universitätsprofessor an der Wirtschaftsuniversität Wien
Präsident des Obersten Gerichtshofes

Dr.in Katharina Pabel

Universitätsprofessorin an der Wirtschaftsuniversität Wien

Dr. Martin Spitzer

Universitätsprofessor an der Wirtschaftsuniversität Wien

unter Mitarbeit von
Univ.-Ass. Dr.in Anna-Maria Heil
Univ.-Ass. Paul Kerschbaummayr, LL.M. (WU) BSc (WU)
Univ.-Ass. Angela Lintner, LL.M. (WU)

7., überarbeitete Auflage

Wien 2024

facultas

Bibliografische Information Der Deutschen Nationalbibliothek

Die Deutsche Nationalbibliothek verzeichnet diese Publikation in der Deutschen Nationalbibliografie; detaillierte bibliografische Daten sind im Internet über http://dnb.d-nb.de abrufbar.

facultas Universitätsverlag, 1050 Wien

Satz: Wandl Multimedia-Agentur
Printed in Austria
ISBN 978-3-7089-2508-0

Vorwort zur 7. Auflage

Dieses Werk dient als Lernunterlage für die erste juristische Prüfung des Jusstudiums an der Wirtschaftsuniversität Wien, die „Einführung in die Rechtswissenschaften". Die „Einführung" soll die Grundlagen und Methodenlehre sowie einerseits die privatrechtlichen Grundlehren einschließlich ihrer historischen Grundlagen und andererseits das öffentliche Recht samt seinen historischen Grundlagen vermitteln. Zudem werden die Grundzüge der Rechts- und Staatsphilosophie dargestellt.

Die wesentlichsten Änderungen der Neuauflage betreffen eine Neubearbeitung im Bereich der Grundrechte, der Verfassungsgeschichte und der Grundlagen des Völkerrechts. Auf Grund unserer Erfahrungen im Lehrveranstaltungs- und Prüfungsbetrieb wurden Überarbeitungen und Aktualisierungen vorgenommen, um die Verständlichkeit zu verbessern und das Erlernen des Stoffes zu erleichtern. Mit demselben Ziel wurde im vierten Teil die Darstellung der Rechts- und Staatsphilosophie etwas gekürzt, neu gegliedert und überarbeitet

Unser Lehrbuch ist als Begleitung für die Vorlesung gedacht, kann und soll jedoch deren Besuch nicht ersetzen, sondern möchte ihn unterstützen. Der Besuch eines begleitenden Prüfungskurses und das dafür erstellte Skriptum „Prüfungsvorbereitung" werden ausdrücklich empfohlen.

Die 7. Auflage bringt zwei Änderungen im Autorenteam. Harald Eberhard lehrt nicht mehr an der Wirtschaftsuniversität Wien und ist daher ausgeschieden. Wir möchten ihm an dieser Stelle sehr herzlich für das ausgezeichnete kollegiale Miteinander über viele Jahre hindurch danken. Er hat nicht nur das Einführungslehrbuch über mehrere Auflagen aktiv mitgestaltet, er hat auch die Vorlesung mit großem Engagement und didaktischem Geschick geprägt und weiterentwickelt. Gleiches können wir bereits jetzt über Katharina Pabel sagen, die in der Zeit der Pandemie zum Team der Lehrenden in der Einführung gestoßen ist. Sie ist aus dem Lehrbetrieb nicht mehr wegzudenken und so freuen wir uns über sie als neue Mitautorin.

Die Autoren wurden auch diesmal von wissenschaftlichen Mitarbeiterinnen und Mitarbeitern der beteiligten Institute maßgeblich und tatkräftig unterstützt. Dafür danken wir Anna-Maria Heil, Paul Kerschbaummayr und Angela Lintner.

Die Verfasser wünschen Ihnen beim Studium viel Erfolg und freuen sich weiterhin über Anregungen und Verbesserungsvorschläge.

Wien, August 2024

Christoph Grabenwarter   Georg E. Kodek   Katharina Pabel   Martin Spitzer

Inhaltsverzeichnis

1. Teil Grundlagen und Methodenlehre

2. Teil Zivilrecht

3. Teil
Öffentliches Recht

4. Teil
Grundzüge der Rechts- und Staatsphilosophie

Abkürzungsverzeichnis

aA	anderer Ansicht
ABGB	Allgemeines Bürgerliches Gesetzbuch
ABl	Amtsblatt der Europäischen Union
Abs	Absatz
ADHGB	Allgemeines deutsches Handelsgesetzbuch
AEUV	Vertrag über die Arbeitsweise der Europäischen Union
aF	alte Fassung
AG	Aktiengesellschaft
AGB	Allgemeine Geschäftsbedingungen
AHG	Amtshaftungsgesetz
AktG	Aktiengesetz
ALR	Preußisches Allgemeines Landrecht
Anm	Anmerkung
Art	Artikel
AtomHG	Atomhaftungsgesetz
AuvBZ	Akt (Ausübung) unmittelbarer verwaltungsbehördlicher Befehls- und Zwangsgewalt
AVG	Allgemeines Verwaltungsverfahrensgesetz
B2B	business to business
B2C	business to consumer
BauO	Bauordnung
BFG	Bundesfinanzgericht
BG	Bezirksgericht; Bundesgesetz
BGB	Bürgerliches Gesetzbuch
BGBl	Bundesgesetzblatt der Republik Österreich
Bsp	Beispiel
bspw	beispielsweise
BVB	Bezirksverwaltungsbehörde
BVG	Bundesverfassungsgesetz
B-VG	Bundes-Verfassungsgesetz
BVwG	Bundesverwaltungsgericht
bzw	beziehungsweise
ca	circa/zirka (ungefähr)
dh	das heißt
DHG	Dienstnehmerhaftpflichtgesetz
DSG	Datenschutzgesetz
EGMR	Europäischer Gerichtshof für Menschenrechte
EheG	Ehegesetz
EKHG	Eisenbahn- und Kraftfahrzeughaftpflichtgesetz
EMRK	Europäische Menschenrechtskonvention
EP	Europäisches Parlament
eP	eingetragene Partnerschaft
EPG	Eingetragene Partnerschaft-Gesetz
ESZB	Europäisches System der Zentralbanken
etc	et cetera
EU	Europäische Union

EuG	Europäisches Gericht erster Instanz
EuGH	Europäischer Gerichtshof
EUR	Euro
EUV	Vertrag über die Europäische Union
evt	eventuell
EZB	Europäische Zentralbank
f	folgender
ff	und die folgenden
FernFinG	Fern-Finanzdienstleistungs-Gesetz
FMA	Finanzmarktaufsicht
G	Gesetz
grds	grundsätzlich
gem	gemäß
GesbR	Gesellschaft bürgerlichen Rechts
GewO	Gewerbeordnung
GmbH	Gesellschaft mit beschränkter Haftung
GmbHG	Gesetz über die Gesellschaft mit beschränkter Haftung
GRC	Grundrechte-Charta
hA	herrschende Ansicht
hL	herrschende Lehre
iaR	in aller Regel
idR	in der Regel
ieS	im engeren Sinn
IGH	Internationaler Gerichtshof
iHv	in Höhe von
insb	insbesondere
iSd	im Sinn des, der
iSv	im Sinn von
iVm	in Verbindung mit
iwS	im weiteren Sinn
iZw	im Zweifel
JN	Jurisdiktionsnorm
KFG	Kraftfahrgesetz
KG	Kommanditgesellschaft
KSchG	Konsumentenschutzgesetz
LAD	Landesamtsdirektor/in
LG	Landesgericht
LGBl	Landesgesetzblatt
lit	litera (Buchstabe)
LuftfahrtG	Luftfahrtgesetz
LVwG	Landesverwaltungsgericht
MRG	Mietrechtsgesetz
nChr	nach Christi Geburt
NO	Notariatsordnung
NotaktsG	Notariatsaktsgesetz
Nr	Nummer
NRWO	Nationalrats-Wahlordnung 1992
oa	oben angegeben
OG	Offene Gesellschaft

OGH	Oberster Gerichtshof
OLG	Oberlandesgericht
ORF	Österreichischer Rundfunk
OrgHG	Organhaftpflichtgesetz
PHG	Produkthaftungsgesetz
RL	Richtlinie
RM	Rechtsmittel
Rs	Rechtssache
Rsp	Rechtsprechung
s	siehe
s.o.	siehe oben
sog	sogenannt, -e, -er, -es
StbG	Staatsbürgerschaftsgesetz
StGB	Strafgesetzbuch
StGG	Staatsgrundgesetz über die allgemeinen Rechte der Staatsbürger
StPO	Strafprozessordnung
stRsp	ständige Rechtsprechung
StV	Staatsvertrag
StVO	Straßenverkehrsordnung
s.u.	siehe unten
ua	a) und andere, -s b) unter anderem
uÄ	und Ähnliche(s)
UGB	Unternehmensgesetzbuch
usw	und so weiter
uU	unter Umständen
uvm	und vieles mehr
va	vor allem
vChr	vor Christi Geburt
VereinsG	Vereinsgesetz 2002
VfGG	Verfassungsgerichtshofgesetz
VfGH	Verfassungsgerichtshof
VfSlg	Ausgewählte Entscheidungen des Verfassungsgerichtshofes
VGG	Verbrauchergewährleistungsgesetz
vgl	vergleiche
VKI	Verein für Konsumenteninformation
VKrG	Verbraucherkreditgesetz
VO	Verordnung
VStG	Verwaltungsstrafgesetz
VwGG	Verwaltungsgerichtshofgesetz
VwGH	Verwaltungsgerichtshof
VwGVG	Verwaltungsgerichtsverfahrensgesetz
Z	Ziffer
zB	zum Beispiel
ZGB	Zivilgesetzbuch
ZPEMRK	Zusatzprotokoll zur Europäischen Menschenrechtskonvention
ZPO	Zivilprozessordnung
zT	zum Teil

1. Teil
Grundlagen und Methodenlehre

I. Recht und Rechtswissenschaft

A. Was leistet Rechtswissenschaft?

Die Rechtswissenschaft beschäftigt sich mit Rechtsnormen, also Anordnungen von Staaten, wie man sich verhalten soll. Ihre zentrale Aufgabe ist es, den geltenden Normenbestand zu erfassen und zu analysieren, bestehende Erkenntnisse zu systematisieren und neue Erkenntnisse zu gewinnen. Dieser – praktisch wichtigsten – Aufgabe widmet sich die **Rechtsdogmatik,** die deshalb auch im Studium im Zentrum steht.

Beispiel: Das Datenschutzrecht schützt persönliche Daten von Menschen. Ob Beweismittel, die unter Verletzung datenschutzrechtlicher Bestimmungen erlangt wurden, in einem Prozess verwendet werden dürfen, muss die Rechtsdogmatik klären. Wenn der Vermieter seinen Mieter heimlich mit einer Kamera überwacht und dabei feststellt, dass dieser die Wohnung gar nicht nutzt, stellt sich die Frage, ob das im Räumungsprozess vorkommen darf. Dass die Antwort auf diese Frage umstritten ist, gibt gleichzeitig einen wichtigen Einblick in die Funktionsweise von Rechtsdogmatik. Rechtswissenschaft ist keine Naturwissenschaft. Richtig und falsch sind daher nicht abschließend verifizierbar.

Gerade weil Rechtswissenschaft eine argumentative Wissenschaft ist, darf sie nicht nach Gutdünken betrieben werden, sondern nur unter Berücksichtigung von Interpretationsregeln. Rechtswissenschaft hat also wie jede Wissenschaft **Methoden**. Die rechtswissenschaftliche Methodenlehre lernt und versteht man am besten bei der Arbeit mit konkreten Rechtsproblemen. Sie wird in diesem Werk aber auch vor die Klammer gezogen, um einen Gesamteindruck des juristischen Instrumentariums zu geben (s VI. und VII.).

Rechtswissenschaft beschäftigt sich meistens, aber nicht immer mit geltendem Recht.

- Die **Gesetzgebungslehre** (Legistik) untersucht Rechtsvorschriften mit dem Ziel einer besseren formalen und verständlicheren Gestaltung von künftigen Gesetzen. Kriterien hierfür sind etwa systematische und sprachliche Aspekte, aber auch einheitliche Erscheinungsformen und vieles andere mehr.
- Die **Rechtspolitik** beschäftigt sich mit der Frage, wie der Gesetzgeber inhaltlich bestimmte Lebenssachverhalte regeln soll. Dazu zählt auch die Abschätzung von Wirkung und Folgen rechtspolitischer Gestaltungsmaßnahmen einschließlich deren Kosten (Rechtsfolgenanalyse).

Beispiel: Eine Frage (auch) der Legistik ist, ob in Gesetzestexten auch die weiblichen Formen genannt werden sollen. Eine rechtspolitische Frage ist, wie durch gesetzliche Regelungen auf Phänomene des Klimawandels reagiert oder ob zB eine verbindliche

Obergrenze für die Bodenversiegelung eingeführt werden soll; ob das Strafmündigkeitsalter herabgesetzt werden soll; ob die Arbeitszeit verkürzt werden soll.

- Auch die Beschäftigung mit früheren Rechtsordnungen ist Gegenstand der Rechtswissenschaften. Die **Rechtsgeschichte** fragt nach der historischen Entwicklung von Rechtsordnungen und trägt damit zum Verständnis des geltenden Rechts bei.

Beispiel: Für die Frage, wie der Verfassungsgesetzgeber den Begriff „Angelegenheiten des Gewerbes" in Art 10 Abs 1 Z 8 B-VG verstanden hat, wird die Entwicklung des Rechtsgebiets des Gewerberechts bis zum Inkrafttreten dieser Bestimmung in den Blick genommen.

- Während die Rechtsgeschichte Rechtsordnungen im Verlauf der Zeit beleuchtet, beschäftigt sich die **Rechtsvergleichung** mit einem Vergleich von Rechtsordnungen in verschiedenen Ländern und versucht, Gemeinsamkeiten und Unterschiede herauszuarbeiten. Das trägt nicht nur zum Verständnis des geltenden Rechts bei, Rechtsvergleichung kann auch Vorbilder für rechtspolitische Überlegungen liefern und in die Rechtspolitik einfließen.

Beispiel: Die oben angesprochene Frage, ob datenschutzwidrig erlangte Beweismittel verwendet werden dürfen, stellt sich auch in Deutschland. Den Fall mit der heimlichen Überwachung des Mieters hat der deutsche Bundesgerichtshof entschieden. Die Rechtsvergleichung untersucht, ob und inwieweit die Überlegungen zum deutschen Recht in dieser Entscheidung auf Österreich übertragbar sind. Je allgemeiner Sachprobleme sind und je ähnlicher die Rechtsordnung, desto mehr kann eine ausländische Rechtsordnung Problembewusstsein schaffen und als Inspiration dienen.

B. Rechtsnormen

Wenn Rechtswissenschaft sich mit Rechtsnormen (Rechtsvorschriften) beschäftigt, ist ein genaues Verständnis, worum es sich dabei eigentlich handelt und die Abgrenzung dieses Untersuchungsgegenstands von ähnlichen Phänomenen besonders wichtig: Rechtsnormen sind Regeln, die das menschliche Zusammenleben verbindlich regeln und mit staatlicher Zwangsgewalt durchsetzbar sind. Eine Verletzung dieser Ge- und Verbote wird vom Staat sanktioniert und teilweise sogar mit Strafen geahndet.

Die Rechtsordnung verteilt also nicht nur Rechte und Pflichten, deren Durchsetzung erfolgt ebenso durch die Rechtsordnung und nicht im Alleingang durch die Normunterworfenen. Das sogenannte „Gewaltmonopol" liegt beim Staat. Es gewährleistet die Friedenssicherungs- und Schutzfunktion der Rechtsordnung. Nur in bestimmten Ausnahmesituationen darf privater Zwang geübt werden, sonst ist Selbsthilfe verboten (§§ 19, 344 ABGB).

Beispiel: Auch wenn A dem B EUR 100 schuldet, darf B sich das Geld nicht einfach holen oder A zur Herausgabe zwingen. Der Weg muss zum Gericht führen, das ein Urteil fällt und dieses Urteil notfalls auch durchsetzt.

Die Rechtsordnung sorgt somit für die Ordnung in der Gesellschaft, die ein Zusammenleben erst möglich macht (**Ordnungsfunktion** des Rechts).

Die in einer Gemeinschaft geltende Rechtsordnung wird als **positives Recht** (von Menschen für Menschen gesetztes Recht, von lateinisch *„ponere“* – „setzen“) bezeichnet: Gesetze werden vom Staat erlassen und ihre Befolgung vom Staat erzwungen. In einem demokratischen Staat (s 3. Teil II.D.1.) bestimmt die Gemeinschaft die Regeln für ihr Zusammenleben folglich selbst.

Vor allem in früheren Zeiten war die Ansicht sehr wirkmächtig, dass es präpositives Recht gibt, also Regeln, die nicht vom Menschen geschaffen werden, sondern die er schon vorfindet und gegen die positives Recht nicht verstoßen darf. Solches Naturrecht kann sich entweder aus der Natur des Menschen (vor allem seiner Vernunft) oder aus göttlicher Anordnung ergeben (zu wichtigen Naturrechtslehrern s 2. Teil VII.C.2.). Das Problem solcher Konzepte liegt darin, dass in einer pluralistischen Gesellschaft, in der nur ein Teil an (denselben) Gott glaubt oder dieselben Vorstellungen von richtig und falsch hat, sich ein Naturrecht kaum identifizieren lässt.

In manchen Gesetzen sind aber auch heute noch naturrechtliche Anklänge erkennbar. Das ABGB spricht davon, dass notfalls nach den „natürlichen Rechtsgrundsätzen“ entschieden werden soll (§ 7 ABGB). Außerdem wird prominent die Ansicht vertreten, dass positives Recht zumindest fundamentalen Gerechtigkeitsvorstellungen (s gleich) nicht widersprechen darf, weil es sonst seinen Rechtscharakter verliert. Mit solchen Fragen beschäftigt sich vor allem die Rechtsphilosophie, die sich die philosophischen Grundlagen von Staat und Recht bewusst macht (s 4. Teil).

C. Andere Normensysteme

Neben den Verhaltensanordnungen des positiven Rechts gibt es in einer Gemeinschaft auch andere Normen wie zB Sitte und Moral; auch sie regeln das menschliche Zusammenleben. Recht unterscheidet sich trotz gewisser gemeinsamer Merkmale von diesen anderen normativen Ordnungen durch die Einordnung als **staatliche Zwangsordnung**, also durch sein Charakteristikum, dass es notfalls mit unmittelbarem, staatlich organisiertem Zwang durchgesetzt werden kann.

1. Sitten

Sitten sind allgemein geübte, rechtlich aber unbeachtliche Verhaltensweisen bestimmter Gruppen, die ohne Rechtsüberzeugung (*opinio iuris* – Unterschied zum Gewohnheitsrecht, s III.) praktiziert werden und deren Verletzung keine staatlichen, sondern **gesellschaftliche Sanktionen** nach sich zieht. Mit ihrer Nichtbeachtung sind häufig geschäftliche oder persönliche Nachteile verbunden (Ächtung, Beziehungsverlust etc).

Beispiele: Sitte ist es etwa, sich zu grüßen, Hände zu schütteln, sich zu bestimmten Anlässen entsprechend zu kleiden, mit Messer und Gabel zu essen etc. Ein entsprechendes Fehlverhalten führt etwa dazu, dass man von anderen auch nicht mehr gegrüßt wird.

Sitten können ausnahmsweise in Form von **Verkehrssitten** oder **Unternehmensbräuchen** rechtliche Bedeutung erlangen (etwa bei der Auslegung von Willenserklärungen und Verträgen gemäß § 914 ABGB), weil eine Erklärung im Zweifel so verstanden werden darf, dass sie der allgemein geübten Verkehrssitte entspricht („objektiver Erklärungswert“, s 2. Teil I.E.3.).

2. Moral

Gebote der Moral sind für die innere Einstellung und das eigene Gewissen maßgeblich. Während Recht und Sitte außenwirksame Sollensanforderungen enthalten, welche sich im Grunde mit äußerer Befolgung begnügen, erfordern die Appelle der Moral an das eigene Gewissen eine edle Gesinnung. Verletzungen der Moral müssen mit dem eigenen Gewissen vereinbart werden.

Auch zwischen Recht und Moral bestehen Überschneidungen: Viele Rechtsvorschriften genügen moralischen Anforderungen; allerdings ist nicht jedes unmoralische Verhalten auch zugleich rechtswidrig.

Im Rahmen der §§ 879 und 1295 Abs 2 ABGB sind Moralvorstellungen „aller billig und gerecht Denkenden“ im Rahmen der „guten Sitten“ rechtlich beachtlich. Wer gegen diesen allgemeinen, ungeschriebenen Grundkonsens an Werthaltungen verstößt, handelt rechtswidrig. Der genaue Umfang der guten Sitten wird durch die Rechtsprechung laufend konkretisiert und bietet aufgrund der nicht leicht fassbaren Ausgestaltung der Moralvorstellungen „aller billig und gerecht Denkenden“ in den Randbereichen häufig Anlass zu Diskussionen.

II. Das Recht im subjektiven Sinn

Die Rechtsordnung als Recht im objektiven Sinn trifft Verhaltensanordnungen, räumt aber auch Befugnisse ein. Solche dem Einzelnen vom objektiven Recht (engl „*law*“) zugestandenen Befugnisse heißen **subjektive Rechte** (engl „*right*“). Sie gewähren einzelnen Personen somit durchsetzbare Ansprüche.

Allerdings begründet nicht jede Vorschrift des objektiven Rechts zum Schutz bestimmter Interessen stets auch ein subjektives Recht. Für die Annahme eines subjektiven Rechts ist vielmehr entscheidend, dass eine Vorschrift des objektiven Rechts (zumindest auch) dem individuellen Interesse Einzelner zu dienen bestimmt ist.

So bezweckt etwa die Straßenverkehrsordnung (StVO) den Schutz der Verkehrsteilnehmer, die allerdings kein Recht haben, die Einhaltung der StVO von jemandem zu erzwingen; die Einhaltung dieser Vorschriften wird unabhängig vom Willen der geschützten Personen von öffentlichen Organen amtswegig wahrgenommen. Somit verleiht die StVO kein subjektives Recht, weil keine Befugnis zur Geltendmachung durch die geschützten Personen besteht.

Dagegen bestehen Ansprüche einer Person, dass der Nachbar nicht über die nach der Bauordnung (BauO) zulässige Höhe hinaus baut oder dass er nicht näher als nach der BauO zulässig an die Grundgrenze heran baut (öffentlich-rechtliche subjektive Rechte), weil diese Ansprüche vor den zuständigen Verwaltungsbehörden und sodann vor den Verwaltungsgerichten durchsetzbar sind. Wird dem Nachbarn unter Verletzung dieser subjektiven öffentlichen Rechte eine Baubewilligung erteilt, steht dem Betroffenen Rechtsschutz offen.

Die im Einzelfall schwierigen Abgrenzungsfragen stellen sich vor allem im Bereich des öffentlichen Rechts: Wird etwa jemandem eine Baubewilligung erteilt, obwohl die vorgesehenen Wohnzimmerfenster nicht die nach der BauO erforderliche Mindestgröße aufweisen, kann der Nachbar kein Rechtsmittel ergreifen, weil es sich hierbei bloß um Bestimmungen des objektiven Rechts handelt, welche von der Baubehörde amtswegig wahrzunehmen sind. Der Nachbar wird durch einen solchen Bescheid nicht in seinen subjektiven öffentlichen Rechten verletzt (denn diese Bestimmung dient allein dem Schutz der dort Wohnenden, nicht dem Schutz der Nachbarn, weshalb keine subjektiven öffentlichen Rechte der Nachbarn begründet werden). Als Leitlinie wurde in Judikatur und Lehre die sog **Schutznormtheorie** entwickelt, wonach eine Rechtsvorschrift dann ein subjektives öffentliches Recht begründet, wenn sie nicht ausschließlich zum Schutz der Allgemeinheit oder zur Durchsetzung eines öffentlichen Interesses erlassen wurde, sondern zumindest auch dem Schutz individueller Interessen und damit dem Schutz bestimmter spezifisch betroffener Einzelner dient.

Eindeutiger werden Ansprüche im Privatrecht eingeräumt: So hat der Geschädigte nach den Regelungen des ABGB gegen den Schädiger einen Schadenersatzanspruch (**privatrechtliches subjektives Recht**). Dieser Anspruch ist zivilgerichtlich durchsetzbar.

III. Rechtsquellen

Es gibt ganz verschiedene Arten von Rechtsnormen, die auch verschieden kategorisiert werden können. Eine wichtige Unterscheidung ist jene zwischen generellen und individuellen Rechtsakten. Zu den **generellen Rechtsquellen**, die sich an die Allgemeinheit oder an einen nach Artmerkmalen bestimmten Adressatenkreis wenden, zählen Gesetze, Verordnungen, Staatsverträge und Gewohnheitsrecht.

- **Gesetze** haben praktisch die größte Bedeutung. Die Regelungen über das Gesetzgebungsverfahren stellen daher auch einen der Kerninhalte des demokratischen Grundprinzips der Verfassung dar (s 3. Teil V.B.2.).

  „Sobald ein Gesetz gehörig kundgemacht worden ist, kann sich niemand damit entschuldigen, dass ihm dasselbe nicht bekannt geworden sei.": § 2 ABGB wird heute so interpretiert, dass im BGBl kundgemachte Gesetze für jedermann verbindlich sind, unabhängig davon, ob man davon tatsächlich Kenntnis hat oder nicht. Verschuldet iSv subjektiv vorwerfbar ist diese Unkenntnis jedoch nur dann, wenn dem Betreffenden die Kenntnisnahme zumutbar war. Generell wird hierbei ein strenger Maßstab angelegt, sodass Rechtsunkenntnis nur selten entschuldigt: Ausländische Autofahrer müssen sich etwa über die einschlägigen Normen informieren, wenn sie österreichische Straßen befahren.

- **Staatsverträge** sind öffentlich-rechtliche Vereinbarungen des Staats mit anderen Völkerrechtssubjekten, also Staaten und Internationalen Organisationen, aber auch damit zusammenhängende einseitige Völkerrechtsgeschäfte wie die Kündigung.

  Beispiel: Verträge mit Nachbarstaaten über eine veränderte Grenzziehung.

- **Verordnungen** sind Hoheitsakte von Verwaltungsbehörden, die nur auf Basis einer gesetzlichen Ermächtigung erlassen werden dürfen und die sich – wie Gesetze – an einen generellen Adressatenkreis richten (zB alle Betreiber von gewerblichen Betriebsanlagen).
- **Gewohnheitsrecht** entsteht durch lang anhaltende, allgemeine, gleichmäßige Befolgung von Regeln in der Überzeugung, dass es sich dabei um Recht handelt (*opinio iuris*). Darin liegt der Unterschied zu Sitten und Gebräuchen. In Österreich hat Gewohnheitsrecht nur eine sehr untergeordnete Bedeutung, weil der Gesetzgeber Gewohnheitsrecht im Laufe der Zeit in Gesetze aufzunehmen pflegt und dieses somit verdrängt wird.

Individuelle Rechtsquellen richten sich dagegen an einzelne, individuell bestimmte Personen. Dazu gehören Erkenntnisse von Verwaltungsgerichten und Gerichtshöfen des öffentlichen Rechts und Bescheide von Verwaltungsbehörden (in den Grenzen der Rechtskraft) sowie Gerichtsurteile und Verträge zwischen Privatrechtssubjekten.

Im **Case-law-System** des angloamerikanischen Rechtskreises entfalten Gerichtsurteile generelle Wirkung. § 12 ABGB bestimmt aber, dass das in Österreich nicht der Fall ist und Gerichtsurteile bloß für den einzelnen entschiedenen Fall verbindlich sind; Gerichte können somit kein allgemein gültiges Recht schaffen. Bereits aus dem Gewaltenteilungsprinzip der Verfassung ergibt sich, dass das Parlament allgemein verbindliches (Bundes-)Recht schafft, Gerichte und Verwaltungsbehörden hingegen die Aufgabe haben, dieses Recht anzuwenden, also aus dem allgemein verbindlichen Recht durch Urteil, Erkenntnis oder Bescheid verbindliches Recht für den Einzelnen zu schaffen. Aufgrund dieser Bindung der Gerichte an das Gesetz dürfen sie nicht *contra legem* entscheiden; die Ausdifferenzierung bzw das Weiterdenken unvollkommenen Gesetzesrechts unter Ausschöpfung aller anerkannten Interpretationsmethoden ist aber im Rahmen der richterlichen Rechtsetzung bzw auch der **richterlichen Rechtsfortbildung** ohne weiteres Aufgabe der Gerichte und Verwaltungsbehörden.

Selbst an Entscheidungen der Höchstgerichte (VfGH, VwGH und OGH) gibt es keine Bindung, und zwar auch nicht der Höchstgerichte selbst. Bei neuerlicher Vorlage eines vergleichbaren Sachverhalts dürfen sie zu einer anderen Lösung gelangen.

Beispiel: Der VfGH (VfSlg 7461) entschied etwa im Jahr 1974 zunächst, dass die in Vorarlberg ausschließlich für Schülerinnen vorgeschriebene hauswirtschaftliche Ausbildung sachlich gerechtfertigt sei, weil diese Tätigkeit überwiegend von Frauen ausgeübt werde. Diese Regelung wurde hingegen 1994 durch den VfGH aufgehoben (VfSlg 13.917).

Trotzdem orientiert sich die Rechtsprechungspraxis aus Gründen der Rechtssicherheit und Gleichbehandlung an älteren Entscheidungen. In Ausnahmefällen gibt es sogar eine echte Bindung, nämlich dann, wenn eine Entscheidung von einem verstärkten Senat getroffen wurde, der in einer größeren Besetzung entscheidet. Das geschieht beim VwGH und beim OGH dann, wenn eine Entscheidung ein Abgehen von der bisherigen Rechtsprechung bedeutet oder die zu lösende Rechtsfrage in der bisherigen Rechtsprechung der Gerichte nicht einheitlich beantwortet wurde (§ 13 Abs 1 VwGG; § 8 OGHG; s im Detail 2. Teil VI.C.2.).

A. Österreich als Mitglied der EU

Auffällig ist, dass im Katalog der österreichischen Rechtsquellen keine Rechtsakte der EU angeführt sind. Das liegt daran, dass europäische Rechtsakte nicht Teil der österreichischen Rechtsordnung sind, sondern eine eigenständige zweite Rechtsordnung bilden. Die Rechtsakte der EU sind aber in Österreich anwendbar, so wie Bundesrecht in allen Bundesländern in Österreich gilt. Die Rechtsordnung der EU besteht aus dem Primärrecht („europäisches Verfassungsrecht"), also va den Verträgen und der Grundrechtecharta, und dem Sekundärrecht, also Rechtsvorschriften, die auf Basis des Primärrechts erlassen wurden. Dazu gehören Richtlinien, die sich an die Mitgliedstaaten richten und von diesen in nationales Recht umzusetzen sind, und Verordnungen, die unmittelbar, also ohne Umsetzung anwendbar sind. Diese unmittelbare Anwendbarkeit führt dazu, dass das Europarecht als **„supranationales" Recht** bezeichnet wird.

B. Erkenntnisquellen des Rechts

Da man sich an Rechtsnormen halten soll, muss es die Möglichkeit geben, sie auch zur Kenntnis zu nehmen. Rechtsnormen müssen also nach außen treten. Offizielle Rechtserkenntnisquellen sind je nach Rechtsakt:

- **Bundesgesetzblätter**, in denen insb Bundesgesetze und die von Österreich ratifizierten Staatsverträge kundgemacht werden.

  Seit 1.1.1997 bestehen folgende Teilungen der BGBl: I Gesetze, II Verordnungen, III Staatsverträge. Seit dem Jahr 2004 wird die authentische Fassung der Rechtsvorschriften im Internet (Rechtsinformationssystem des Bundes: www.ris.bka.gv.at) kundgemacht.

- **Landesgesetzblätter**, in denen insb Landesgesetze kundgemacht werden.
- **Amtsblatt der EU**, in welchem insb die Verordnungen und Richtlinien der EU veröffentlicht werden.

  Im ABl werden verbindliche Rechtsakte im Teil L (*legislatio*), Mitteilungen und Bekanntmachungen im Teil C (*communicatio*) kundgemacht.

Die entsprechende Rechtsvorschrift gilt in der verlautbarten Form, bei Fehlern ist im selben Kundmachungsorgan eine Druckfehlerberichtigung zu veröffentlichen.

Neben diesen offiziellen Rechtserkenntnisquellen gibt es aber eine große Anzahl von in der Praxis meist benutzten inoffiziellen Quellen, um den Normenbestand im Blick zu haben. Gesetzesausgaben juristischer Fachverlage übernehmen diese Aufgabe.

IV. Rechtsvorschriften

A. Definition

Das Recht im objektiven Sinn tritt in Form von Rechtssätzen (Rechtsvorschriften) in Erscheinung. Rechtssätze sind **Sollensanordnungen** und bestehen regelmäßig aus Tatbestand und Rechtsfolge: Der **Tatbestand** beschreibt abstrakt vertypt eine bestimmte Verhaltensweise bzw Situation, für welche eine bestimmte Konsequenz vorgesehen ist (**Rechtsfolge**). Rechtssätze ordnen somit bei Vorliegen bestimmter Voraussetzungen den Eintritt bestimmter Rechtsfolgen an.

B. Sachverhalt

Als Sachverhalt bezeichnet man jene konkrete Lebenssituation, auf welche der Rechtssatz angewendet werden soll („Lebenssachverhalt"). Möglicherweise rechtlich erhebliche Fakten bilden den Sachverhalt.

Beispiele: Laura ist beim Schifahren unaufmerksam und kollidiert mit Lena, die beim Schipistenbetreiber angestellt und für die Überwachung des Sessellifts zuständig ist. Lena bricht sich ein Bein.
Der leicht alkoholisierte Heinz erschießt den Pilze sammelnden Christian im Wald bei dem Versuch, den neben Christian befindlichen Baum zu treffen.
Max fährt mit seinem Auto im Wiener Ortsgebiet mit 95 km/h.

C. Tatbestand

Dieser beschreibt mittels allgemein gehaltener, abstrakter Tatbestandsmerkmale jene Lebenssituationen und Fakten, für welche die Rechtsordnung Rechtsfolgen anordnet.

Beispiele: § 1295 Abs 1 ABGB lautet: „Jedermann ist berechtigt, von dem Beschädiger den Ersatz des Schadens, welchen dieser ihm aus Verschulden zugefügt hat, zu fordern; [...]."
§ 1325 ABGB lautet: „Wer jemanden an seinem Körper verletzt, bestreitet die Heilungskosten des Verletzten, ersetzt ihm den entgangenen, oder, wenn der Beschädigte zum Erwerb unfähig wird, auch den künftig entgehenden Verdienst und bezahlt ihm auf Verlangen überdies ein den erhobenen Umständen angemessenes Schmerzengeld." Der erste Halbsatz bildet den konkretisierten Tatbestand, der zweite die Rechtsfolge.
§ 75 StGB (Mord) lautet: „Wer einen anderen tötet, ist mit Freiheitsstrafe von zehn bis zu zwanzig Jahren oder mit lebenslanger Freiheitsstrafe zu bestrafen." Der erste Halbsatz bildet den Tatbestand, der zweite die Rechtsfolge.
§ 99 Abs 2e StVO erklärt das Überschreiten der Höchstgeschwindigkeit im Ortsgebiet (= 50 km/h: § 20 Abs 2 StVO) um mehr als 40 km/h zur Verwaltungsübertretung, die mit einer Geldstrafe von 300 bis 5000 Euro, im Fall ihrer Uneinbringlichkeit mit Freiheitsstrafe von 48 Stunden bis zu 6 Wochen, zu bestrafen ist.

Der Tatbestand eines Rechtssatzes muss notwendig abstrakt formuliert sein, weil er für eine Vielzahl von Fällen passend sein muss.

Der Gesetzgeber kann nicht für jeden Einzelfall eine individuelle Lösung treffen, so bspw anordnen, dass Laura Lena EUR 3.000 Schmerzengeld zahlen muss, wenn sie ihr einen Beinbruch zufügt. Die Zahl und die konkreten Konstellationen der möglichen Konflikte in der Realität sind unendlich, sodass allgemein angeordnet wird: Bei schuldhafter Schädigung ist Ersatz zu leisten.

Alle Autofahrer, die die zulässige Höchstgeschwindigkeit überschreiten, sind wegen einer Verwaltungsübertretung zu bestrafen, wenn keine die Strafbarkeit ausschließenden Gründe vorliegen.

D. Subsumtion

Ob ein Sachverhalt rechtlich erheblich ist, hängt davon ab, ob der Sachverhalt in den Regelungsbereich eines gesetzlichen Tatbestands fällt. Die Prüfung, ob der Sachverhalt einem Tatbestand entspricht, obliegt dem Rechtsanwender, man nennt sie **Subsumtion**. Dabei wird geprüft, ob sich ein Sachverhalt unter einen Tatbestand subsumieren lässt. Dabei kommt ein **Syllogismus** zum Einsatz: Den Obersatz stellt der Tatbestand dar, den Untersatz der Sachverhalt. Der Schlusssatz stellt fest, dass der Sachverhalt die Tatbestandsmerkmale erfüllt.

Beispiele: Tatbestand (Obersatz): „Wer jemanden an seinem Körper verletzt, …“
Sachverhalt (Untersatz): Laura ist beim Schifahren unaufmerksam und kollidiert mit Lena, die beim Schipistenbetreiber angestellt und für die Überwachung des Sessellifts zuständig ist. Lena bricht sich ein Bein.
Schlusssatz: Laura hat Lena eine körperliche Verletzung zugefügt; sie handelt aufgrund ihrer Unaufmerksamkeit objektiv und subjektiv sorgfaltswidrig (fahrlässig) und muss somit Schadenersatz leisten.
Tatbestand (Obersatz): „Wer einen anderen tötet …“
Sachverhalt (Untersatz): Der leicht alkoholisierte Heinz erschießt den Pilze sammelnden Christian im Wald bei dem Versuch, den neben Christian befindlichen Baum zu treffen.
Schlusssatz: Heinz hat Christian getötet, weil sein Schuss zum Tod geführt hat. Er ist aber kein Mörder (§ 75 StGB), weil er nicht vorsätzlich gehandelt hat. Er hat aber fahrlässig gehandelt, weil er alkoholisiert und in unmittelbarer Nähe eines anderen auf einen Baum gezielt hat. Daher hat Heinz Christian fahrlässig getötet (§ 80 StGB).
Tatbestand (Obersatz): „Wer die zulässige Höchstgeschwindigkeit im Ortsgebiet um mehr als 40 km/h überschreitet …“
Sachverhalt (Untersatz): Max fährt mit seinem Auto im Ortsgebiet von Wien mit 95 km/h.
Schlusssatz: Max hat die zulässige Höchstgeschwindigkeit im Ortsgebiet um mehr als 40 km/h überschritten. Max hat daher eine Verwaltungsübertretung nach § 99 Abs 2e StVO begangen. Wenn eine Verwaltungsvorschrift nicht anderes bestimmt, genügt zur Strafbarkeit fahrlässiges Handeln (§ 5 VStG), was hier jedenfalls anzunehmen ist.

Erst nachdem der Sachverhalt erfolgreich unter einen Tatbestand subsumiert wurde, kann die auf den Sachverhalt anzuwendende **Rechtsfolge** bestimmt werden, da diese die Erfüllung des Tatbestands voraussetzt.

E. Rechtsfolge

Wird ein gesetzlicher Tatbestand verwirklicht, kann das verschiedene Folgen haben, die von einem Rechtserwerb über einen Rechtsverlust bis zu einer Verpflichtung oder sonstigen Änderung der Rechtslage reichen, je nachdem, was der Gesetzgeber als Konsequenz des tatbestandsmäßigen Verhaltens in der Rechtsvorschrift anordnet.

Beispiele: Der Mörder soll ins Gefängnis kommen; der Schädiger soll Schadenersatz leisten; der rasende Autofahrer soll bestraft werden etc.

F. Geltung von Rechtsvorschriften

Eine Rechtsvorschrift erlangt rechtliche Existenz und wird Bestandteil der Rechtsordnung, sobald sie den vorgesehenen Regeln entsprechend beschlossen und im vorgesehenen Kundmachungsorgan veröffentlicht wird. Sie **gilt unabhängig von ihrer Effektivität** (dem Maß an Rechtsbefolgung durch die Rechtsunterworfenen und Rechtsdurchsetzung durch die staatlichen Organe) bis zu ihrer allfälligen Aufhebung oder Abänderung.

Rechtsvorschriften bestimmen für diverse Personen gewisse Verhaltensweisen unter bestimmten Voraussetzungen. **Inhaltlich** können somit folgende **Anwendungsbereiche** unterschieden werden:

- Der **persönliche Geltungsbereich** einer Rechtsvorschrift wird entweder nach Gattungsmerkmalen (generell) oder individuell (für eine bestimmte Person) festgelegt. Gesetze und Verordnungen enthalten grundsätzlich generelle Anordnungen (richten sich somit an die Allgemeinheit oder eine nach Gattungsmerkmalen bestimmte Gruppe von Menschen [zB die Studierenden, die Arbeiter]), während Bescheide, Entscheidungen und Urteile individuelle Vorschriften beinhalten (richten sich an Frau X, Herrn Y).
- Der **örtliche Geltungsbereich** zB von Bundesgesetzen ist gemäß Art 49 Abs 1 B-VG grundsätzlich das gesamte Bundesgebiet. Landesgesetze gelten hingegen nur im Bereich des jeweiligen Bundeslandes.
- Der **sachliche Geltungsbereich** bestimmt, welche Sachverhalte und Verhaltensweisen vom Tatbestand der entsprechenden Rechtsvorschrift erfasst sind. Gesetze und Verordnungen stellen meist auf abstrakt-typisierte Verhaltensweisen ab, während Urteile, Entscheidungen und Bescheide konkret umschriebene Verhaltensweisen enthalten.
- **Zeitlicher Geltungsbereich***:* Gemäß Art 49 Abs 1 B-VG treten – mangels abweichender Bestimmung – Bundesgesetze mit Ablauf des Tages ihrer Kundmachung (0 Uhr des Tages nach dem Kundmachungstag) in Kraft und werden verbindlich: Verbindlichkeit und Geltungsbeginn treten somit grundsätzlich gemeinsam ein.

Geltungs- und Verbindlichkeitsbeginn können bei entsprechender gesetzlicher Anordnung auch auseinanderfallen: Im Falle einer **Legisvakanz** tritt die Verbindlichkeit erst zu einem späteren Zeitpunkt ein.

Beispiel: Das Erbrechtsänderungsgesetz 2015 wurde im Juli 2015 vom Parlament beschlossen und im BGBl kundgemacht, aber erst am 1. Jänner 2017 wirksam. Davor war, obwohl das Erbrechtsänderungsgesetz 2015 Bestandteil der Rechtsordnung geworden ist, noch die alte Rechtslage anzuwenden.

Der Gesetzgeber kann unter Berücksichtigung des Gleichheitssatzes (sachliche Rechtfertigung!) auch eine **Rückwirkung** anordnen, sodass ein Gesetz auf Sachverhalte Anwendung findet, welche sich vor seiner Erlassung ereignet haben. Der Gesetzgeber hat dabei allerdings verfassungsrechtliche Grenzen in Gestalt des (aus dem Gleichheitssatz abzuleitenden) Vertrauensschutzprinzips zu beachten (s 3. Teil V.C.2.c.). Im **Strafrecht** gilt allerdings ein **Rückwirkungsverbot** (vgl die Verfassungsbestimmung des Art 7 EMRK und die Ausführungen in einfachen Gesetzen wie zB § 1 StGB, § 1 VStG).

Die Geltung einer Rechtsvorschrift kann durch Zeitablauf, Eintritt einer auflösenden Bedingung, Derogation (Aufhebung durch eine andere Rechtsvorschrift – s VI.B.) oder Aufhebung durch ein aufhebungsbefugtes Organ enden.

G. Novellierung

Rechtsvorschriften dürfen von den sie erlassenden Rechtssetzungsautoritäten grundsätzlich jederzeit geändert werden. Durch Novellen kann eine Änderung der sprachlichen Fassung einzelner Formulierungen, eine Aufhebung früher erlassener Rechtsvorschriften und eine Einfügung neuer Bestimmungen bewirkt werden. Sobald die Anordnung der Novelle in Kraft tritt, gilt die geänderte Fassung.

Beispiele: Erbrechtsänderungsgesetz 2015 (BGBl I 2015/87); Ökosoziales Steuerreformgesetz 2022 (BGBl I 2022/10, 11, 12); Zivilverfahrens-Novelle 2023 (BGBl I 77/2023).

V. Arten von Rechtsvorschriften

A. Materielles Recht - Formelles Recht

Materielles Recht befasst sich mit der **inhaltlichen Ordnung menschlichen Zusammenlebens**. Materielle Rechtsvorschriften regeln etwa, auf welche Leistungen jemand unter welchen Voraussetzungen einen Anspruch hat, wann ein Rechtsgeschäft anfechtbar ist, unter welchen Umständen Arbeitnehmer gekündigt werden können, unter welchen Voraussetzungen eine gewerbliche Betriebsanlage betrieben werden darf etc. Darüber hinaus regelt das materielle Recht spiegelbildlich die inhaltlichen Determinanten für das Handeln der Staatsorgane, etwa unter welchen Voraussetzungen die Errichtung einer Betriebsanlage zu bewilligen ist.

So sind bspw Zivil-, Arbeits-, Straf- und Unternehmensrecht sowie das besondere Verwaltungsrecht materielles Recht.

Diese inhaltlichen Regelungen müssen notfalls durch staatlichen Zwang durchgesetzt werden. Das **formelle Recht** legt fest, welche Behörden dabei wie vorzugehen haben; es dient der Verwirklichung des materiellen Rechts. Unter formellem Recht versteht man somit jene Rechtsvorschriften, die Verfahren und Art der Rechtsdurchsetzung vor den staatlichen Behörden festlegen, also zB wie man eine Betriebsanlagengenehmigung bekommen oder wie man sich gegen Organstrafmandate wehren kann.

Das formelle Recht wird weiter unterteilt:

- Das **Organisationsrecht** regelt Einrichtung und allgemeine Aufgabenstellung der einzelnen Staatsorgane. ZB legt die JN die Arten der ordentlichen Gerichte, ihre innere Organisation (Senate, Einzelrichter) und ihre Zuständigkeiten fest; das BVwGG regelt die Organisation und Zusammensetzung des Bundesverwaltungsgerichts; der jeweilige Landesgesetzgeber den Aufbau der neun Landesverwaltungsgerichte; das BundesministerienG bestimmt die Bundesministerien, ihre Wirkungsbereiche und innere Organisation (Abteilungen, Sektionen etc).
- Das **Verfahrensrecht** bestimmt den förmlichen Ablauf des Entscheidungsverfahrens; näher geregelt sind die Verfahrensparteien, das Ermittlungsverfahren, die Beweismittel, die Entscheidungsformen (Urteile, Erkenntnisse, Beschlüsse, Bescheide) sowie die Rechtsmittel (Berufung vor den ordentlichen Gerichten, Beschwerde vor den Verwaltungsgerichten). Die ZPO regelt zB das Verfahren bestimmter Zivilprozesse vor den ordentlichen Gerichten, die StPO das gerichtliche Strafverfahren, das AVG das verwaltungsbehördliche Bescheiderlassungsverfahren und das VwGVG das Verfahren zur Erlassung von Entscheidungen des Bundesverwaltungsgerichts und der Landesverwaltungsgerichte.

B. Zwingendes Recht - Dispositives Recht

Dispositives (nachgiebiges) Recht weicht der gegenteiligen Parteienvereinbarung und lässt somit abweichende privatautonome Rechtsgestaltung zu. Es erfüllt folgende Funktionen:

- Wenn die Vertragsparteien nicht alle Details vereinbaren, der Vertrag somit unvollständig ist, greift das dispositive Recht ein: Sofern die Parteien in den Hauptpunkten Einigkeit erzielten, ergänzt das dispositive Recht die nicht abweichend geregelten Nebenpunkte (**Ergänzungsfunktion**).

> *Beispiele:* Wenn bloß die Reparatur des Autos vereinbart (Werkvertrag), allerdings kein Preis festgesetzt wurde, greift § 1152 ABGB und es gilt ein angemessenes Entgelt als geschuldet.
> Einigen sich die Vertragsparteien bei einem Kaufvertrag über Ware und Preis (*essentialia negotii* – Hauptpunkte des Vertrages), so gilt mangels abweichender Parteienvereinbarung gemäß § 905 ABGB als Erfüllungsort für eine Leistung der Wohnsitz des Schuldners zur Zeit des Vertragsabschlusses; der Verkäufer hat für die Ware gemäß §§ 922 ff ABGB Gewähr zu leisten.

- Bedienen sich die Vertragsparteien einer undeutlichen Äußerung, bestimmt das Gesetz die maßgebende Auslegung (**Auslegungsfunktion**).
- Das dispositive Recht gibt Auskunft darüber, wie sich der Gesetzgeber eine ausgewogene Berücksichtigung der jeweiligen Interessen der Vertragspartner vorstellt; bei groben Abweichungen kann die Vereinbarung nach der Generalklausel des § 879 Abs 1 ABGB gegebenenfalls sittenwidrig sein (gewisse **Richtigkeitsgewähr**).

> *Beispiel:* So ist nach hA der gänzliche Gewährleistungsausschluss bei fabriksneuen Waren (auch) zwischen Unternehmern (teil)unwirksam gemäß § 879 Abs 1 ABGB, weil er gegen die guten Sitten verstößt.

Zwingendes Recht kann hingegen durch Parteienvereinbarung nicht abgeändert werden und schränkt insofern die Privatautonomie ein. Bei abweichender Vereinbarung ist diese nichtig (rechtsunwirksam).

> *Beispiele:* Zwingende Regelungen bestehen für die Auflösung von Mietrechtsverhältnissen insbesondere in Form der Kündigungsschutzbestimmungen. Ebenso wenig können die Bestimmungen im Konsumentenschutzrecht oder die guten Sitten (§ 879 ABGB) durch abweichende Vereinbarungen ausgeschlossen werden.

Man unterscheidet:

- **Absolut zwingendes Recht**: erlaubt keinerlei Abweichungen; auch nicht zugunsten der Betroffenen (zweiseitig zwingend).
- **Relativ zwingendes Recht**: ist bloß zugunsten einer, nämlich der schutzwürdigen Partei abänderbar; es soll bloß eine Mindestabsicherung stattfinden, sodass Verschlechterungen unzulässig sind (einseitig zwingend).

Ist im Privatrecht zwingendes Recht zum Schutz typischerweise schwächerer Marktteilnehmer (Verbraucher, Arbeitnehmer, Mieter) vorgesehen, so handelt es sich zumeist um relativ zwingendes Recht, das bloß einen gewissen Mindeststandard bzw Mindestschutz bieten soll; für den Geschützten günstigere Vereinbarungen sind dagegen erlaubt und durchaus erwünscht. Dagegen ist das öffentliche Recht aufgrund der im Vordergrund stehenden Allgemeininteressen in der Regel absolut zwingend.

> *Beispiel:* Eine Baubewilligung darf nur erteilt werden, wenn alle gesetzlichen Voraussetzungen dafür erfüllt sind. Man kann nicht einzelne Genehmigungskriterien in den Bestimmungen der Bauordnungen mit der Behörde „wegverhandeln", also etwa im Grünland bauen.

VI. Normenkonkurrenz

A. Problemstellung

Erfüllt derselbe Sachverhalt die Tatbestände mehrerer (scheinbar) miteinander in Widerspruch stehender Rechtsvorschriften, muss zunächst geprüft werden, ob ein Normwiderspruch tatsächlich vorliegt und bejahendenfalls, was die Rechtsfolgen dieses Widerspruchs sind. Diese sind dem positiven Recht zu entnehmen. Man unterscheidet zwischen Derogation (s.u. B.), Anwendungsvorrang (s.u. C.) und kumulativer oder alternativer Anwendung (s.u. D.). Bei Widersprüchen zwischen Rechtsvorschriften unterschiedlichen Rangs kann es zur Invalidation (s.u. E.) kommen.

B. Derogation

Im Fall der Derogation beseitigt die „stärkere" Rechtsvorschrift die Geltung der „schwächeren". Zwei geläufige (Konfliktlösungs-)Regeln sind jene der ***„lex specialis"*** (1.) und die der ***„lex posterior"*** (2.). Auf einer anderen Ebene liegt die Unterscheidung zwischen **„formeller"** und **„materieller" Derogation** (3.).

1. Lex specialis derogat legi generali

Behandeln die widersprüchlichen Normen verschiedene Personenkreise oder verschiedene Regelungsgegenstände (kein deckungsgleicher persönlicher oder sachlicher Geltungsbereich), derogiert die spezielle Regelung der allgemeineren (*lex specialis derogat legi generali*), dh die spezielle Norm beseitigt die Geltung der allgemeineren Norm für den Teil, in dem die spezielle Norm gilt.

Beispiele: Das ABGB enthält zwar Regelungen über die Gesellschaft. Die spezielleren Regelungen des UGB über die Personengesellschaften OG und KG und des GmbHG, AktG und FlexKapGG für die Kapitalgesellschaften beseitigen die diesbezüglichen Regelungen des ABGB für den Regelungsbereich des UGB, GmbHG, AktG, FlexKapGG etc.
Die BAO regelt das Verfahren in Abgabeangelegenheiten und ist damit die speziellere Regel zum AVG.

2. Lex posterior derogat legi priori

Rechtsvorschriften können grundsätzlich durch nachfolgende Rechtsvorschriften gleicher Art abgeändert oder aufgehoben werden (vgl § 9 ABGB). Bei Rechtsvorschriften mit demselben persönlichen und sachlichen Geltungsbereich beseitigt die zeitlich jüngere die ältere (**verschiedener zeitlicher Geltungsbereich**) – *lex posterior derogat legi priori.* In dem Umfang, in dem dieselbe Rechtsetzungsautorität (Bundes- oder Landesgesetzgeber, Verordnungsgeber) denselben Sachverhalt neu bzw anders regelt, derogiert die jüngere der älteren Vorschrift.

Beispiele: Hinsichtlich des Formgebots für Schenkungen ohne wirkliche Übergabe spricht § 943 Satz 2 ABGB bloß vom Erfordernis einer schriftlichen Urkunde, während der später erlassene § 1 Abs 1 lit d NotaktsG das Erfordernis einer Notariatsaktspflicht statuiert. Der später erlassene § 1 Abs 1 lit d NotaktsG derogiert dem älteren § 943 ABGB.
Durch ein später verordnetes Halteverbot wird einem früher bestehenden Parkverbot kraft des Grundsatzes *„lex posterior derogat legi priori"* derogiert (VwSlg 11.781 A/1985).

3. Formelle Derogation - Materielle Derogation

Rechtsvorschriften können selbst explizit die Anordnung enthalten, dass eine bestimmte, **namentlich genannte Rechtsvorschrift außer Kraft treten soll**, was als **formelle Derogation** bezeichnet wird.

Beispiel: „§ 9 Abs 4 Z 3 dieses Bundesgesetzes tritt mit 31. Dezember 2021 außer Kraft. Gleichzeitig tritt § 9 Abs 6 in der Fassung dieser Novelle in Kraft."

Anstelle einer formellen Derogation kann eine Rechtsvorschrift auch schlichtweg eine neue Regelung treffen, etwa wenn eine neue Rechtsvorschrift veränderte Regelungen über den Antritt eines Gewerbes trifft. Mangels einer expliziten Klarstellung der Derogation ist der Rechtsanwender berufen, zu ermitteln, ob (mit einer Rechtsvorschrift unvereinbare) frühere Rechtsvorschriften außer Kraft treten sollen (**materielle Derogation**). Grundsätzlich gelten hierbei die oben erwähnten Grundsätze.

Beispiel: Hinsichtlich des Formgebots für Schenkungen ohne wirkliche Übergabe spricht § 943 Satz 2 ABGB bloß vom Erfordernis einer schriftlichen Urkunde, während der später erlassene § 1 Abs 1 lit d NotaktsG ohne formelle Derogation das Erfordernis einer Notariatsaktspflicht statuiert (der älteren Vorschrift des ABGB wird materiell derogiert).

Im Zweifel derogieren neu erlassene allgemeinere Regelungen bestehenden speziellen Regelungen nicht *(lex posterior generalis non derogat legi priori speciali).* Älteren Spezialvorschriften wird durch jüngere generelle Normen im Zweifel nur dann materiell derogiert, wenn sich die Neuregelung als Kodifikation darstellt, die eine vollständige und abschließende Kodifikation eines Rechtsbereiches beabsichtigt, wenn also im Zusammenhang der Wille des Gesetzgebers deutlich wird, auch diesen derogieren zu wollen, selbst wenn er es nicht ausdrücklich sagt.

Beispiel: Die Bauordnung eines Bundeslandes enthält auch Regelungen über Aufzugsschächte. Gleichzeitig gibt es in diesem Bundesland ein eigenes Aufzugsgesetz. Wird nun die Bauordnung geändert, bleiben die Regelungen des Aufzugsgesetzes davon – wenn sich keine anderen Anhaltspunkte ergeben – unberührt, wird diesen also nicht derogiert.

Keine Derogationen erfolgen zwischen Bundes- und Landesgesetzen und zwischen Unionsrecht und nationalem Recht, weil es dabei um Regelungen unterschiedlicher Rechtsetzungsautoritäten geht.

C. Anwendungsvorrang

Eine Rechtsvorschrift hat vor einer anderen Anwendungsvorrang, wie zB Unionsrecht vor nationalem Recht, wenn sie statt dieser angewendet wird, sie allerdings in Geltung belässt (im Gegensatz zur Derogation, die bewirken würde, dass die Regelung überhaupt nicht mehr dem Rechtsbestand angehört, also auch in jenen Fällen nicht mehr angewendet werden kann, in denen kein Widerspruch zum Unionsrecht vorliegt).

Beispiel: Die unmittelbar anzuwendenden Verordnungen der EU sowie die Grundfreiheiten des Unionsrechts gehen entgegenstehendem nationalen Recht vor; dieses darf von den staatlichen Behörden nicht angewendet werden, bleibt jedoch in Geltung und kann daher auf andere Fälle (ohne Unionsrechtsbezug) weiterhin Anwendung finden.

D. Kumulative oder alternative Anwendung

Häufig sollen neue Vorschriften älteren nicht derogieren, sondern ganz einfach neben die alten Regelungen treten. Kann nicht erhoben werden, ob der Gesetzgeber die alte, nicht ausdrücklich aufgehobene Vorschrift außer Kraft setzen wollte, ist im Zweifel von deren Weitergeltung auszugehen.

Wenn nun **mangels Derogation** beide Vorschriften noch dem Rechtsbestand angehören, sind folgende Möglichkeiten denkbar:

- **Kumulative Anwendung:** Alle Rechtsfolgen der einschlägigen Vorschriften gelangen ohne wechselseitige Einschränkung zur Anwendung (**Anspruchshäufung**). Dies kommt grundsätzlich bloß dann in Betracht, wenn die Rechtsfolgen einander nicht widersprechen, etwa wenn die Tatbestände auf verschiedene Leistungen gerichtet sind und unterschiedliche Zwecke zum Inhalt haben. Es liegt also gar kein Normwiderspruch vor, der durch die Derogationsregeln aufgelöst werden müsste. Da die einzelnen Rechte aus unterschiedlichen Gründen gewährt werden, bedingt die Befriedigung des einen nicht das Erlöschen des anderen.

  Beispiele: Der in seinem Markenrecht Beeinträchtigte fordert bspw Unterlassung und Schadenersatz.
  Ein Anlagenbetreiber benötigt mehrere Bewilligungen, zB eine Baubewilligung, eine gewerberechtliche Genehmigung und eine naturschutzrechtliche Bewilligung.

  Ein Fall der kumulativen Anwendung liegt auch vor, wenn **Bundes- und Landesgesetzgeber** denselben Lebenssachverhalt im Rahmen ihrer jeweiligen Gesetzgebungskompetenz unterschiedlich regeln. So kann der Landesgesetzgeber für die Errichtung eines Gebäudes, das dem Betrieb einer Diskothek dienen soll, eine Baubewilligung vorschreiben, während der Bundesgesetzgeber eine Betriebsanlagengenehmigung nach der Gewerbeordnung fordern kann. Der zukünftige Disko-Betreiber benötigt beide Genehmigungen, es kommt zur kumulativen Anwendung der zugrundeliegenden Gesetze.

- **Alternative Anwendung:** Verfolgen die in Betracht kommenden Ansprüche das gleiche wirtschaftliche Ziel und gewähren sie inhaltsgleiche Ansprüche, kann der Berechtigte zwischen ihnen wählen; durch die Erfüllung des einen Anspruchs erlischt auch der andere (**Anspruchskonkurrenz**). Auch in solchen Konstellationen liegt kein Normwiderspruch vor, der durch die Derogationsregeln aufgelöst werden müsste.

  Beispiel: Der Herausgabeanspruch des Eigentümers einer Sache gegen den unberechtigten Inhaber kann auf die Eigentumsklage (§ 366 ABGB) oder auf das Bereicherungsrecht (§ 1041 ABGB) gestützt werden.

E. Invalidation

Bei Widersprüchen zwischen Rechtsvorschriften unterschiedlichen Ranges kommt es zur Invalidation der Rechtsvorschrift des niedrigeren Ranges. Sie bleibt – im österreichischen Rechtsquellen- und Rechtsschutzsystem – anwendbar und verbindlich, unterliegt aber der Aufhebung durch den VfGH, wenn sie angefochten wird.

Beispiele: Eine Verordnung, die nicht im Einklang mit ihrer gesetzlichen Grundlage steht, ist gesetzwidrig und kann vom VfGH aufgehoben werden (s 3. Teil V.D.2.). Dies kann etwa auch der Fall sein, wenn das Gesetz, das die Grundlage der Durchführungsverordnung bildet, nach der Verordnungserlassung abgeändert wird. Ein Gesetz, das gegen eine bestehende oder später erlassene verfassungsgesetzliche Bestimmung verstößt, ist verfassungswidrig und kann vom VfGH in einem Verfahren nach Art 140 B-VG aufgehoben werden. Beachte dabei: Bis zur Aufhebung durch das zuständige Organ, hier den VfGH, bleibt die jeweilige Rechtsvorschrift im Rechtsbestand und ist daher auch anzuwenden!

VII. Gesetzesinterpretation und Rechtsanwendung

A. Materialsuche

Zugang zu österreichischen Rechtstexten und gerichtlichen und verwaltungsbehördlichen Entscheidungen besteht über das Rechtsinformationssystem des Bundes unter www.ris.bka.gv.at. Europäisches Unionsrecht und Entscheidungen europäischer Gerichte sind unter eur-lex.europa.eu abrufbar.

B. Allgemeines

Worte, die der Gesetzgeber verwendet, sind naturgemäß häufig mehrdeutig, unklar oder missverständlich und bedürfen somit der Interpretation.

Beispiele: Anlagen sind „erforderlichenfalls“ unter Vorschreibung „geeigneter“ Auflagen zu bewilligen. Belästigungen und Beeinträchtigungen sind auf ein „zumutbares“ Maß zu beschränken (§ 77 Abs 1 GewO). Die Verwaltungsstrafbehörde „kann“ unter bestimmten Voraussetzungen die Mindeststrafe bis zur Hälfte unterschreiten (§ 20 VStG). In vielen Verwaltungsbereichen sind Bewilligungen für Anlagen oder Vorhaben zu erteilen, wenn der Bewilligung nicht „öffentliche Interessen“ entgegenstehen.

Eine Rechtsvorschrift auszulegen, bedeutet, ihren **Sinn zu ermitteln**. Für diesen Sinnermittlungsvorgang enthält das ABGB in § 6 Orientierungshilfen, die grundsätzlich mit der heute allgemein anerkannten juristischen Interpretationslehre übereinstimmen und allesamt dazu dienen, Sinn und Zweck des Gesetzes in objektiver und nachvollziehbarer Weise zu erkennen. Die Auslegungsregeln des ABGB gelten grundsätzlich auch im öffentlichen Recht.

Die anerkannten **Interpretationsmethoden stehen grundsätzlich gleichrangig nebeneinander**; es gibt keinen prinzipiellen Vorrang einer bestimmten Auslegungsmethode. Man spricht daher auch vom **„Kanon der Interpretationsmethoden"**. Beim Interpretationsvorgang wird versucht, in einem dialektischen Prozess unter Anwendung sämtlicher Interpretationsmethoden die Bedeutung einer Rechtsvorschrift zu ergründen. Lassen sich mit den einzelnen Interpretationsmethoden nur widersprüchliche Ergebnisse erzielen, so ist in einem Abwägungsvorgang zu prüfen, für welches Auslegungsergebnis die überwiegenden Argumente gefunden werden können.

Allerdings wird dem Normzweck (somit der Gewichtung der teleologischen Interpretation im Rahmen des Interpretationsvorganges, s.u. F.) im Privatrecht – anders als im öffentlichen Recht – gemeinhin größere Bedeutung zugesprochen.

Wesentlich ist, dass die **Grenze jeder Auslegung der äußerstmögliche Wortsinn** bildet (sog Wortlautgrenze). Wird diese Grenze überschritten und findet das Ergebnis keine Grundlage im Wortlaut, so liegt bereits ergänzende Rechtsfortbildung (im Wege der Lückenfüllung oder der teleologischen Reduktion des Gesetzestextes) vor, welche bloß unter sehr eingeschränkten Voraussetzungen zulässig ist (s.u. G. und H.).

Beispiel: Man mag diskutieren, ob unter „Nachtzeit" wirklich die Zeit von 22.00 Uhr bis 6.00 Uhr zu verstehen ist, 10.00 Uhr vormittags fällt aber mit Sicherheit nicht darunter.

Der Richter als Rechtsanwender muss selbst bei undeutlicher oder missverständlicher Gesetzeslage entscheiden und kann sich mit einem mangelhaften Gesetz nicht entschuldigen und der Entscheidung enthalten (sog Verbot des *„non liquet"*).

Neben der ergänzenden Rechtsfortbildung bildet der Fall eines sog **Redaktionsversehens** eine weitere Ausnahme von der Wortlautgrenze. Dabei stimmt die Formulierung des Gesetzes durch einen Fehler in der technischen Ausarbeitung nachweislich nicht mit dem zugrundeliegenden gesetzgeberischen Willen überein. In dieser Situation ist es zulässig, die fragliche Vorschrift im Ganzen gegen ihren eindeutigen Wortsinn zu verstehen.

Beispiel: § 2 Abs 1 Z 5 der Gewerbeordnung (GewO) legt fest, dass Buschenschanken von der GewO ausgenommen werden. Diese Bestimmung verweist auf § 2 Abs 9 leg cit, in welchem der Begriff Buschenschank definiert wird. Wird nun durch eine Novelle § 2 Abs 9 leg cit zu § 2 Abs 8 leg cit, aber der Verweis in § 2 Abs 1 Z 5 leg cit unverändert beibehalten, liegt ein Redaktionsversehen vor.

C. Wortauslegung und grammatikalische Interpretation

Ausgangspunkt jeder Auslegung ist naheliegenderweise der Wortlaut; es ist zu ermitteln, welche Bedeutung einem Wort zukommt. Häufig ist dabei unklar, ob für das Wortverständnis der alltägliche, ein fachlich einschlägiger oder der juristische Sprachgebrauch maßgeblich ist. Die entsprechende Bedeutung eines Ausdrucks kann auch vom Gesetzgeber selbst mittels **Legaldefinitionen** festgelegt werden:

Beispiele: Nach § 42 ABGB werden unter dem Namen Kinder alle Verwandte in der absteigenden Linie begriffen.

§ 309 ABGB definiert den Besitz als die tatsächliche Herrschaft über eine Sache verbunden mit dem Willen, sie für sich zu behalten. Im allgemeinen Sprachgebrauch spricht man hingegen häufig vom „Besitzer", meint allerdings meist den Eigentümer.
„Wald" im Sinne des Forstgesetzes sind nach dessen § 1a Abs 1 und 2 mit bestimmten Holzgewächsen bestockte Grundflächen, soweit die Bestockung eine Fläche von 1000 m^2 und eine durchschnittliche Breite von 10 m erreicht, dies auch dann, wenn der forstliche Bewuchs vorübergehend vermindert oder beseitigt ist.
Ob eine Wasserfläche ein „Gewässer" im Sinne des Wasserrechts ist, richtet sich nach den Legaldefinitionen des Wasserrechtsgesetzes (WRG), das zwischen öffentlichen Gewässern und Privatgewässern unterscheidet (§§ 2 f WRG).

Fehlen derartige gesetzliche Begriffsbestimmungen, ist im Zweifel vom üblichen Verständnis des Ausdrucks auszugehen. Der übliche, gewöhnliche Wortsinn ist somit ein Indiz für die Auslegung einer Norm, während der noch mögliche Wortsinn die Auslegung begrenzt.

Im Rahmen der grammatikalischen Interpretation ist davon auszugehen, dass die Rechtsetzungsautorität die Regeln der Grammatik und Logik einhält und die Regelungen daher im sprachlichen Zusammenhang nach grammatikalischen Regeln auszulegen sind.

Mit den nachfolgenden Interpretationsmethoden kann die Bedeutung des Wortes dem (meist) unbestrittenen **Begriffskern** (restriktive/einschränkende Interpretation) oder seinen Randbereichen im **Begriffshof** (extensive/ausdehnende Interpretation) angenähert werden. Auch mittels extensiver Auslegung darf mit den Interpretationsmethoden der äußerst mögliche Wortsinn nicht überschritten werden.

Nicht immer bietet freilich die Wortauslegung ein sicheres Ergebnis.

Beispiele: So ist etwa unklar, ob der – versicherte – „Betrieb" eines Fahrzeugs auch den Fall umfasst, dass dieses mit einem Gabelstapler (!) aufgehoben wird, wodurch die Ölwanne beschädigt wird, was in der Folge zu einer Explosion führt (vgl OGH 7 Ob 46/05y SZ 2005/70). Höchstgerichtlich geklärt wurde etwa auch, dass ein „Handymast" im Lichte des Baurechts zwar kein „Gebäude", aber doch ein „Bauwerk" ist, für dessen Errichtung es daher entsprechender Bewilligungen bedarf (VwGH 19.9.2000, 97/05/0153).

D. Systematische Interpretation

Anhand der gesamten Rechtsordnung soll jenes Begriffsverständnis gewählt werden, das sich möglichst widerspruchsfrei in das **Gesamtsystem** einfügt und welches einzelnen Bestimmungen nicht jeden Anwendungsbereich nimmt. **Systematischer Zusammenhang und Gesetzesaufbau** sind zu beachten; von mehreren nach dem Wortlaut der Bestimmung möglichen Bedeutungen ist jene zu wählen, welche die Gesamtregelung konsequent erscheinen lässt.

Beispiele: § 878 ABGB ordnet an, dass geradezu Unmögliches nicht Gegenstand eines gültigen Vertrages werden kann. Aus §§ 923 und 367 ABGB kann nun geschlossen werden, dass der Kaufvertrag über eine fremde Sache gültig ist (und somit nicht nach § 878 ABGB geradezu unmöglich). Sonst würde einerseits der Bestimmung des § 367 ABGB über den gutgläubigen Erwerb vom Nichtberechtigten jeder Anwendungsbereich genom-

men. § 367 ABGB setzt für den gutgläubigen Erwerb nämlich unter anderem einen gültigen Titel voraus. Andererseits bestimmt § 923 ABGB, dass der Verkäufer einer fremden Sache Gewähr zu leisten hat (was ebenfalls einen gültigen Vertrag voraussetzt), weshalb die Bedeutung des § 878 ABGB auf die (faktisch) absurden Vertragsinhalte einzuschränken ist. Somit ergibt sich aus der systematischen Auslegung im konkreten Fall, dass der Verkauf einer fremden Sache (etwa durch den Dieb) nicht geradezu unmöglich und somit nichtig ist, sondern der Kaufvertrag gültig ist.
§ 85 Z 3 und 4 GewO regeln, dass die Gewerbeberechtigung bei juristischen Personen mit Untergang bzw bei eingetragenen Personengesellschaften mit Auflösung oder Liquidation endet. Um den Untergang bzw die Auflösung näher zu bestimmen, müssen die gesellschaftsrechtlichen Rechtsvorschriften herangezogen werden.

Zur systematischen Interpretation gehört auch die Auslegung im Lichte des Postulats der **Einheit der Rechtsordnung**, die es gebietet, Wertungswidersprüche innerhalb der Gesamtrechtsordnung zu vermeiden. Nach dem Auslegungsprinzip der **Einheit der Rechtssprache** ist davon auszugehen, dass in der Rechtssprache geprägte Begriffe im Zweifel die gleiche Bedeutung haben.

Im Rahmen der systematischen Interpretation sind in Entsprechung des Stufenbaus der Rechtsordnung (s 3. Teil III.) ferner folgende Prämissen zu beachten:

- **Verfassungskonforme Auslegung**: Bei mehreren Auslegungsmöglichkeiten ist jene zu wählen, die mit den verfassungsrechtlichen Vorgaben in Einklang steht, bzw sind jene auszuschließen, die mit dem Verfassungsrecht nicht vereinbar sind. Von großer Bedeutung sind in diesem Zusammenhang die Grundrechte, insbesondere der Gleichheitssatz.

  Beispiele: § 23 EheG spricht davon, dass eine Ehe nichtig ist, wenn sie ausschließlich oder vorwiegend zu dem Zweck geschlossen ist, der Frau die Führung des Familiennamens des Mannes oder den Erwerb der Staatsangehörigkeit des Mannes zu ermöglichen, ohne dass die eheliche Lebensgemeinschaft begründet werden soll. Auf Grund des Gleichheitsgrundsatzes (s 3. Teil V.C.2.c.) wird die Norm verfassungskonform dahin ausgelegt, dass auch der Zweck, dem Mann den Erwerb der Staatsangehörigkeit oder des Namens der Frau zu ermöglichen, zur Nichtigkeit der Ehe führt.
  Aus dem Verbot einer Bauordnung, in Baugebieten Gebäude oder Anlagen zu errichten, deren Emissionen Gefahren oder Belästigungen der Nachbarschaft herbeiführen könnten, ergibt sich im Lichte einer verfassungskonformen Interpretation auch ein Verbot der Errichtung von Wohnhäusern neben bereits bestehenden Anlagen („Verbot der heranrückenden Wohnbebauung").

  Obwohl etwa Grundrechte (zB der Gleichheitssatz des Art 7 B-VG) ursprünglich als Abwehrrechte gegen den Staat vorgesehen waren und somit grundsätzlich keine unmittelbare Drittwirkung in den zivilrechtlichen Rechtsverhältnissen Privater entfalten, müssen die Gerichte bei der Auslegung privatrechtlicher Normen (so va bei der Konkretisierung von Generalklauseln wie der Sittenwidrigkeit iSd § 879 Abs 1 ABGB) grundrechtliche Vorgaben einfließen lassen (mittelbare Drittwirkung der Grundrechte, s 3. Teil V.C.1.d.).

- **Unionsrechtskonforme (insbesondere richtlinienkonforme) Auslegung**: Mehrdeutige Bestimmungen des nationalen Rechts sind möglichst so auszulegen, dass sie mit den umzusetzenden Vorgaben einer Richtlinie in Einklang stehen und die größtmögliche Wirksamkeit der einer Richtlinie immanenten Zielsetzung gewährleisten. Man spricht auch vom *Effet-utile*-Prinzip.

Beispiel: Das in vielen Richtlinien normierte Gebot eines „effektiven gerichtlichen Rechtsschutzes“ verlangt bestimmte Verfahrensgarantien auch dann, wenn die nationalen Bestimmungen dazu keine Regelung enthalten. So sind etwa „einstweilige Verfügungen“ in Rechtsmittelverfahren vor Verwaltungsgerichten erster Instanz oder in Verfahren vor den Höchstgerichten erforderlichenfalls auch dann zu erlassen, wenn es keine speziellen Regelungen dazu gibt.

E. Historische Interpretation

Die historische Interpretation dient der Erforschung des subjektiven Willens (daher auch „subjektive Auslegung“ genannt) und der **Absicht des Gesetzgebers,** die in den **Gesetzesmaterialien** (Erläuterungen zur Regierungsvorlage, Ausschuss- und Kommissionsberichten, stenographischen Protokollen des Nationalrats) zum Ausdruck kommen. Diese Normvorstellungen des Gesetzgebers sind zwar nicht bindend, aber ein gewisses Indiz und somit eine Auslegungshilfe für den Rechtsanwender. Stehen die Gesetzesmaterialien allerdings in eindeutigem Widerspruch zum Wortlaut des Gesetzes oder sind sie in sich widersprüchlich bzw unklar, sind sie unbeachtlich.

Je klarer sich Wortlaut, Gesetzessystematik und Absicht des Gesetzgebers decken, desto maßgeblicher ist das für die Auslegung. Ging der Gesetzgeber jedoch von bestimmten wirtschaftlichen und sozialen Umständen aus, die mittlerweile nicht mehr gegeben sind, tritt wiederum eine am *telos* (Zweck) der Norm orientierte Interpretation in den Vordergrund, um diesem Wandel entsprechend Rechnung zu tragen. Daraus ergibt sich, dass die historische Interpretation umso mehr in den Hintergrund tritt, je älter die Rechtsvorschriften sind.

Beispiel: Nach § 458 ZPO kann das Gericht im Besitzstörungsverfahren während der „Verhandlung“ einstweilige Vorkehrungen erlassen. Im Sprachgebrauch des 19. Jahrhunderts wurde „Verhandlung“ synonym mit „Verfahren“ verwendet. Daher können während des ganzen Verfahrens einstweilige Vorkehrungen erlassen werden.

F. Teleologische Interpretation

Die teleologische Interpretation versucht, den eigentlichen **Zweck der Norm**, die angestrebten Lösungen und das dahinterliegende Ziel zu ergründen. Hierbei handelt es sich mitunter um ein Weiter- bzw Zuendedenken der gesetzlichen Regelung, wobei jedoch die Grenzen zur Rechtsschöpfung (rechtspolitische Erwägungen *de lege ferenda*) nicht überschritten werden dürfen – insbesondere dürfen dem Gesetz nicht ein vom jeweiligen Interpreten subjektiv gewünschter Sinn oder subjektiv gewollte Zweckvorstellungen unterlegt werden. Die herangezogenen Auslegungskriterien und Wertungsgesichtspunkte müssen vielmehr der Rechtsordnung selbst entnommen werden (rechtsdogmatische Erwägungen *de lege lata*).

In diesem Rahmen können uU Ergebnisse erzielt werden, die über die ursprüngliche gesetzgeberische Absicht hinausgehen, weil die damals verfolgten Zwecke ge-

genwärtig überholt oder untragbar erscheinen. Je jünger ein Gesetz ist, desto heikler ist es, die erklärte Absicht des historischen Gesetzgebers außer Acht zu lassen.

Vertreter des öffentlichen Rechts stehen der teleologischen Interpretation meist skeptischer gegenüber und pflegen eine restriktivere Handhabung als Vertreter des Privatrechts, weshalb im öffentlichen Recht die teleologische Interpretation geringere Bedeutung hat. Diese Haltung ist insbesondere auf die in ausgeprägter Rechtssicherheit, der grundsätzlichen Konzeption der Grundrechte als Abwehrrechte gegen den Staat und der genauen Determinierung des staatlichen Handelns zum Schutz der Freiheit der Bürger (Legalitätsprinzip) liegenden Zwecke des öffentlichen Rechts zurückzuführen.

G. Analogie

Bleibt ein Auslegungsversuch erfolglos, weil ein Sachverhalt auch unter Ausschöpfung sämtlicher Interpretationsmethoden (**Grenze des äußerst möglichen Wortsinns!**) nicht unter die Tatbestandsmerkmale einer Rechtsvorschrift subsumierbar ist, kommt allenfalls noch Analogie in Betracht. Hier muss vorab geprüft werden, ob eine planwidrige **Rechtslücke** vorliegt. Sind gewisse Sachverhalte oder konkrete Lebenssituationen nicht gesetzlich geregelt, kann dies nämlich einerseits bedeuten, dass durch diesen Sachverhalt keine Rechtsfolgen ausgelöst werden sollen (und somit keine planwidrige Gesetzeslücke vorliegt), oder andererseits, dass eine nicht geplante Gesetzeslücke besteht. Das Vorliegen einer planwidrigen Gesetzeslücke (einer planwidrigen Unvollständigkeit des Rechts) ist somit Voraussetzung für eine Analogie.

Beispiele: § 89 Abs 3 GOG regelt telegraphische Eingaben. Diese Bestimmung wird heute auf Fax-Eingaben analog angewendet.
Weitere Beispiele sind die Anwendung des § 862a Satz 1 ABGB auf alle empfangsbedürftigen Willenserklärungen und die Anwendung der Bestimmungen über die unrechtmäßige Bereicherung (§ 1431 ABGB) im öffentlichen Recht.

Eine Gesetzeslücke im Rechtssinn liegt ausschließlich dann vor, wenn eine – gemessen an der dem Gesetz und der gesamten Rechtsordnung eigenen Teleologie – **planwidrige Unvollständigkeit des positiven Rechts** besteht. Im öffentlichen Recht wird die Analogie restriktiver gehandhabt, wofür dieselben Gründe sprechen, die für eine restriktivere Handhabung der teleologischen Interpretation sprechen, im Strafrecht gilt überhaupt ein Analogieverbot zum Nachteil des Beschuldigten (*nullum crimen sine lege*).

Auch bei der Analogie gilt, dass die subjektive Meinung des Rechtsanwenders, das Gesetz sei unvollständig, nicht maßgeblich sein kann – vielmehr ist eine Rechtslücke bloß dann anzunehmen, wenn der Gesetzgeber, gemessen an seinen eigenen Wertungen, seinem eigenen Maßstab und unter Heranziehung der gesamten Rechtsordnung den ungeregelten Sachverhalt konsequenterweise hätte regeln bzw anders hätte regeln müssen (somit anders geregelt hätte, wenn er sich des ungeregelten Sachverhalts bewusst gewesen wäre).

Hat der Gesetzgeber hingegen bewusst eine bestimmte Regelung getroffen und sie nicht auf den ungeregelten Sachverhalt erstreckt, ist im **Umkehrschluss** (*argumentum e contrario*) davon auszugehen, dass die Rechtsfolgen der entsprechenden Rechtsvorschrift gerade nicht auf den ungeregelten Sachverhalt Anwendung finden sollen (Ausschluss der Analogie mangels Vorliegens einer Gesetzeslücke). Ob Analogie oder Umkehrschluss greifen soll, ist eine schwierige und letztlich oftmals bloß durch Wertung zu lösende Frage.

Beispiele: Ein Verbraucher kann gemäß § 3a KSchG unter bestimmten, genau umschriebenen Umständen von einem Vertrag zurücktreten. Ein nicht genannter Umstand berechtigt *e contrario* nicht zum Rücktritt nach § 3a KSchG.
Für die Wahlen zu den allgemeinen Vertretungskörpern Nationalrat, Landtag und Gemeinderat gilt das Homogenitätsprinzip; dh die Bedingungen bei den Landtagswahlen und bei den Gemeinderatswahlen dürfen nicht enger gezogen werden als jene bei den Nationalratswahlen. Daraus ist nicht der Analogieschluss zu ziehen, dass das Homogenitätsprinzip für jeden Vertretungskörper, zB auch für zu wählende Vertretungskörper in Interessensvertretungen (Kammern) gilt. Vielmehr ist durch Umkehrschluss festzustellen, dass das B-VG zum Ausdruck bringt, dass nur für den jeweils zentralen allgemeinen Vertretungskörper der Gebietskörperschaften Bund, Länder und Gemeinden ein homogen gestaltetes Wahlrecht bestehen soll. Andernfalls hätte der Gesetzgeber eine ausdrückliche Homogenitätsregelung für alle Vertretungskörper geschaffen.

Eine Gesetzeslücke kann auch erst nach Erlassung eines Gesetzes auftreten (nachträgliche Lücke), zB wenn sich im Laufe der Zeit durch den technischen Fortschritt Sachverhaltskonstellationen ergeben, an welche der Gesetzgeber seinerzeit noch gar nicht denken konnte.

Steht fest, dass eine planwidrige Gesetzeslücke vorliegt, kann diese mittels **Analogie** geschlossen werden. Die für eine Analogie infrage kommende Rechtsvorschrift muss allerdings einen wertungsmäßig im Wesentlichen ähnlichen Sachverhalt im Vergleich zum ungeregelten Sachverhalt umschreiben, um die Rechtsfolgen der Norm auf diesen ungeregelten Sachverhalt zu erstrecken (die Unterschiede zwischen dem vom Tatbestand erfassten und dem ungeregelten Sachverhalt müssen somit teleologisch unerheblich sein). Man unterscheidet (vgl § 7 ABGB):

- **Gesetzesanalogie:** Hier wird die Rechtsfolge einer einzigen, bestimmten Rechtsvorschrift auf den vom Wortlaut des Tatbestands nicht erfassten, somit gesetzlich ungeregelten Sachverhalt angewendet.

  Beispiel: Die Risikohaftung des Auftraggebers gegenüber dem Auftragnehmer gemäß § 1014 ABGB wird *per analogiam* auf Dienstverhältnisse angewendet, auch wenn es beim Auftrag um Geschäftsbesorgung geht und beim Dienstvertrag um faktische Tätigkeiten.

  Unterfälle der Gesetzesanalogie sind die **Größenschlüsse**:

  Beim *argumentum a minori ad maius* wird vom Kleineren auf das Größere geschlossen: Hierbei wird die Rechtsfolge einer Norm auf einen nicht geregelten Sachverhalt erstreckt, für welchen die Zweckvorstellung der Norm noch viel eher zutrifft.

Beispiel: § 4 StVO normiert eine Pflicht der Unfallbeteiligten bei Verkehrsunfällen, im Fall der Verletzung von Personen die nächste Polizeidienststelle zu verständigen. Diese Pflicht gilt umso mehr, wenn eine Person zu Tode gekommen ist.

Beim *argumentum a maiori ad minus* ist vom Größeren auf das Kleinere zu schließen: Sind nach dem Gesetz wesentlich „gewichtigere" Dinge erlaubt, so muss dies erst recht für weniger Eingreifendes gelten.

Beispiel: Ist es erlaubt, in Notwehr jemanden zu töten, so muss es erst recht zulässig sein, den Angreifer bloß zu verletzen.

- **Rechtsanalogie:** Aus einer Vielzahl von gleichgelagerten Rechtsvorschriften wird ein verallgemeinerungsfähiger Grundsatz abgeleitet, der auf den nicht geregelten Sachverhalt angewendet wird.

Beispiele: Anerkannt ist etwa der allgemeine Grundsatz, dass Dauerschuldverhältnisse aus wichtigem Grund fristlos einseitig gelöst werden können.
Ebenso werden aus mehreren Bestimmungen des ABGB vorvertragliche Schutz-, Aufklärungs- und Sorgfaltspflichten abgeleitet (*„culpa in contrahendo"*).
Aus den arbeitsrechtlichen Regeln über den Urlaub wurde abgeleitet, dass auch für dem ABGB unterliegende Dienstverhältnisse Urlaubsansprüche bestehen, obwohl diese im Gesetz (1811!) nicht vorgesehen waren.
Die Regeln, wonach eine nicht geschuldete Leistung zurückgefordert werden kann und die für den Bereich des Privatrechts zB in den §§ 1431 und 1435 ABGB ausdrücklich normiert sind, sind auch im öffentlichen Recht anwendbar.

- **Natürliche Rechtsgrundsätze:** Dabei handelt es sich um die allgemeinsten Wertvorstellungen („elementare Bausteine"), auf welchen die Rechtsordnung gründet. Deren Heranziehung zu Analogiezwecken kommt als *ultima ratio* in Betracht, wenn sowohl Gesetzes- als auch Rechtsanalogie nicht zum Erfolg führen. Der Rechtsanwender ist unter Bindung an die allgemeinen Wertvorstellungen der Rechtsordnung dazu berufen, eine neue Rechtsvorschrift zu entwickeln.

Beispiel: Als natürlicher Rechtsgrundsatz ist etwa anzusehen, dass niemand für arglistiges Verhalten belohnt werden und somit keinerlei Vorteil daraus ziehen darf.

H. Teleologische Reduktion

Die teleologische Reduktion als das Gegenstück zur Analogie ist von Bedeutung, wenn der Gesetzgeber ungewollt und systemwidrig **überschießende Regelungen** trifft (also „zu viel" anstatt „zu wenig" [wie bei der Analogie] regelt).

Bei der teleologischen Reduktion besteht die planwidrige Unvollständigkeit des Rechts darin, dass keine Ausnahmeregelung getroffen wurde. Vom Wortlaut der Rechtsvorschrift sind Sachverhalte erfasst, die nach ihrem Sinn und Zweck nicht erfasst sein sollten. In einem solchen Fall wird der Tatbestand auf die nicht vom Sinn und Zweck der Regelung erfassten Sachverhalte nicht angewendet, somit teleologisch reduziert.

Beispiel: Nach § 23 Abs 3 StVO ist das Parken vor Hauseinfahrten verboten. Damit ist aber offenbar nicht der Fall gemeint, dass der Parkende und der einzige Benützer der Hauseinfahrt ident sind, weil das Parkverbot gerade diesem die Zufahrt zum Haus sichern möchte.

I. Authentische Interpretation

Dabei handelt es sich trotz der Bezeichnung **nicht um eine Interpretationsmethode** im oben erläuterten Sinn; der Gesetzgeber erklärt vielmehr mit einem neuen Gesetz rückwirkend, wie ein früher ergangenes Gesetz zu verstehen ist. Es erfolgt durch dieses neue Gesetz keine Derogation des alten (keine inhaltliche Abänderung: Unterschied zur Gesetzesnovelle), vielmehr stellt das neue Gesetz den Sinn des alten mit Wirkung für die Vergangenheit klar. Aufgrund der Vertrauensschutzproblematik (die authentische Interpretation kann einer „versteckten Rückwirkung" gleichkommen) wird von dieser Möglichkeit selten Gebrauch gemacht.

Beispiel: Bestimmte Mietgegenstände unterliegen nur dem Teilanwendungsbereich des Mietrechtsgesetzes (MRG). Das hat zur Folge, dass nur bestimmte Regelungen des MRG auf die Miete dieser Gegenstände anwendbar sind. Mit der Wohnrechtsnovelle 2001 wurden weitere Tatbestände in den Teilanwendungsbereich aufgenommen, darunter auch die neu errichteten Dachbodenausbauten durch den Vermieter (Baubewilligung und Vermietung nach dem 31.12.2001). Unklar war, ob dieser Tatbestand nur reine Dachbodenausbauten oder auch damit einhergehende Aufstockungen erfasste. Mit der Wohnrechtsnovelle 2006 wurde dieser Tatbestand authentisch interpretiert, indem festgelegt wurde, dass er auch für mit dem Dachbodenausbau verbundene Aufstockungen gilt, und zwar schon für Mietverträge die nach dem 31.12.2001 (und somit vor der WRN 2006) geschlossen wurden.

VIII. Unterscheidung Öffentliches Recht - Privatrecht

A. Allgemeines

Es gibt keinen grundsätzlichen rechtstheoretischen Unterschied zwischen Privatrecht und öffentlichem Recht: Ein Gesetz ist ein Gesetz, unabhängig davon, ob es aus dem öffentlichen Recht oder dem Privatrecht stammt. Wie sich gleich bei den Folgen der Unterscheidung zeigen wird, ist die Unterscheidung dennoch notwendig, weil sie der österreichischen Rechtsordnung zugrunde liegt und diese selbst darauf abstellt.

B. Abgrenzungstheorien

In Ermangelung an Klarstellungen der Rechtsordnung, welche Rechtsvorschriften als privatrechtliche und welche als öffentlich-rechtliche anzusehen sind, wurden hierzu ua folgende Theorien entwickelt, die allesamt – isoliert betrachtet – nicht zur Gänze zu überzeugen vermögen:

- Die auf das römische Recht zurückgehende **Interessentheorie** ordnet Rechtsvorschriften, welche den Interessen der Allgemeinheit dienen, dem öffentlichen Recht, jene, welche den Interessen des Einzelnen dienen, dagegen dem Privatrecht zu (Maßgeblichkeit der Interessenlage). Allerdings verfolgen viele Rechtsvorschriften sowohl private als auch öffentliche Interessen, wären somit nach dieser Einteilung nicht zuordenbar.
- Die **Subjektionstheorie** sieht das Charakteristikum des öffentlichen Rechts in der Über- und Unterordnung der Beteiligten, während im Privatrecht Gleichordnung besteht. Auch diese pauschale Einteilung scheitert, weil auch im Privatrecht zum Teil (zB im Verhältnis zwischen Eltern und Kindern) ein Über- und Unterordnungsverhältnis zwischen den Beteiligten besteht und im öffentlichen Recht, etwa beim Abschluss von Vereinbarungen zwischen Bundesländern, ein Verhältnis der Gleichrangigkeit.
- Die heute überwiegend vertretene **Subjektstheorie** erachtet für die Qualifikation als öffentliches Recht als maßgeblich, ob an einem Rechtsverhältnis zumindest ein mit Hoheitsgewalt ausgestattetes Rechtssubjekt beteiligt ist, welches dieses *imperium* auch ausübt.

Beispiele: Schließt der Bund einen Kaufvertrag mit einem Privaten über ein Grundstück ab, bedient er sich der Mittel des Privatrechts und agiert im Rahmen der Privatwirtschaftsverwaltung privatrechtlich ohne *imperium*. Enteignet der Bund hingegen einen Privaten, übt er seine Hoheitsgewalt aus, womit dieser Vorgang dem öffentlichen Recht zugeordnet wird.

C. Folgen der Unterscheidung

1. Behördenzuständigkeit

Grundsätzlich kann ein Gesetz selbst anordnen, von welchen Behörden (Gerichte oder Verwaltungsbehörden) es vollzogen werden soll (**Vollzugsklausel**). In Ermangelung einer diesbezüglichen Bestimmung gehören gemäß § 1 JN Privatrechtsangelegenheiten vor die ordentlichen Gerichte, was wiederum eine Abgrenzung nötig macht: In Kombination der oben erläuterten Theorien wird zumeist davon auszugehen sein, dass eine öffentlich-rechtliche Vorschrift vorliegt, wenn sie erkennbar allein dem öffentlichen Interesse dient, einseitige Entscheidungsbefugnisse von Staatsorganen vorsieht, die freie Dispositionsbefugnis von Privaten beschränkt, zwingendes Recht darstellt und ein Über- und Unterordnungsverhältnis erkennbar ist. Umgekehrt sprechen ein vorgesehener Ausgleich von privaten Interessen, Entscheidungsfreiheit, dispositives Recht und gleichrangige Verhältnisse für die Einordnung als privatrechtliche Bestimmung.

Gemäß Art 94 B-VG kann eine Behörde nur entweder Gerichts- oder Verwaltungsbehörde sein (Gewaltentrennung). Richter (sowohl der ordentlichen Gerichte als auch der Verwaltungsgerichte) sind im Gegensatz zu Verwaltungsbeamten grundsätzlich unabsetzbar, unversetzbar und weisungsfrei.

2. Haftung für schädigendes Verhalten

Fügt ein Organ des Staats in Vollziehung der Gesetze (also bei öffentlich-rechtlichen Aufgaben in Ausübung seiner Hoheitsgewalt) jemandem einen Schaden zu, gilt das besondere **Schadenersatzrecht des Amtshaftungsgesetzes** (AHG; s 3. Teil VI.D.6.). In Fällen nicht-hoheitlichen Handelns des Staats ist grundsätzlich das Schadenersatzrecht des ABGB maßgeblich.

3. Gesetzgebungskompetenz

Art 10 Abs 1 Z 6 B-VG weist im Rahmen der Kompetenzverteilung die **privatrechtlichen Angelegenheiten in Gesetzgebung und Vollziehung dem Bund** zu (das ABGB ist daher ein Bundesgesetz, die ordentlichen Gerichte sind Organe des Bundes); den Ländern kommt idR keine Kompetenz in diesen Bereichen zu.

2. Teil
Zivilrecht

I. Grundbegriffe des Zivilrechts

A. Einteilung des Privatrechts

1. Allgemeines Privatrecht und Sonderprivatrechte

Das Privatrecht wird aus Gründen der Systembildung selbst wiederum unterteilt in das allgemeine Privatrecht (Bürgerliches Recht/Zivilrecht) und in die Sonderprivatrechte (zB Unternehmensrecht, Arbeitsrecht, Wertpapierrecht).

Während das **allgemeine Privatrecht** Rechtsverhältnisse regelt, die grundsätzlich für alle Bürger von Bedeutung sind, enthalten die **Sonderprivatrechte** spezielle Vorschriften für bestimmte Personenkreise bzw für bestimmte Sachgebiete. Zwischen Unternehmern besteht etwa ein besonderes Bedürfnis nach reibungsloser und schneller Abwicklung von Geschäften, im Arbeitsrecht gilt es, dem natürlichen Ungleichgewicht zwischen Arbeitgeber und Arbeitnehmer entgegenzuwirken. Findet sich in den Sonderprivatrechten keine besondere Vorschrift, kommen die Regeln des allgemeinen Privatrechts zur Anwendung. Das allgemeine Privatrecht bildet somit die Grundlage der Sonderprivatrechte, die sich auch historisch aus ihm entwickelt haben. Das zentrale Regelungswerk stellt das **ABGB** dar, es gibt aber in wichtigen Bereichen auch eine Vielzahl an Nebengesetzen, wie zB:

- **EheG:** Das Ehegesetz regelt die Eheschließung und die Ehescheidung. Die Rechtswirkungen der aufrechten Ehe regelt hingegen das ABGB. Wie die Ehe abgeschlossen wird (= Form der Eheschließung), zeigt § 17 EheG.
- **AHG:** Das Amtshaftungsgesetz enthält ein besonderes Schadenersatzrecht für Fallkonstellationen, in denen ein Organ des Staats bei der Ausübung von Hoheitsgewalt einer Person einen Schaden zufügt. Es haftet die Gebietskörperschaft bzw die juristische Person öffentlichen Rechts, für die das Organ gehandelt hat. Der Anwendungsbereich findet sich in § 1 Abs 1 AHG.
- **DHG:** Das Dienstnehmerhaftpflichtgesetz will Dienstnehmer schützen, die bei der Arbeit versehentlich einen Schaden verursachen. Den Schaden trägt primär der Dienstgeber, wie § 2 DHG zeigt.
- **PHG:** Das Produkthaftungsgesetz normiert eine strenge Haftung von Herstellern für ihre Produkte. Was ein Produkt ist, regelt § 4 PHG.
- **EKHG:** Das Eisenbahn- und Kraftfahrzeughaftpflichtgesetz regelt eine besonders strenge Haftung für Schäden, die beim Betrieb einer Eisenbahn oder eines Kraftfahrzeuges verursacht werden. Wen diese strenge Haftung trifft, bestimmt § 5 EKHG.
- **KSchG:** Das Konsumentenschutzgesetz widmet sich – neben anderen Gesetzen (zB VKrG, FernFinG) – dem Schutz von Verbrauchern gegenüber Unterneh-

mern. Es findet sich zB ein Schutz vor Allgemeinen Geschäftsbedingungen. Die Regelungsdichte an Verbraucherschutzbestimmungen hat in den letzten Jahren so zugenommen, dass das Verbraucherrecht vielfach schon als eigenes Rechtsgebiet gesehen wird. Für den Bereich der Gewährleistung wurde ein eigenes Spezialgesetz erlassen, das

- **VGG** (Verbrauchergewährleistungsgesetz), das bei B2C-Kaufverträgen über Waren und bei Bereitstellung digitaler Leistungen zur Anwendung gelangt.
- **MRG:** Das Mietrechtsgesetz beschäftigt sich mit den Sonderproblemen der Rechtsbeziehung zwischen Vermieter und Mieter. Ein Schutzbedürfnis des Mieters ist evident, es wäre für ihn problematisch, wenn man seinen Mietvertrag genauso schnell beenden könnte, wie ein Zeitungsabonnement. Auch das Miet- und Wohnrecht wird von vielen schon als eigenes Rechtsgebiet betrachtet. Das Gesetz ist freilich so unübersichtlich geregelt, dass ein kurzes Beispiel aus diesem Gesetz schwer fällt. Beispiele für besonders unübersichtliche Rechtsnormen bieten dafür §§ 1 bis 59 MRG.

2. Einteilung des allgemeinen Privatrechts

Die heutige Lehre teilt das allgemeine Privatrecht in **fünf Teilbereiche** ein. Den Allgemeinen Teil, das Schuldrecht, das Sachenrecht, das Erbrecht und das Familienrecht. Alle diese Gebiete finden sich im ABGB und in den erwähnten Nebengesetzen. Unglücklich ist, dass diese Fünfteilung des Stoffes nach dem **Pandektensystem** heute zwar universell akzeptiert und praktiziert wird, dass aber ausgerechnet das ABGB diesem System nicht folgt, sondern den Stoff nach dem älteren Institutionensystem gliedert: Neben einem kurzen Teil „Personenrecht" (§ 15 bis § 284) und einem sehr umfangreichen Teil „Sachenrecht" (§ 285 bis § 1341) kennt das ABGB noch „gemeinsame Bestimmungen" (§ 1 bis § 14 und § 1342 bis § 1503). Der Begriff des Sachenrechts im ABGB geht viel weiter als der moderne Begriff des Sachenrechts nach der Pandektengliederung, weil er auch das Schuldrecht und das Erbrecht umfasst (s.o.). Grund dafür ist der sehr weite Vermögens- bzw Sachbegriff des § 285 ABGB, der „alles [erfasst], was von der Person unterschieden ist [...]" (s I.C.).

3. Dispositives, einseitig zwingendes und zwingendes Recht

Zwingendes Recht kann nicht durch Parteienvereinbarung abgeändert werden. Während im öffentlichen Recht zwingende Regeln vorherrschen (die Höchstgeschwindigkeit im Ortsgebiet ist nicht Gegenstand von Verhandlungen), sind solche im Privatrecht selten und nur dort zu finden, wo ein öffentliches Interesse daran besteht.

> *Beispiel:* Wenn § 143 ABGB bestimmt, dass die (juristische) Mutter eines Kindes die Frau ist, die das Kind geboren hat, sind abweichende Vereinbarungen (etwa bei einer – in Österreich ohnedies verbotenen – Leihmutterschaft) nicht möglich.

Die meisten Regeln des Privatrechts sind aber dispositiv, dh nachgiebig – sie müssen einer anders lautenden Parteienvereinbarung weichen.

Beispiel: Der gesetzliche Zinssatz beträgt nach § 1000 ABGB 4 % pro Jahr. Selbstverständlich können die Parteien stattdessen aber auch 3 % oder 5 % vereinbaren, im Privatrecht ist privatautonome, dh selbstbestimmte Rechtsgestaltung die Regel.

Obwohl man das **dispositive Recht** abwählen kann, hat es wichtige Funktionen. Wenn nichts anderes vereinbart wird, ist der Vertrag trotzdem nicht lückenhaft, weil das Gesetz den Vertragstext ergänzt. Außerdem liegt dem dispositiven Recht jener Wertungsmaßstab zugrunde, den der Gesetzgeber als sachgemäß empfinden würde. Weicht man von dieser Vorgabe drastisch ab, kann es sein, dass das Recht einer solchen Vereinbarung die Gültigkeit versagt.

Beispiel: Vereinbaren die Parteien also nicht 7 % oder 8 % Zinsen, sondern 80 %, dann verstößt diese Vereinbarung so krass gegen den Maßstab des Gesetzgebers, dass sie sittenwidrig und damit unwirksam ist (§ 879 Abs 1 ABGB).

Wo zulässige privatautonome Rechtsgestaltung aufhört und Sittenwidrigkeit beginnt, ist eine komplizierte Abwägungsfrage, die in jedem Einzelfall zu beantworten ist. In vielen Fällen kann allerdings auf Erfahrungssätze zurückgegriffen werden.

In Situationen, in denen der Gesetzgeber einem schwächeren Vertragspartner Schutz gewähren will, findet sich oft auch einseitig (zugunsten des Geschützten) zwingendes Recht.

Beispiele: Beträgt die Maximalarbeitszeit pro Tag 12 Stunden, darf nicht länger, wohl aber kürzer gearbeitet werden. Beträgt der gesetzliche Mietzins EUR 1.000, können nicht EUR 1.100, wohl aber EUR 800 vereinbart werden. Beträgt der Mindestlohn EUR 1.200, kann nicht weniger, natürlich aber mehr vereinbart werden.

B. Rechtssubjekte

Das ABGB unterscheidet Personen und Sachen. Eine Person zeichnet sich dadurch aus, dass sie Rechtssubjekt und daher rechtsfähig ist, also **Träger von Rechten und Pflichten** sein kann (s sogleich). Im Gegensatz dazu sind Sachen Rechtsobjekte und somit bloßer **Gegenstand von Rechten und Pflichten**. Das heißt, dass eine Person als Rechtssubjekt zB Eigentum an einer Sache (Rechtsobjekt) haben kann, dass ihr Schadenersatzansprüche zustehen können, dass sie Erbe sein kann. Die Rechtssubjekte werden in natürliche und juristische Personen unterteilt:

1. Natürliche Personen

Rechtssubjekt ist zunächst einmal **jeder Mensch** (natürliche Person). Dies kommt in § 16 ABGB zum Ausdruck. Nach dieser Norm hat jeder Mensch „angeborne, schon durch die Vernunft einleuchtende Rechte und ist daher als eine Person zu betrachten".

a) Rechtsfähigkeit

Die Rechtsfähigkeit des Menschen beginnt an sich mit der **Geburt** und endet mit dem **Tod**. Das bereits gezeugte, aber noch nicht geborene Kind (der ***nasciturus***) ist jedoch schon bedingt und beschränkt rechtsfähig (§ 22 ABGB). Seine Rechtsfähigkeit ist beschränkt, weil der *nasciturus* nur Träger von Rechten, nicht aber von Pflichten sein kann. Sie ist bedingt, weil er diese (beschränkte) Rechtsfähigkeit nur unter der Bedingung erwirbt, dass er lebend geboren wird.

Beispiele: Wird also der *nasciturus* im Mutterleib bei einem Unfall geschädigt und kommt er deshalb behindert zur Welt, stehen ihm Schadenersatzansprüche zu. Kommt er nicht lebend zur Welt, war er nie Rechtssubjekt.
Stirbt sein Vater, kann der *nasciturus* ihn beerben.
Auch das Strafrecht schützt den *nasciturus*. Ein Schwangerschaftsabbruch (Abtreibung) ist nämlich grundsätzlich nur dann nicht strafbar, wenn er in den ersten 3 Monaten nach Beginn der Schwangerschaft nach ärztlicher Beratung durch einen Arzt erfolgt (Fristenlösung), vgl §§ 96 ff StGB.

b) Handlungsfähigkeit

Nur weil jemand Träger von Rechten und Pflichten sein kann, heißt das noch lange nicht, dass er solche **Rechte und Pflichten** auch **selbst**, durch eigenes Handeln, **begründen** kann. Dies ist eine Frage der Handlungsfähigkeit (§ 24 ABGB).

Beispiel: Dass ein 18 Monate altes Kind Eigentümer eines Hauses sein kann (Rechtsfähigkeit), ist unproblematisch (zB weil es das Haus geerbt hat). Dass es auch selbst Mietverträge abschließen kann, ist nicht möglich. Es kann eben nicht durch eigenes Handeln Rechte und Pflichten begründen und ist somit nicht handlungsfähig.

Ein besonders wichtiger Bereich der Handlungsfähigkeit ist die **Geschäftsfähigkeit** (vgl § 865 ABGB): Geschäftsfähig ist, wer sich **durch eigenes Handeln rechtsgeschäftlich berechtigen und verpflichten** kann. Wer also zB für sich einen Kaufvertrag abschließen und dadurch einen Anspruch auf Übergabe der Kaufsache, aber eben auch eine Pflicht zur Zahlung des Kaufpreises begründen kann, ist geschäftsfähig. Diese Fähigkeit kommt gerade nicht jedem Menschen zu, sie ist vielmehr abhängig von Alter und Geisteszustand („Entscheidungsfähigkeit“, § 24 Abs 2 ABGB). **Voll geschäftsfähig** ist der geistig gesunde Volljährige. Wer noch nicht volljährig oder aufgrund seines Geisteszustandes nicht hinreichend entscheidungsfähig ist, kann nicht selbst rechtsgeschäftlich tätig werden, sondern benötigt zum Abschluss von Rechtsgeschäften einen Vertreter. Bei Minderjährigen sind das typischerweise die Eltern (§§ 167, 177, 158 ABGB; s I.H.2.a.). Bei Personen unter 18 Jahren muss man zwischen Kindern (bis zur Vollendung des 7. Lebensjahres) sowie unmündigen (bis zur Vollendung des 14. Lebensjahres) und mündigen (ab dem 14. Lebensjahr) Minderjährigen unterscheiden, wobei das Gesetz eine Erweiterung der Geschäftsfähigkeit mit fortschreitendem Alter vorsieht.

Kinder unter 7 Jahren sind an sich völlig **geschäftsunfähig**. Schließen sie allein ein Geschäft ab, ist dieses daher absolut nichtig, das Geschäft wird also so behandelt, als ob es niemals zustande gekommen wäre. Es gibt allerdings zwei Ausnahmen:

Schließen Kinder alterstypische Geschäfte über geringfügige Angelegenheiten des täglichen Lebens ab, so werden diese Geschäfte rückwirkend – mit Erfüllung der das Kind treffenden Pflicht – wirksam. Man nennt diese Ausnahme „Wurstsemmel- oder **Taschengeldparagraph**" (§ 170 Abs 3 ABGB).

Beispiele: Die 6-jährige Lara kauft sich im Supermarkt um EUR 1 einen Kaugummi. Bezahlt sie, ist das Geschäft wirksam. Kauft sie hingegen um EUR 35 eine Puppe, ist der Vertrag absolut nichtig und sie kann das Geld (vertreten durch ihre Eltern) zurückfordern, weil es sich bei einem Kauf einer Sache um diesen Preis sicherlich nicht um eine geringfügige Angelegenheit des täglichen Lebens handelt.

Darüber hinaus können Kinder auch Versprechen annehmen, die **bloß zu ihrem Vorteil** sind (§ 865 Abs 2 ABGB).

Beispiele: Bekommt die 6-jährige Sissi ein Buch geschenkt, kann sie der Schenkung wirksam zustimmen. Anders verhält es sich, wenn sie ein Computerspiel besonders billig kauft, weil das Geschäft dann nicht nur zu ihrem Vorteil ist. Auch wenn sie ein Pferd geschenkt bekommt, ist das Geschäft nicht nur zu Sissis Vorteil, weil bei diesem ein hoher Aufwand für Lebenshaltungskosten anfällt.

Unmündige Minderjährige zwischen 7 und 14 Jahren sind **beschränkt geschäftsfähig**, sie können alle Geschäfte abschließen, die auch Kinder unter 7 Jahren abschließen können. Geschäfte, die nicht von der Geschäftsfähigkeit des unmündigen Minderjährigen gedeckt sind, sind allerdings anders als bei Kindern nicht absolut nichtig, sondern nur **schwebend unwirksam**. Man spricht von „hinkenden" Rechtsgeschäften (*negotia claudicantia*). Sie können daher vom gesetzlichen Vertreter genehmigt werden, was auch konkludent (s.u.) möglich ist. Weitere Folge ist, dass der Geschäftspartner bis zur Genehmigung an sein Angebot gebunden ist. Wenn die Genehmigung erteilt wird, kommt das Geschäft zustande. Ist das nicht der Fall, ist das Geschäft endgültig nichtig.

Mündige Minderjährige (zwischen 14 und 18 Jahren) können sich selbst darüber hinaus zu **Dienstleistungen** verpflichten (nicht aber zu Ausbildungsverträgen, hierzu ist stets die Zustimmung der Eltern erforderlich), wobei aber ein Kündigungsrecht der Eltern aus wichtigem Grund besteht (§ 171 ABGB). Weiters können mündige Minderjährige über Einkommen aus eigenem Erwerb und über Sachen, die ihnen zur freien Verfügung überlassen worden sind, verfügen. Dies gilt aber nur soweit, als dadurch die Befriedigung ihrer Lebensbedürfnisse nicht gefährdet wird (§ 170 Abs 2 ABGB).

Beispiele: Zur freien Verfügung überlassen ist etwa das Taschengeld, nicht aber die Firmuhr, Kleidung oder Schulbücher. Will der 17-jährige Daniel einen Ferialjob in einer Brauerei absolvieren, kann er einen entsprechenden Arbeitsvertrag ohne Zustimmung seiner Eltern abschließen, weil es sich nicht um einen Ausbildungsvertrag handelt. Kommt er aber jeden Tag betrunken nach Hause, steht den gesetzlichen Vertretern ein Kündigungsrecht (aus wichtigem Grund) zu. Das Geld, das Daniel in seinem Ferialjob verdient, ist „Einkommen aus eigenem Erwerb".

Damit zeigt sich, dass im Bereich der jeweiligen Eigengeschäftsfähigkeit der Minderjährige selbst handeln kann. Darüber hinaus benötigt er seinen Vertreter. Das sind nach § 167 ABGB grundsätzlich die Eltern.

Volljährige (nach Vollendung des 18. Lebensjahres) haben grundsätzlich **unbeschränkte Geschäftsfähigkeit**. Anderes gilt, wenn sie nicht im Vollbesitz ihrer geistigen Kräfte sind. Dies trifft auf dauerhaft geistig beeinträchtigte Personen ebenso zu wie auf Betrunkene oder Menschen im Drogenrausch. Diese können zwar stets Alltagsgeschäfte abschließen (§ 242 Abs 3 ABGB) und bloß zu ihrem Vorteil gemachte Versprechen annehmen (§ 865 Abs 2 ABGB). Ist eine Person aber dauerhaft psychisch krank oder aufgrund einer vergleichbaren Beeinträchtigung in ihrer Entscheidungsfähigkeit beeinträchtigt, benötigt sie für darüberhinausgehende Geschäfte einen **Vertreter**. In Frage kommen hierfür eine Vorsorgevollmacht sowie eine gewählte, gesetzliche oder gerichtliche Erwachsenenvertretung. Ist eine Person noch geschäftsfähig, kann sie im Rahmen einer **Vorsorgevollmacht** für den Fall des Verlustes der Geschäftsfähigkeit einen Vertreter bestimmen (§ 260 ABGB). Wurde zwar keine Vorsorgevollmacht errichtet, ist die Person aber noch fähig, die Bedeutung und Folgen einer Bevollmächtigung in Grundzügen zu verstehen, kann sie ihr nahestehende Personen als **Erwachsenenvertreter auswählen** (§ 264 ABGB). Ist dies nicht der Fall, übernehmen nächste Angehörige die Vertretung (**gesetzlicher Erwachsenenvertreter**), wenn diese im Österreichischen Zentralen Vertretungsregister eingetragen wurden (§ 268 ABGB). Gibt es keine Angehörigen oder können diese die Vertretung nicht wahrnehmen, ist **gerichtlich** ein **Erwachsenenvertreter** zu bestellen (§ 271 ABGB).

Durch eine Erwachsenenvertretung kommt es grundsätzlich zu **keinem automatischen Verlust** der Geschäftsfähigkeit. Die vertretene Person kann im Wirkungsbereich des Erwachsenenvertreters selbst handeln, wenn sie die für die konkrete Rechtshandlung erforderliche Entscheidungsfähigkeit hat. Es muss im Einzelfall überprüft werden, ob die vertretene Person die Bedeutung und die Folgen ihres Handelns im konkreten Zusammenhang verstehen kann.

Beispiel: Die 40-jährige Elsa leidet an einer bipolaren Störung; für sie ist für alle Vermögensangelegenheiten ein Erwachsenenvertreter bestellt. Unterzeichnet sie während einer krankhaften Phase ohne Zustimmung des Erwachsenenvertreters mit ihrem Nachbar einen Kaufvertrag über ihre Liegenschaft, ist dieser schwebend unwirksam. Tut sie dies in einem unbeeinträchtigten Zustand, ist der Kaufvertrag wirksam.

Das Gericht muss jedoch bei Bestellung des gerichtlichen Erwachsenenvertreters einen **Genehmigungsvorbehalt** anordnen, wenn dies zur Abwehr einer ernstlichen und erheblichen Gefahr für die vertretene Person erforderlich ist (§ 242 Abs 2 ABGB). Die Beschränkung der Geschäftsfähigkeit wirkt dann konstitutiv: Selbst wenn die vertretene Person im Einzelfall entscheidungsfähig ist, ist ihre Erklärung dennoch schwebend unwirksam und müsste genehmigt werden.

Beispiel: Eine Person, deren Geisteszustand stark schwankt, bestellt laufend Waren im Internet, die sie nicht benötigt und die ihre Vermögenssituation übersteigen. Es ist absehbar, dass aufwändige Gerichtsverfahren bevorstehen, weshalb an einen Genehmigungsvorbehalt zu denken sein könnte.

Geschäftsunfähige sind von der Rechtsordnung besonders geschützt. Selbst wenn der Dritte die Geschäftsunfähigkeit nicht erkennen konnte, kommt der Vertrag nicht zustande. Der **Schutz des Geschäftsunfähigen** geht also dem Schutz des Vertrauens des Dritten vor (Geschäftsunfähigenschutz vor Vertrauensschutz).

Beispiel: Selbst wenn der Nachbar nicht bemerken konnte, dass Elsa geschäftsunfähig ist, kommt der Vertrag nicht zustande.

c) Deliktsfähigkeit

Deliktsfähig ist, wer durch eigenes rechtswidriges Handeln **schadenersatzpflichtig** werden kann. Auch die Deliktsfähigkeit hängt von Alter und Geisteszustand ab. Hinsichtlich des Alters setzt die Deliktsfähigkeit grundsätzlich mit Vollendung des 14. Lebensjahres ein (**mündige Minderjährige**, § 176 ABGB). Für unmündige Minderjährige und Kinder haftet aber ihre **Aufsichtsperson**, wenn diese schuldhaft ihre Aufsichtspflicht verletzt hat (§ 1309 ABGB). Aufsichtspersonen sind im Regelfall die Eltern, zB aber auch der Lehrer während des Unterrichts. Nur wenn keine Verletzung der Aufsichtspflicht vorliegt oder von der Aufsichtsperson kein Ersatz zu erlangen ist, kann der an sich Deliktsunfähige subsidiär doch selbst haften, wenn seine Haftung „billig" (= gerecht) ist (§ 1310 ABGB). Dafür stellt § 1310 ABGB verschiedene Voraussetzungen auf. Zur **Billigkeitshaftung** kommt es insbesondere, wenn der an sich deliktsunfähige Minderjährige das Unrecht der konkreten Tat doch einsehen konnte. Zur Haftung kommt es aber auch, wenn ein Vermögensvergleich zwischen deliktsunfähigem Schädiger und Geschädigtem ergibt, dass es für den Geschädigten wesentlich härter wäre, keinen Ersatz zu erlangen, als es für den Schädiger wäre, Ersatz zu leisten. Dieser Tatbestand hat deshalb eine große Bedeutung, weil die Rechtsprechung ihn auch dann anwendet, wenn für das Kind eine Haftpflichtversicherung besteht. Schließlich kann es auch dann zur Haftung des an sich Deliktsunfähigen kommen, wenn der Geschädigte aus Schonung des Schädigers die Verteidigung unterlassen hat. Wer nicht über die nötige Einsichtsfähigkeit verfügt, ist unabhängig von seinem Alter deliktsunfähig. Das kann zB bei psychisch Kranken und geistig Beeinträchtigten der Fall sein.

Beispiele: Lässt Alex seinen 12-jährigen Sohn Kevin im Hof unbeaufsichtigt mit dem Luftdruckgewehr spielen, verletzt er schuldhaft seine Aufsichtspflicht und haftet für Schäden, die Kevin anrichtet. Spielt Kevin hingegen bloß am Spielplatz und verletzt beim Rutschen ein anderes Kind, liegt keine Aufsichtspflichtverletzung vor. Evt haftet dann aber Kevin, wenn für ihn eine Versicherung besteht oder er einsehen konnte, dass sein Handeln sorgfaltswidrig war.

d) Verhältnis von Rechts- und Handlungs- bzw Deliktsfähigkeit

Wer handlungs- oder deliktsfähig ist, ist notwendig auch rechtsfähig. Aber nicht jeder, der rechtsfähig ist, ist auch handlungs- oder deliktsfähig. Dies lässt sich etwa am Bsp von Kindern veranschaulichen. Ein Kind ist rechtsfähig, es kann also Eigentümer einer Sache sein. Es ist aber nicht geschäftsfähig, kann also selbst keinen Kaufvertrag abschließen. Dazu bedarf es eines Vertreters, wofür insb die Eltern in Betracht kommen.

Beispiel: Möchte der 6-jährige Maxi eine Modelleisenbahn kaufen, müssen die Eltern als gesetzliche Vertreter den Vertrag abschließen. Mit Übergabe erwirbt Maxi dann Eigentum.

2. Juristische Personen

Neben natürlichen Personen gibt es auch **rechtliche Gebilde**, denen die Rechtsordnung **Rechtsfähigkeit** verleiht (§ 26 ABGB). Es handelt sich dabei um juristische Personen. Zu unterscheiden sind juristische Personen des Privatrechts und juristische Personen des Öffentlichen Rechts. Beispiele für **juristische Personen des Privatrechts** sind die Aktiengesellschaft, die GmbH, Vereine oder die Privatstiftung. Diese werden durch privatrechtlichen Akt gegründet. **Juristische Personen des Öffentlichen Rechts** sind zB Gemeinden oder Sozialversicherungsträger, sie werden durch einen Hoheitsakt (zB Gesetz oder Bescheid) errichtet. Auch bei juristischen Personen ist zwischen der Rechtsfähigkeit und Handlungsfähigkeit zu unterscheiden.

a) Rechtsfähigkeit

Dass juristischen Personen Rechtsfähigkeit zugestanden wird, dient schlicht der **Zweckmäßigkeit**: Wäre nämlich eine Aktiengesellschaft nicht rechtsfähig, könnte ein Dritter mit ihr zB keinen Vertrag haben, sondern müsste den Vertrag mit jedem einzelnen Aktionär schließen. Eine Klage müsste gegen jeden einzelnen Aktionär (oft tausende Personen) gerichtet werden. Jeder einzelne Aktionär müsste als Eigentümer einer Liegenschaft ins Grundbuch eingetragen werden. Weil dies unpraktisch wäre, erkennt die Rechtsordnung auch juristische Personen als Zurechnungssubjekte an.

b) Geschäftsfähigkeit

Juristische Personen sind **nicht geschäftsfähig**, sie brauchen notwendigerweise natürliche Personen, die für sie handeln. Diese Personen agieren somit als Vertreter. Dafür kommen insbesondere die **Organe** der juristischen Person in Betracht. So ist etwa in einer Aktiengesellschaft der Vorstand dazu berufen, die AG zu vertreten. Die Vorstandsmitglieder können daher für die AG zB Verträge schließen; selbiges gilt etwa für die Geschäftsführer der GmbH (vgl etwa § 18 GmbHG) und den Vorstand eines Vereins oder einer Privatstiftung.

c) Deliktsfähigkeit

Juristische Personen sind auch **nicht deliktsfähig**. Ihnen wird aber das **schuldhafte Verhalten** ihrer Organe und Repräsentanten **zugerechnet**, wenn diese in Ausübung ihrer Funktion gehandelt haben. Repräsentanten sind Personen, die zwar keine Organe sind, aber sonst in leitender Stellung tätig sind und einen eigenständigen Aufgabenbereich haben (§ 337 ABGB spricht von „Machthabern").

Beispiel: Hat der Einkaufsleiter der S-GmbH schon davon gehört, dass die Produkte seines Zulieferers gesundheitsschädlich sind und veranlasst er trotzdem deren Weiterverkauf an den Händler, kann der Endabnehmer A, wenn er deshalb krank wird, von der S-GmbH Schadenersatz verlangen.

C. Rechtsobjekte

Während Rechtssubjekte Träger von Rechten und Pflichten sind, beziehen sich diese Rechte und Pflichten auf Rechtsobjekte (Sachen). Nach § 285 ABGB ist alles eine Sache, was keine Person ist und zum Gebrauch der Menschen dient. Dieser **Sachbegriff des ABGB** ist – wie schon erwähnt – sehr weit und umfasst nicht nur körperliche, sondern auch unkörperliche Sachen wie Forderungen oder Rechte. Das **moderne Sachenrecht** beschäftigt sich dagegen nur mit körperlichen Sachen. Eine „Mittelstellung“ nehmen **Tiere** ein. Sie sind nach dem Gesetz zwar keine Sachen, werden aber wie solche behandelt.

Beispiel: Ein Affe kann daher nicht erben oder Eigentümer einer Sache sein. Man kann aber Eigentümer eines Affen sein oder ihn kaufen. Der Affe kann aber auch nicht wegen Körperverletzung schadenersatzpflichtig werden, weil er auch nicht Träger einer Pflicht sein kann.

Ein Unterschied zwischen Sachen und Tieren besteht im Schadenersatzrecht, weil bspw der Ersatz der Behandlungskosten den Wert des Tieres übersteigen kann (vgl § 1332a ABGB).

D. Grundbegriffe der Rechtsgeschäftslehre

1. Privatautonomie

Das österreichische Privatrecht gewährt jeder Person Privatautonomie. Damit ist gemeint, dass jede natürliche oder juristische Person selbstbestimmt die rechtlichen Beziehungen zu ihrem Umfeld regeln kann. Die Privatautonomie ist auch verfassungsrechtlich geschützt, was aus Art 5 Staatsgrundgesetz (Eigentumsfreiheit) abgeleitet wird. Sie ist somit Eckpunkt einer an marktwirtschaftlichen Grundsätzen ausgerichteten Gesellschaftsordnung und ein zentraler Pfeiler unserer Privatrechtsordnung.

Wichtigster Ausfluss der Privatautonomie ist die **Vertragsfreiheit**. Danach kann jede Person frei entscheiden, ob und mit wem sie worüber Verträge abschließt (**Abschluss- und Inhaltsfreiheit**). Hinzu tritt die Freiheit, Verträge grundsätzlich jederzeit einvernehmlich aufzulösen (**Beendigungsfreiheit**) sowie die grundsätzliche **Formfreiheit** von Verträgen (§ 883 ABGB).

Beispiele: A verkauft dem B mündlich sein Grundstück um EUR 700.000. Der mündliche (formfreie) Vertrag ist gültig. B kann A auf Übergabe der Liegenschaft klagen. Ebenso hätte A das Grundstück dem C verkaufen können oder A und B hätten sich auf EUR 750.000 einigen können.

a) Grenzen der Privatautonomie

Von der Privatautonomie bestehen Ausnahmen. In manchen Fällen ist eine Person verpflichtet, Verträge abzuschließen. Man spricht dann von **Kontrahierungszwang**. Wer eine Leistung der Daseinsvorsorge erbringt, auf die andere angewiesen sind, kann sich nicht auf die Freiheit berufen, keine Verträge abschließen zu müssen. Den Kontrahierungszwang hat der OGH auch auf Monopolisten ausgedehnt. Diese dürfen Vertragsabschlüsse nur aus sachlichen Gründen verweigern.

Beispiele: Sepp betreibt das einzige Lebensmittelgeschäft in einem abgelegenen Bergdorf. Kommt Fritzi und will bei ihm Brot kaufen, muss Sepp einen Vertrag mit ihm abschließen und kann sich nicht darauf berufen, dass er Fritzi schon immer gehasst habe. Gleiches würde etwa für die Eisenbahn, die Post oder Energieversorger gelten. Der OGH hat aber auch einen Kontrahierungszwang eines Fußballvereins oder eines Casinobetreibers, die jeweils Monopolisten waren, bejaht.

Verträge, die gegen **gesetzliche Verbote** verstoßen, sind nichtig (§ 879 Abs 1 ABGB). So ist etwa ein Kaufvertrag über Kokain ungültig, weil die Rechtsordnung den Verkauf von Kokain als Straftat einstuft. Dasselbe gilt für einen Vertrag, der gegen das Kartellrecht verstößt. Zu prüfen ist dabei aber immer der **Schutzzweck der Norm**. So sind etwa Kaufverträge, die außerhalb der gesetzlichen Ladenöffnungszeiten abgeschlossen werden, zwar gesetzwidrig, aber dennoch nicht nichtig, weil dies der Zweck der Vorschriften zu Ladenöffnungszeiten nicht verlangt (bloßes Abschlussverbot, kein Inhaltsverbot). § 879 Abs 1 ABGB formuliert daher zu streng und ist insofern teleologisch zu reduzieren. Das heißt, dass die Nichtigkeitssanktion für gesetzwidrige Verträge nur dort gilt, wo der Vertragsinhalt rechtlich missbilligt wird. Auf einen Aspekt der Gesetzwidrigkeit von Verträgen wurde schon hingewiesen, nämlich auf **einseitig zwingendes Recht**, das zugunsten **schutzbedürftiger Personen(gruppen)** besteht, zB Arbeitnehmer oder Verbraucher. Einseitig zwingende Regeln können nur zu ihren Gunsten, nicht aber zu ihren Lasten durch Parteienvereinbarung abbedungen werden – nachteilige Regelungen wären nichtig, auch wenn sich beide Parteien darauf geeinigt hätten.

Daneben sind auch Verträge, die gegen die **guten Sitten** verstoßen, nach § 879 Abs 1 ABGB nichtig. Die guten Sitten sind nicht explizit in der Rechtsordnung festgeschriebene Maßstäbe, die sich entweder aus der Rechtsordnung ableiten lassen oder allgemein in den Moralvorstellungen der Bevölkerung verankert sind. Was gegen die guten Sitten verstößt, kann sich auch über die Zeit ändern.

Beispiele: Der OGH erachtete über lange Zeit den Prostitutionsvertrag als sittenwidrig. Im Jahr 2012 wurde diese Rechtsprechung geändert. Der Prostitutionsvertrag ist nun ein einseitig verpflichtender Vertrag. Die sexuelle Dienstleistung kann daher nicht eingeklagt werden. Wird sie aber erbracht, kann das Entgelt dafür sehr wohl gerichtlich eingeklagt werden. Nach wie vor sittenwidrig sind bspw wucherische Verträge, bei denen ein grobes Missverhältnis zwischen Leistung und Gegenleistung besteht und der schwächere Vertragspartner ausgenutzt wird (§ 879 Abs 2 Z 4 ABGB).

Die Rechtsfolgen hängen vom Schutzzweck ab: Sind allgemeine Interessen betroffen, ist der Vertrag absolut nichtig. Sind nur die Interessen einer Person betroffen (zB beim Wucher) liegt eine relative, dh geltend zu machende, Nichtigkeit vor.

Eine weitere Grenze der Privatautonomie sind **Formgebote**. An sich gilt – wie bereits erwähnt – der Grundsatz der Formfreiheit in Bezug auf den Abschluss des Vertrags (§ 883 ABGB). In bestimmten Fällen ist aber zum **Schutz vor Übereilung** oder zu **Beweiszwecken** eine besondere Form vorgesehen (zB § 1346 Abs 2 ABGB:

Schriftform für die Bürgschaft oder §§ 577 ff ABGB: Testamentsformen). Wird das Rechtsgeschäft nicht in der vorgeschriebenen Form errichtet, ist es unwirksam, auch wenn die Parteien das Rechtsgeschäft unzweifelhaft mit diesem Inhalt abschließen wollten.

Beispiel: Der Verstorbene hat in einem Videotestament unzweifelhaft seinen letzten Willen erklärt. Da eine Videoaufzeichnung keine anerkannte Testamentsform ist, ist dieser letzte Wille unbeachtlich.

2. Willenserklärungen

Privatautonomie ist also die Freiheit jedes Einzelnen, seine rechtlichen Angelegenheiten nach seinem Willen zu gestalten. Mittel der Gestaltung, mit dem von der Privatautonomie Gebrauch gemacht wird, sind Willenserklärungen.

Eine Willenserklärung ist eine mit **Rechtsfolgewillen** abgegebene Erklärung einer Person. Notwendig ist also, dass die **Erklärung nach außen** tritt (durch Sprechen, Schreiben, Deuten). Wer sich bloß im Stillen denkt, dass er eine Sache gerne kaufen möchte, setzt keine Willenserklärung. Außerdem muss die Person, die sich äußert, den Willen haben, mit der Erklärung Rechtsfolgen auszulösen.

Beispiele: Am Rechtsfolgewillen fehlt es typischerweise bei einer noch unbestimmten Verabredung zu einem baldigen Kinobesuch. Hier soll kein rechtlich durchsetzbarer Anspruch entstehen. Anders beim Kauf der Kinokarte: Hier möchte die betreffende Person eine rechtliche Verpflichtung begründen.

Damit eine Willenserklärung wirksam ist, muss sie ihrem Empfänger zugehen (**Zugangsprinzip**). Solange man nicht wissen kann, was einem erklärt wird, liegt keine wirksame Willenserklärung vor. Allerdings kann für das Wirksamwerden auch nicht verlangt werden, dass der Empfänger tatsächliche Kenntnis von einer Erklärung erlangt, weil er es sonst in der Hand hätte, die Kenntnis und damit das Wirksamwerden zu vereiteln. Für den Zugang und damit das Wirksamwerden der Willenserklärung reicht es daher aus, dass der Empfänger sich nach dem gewöhnlichen Lauf der Dinge Kenntnis vom Inhalt der Willenserklärung verschaffen kann. Die Willenserklärung muss also in den **Machtbereich** des Angebotsempfängers gelangen (zB Einwurf eines Briefs in den Briefkasten; Nachricht auf dem Anrufbeantworter; E-Mail im Posteingang). Zeitpunkt des Zugangs ist der Moment, in dem der Erklärende mit der Kenntnis durch den Empfänger rechnen konnte.

Beispiel: Wer also in der Nacht einen Brief in einen Briefkasten wirft, kann nicht damit rechnen, dass er sofort gelesen wird; Zugangszeitpunkt ist grundsätzlich der Morgen des nächsten Tages.

Es gibt ausdrückliche und schlüssige (konkludente) Willenserklärungen. **Ausdrückliche Willenserklärungen** bestehen aus geschriebenen oder gesprochenen Worten oder allgemein angenommenen Zeichen.

Beispiele: Bietet A dem B sein Auto zum Kauf um EUR 5.000 an und sagt B darauf: „Einverstanden, ich kaufe es um EUR 5.000“, liegen zwei ausdrückliche Willenserklärungen vor. Gleiches gilt, wenn B mit dem Kopf nickt, weil es sich hierbei um ein allgemein anerkanntes Zeichen der Zustimmung handelt.

Bei **konkludenten Willenserklärungen** geht der Erklärungswert weniger aus Worten hervor, sondern daraus, wie sich eine Person in einer bestimmten Situation verhält. Das Gesetz setzt hierfür in § 863 ABGB einen hohen Maßstab an: Erst wenn mit Überlegung aller Umstände kein vernünftiger Grund besteht, an einer Willenserklärung zu zweifeln, liegt eine konkludente Willenserklärung vor.

Beispiele: Steigt Kurt in den Bus ein, besteht aus Sicht des Busfahrers kein vernünftiger Grund, daran zu zweifeln, dass Kurt einen Vertrag abschließen will. Gleiches gilt, wenn Rudi sein Auto in einer gebührenpflichtigen Tiefgarage abstellt.

Das **bloße Schweigen** gilt in aller Regel aber nicht als Willenserklärung, weil Schweigen viele Bedeutungen haben kann. Im Zivilrecht gilt also nicht das Prinzip „Wer schweigt, stimmt zu“.

3. Arten von Rechtsgeschäften

Liegen eine oder mehrere Willenserklärungen vor, spricht man auch von einem Rechtsgeschäft. Rechtsgeschäfte lassen sich dabei in verschiedene Kategorien einteilen:

a) Einseitige und zwei- bzw mehrseitige Rechtsgeschäfte

Für das Zustandekommen eines **einseitigen Rechtsgeschäfts** ist nur **eine Willenserklärung** notwendig (zB Testament, Kündigung). In der Regel reicht es aber nicht aus, dass eine Person etwas möchte, man benötigt dazu die Zustimmung einer anderen Person. Ein **zweiseitiges Rechtsgeschäft** besteht daher aus **zwei übereinstimmenden Willenserklärungen**, gebräuchlich ist dafür der Begriff „**Vertrag**“ (s I.E.).

Beispiele: Kaufvertrag, Tauschvertrag, Werkvertrag, Mietvertrag oder Schenkungsvertrag. Beachte: Auch der Beschenkte muss der Schenkung zustimmen.

Es gibt auch mehrseitige Rechtsgeschäfte, der Vertrag kommt dann zwischen mehreren Parteien zustande.

b) Einseitig und zweiseitig verpflichtende Rechtsgeschäfte

Liegt ein zweiseitiges Rechtsgeschäft vor, kann dieses **einseitig oder zweiseitig verpflichtend** sein, je nachdem ob nur ein Partner verpflichtet wird oder beide. Beim Schenkungsvertrag wird nur ein Partner verpflichtet: Einer leistet eine Sache (Schuldner), der andere nichts (Gläubiger). Beim Kaufvertrag werden beide Partner verpflichtet: Einer muss den Preis, der andere die Sache leisten, jede Partei ist also zugleich Gläubiger und Schuldner. In zweiseitig verbindlichen Rechtsgeschäften kommt die typische Verknüpfung von Leistung und Gegenleistung zum Ausdruck (*do ut des* – „ich gebe, damit du gibst“), die man „**Synallagma**“ nennt.

c) Verpflichtungs- und Verfügungsgeschäfte

Diese Unterscheidung ist von besonderer Bedeutung. Ein Verpflichtungsgeschäft begründet **schuldrechtliche** Pflichten, es ist auf eine künftige Leistung gerichtet. Es stellt somit den **Titel** dar, wirkt aber noch nicht sachenrechtlich. Soll auf **sachenrechtliche Positionen** eingewirkt werden, ist zusätzlich ein Verfügungsgeschäft, der **Modus**, notwendig (vgl Voraussetzungen des Titels und Modus bei der Eigentumsübertragung, § 380 ABGB). Die Wirksamkeit dieses Verfügungsgeschäfts hängt von der Wirksamkeit des Verpflichtungsgeschäfts ab, was als **Prinzip der kausalen Tradition** schon aus dem römischen Recht bekannt ist.

Beispiel: A will B sein Auto verkaufen. Schließen sie einen Kaufvertrag, ist dieser das Verpflichtungsgeschäft. Das Eigentum am Auto ist aber dadurch noch nicht übergegangen. Dafür ist zusätzlich die körperliche Übergabe des Autos erforderlich. War der Kaufvertrag ungültig, kann trotz Übergabe kein Eigentumsübergang stattfinden (Prinzip der kausalen Tradition).

Auch wenn es notwendig ist, Verpflichtungs- und Verfügungsgeschäft juristisch zu trennen, so ist doch darauf hinzuweisen, dass faktisch vor allem im täglichen Leben beide Geschäfte oft zusammenfallen, so zB bei Barkäufen (Kauf einer Semmel beim Bäcker oder einer Zeitung in der Trafik).

E. Der Abschluss von Verträgen

Das wichtigste Rechtsgeschäft im heutigen Wirtschaftsleben ist der Vertrag. Ein Vertrag kommt durch zwei oder mehrere **übereinstimmende Willenserklärungen** zustande (§ 861 ABGB). Notwendig sind also ein Angebot und eine inhaltsgleiche Annahme: Der Anbietende schlägt einen bestimmten Vertragsinhalt vor und der Angebotsempfänger nimmt dieses Angebot an.

1. Das Angebot

Ein Angebot muss **hinreichend bestimmt** sein. Damit ist gemeint, dass das Angebot die Mindestbestandteile des gewollten Vertrages (***essentialia negotii***) enthält. Beim Kaufvertrag müsste das Angebot also jedenfalls die Kaufsache und den Kaufpreis enthalten, beim Mietvertrag den Mietgegenstand und den Mietzins. Es genügt aber, wenn die *essentialia negotii* des angestrebten Vertrags bestimmbar sind (etwa Kauf zum „derzeit gültigen Listenpreis"). Das Angebot ist also hinreichend bestimmt, wenn es durch bloße Zustimmung angenommen werden kann, der Vertrag also durch bloße Zustimmung „perfekt" werden kann.

Weiters muss das Angebot einen **Bindungswillen** (Rechtsfolgewillen) zeigen. Ein solcher fehlt etwa, wenn lediglich unverbindliche Vertragsverhandlungen geführt werden oder wenn in einem Zeitungsinserat oder in einem Schaufenster eine Sache zum Kauf zu einem bestimmten Preis angeboten wird. Denn in einem solchen Fall will der Erklärende typischerweise gerade nicht gegenüber jedermann an sein Angebot gebunden sein. Wäre schon ein Zeitungsinserat ein wirksames Angebot, müsste der Inserent jedem, der zum angegebenen Preis einen Vertrag abschließen will, die Sache liefern.

Beispiel: Wer seinen (einzigen!) Gebrauchtwagen inseriert, würde somit allen, die das „Angebot" annehmen und denen er das Auto nicht liefern kann, schadenersatzpflichtig. Das will der Inserent aber gerade nicht. Er will die Sache nur solange verkaufen wie er sie noch vorrätig hat und er will sich seinen Vertragspartner aussuchen. Daher hat er keinen endgültigen Bindungswillen, sein Inserat stellt eine Einladung dar, ein Angebot zu stellen (*invitatio ad offerendum*).

Anders liegt der Fall nach der Rechtsprechung bei Online-Versteigerungsplattformen. Hier ist durch ein vorgegebenes Verfahren dafür gesorgt, dass nur eine Person (der Meistbietende) den Zuschlag erhält. Das Risiko, anderen potentiellen Vertragspartnern schadenersatzpflichtig zu werden, besteht gerade nicht, sodass der Anbietende an sein Angebot gebunden ist.

Als letzte Voraussetzung muss das Angebot (wie andere Willenserklärungen auch) dem Angebotsempfänger zugehen. Der **Zugang** ist bedeutsam, weil in diesem Zeitpunkt das Angebot wirksam wird und die Bindungsfrist zu laufen beginnt. Grundsätzlich ist der Anbietende also ab diesem Moment an sein Angebot gebunden. Wird es angenommen, muss er leisten (§ 862 Satz 3 ABGB)! Es gibt jedoch zwei Einschränkungen: Zum einen kann ein Angebot **widerrufen** werden, wenn es zwar in den Machtbereich des Empfängers gelangt ist, dieser aber das Angebot nicht kennt und daher noch nicht darauf vertraut. Zum zweiten ist die Bindung zeitlich begrenzt (**Bindungsfrist**). Als Bindungsfrist gilt zunächst immer die vom Anbietenden bestimmte Frist. Liegt eine solche nicht vor, so sind unter Anwesenden gemachte Angebote **sofort** anzunehmen. Dies gilt auch für Angebote, die während eines Telefonats gemacht werden. Unter Abwesenden gemachte Angebote sind hingegen innerhalb einer **angemessenen Frist** anzunehmen. Die Dauer der „angemessenen Frist" richtet sich nach dem konkreten Geschäft und inkludiert eine angemessene Beförderungszeit zum Empfänger, eine angemessene Überlegungszeit und die Beförderungszeit für die Antwort.

2. Die Annahme

Liegt ein wirksames Angebot vor, muss dieses noch angenommen werden, damit der Vertrag zustande kommt. Auch für die Annahme gelten die eben dargestellten Voraussetzungen. Innerhalb der **Bindungsfrist** des Angebots muss also dem Anbietenden die **bestimmte** und mit **Bindungswillen** ausgestattete **Annahme zugehen**, die sich mit dem Angebot deckt. Diese Erklärung kann – wie alle Willenserklärungen – entweder ausdrücklich oder konkludent erfolgen. Bloßes Schweigen auf ein Angebot führt daher grundsätzlich nicht zum Vertragsabschluss.

In Ausnahmefällen erlaubt das Gesetz aber auch eine **stille Annahme (Realannahme)** durch „tatsächliches Entsprechen" (§ 864 Abs 1 ABGB). Wenn nach der Natur des Geschäfts oder nach der Verkehrssitte nicht mit einer Annahmeerklärung zu rechnen ist, kommt der Vertrag zustande, wenn dem Angebot binnen angemessener Frist tatsächlich entsprochen wird. Diese Annahme ist keine Willenserklärung, sondern eine **Willensbetätigung,** also die Vornahme einer faktischen Handlung mit Rechtsfolgewillen (zB Zusendung der bestellten Ware mit dem Willen, das Angebot dadurch anzunehmen). Die Willensbetätigung hat keinen Kundgabezweck. Ihre Anerkennung im Gesetz bewirkt, dass die zu versendende Sache bereits nach vertraglichen Risikoregeln (§§ 905 Abs 3, 429 ABGB) reisen kann. Dies wäre nicht möglich, wenn der Vertrag erst durch Zugang der Sache (konkludente Annahmeerklärung) zustande käme.

Beispiele: Bestellt also Kurt beim Versandhändler „Welle" ein Buch, kommt der Vertrag bereits zustande, wenn der Versandhändler das Buch abschickt (und dem Angebot dadurch „tatsächlich entspricht"). Ebenso kommt der Vertrag zustande, wenn der Händler dem Karl zwei Flaschen Sekt zuschickt und Karl die Flaschen, im Willen das Angebot anzunehmen, öffnet.

In diesem Zusammenhang ist noch § 864 Abs 2 ABGB von Bedeutung, der sich mit **Realangeboten** befasst. Wird einem Empfänger eine Sache ohne seine Veranlassung zugesendet, kann er diese behalten, verwenden, verbrauchen und sich ihrer auch entledigen, ohne dass ein Vertrag zustande kommt. Dies soll Missbrauch vorbeugen und verhindern, dass Waren in der Hoffnung verschickt werden, dass der Empfänger sich verpflichtet fühlt, diese zu bezahlen. Die Bestimmung ist auf den ersten Blick sehr streng. Sie wird aber zweifach eingeschränkt: Zum einen muss der Empfänger die Sache zurückschicken oder den Absender benachrichtigen, wenn ihm auffallen musste, dass die Sache irrtümlich an ihn gelangt ist. Zum anderen ist die Bestimmung nicht anwendbar, wenn der Empfänger wirklich einen Vertrag schließen will (s obiges Bsp).

3. Die Auslegung von Willenserklärungen

Zu Beginn des Kapitels wurde bereits dargestellt, dass Verträge durch übereinstimmende Willenserklärungen zustande kommen. Dies ist unproblematisch, wenn beide Parteien das Gleiche wollen und auch das Gleiche erklären (natürlicher Konsens). **Natürlicher Konsens** liegt auch dann vor, wenn beide Parteien das Gleiche wollen, aber (versehentlich) etwas anderes erklären. Es gilt der Grundsatz ***falsa demonstratio non nocet*** – die Fehlbezeichnung schadet nicht. Der übereinstimmende Wille geht vor.

Beispiel: Luise will Clara ihren Kodex Unternehmensrecht verkaufen, den Clara auch erwerben will. Beide verwenden die frühere Bezeichnung und sprechen vom „Kodex Handelsrecht". Trotzdem kommt der Vertrag über den aktuellen Kodex Unternehmensrecht zustande.

Ebenso unproblematisch ist der Fall, in dem beide Parteien nicht das Gleiche wollen und sich ihre Erklärungen auch äußerlich nicht decken. Hier liegt offener **Dissens** vor, ein Vertrag kommt nicht zustande.

Beispiel: Luise bietet Clara ihren Kodex Unternehmensrecht für EUR 15 an. Clara antwortet: „Ich kaufe ihn für EUR 10." Hier erfolgt keine Einigung, ein Vertrag kommt nicht zustande. Claras Antwort stellt ein Gegenangebot dar.

Kompliziert wird die Situation, wenn beide Parteien nicht das Gleiche wollen, ihre Erklärungen sich aber äußerlich decken.

Beispiel: Clara bietet Luise EUR 15 für den Kodex Unternehmensrecht, meint aber den Kodex Bürgerliches Recht. Luise nimmt an. Hier wollen beide nicht das Gleiche. Clara will den Kodex Bürgerliches Recht kaufen, Luise den Kodex Unternehmensrecht verkaufen. Rein äußerlich decken sich aber ihre Erklärungen.

Stellte man in einer solchen Situation nur auf den Willen der Parteien ab, käme der Vertrag nicht zustande (**Willenstheorie**). Stellte man hingegen rein auf das äußerliche Bild der Erklärungen ab, käme der Vertrag mit dem vermeintlich übereinstimmenden Inhalt zustande (**Erklärungstheorie**). Das ABGB folgt einer Mittellösung: Es kommt nicht darauf an, wie der Erklärungsempfänger die Erklärung tatsächlich verstanden hat. Relevant ist, wie er sie als redlicher Erklärungsempfänger unter Berücksichtigung aller Umstände verstehen durfte. Maßgeblich ist also der objektive Erklärungswert der Erklärung (**Vertrauenstheorie**). Der Vertragspartner wird in einer solchen Situation an den Willen des anderen Vertragspartners gebunden. Die Rechtfertigung dafür liegt darin, dass der Erklärende das Vertrauen des anderen geweckt hat.

Beispiele: Luise konnte die Erklärung objektiv nur so verstehen, dass der Kodex Unternehmensrecht gemeint war. Der Vertrag kommt darüber zustande.
Weniger eindeutig ist folgender Fall: Frank bittet den Installateur Ingo darum, sein „Haus am See" zu renovieren. Ingo ist gegen ein Entgelt von EUR 20.000 einverstanden. Tatsächlich hat Frank zwei Häuser am See und meint das größere der beiden, das mehr Renovierungsarbeiten benötigt. Ingo kennt aber nur das kleinere Haus und ist zur Renovierung des größeren um EUR 20.000 nicht bereit. War Ingo schon mehrfach im kleineren Haus zu Gast und hat mit Frank dabei über allfällige Arbeiten gesprochen, durfte er die Erklärung so verstehen, dass das kleinere Haus gemeint war.

Kann mittels Vertrauenstheorie ein **objektiver Erklärungswert** ermittelt werden, auf den der Vertragspartner vertrauen konnte, kommt der Vertrag mit diesem Inhalt zustande. Man spricht von „**normativem Konsens**". Ist das Vertrauen eines Vertragspartners nicht gerechtfertigt, kommt kein Vertrag zustande, weil **Dissens** vorliegt. In allen Fällen des normativen Konsenses wird eine Partei an den Willen der anderen Partei gebunden, obwohl sie das nicht wollte. Es liegt also immer ein Willensmangel vor. Dennoch kommt der Vertrag zustande. Ob aufgrund des Willensmangels eine Anfechtung des Vertrages möglich ist, ist auf einer zweiten Ebene zu prüfen (dazu beim Irrtumsrecht).

4. Allgemeine Geschäftsbedingungen

Nach der Vorstellung des historischen Gesetzgebers sollten Verträge zwischen den Vertragsparteien einzeln ausgehandelt werden. Im modernen Massengeschäftsverkehr ist das selten möglich. Die Rechtspraxis hat daher Allgemeine Geschäftsbedingungen (AGB) entwickelt. Dabei handelt es sich um vorgefertigte Vertragsbedingungen, die eine Partei dem Vertrag zugrunde legen möchte. Somit wird die **Privatautonomie** des anderen freilich deutlich **eingeschränkt**, weil Abänderungen der AGB meist nicht verhandelbar sind. Hinzu kommt, dass in die Erstellung von

AGB viel Geld und Know-how fließt, sodass – insbesondere im Verhältnis zwischen Unternehmer und Verbraucher (B2C) – ein strukturelles Ungleichgewicht vorliegt. Aber auch im reinen Unternehmergeschäft (B2B) sind AGB aufgrund der **verdünnten Willensfreiheit** des Vertragspartners ein Problem. Die Rechtsordnung hat daher verschiedene ausdifferenzierte Reaktionsmechanismen entwickelt.

Zunächst ist festzuhalten, dass AGB denselben Geltungsgrund haben wie sonstige Vertragsbestandteile auch. AGB werden daher nur dann **Vertragsbestandteil**, wenn sie vereinbart wurden, also in den Vertrag einbezogen wurden. Dazu genügt es, dass die Person, die zu AGB kontrahieren will, dies deutlich macht und der potentielle Vertragspartner die Möglichkeit hat, das Klauselwerk einzusehen. Ob er davon wirklich Gebrauch macht, ist irrelevant. In Anbetracht der verdünnten Willensfreiheit ist die bloße Einbeziehung durch Vereinbarung aber nicht genug.

Das Gesetz sieht darüber hinaus eine Geltungskontrolle und danach eine Inhaltskontrolle vor. Bei beiden handelt es sich um Filter zur AGB-Kontrolle. Bei der **Geltungskontrolle** (§ 864a ABGB) wird jede einzelne – an sich wirksam vereinbarte! – Klausel darauf geprüft, ob sie nachteilig und überraschend ist. Da AGB meistens nur pauschal zugestimmt wird, geht der Gesetzgeber davon aus, dass nur übliche Bestimmungen dadurch Vertragsinhalt werden können, nachteilige überraschende Bestimmungen allerdings nicht, weil sie vom Willen des Vertragspartners nicht mehr getragen werden. **Nachteilig** ist dabei jede Verschlechterung im Vergleich zum dispositiven Recht. **Überraschend** kann eine Klausel einerseits aufgrund ihres Inhaltes sein (weil sie in AGB oder bei einem solchen Geschäft nicht zu erwarten ist). Das Überraschungsmoment kann allerdings auch durch die Gestaltung von AGB begründet werden („Kleingedrucktes"). Die Geltungskontrolle verhindert daher, dass versteckte nachteilige Bestimmungen Vertragsinhalt werden. Der AGB-Verwender müsste das Überraschungsmoment beseitigen, etwa indem er auf die Bestimmung konkret hinweist, dann wäre § 864a ABGB unanwendbar.

Beispiel: Unter „Pkt 8 – Zahlungsbedingungen" findet sich in den AGB ein Haftungsausschluss. Die Klausel verstößt gegen § 864a ABGB, weil sie (gegenüber dem dispositiven Recht) nachteilig und überraschend ist. Es ist nicht zu erwarten, dass sich unter dem Pkt Zahlungsbedingungen ein Haftungsausschluss findet.

Während die Geltungskontrolle also vor allem das Wirksamwerden versteckter Klauseln bekämpft, nimmt die **Inhaltskontrolle** eine inhaltliche Prüfung vor, ungeachtet der Frage, ob die Klausel versteckt oder nicht versteckt war. Die Inhaltskontrolle will also vermeiden, dass bestimmte inhaltlich missbilligte Klauseln Vertragsinhalt werden. Zentralnorm im ABGB ist § 879 Abs 3, nach dem Vertragsbestimmungen über Nebenleistungen dann nichtig sind, wenn sie unter Berücksichtigung aller Umstände einen Teil **gröblich benachteiligen**. Es handelt sich dabei um eine Generalklausel, die von der Rechtsprechung über die Jahre konkretisiert wurde.

Besondere Vorgaben gibt es für das **Verbrauchergeschäft**. § 6 KSchG sieht in seinen Abs 1 und 2 einen Katalog von Klauseln vor, die entweder im Verbrauchergeschäft überhaupt nicht vereinbart werden dürfen (Abs 1) oder die mit dem Verbraucher zumindest eigens ausgehandelt werden müssen (Abs 2). Die Klauseln nach Abs 2 werden somit nicht Vertragsinhalt, wenn sie sich in Allgemeinen Geschäftsbedingungen befinden, weil AGB gerade nicht eigens ausgehandelt sein können.

Darüber hinaus sieht § 6 Abs 3 KSchG das sog **Transparenzgebot** vor, nach dem Klauseln unwirksam sind, wenn sie **unklar oder unverständlich** abgefasst sind. Das Transparenzgebot wendet sich daher nicht gegen den Inhalt einer Bestimmung, sondern gegen ihre Formulierung. Wenn der AGB-Verwender sich undeutlich ausdrückt oder durch die Gestaltung der AGB den Gehalt der jeweiligen Klausel verschleiert, ist die Klausel unwirksam.

Beispiel: In den AGB wird die Haftung des Vertragspartners „soweit gesetzlich zulässig" ausgeschlossen. Diese Klausel verstößt gegen § 6 Abs 3 KSchG.

Ein wichtiger Kontrollmechanismus für AGB ist schließlich die Möglichkeit einer **Verbandsklage**. Häufig ist für den einzelnen Verbraucher die Durchsetzung seiner Rechte abschreckend, weil sie mühsam und potentiell kostenintensiv ist. Außerdem lohnt sich in vielen Fällen die Geltendmachung von Ansprüchen nicht, wenn es um Kleinigkeiten geht. Der Gesetzgeber hat allerdings bestimmten Verbänden (insbesondere der Arbeiterkammer und dem VKI) die Befugnis erteilt, die Verwender von AGB im Rahmen von Verbandsklagen auf Unterlassung der Verwendung rechtswidriger AGB zu klagen. Viele Fortschritte im Verbraucherschutzrecht sind auf solche Verbandsklagen zurückzuführen.

F. Absolute und relative Nichtigkeit von Verträgen

Passieren im Zeitpunkt des Vertragsabschlusses bestimmte Fehler, so ist zu unterscheiden. Manche Fehler sind so schwerwiegend, dass der Vertrag gar nicht gültig zustande kommt (**absolute Nichtigkeit**, die **von Amts wegen** wahrzunehmen ist). Andere Fehler machen den Vertrag nur **relativ nichtig**. Auf sie muss sich eine **Vertragspartei berufen**, um den Vertrag rückwirkend durch Anfechtung zu beseitigen.

Absolut nichtig sind zunächst Verträge von Geschäftsunfähigen (s I.B.1.b.). Weiters fallen in diese Kategorie Verträge über bereits bei Vertragsabschluss absolut unmögliche Leistungen (zB Kauf eines Einhorns). Auch die Nichteinhaltung von zwingenden Formvorschriften macht das Geschäft ungültig. Absolut nichtig sind zudem gesetz- oder sittenwidrige Verträge, wenn das Gesetz oder die guten Sitten, gegen die sie verstoßen, den Zweck haben, solche Verträge zu verhindern, um die Allgemeinheit zu schützen (zB Kaufvertrag über Drogen oder Verstoß gegen das Kartellrecht).

Wird hingegen ein Gesetz übertreten, das nur eine Partei schützt, kann sich nur diese auf die Gesetzwidrigkeit berufen. Nur der Bewucherte, nicht aber auch der Wucherer kann sich also auf die relative Nichtigkeit des Vertrags (§ 879 Abs 2 Z 4 ABGB) berufen.

G. Willensmängel

In den vergangenen Kapiteln hat sich gezeigt, dass ein wirksamer Vertragsabschluss übereinstimmende Willenserklärungen voraussetzt. Wollen die Parteien auch tatsächlich dasselbe, liegt natürlicher Konsens vor. Ist das nicht der Fall, kann es durch vertrauenstheoretische Überlegungen zum normativen Konsens kommen. In einer zweiten Stufe ermöglicht das Recht der Willensmängel eine **ausdifferenzierte Prüfung** der abgegebenen Willenserklärungen und des daraus folgenden Vertrages. Liegen bestimmte Willensmängel vor, kann die an sich wirksame Willenserklärung bzw der daraus resultierende Vertrag unter bestimmten Voraussetzungen angefochten werden. Die Vertrauenstheorie hat daher zwei Ebenen. Einerseits gibt sie Auskunft darüber, ob ein Vertrag zustande gekommen ist. Andererseits gibt sie Auskunft darüber, ob ein wirksam zustande gekommener Vertrag angefochten werden kann. Diese Zweistufigkeit dient der Rechtssicherheit, weil mangels Anfechtung ein gültiges Rechtsgeschäft auch gültig bleibt. Unterschieden werden drei Willensmängel:

- Drohung
- List
- Irrtum

1. Drohung und List

Bei der Drohung (§ 870 ABGB) wird jemand „durch ungerechte und gegründete Furcht zu einem Vertrage veranlasst". Der Bedrohte wird also zum Vertragsabschluss gezwungen. Wer seinen Willen nur unter **Zwang** gebildet hat, kann seine Willenserklärung binnen drei Jahren ab Wegfall der Zwangslage anfechten (§ 1487 ABGB).

Bei der List (§ 870 ABGB) hat eine Vertragspartei ihre Erklärung nur durch Vorspiegelung falscher Tatsachen abgegeben. Die List wird daher auch als **zivilrechtlicher Betrug** bezeichnet. Zwar will die Partei das Erklärte, die Voraussetzungen unter denen sie den Willen gebildet hat, liegen aber nicht vor. Eine Prüfung der Alternativvoraussetzungen des § 871 ABGB (s sogleich) entfällt, weil der listig Handelnde nicht schutzwürdig ist. Da es für den Überlisteten schwierig sein kann, die Täuschung aufzudecken, beträgt die Verjährungsfrist dreißig Jahre ab Vertragsabschluss (§§ 1478, 1487 ABGB).

Beispiele: Albert will Boris' Grundstück erwerben. Da Boris nicht verkaufen will, droht ihm Albert, ihn wegen Steuerhinterziehung anzuzeigen. Daraufhin verkauft Boris das Grundstück unter seinen Preisvorstellungen. Ein Vertrag kommt zwar zustande, er kann aber angefochten werden. Gleiches gilt, wenn Albert dem Boris weismacht, dass in Kürze in der Nachbarschaft eine Fabrik zur Schwermetallverarbeitung gebaut werde, obwohl er weiß, dass keine derartigen Pläne existieren.

2. Irrtum

Dass dem Vertragspartner, der den anderen Teil durch Drohung oder List zum Vertragsabschluss bewegt hat, der Vertrag durch Anfechtung wieder „weggenommen" werden kann, leuchtet ein. Weder der Drohende noch der Listige ist besonders schutzwürdig, die Abwägung fällt daher leicht. Schwieriger ist das beim Irrtum, der den praktisch bedeutendsten Willensmangel darstellt.

Ein Irrtum ist eine **Fehlvorstellung von der Wirklichkeit**. Nicht jede Fehlvorstellung von der Wirklichkeit kann allerdings dazu führen, dass man sich von einem Vertrag lösen kann, ansonsten bliebe vom zentralen Grundsatz, dass Verträge einzuhalten sind (*pacta sunt servanda*), nicht viel übrig. Das Gesetz stellt daher besondere Anforderungen für die Irrtumsanfechtung auf.

Es können überhaupt nur bestimmte Irrtümer zur Vertragsanfechtung führen, nämlich Geschäftsirrtümer im weiteren Sinn. Es handelt sich dabei einerseits um **Erklärungsirrtümer**, also solche Fälle, in denen eine Person nach dem objektiven Erklärungswert etwas anderes erklärt, als sie erklären möchte (also beim normativen Konsens). Andererseits können **Geschäftsirrtümer** im engeren Sinn zur Anfechtung führen. Geschäftsirrtümer ieS sind Irrtümer über die Person des Vertragspartners, die Art des Vertrages, oder die Eigenschaften des Vertragsgegenstandes (Eigenschaftsirrtum). In allen drei Fällen geht es also um zentralste Fragen der vertraglichen Vereinbarung: Mit wem wird welcher Vertrag worüber abgeschlossen? Außerhalb dieser Irrtümer liegende Fehlvorstellungen von der Wirklichkeit sind als bloße **Motivirrtümer**, jedenfalls bei entgeltlichen Geschäften, unbeachtlich. Wer in der Früh einen Regenschirm kauft, weil er glaubt es werde regnen, kann, wenn sich diese Erwartung nicht erfüllt, nicht am Abend den Schirm unter Berufung auf einen Irrtum zurückgeben. Der Irrtum ist vom Vertragsinhalt zu weit entfernt. Es soll nicht das Risiko des Verkäufers sein, dass der Käufer Fehlvorstellungen über das Wetter hat. Daher berechtigen bloße Motivirrtümer grundsätzlich nicht zur Anfechtung, sie sind unbeachtlich.

Beispiele: Karl kauft Veras Auto in der Annahme, mit diesem seien bisher 40.000 km gefahren worden (was der Tachometer anzeigt). Wurden damit tatsächlich bereits 100.000 km gefahren, unterliegt Karl einem Geschäftsirrtum (er irrt über die Eigenschaft des Vertragsgegenstandes). Will er ein Auto um EUR 10.000 erwerben und schreibt im Kaufangebot versehentlich EUR 100.000, unterliegt er einem Erklärungsirrtum. Wenn er hingegen ein Auto deshalb kauft, weil er glaubt, dass es seiner Freundin gefallen werde, unterliegt er einem unbeachtlichen Motivirrtum, wenn die Freundin das Auto anschließend hässlich findet.

Auch das Vorliegen eines Erklärungs- oder Geschäftsirrtums allein führt noch nicht zur erfolgreichen Geltendmachung. § 871 ABGB sieht als Ausfluss der Vertrauenstheorie nämlich **drei Alternativtatbestände** vor, von denen einer vorliegen muss, um ein Rechtsgeschäft erfolgreich anzufechten. Der Irrtum kann nur dann geltend gemacht werden,

- wenn er vom Vertragspartner des Irrenden veranlasst wurde,
- wenn er dem Vertragspartner des Irrenden aus den Umständen offenbar auffallen musste,
- oder wenn der Irrtum noch rechtzeitig aufgeklärt wurde.

Irrtumsveranlassung liegt immer dann vor, wenn der Vertragspartner – auch ohne Verschulden – den Irrtum verkehrswidrig (zB durch eine unrichtige Auskunft) verursacht hat. Er ist am Irrtum dann nämlich „näher dran". Ebenso einleuchtend ist die Irrtumsanfechtung, wenn dem Vertragspartner der Irrtum **offenbar auffallen musste**. Wer bei einer Erklärung bemerken muss, dass der Erklärende sie so nicht meinen kann, ist nicht schutzwürdig. Anders ist dies bei **rechtzeitiger Aufklärung** des

Irrtums. Hier hat der Vertragspartner des Irrenden vielleicht sehr wohl ein Vertrauen auf den Erklärungstatbestand entfaltet. Sein Vertrauen hat sich allerdings noch nicht ausgewirkt, insbesondere weil noch keine vermögenswerten Dispositionen gesetzt worden sind. Solange das Vertrauen nicht in die Realität umgesetzt wurde, soll es daher möglich und dem Vertragspartner des Irrenden zumutbar sein, den Vertrag wieder zu beseitigen.

Beispiele: Hat Vera das Auto mit einem Kilometerstand von 40.000 angeboten, hat sie Karls Irrtum veranlasst, auch wenn sie selbst glaubte, mit dem Auto seien erst 40.000 km gefahren worden, weil der Voreigentümer ohne ihr Wissen den Tacho zurückgedreht hat. Bietet Karl für ein Auto mit einem Wert von etwa EUR 10.000 in seinem Kaufangebot EUR 100.000, wird dies dem Verkäufer auffallen müssen. Ohne Bedeutung ist dabei, ob der Irrtum dem Irrenden selbst hätte auffallen müssen.

Die **Irrtumsanfechtung** ist binnen drei Jahren ab Vertragsabschluss möglich (§ 1487 ABGB). Es handelt sich dabei um ein **Gestaltungsrecht**, mit dem der Irrende einseitig die Rechtslage ändern (den Vertrag beseitigen) kann. Da es sich beim Irrtum – wie bei Drohung und List auch – um einen Wurzelmangel handelt, führt die Anfechtung dazu, dass so getan wird, als habe der Vertrag nie bestanden. Übertragungsakte, die im Hinblick auf den Vertrag geleistet worden sind, sind unwirksam, bereits Geleistetes ist zurückzugeben.

Beispiel: Wurde Karl das Auto mit zurückgedrehtem Tacho bereits übergeben und ficht er in der Folge den Vertrag erfolgreich wegen eines Geschäftsirrtums an, ist er trotz der Übergabe nie Eigentümer geworden (s III.C.). Er hat das Auto zurückzugeben, erhält dafür aber auch den Kaufpreis zurück.

Eine Irrtumsanfechtung ist freilich nur dann eine angemessene Rechtsfolge, wenn der Irrende den Vertrag bei Kenntnis der wahren Umstände überhaupt nicht abgeschlossen hätte. Hätten der Irrende und sein Vertragspartner den Vertrag hingegen sehr wohl – nur zu anderen Bedingungen – abgeschlossen, wäre die Gewährung eines Lösungsrechts zu viel. Hier genügt die Möglichkeit der **Vertragsanpassung** (§ 872 ABGB), bei der der Vertrag nach dem hypothetischen Parteiwillen beider Parteien angepasst wird (zB durch eine Preisreduktion).

Beispiel: Karl hätte das Auto mit zurückgedrehtem Tacho auch bei Kenntnis des wahren Kilometerstands gekauft, allerdings nur um EUR 7.000 statt um EUR 10.000. Er kann Vertragsanpassung begehren. Hätte Vera auch um EUR 7.000 verkauft, wird der Vertrag auf einen Kaufpreis von EUR 7.000 angepasst.

Eine Nähe zu den Willensmängeln weist auch das Rechtsinstitut der ***laesio enormis*** (§§ 934 f ABGB) auf. Irrt eine Partei über den Wert der Gegenleistung, so liegt darin grundsätzlich nur ein unbeachtlicher Motivirrtum, weil jede Partei auf ihr eigenes Risiko zu beurteilen hat, was ihr die Gegenleistung wert ist. Ist die eine Leistung aber nicht einmal die Hälfte der Gegenleistung wert, kann der Vertrag aufgrund des krassen Wertmissverhältnisses angefochten werden.

Beispiel: Karl kauft von Viktor eine Uhr um EUR 650, obwohl sie EUR 300 wert ist. Karl kann den Vertrag wegen *laesio enormis* anfechten. Dies gilt allerdings nicht, wenn Karl den wahren Wert der Uhr gekannt oder sie aus besonderer Vorliebe um einen besonders hohen Preis übernommen hat (§ 935 ABGB).

H. Stellvertretung

1. Allgemeines

Jede geschäftsfähige Person kann sich grundsätzlich selbst berechtigen und verpflichten, also Rechtsgeschäfte im eigenen Namen abschließen. Sie kann aber – als Ausdruck ihrer Privatautonomie – auch eine andere Person damit betrauen, für sie ein Rechtsgeschäft abzuschließen. Dies kann etwa bei Krankheit, Zeitmangel oder einem Auslandsaufenthalt notwendig sein; es kann aber auch einfach nur praktischer sein. In einer hochgradig arbeitsteiligen Gesellschaft ist ein solcher Mechanismus, der es ermöglicht, durch einen Dritten zu handeln, unbestreitbar notwendig. Man spricht von Stellvertretung. Die beteiligten Personen sind der Stellvertreter, der Vertretene (auch „Geschäftsherr" genannt) und der Dritte, mit dem der Vertrag abgeschlossen wird.

Dabei unterscheidet man die direkte und die indirekte Stellvertretung, je nachdem ob der Vertretene durch die rechtsgeschäftliche Erklärung des Stellvertreters unmittelbar (= direkt) gebunden wird oder nicht.

Beispiel: Lars ist gerade auf Auslandssemester, braucht aber gleich nach seiner Rückkehr ein Auto. Er bittet seinen Freund Franz, für ihn ein Auto zu erwerben. Kauft Franz das Auto im eigenen Namen, erwirbt daran Eigentum und gibt es dann gegen Ersatz des Kaufpreises an Lars weiter, damit dieser Eigentümer wird, liegt indirekte Stellvertretung vor. Hier bestehen keine besonderen Probleme, es liegen schlichtweg zwei hintereinander geschaltete Verträge vor (einer zwischen dem Verkäufer und Franz, ein zweiter zwischen Franz und Lars).
Bevollmächtigt Lars Franz aber, kann Franz das Auto im Namen des Lars kaufen. Dann liegt nur ein Vertrag vor: Durch das Handeln von Franz (dem Stellvertreter) entsteht direkt ein Kaufvertrag zwischen dem Verkäufer (dem „Dritten") und Lars (dem Vertretenen). Lars ist Gläubiger des Autos und Schuldner des Kaufpreises.

Direkte Stellvertretung führt also zu einer direkten Berechtigung und Verpflichtung des Geschäftsherrn gegenüber dem Dritten durch das Handeln des Stellvertreters. Der Stellvertreter bindet durch seine Willenserklärung direkt seinen Geschäftsherrn. So wird der Weg abgekürzt und dem Geschäftsherrn größere Sicherheit verschafft, als er hätte, wenn er nur einen Anspruch gegen den indirekten Stellvertreter hätte (zB in der Insolvenz des indirekten Stellvertreters).

Für manche Rechtssubjekte ist die Stellvertretung mangels eigener **Handlungsfähigkeit** überhaupt die einzige Möglichkeit, am Rechtsverkehr teilzunehmen. Dies gilt für Minderjährige, geistig Beeinträchtigte und juristische Personen.

Beispiel: Benötigt die Bau-AG ein neues Grundstück, kann der Vorstand der AG dieses im Namen der AG erwerben. Die AG selbst kann nicht handeln (s I.B.2.b.).

Zu beachten ist jedoch, dass manche Geschäfte **stellvertretungsfeindlich** sind. Niemand kann etwa einen anderen bevollmächtigen, für ihn ein Testament zu errichten oder eine Ehe zu schließen.

2. Voraussetzungen der direkten Stellvertretung

Für eine wirksame direkte Stellvertretung müssen **drei Voraussetzungen** vorliegen, die stets zu prüfen sind:
a) Vertretungsmacht des Stellvertreters für das abgeschlossene Geschäft
b) Offenlegung, dass für den Geschäftsherrn gehandelt wird
c) Zumindest beschränkte Geschäftsfähigkeit des Stellvertreters

a) Vertretungsmacht

Für eine wirksame Vertretung ist es notwendig, dass der Stellvertreter die Befugnis hat, für den Geschäftsherrn handeln zu können. Hat er keine Vertretungsmacht, kommt kein Vertrag zustande. Das ist selbstverständlich, weil es nicht sein kann, dass man von beliebigen Personen, ohne es zu wollen, vertreten wird. Die Vertretungsmacht ist daher das **rechtsgeschäftliche „Können"** des Vertreters, das verschieden begründet werden kann:

i) Gesetzliche bzw gerichtliche Vertretungsmacht

Am einfachsten ist es, wenn das Gesetz jemanden mit Vertretungsmacht ausstattet. So sind bspw die **Eltern** die gesetzlichen Vertreter ihrer Kinder (§ 167 ABGB). Auf dem Gesetz beruht auch die gerichtliche Erteilung von Vertretungsmacht an einen **Erwachsenenvertreter** für eine psychisch kranke oder eine in ihrer Entscheidungsfähigkeit vergleichbar beeinträchtigte Person.

Beispiele: Der 6-jährige Olli kann nicht selbst die Erbschaft nach seinem Erbonkel antreten. Er kann auch keine Staatsanleihen zur Vermögensanlage aus dem Erbe kaufen oder eine geerbte Wohnung vermieten. Seine Eltern können all das für ihn tun (wobei teils eine gerichtliche Genehmigung notwendig ist).
Ist für die 80-jährige Clara ein Erwachsenenvertreter in Vermögensangelegenheiten über EUR 1.000 bestellt, kann sie einen wertvollen Barockschrank um EUR 2.000 nicht selbst kaufen, außer sie besitzt die erforderliche Entscheidungsfähigkeit.

ii) Organschaftliche Vertretungsmacht

Juristische Personen handeln durch ihre Organe. Bei einer AG, einem Verein oder einer Privatstiftung ist der Vorstand, bei der GmbH der Geschäftsführer zur umfassenden Vertretung berufen. Deren Vertretungsmacht umfasst grundsätzlich alle Rechtsgeschäfte, die für die juristische Person geschlossen werden. Die Organstellung wird von natürlichen Personen eingenommen (**Organwalter**). Erst durch diese natürlichen Personen kann die juristische Person handeln.

Beispiel: Der Aufsichtsrat der Bau AG bestellt Albert und Bea zu Vorständen. Kauft der Vorstand im Namen der Bau-AG von Cäsar eine Beteiligung an einer anderen Gesellschaft, ist der Vertrag wirksam zwischen der Bau-AG und Cäsar zustande gekommen.

iii) Rechtsgeschäftliche Vertretungsmacht (Vollmacht)

Vertretungsmacht kann nicht nur aus dem Gesetz oder durch die Bestellung als Organ folgen. Jede geschäftsfähige Person kann Vertretungsmacht auch rechtsgeschäftlich begründen. Der Geschäftsherr kann also seinen Stellvertreter **rechtsgeschäftlich bevollmächtigen**, dh ihn mit dem rechtlichen Können ausstatten, im Namen des Geschäftsherrn Rechtsgeschäfte abzuschließen. Die Bevollmächtigung ist dabei eine **einseitige empfangsbedürftige Willenserklärung**, dh der Stellvertreter muss der Bevollmächtigung nicht zustimmen. Dies ist einleuchtend. Wird ihm Vollmacht erteilt, kann er den Geschäftsherrn rechtsgeschäftlich verpflichten (rechtliches Können). Es wird ihm aber **keine Pflicht** dazu auferlegt. Der Geschäftsherr kann die Vollmacht gegenüber dem Stellvertreter erklären (**interne Bevollmächtigung**) oder auch gegenüber Dritten (**externe Bevollmächtigung**).

Beispiel: Der wohlhabende Walter möchte das Grundstück des Gerd erwerben, sich aber nicht mit den mühsamen Vertragsverhandlungen quälen. Er bevollmächtigt daher seinen Anwalt Alex, das Grundstück für ihn zu kaufen. Die Vollmacht ist sowohl wirksam, wenn Walter sie bloß Alex gegenüber erklärt (interne Bevollmächtigung) als auch, wenn er sie Gerd gegenüber erklärt, zB durch eine Urkunde (externe Bevollmächtigung). Die externe Bevollmächtigung ist praktisch häufiger, weil Dritte sich nicht immer darauf verlassen wollen, was der (vorgebliche?) Vertreter ihnen sagt.

b) Offenlegung

Es genügt nicht, dass der Stellvertreter Vollmacht hat, also in fremdem Namen handeln könnte, er muss es auch tatsächlich tun. Als zweite Voraussetzung muss der Stellvertreter dem Dritten daher **offenlegen, dass er für seinen Geschäftsherrn handelt** (zB: „ich handle im Namen von" oder „ich kaufe für"). Tut er das nicht, tätigt er ein **Eigengeschäft** und wird somit selbst berechtigt und verpflichtet, weil der Dritte ja nicht wissen kann, dass in fremdem Namen gehandelt wird. Die Offenlegung muss freilich nicht immer ausdrücklich erfolgen, oft wird schon aus den Umständen klar sein, für wen gehandelt wird. Wer bspw als Geschäftsführer auftritt, macht klar, dass er für die Gesellschaft handelt. Ist das nicht klar, kommt der Vertrag mit dem Vertreter selbst zustande (Eigengeschäft).

c) Geschäftsfähigkeit

Schließlich muss der Stellvertreter zumindest **beschränkt geschäftsfähig** sein. Er muss also mindestens 7 Jahre alt sein und darf keiner die Geschäftsfähigkeit ausschließenden geistigen Beeinträchtigung unterliegen. Das ist konsequent: Da der Stellvertreter beim Vertragsabschluss einen eigenen Willen bildet und damit eine eigene Willenserklärung abgibt, kann er nicht völlig geschäftsunfähig sein.

3. Die Trennung von Innen- und Außenverhältnis

Ein besonderes Problem des Stellvertretungsrechts ist die Situation, dass der Vertreter mehr kann als er darf, also wenn er mehr an Vollmacht hat, als er eigentlich ausnützen darf. Plastisch ist dies vor allem bei der externen Bevollmächtigung.

Wenn die Unternehmerin ihrem Sekretär eine Vollmachtsurkunde zur Vorlage bei potentiellen Vertragspartnern aushändigt, dass er zur Bestellung von Büromaterial bevollmächtigt ist, kann er Büromaterial bestellen (rechtliches Können). Dies auch dann, wenn intern klar ist, dass der Sekretär solche Bestellungen nur nach Absprache mit der Chefin tätigen darf (rechtliches Müssen/Dürfen). Er kann mehr als er darf, weil er nach der Vollmachtsurkunde, die er dem Dritten vorweisen kann, die Rechtsmacht hat, Verträge abzuschließen.

Im Stellvertretungsrecht muss somit stets zwischen Innen- und Außenverhältnis differenziert werden. Das **Außenverhältnis** betrifft das Verhältnis zwischen dem Geschäftsherrn und dem Dritten, es bestimmt sich nach der erteilten Vollmacht. Das **Innenverhältnis** regelt die Beziehung zwischen Geschäftsherrn und Vertreter und damit zB die Frage, ob der Vertreter Aufwandersatz für seine Tätigkeit bekommt oder sogar ein Honorar oder ob er haftet, wenn er einen Fehler macht.

Illustrativ kommt die Trennung im Aktiengesetz zum Ausdruck: Nach § 71 Abs 1 AktG wird die Aktiengesellschaft durch den Vorstand gerichtlich und außergerichtlich vertreten. § 74 Abs 2 AktG stellt dabei klar, dass Beschränkungen der Vertretungsmacht Dritten gegenüber unwirksam sind. So dürfen zB der Erwerb, die Veräußerung und die Belastung von Liegenschaften nach § 95 Abs 5 Z 2 AktG nur mit Zustimmung des Aufsichtsrats vorgenommen werden. § 95 Abs 5 Z 2 AktG betrifft jedoch nur das Innenverhältnis, während § 74 Abs 2 AktG das rechtliche Können des Vorstands im Außenverhältnis regelt.

Beispiel: Vera verkauft als Vorstand der X-AG eine Betriebsliegenschaft an Karl, obwohl sich der Aufsichtsrat gegen den Verkauf ausgesprochen hat. Karl weiß nichts vom Veto des Aufsichtsrats. Das Geschäft kommt gültig zustande, weil es von der Vertretungsmacht des Vorstands gedeckt ist. Die Beschränkung im Innenverhältnis schlägt nicht durch.

a) Das Außenverhältnis

Das Außenverhältnis bezeichnet, wie bereits erwähnt, das Verhältnis zwischen dem **Geschäftsherrn und dem Dritten**. Im Rahmen der rechtsgeschäftlichen Bevollmächtigung bestimmt der Geschäftsherr den Umfang der Vertretungsmacht. Er kann seinem Stellvertreter die Befugnis einräumen, ein bestimmtes Geschäft abzuschließen (**Spezialvollmacht**). Er kann ihm aber auch die Vollmacht für bestimmte Arten von Geschäften (**Gattungsvollmacht**) oder für sämtliche Geschäfte (**Generalvollmacht**) erteilen.

Bei Vollmachten, die nicht auf einem Rechtsgeschäft beruhen, muss der Vollmachtsumfang anders bestimmt werden. So ist der Umfang der gesetzlichen Vertretungsmacht der Eltern auch im Gesetz geregelt (§ 167 ABGB). Wird ein gerichtlicher Erwachsenenvertreter für eine geschäftsunfähige Person durch **richterlichen Beschluss** bestellt, so bestimmt sich der Umfang der Vertretungsmacht des Erwachsenenvertreters nach diesem Beschluss. Die Vertretungsbefugnis kann verschiedene Bereiche umfassen (§ 268 iVm § 269 ABGB).

Der Umfang der organschaftlichen Vertretungsmacht bestimmt sich nach dem **Gesetz**. Beschränkungen des Umfangs sind Dritten gegenüber unwirksam (s.o.:

§ 74 Abs 2 AktG; so auch § 20 Abs 2 GmbHG oder § 6 Abs 3 VereinsG). Dieses Konzept (gesetzlich definierter Umfang und Unbeschränkbarkeit) wird als **Formalvollmacht** bezeichnet und schützt den Geschäftsverkehr. Wer mit dem Organ einer juristischen Person des Privatrechts einen Vertrag abschließt, soll sich darauf verlassen können, dass das Organ sämtliche Geschäfte abschließen kann, ohne langwierige Nachforschungen darüber anstellen zu müssen.

Sonderbestimmungen enthält das Unternehmensrecht zur Prokura und zur Handlungsvollmacht. Auch die **Prokura** ist eine Formalvollmacht: Ihr Umfang ist vom Gesetz festgelegt und Beschränkungen sind Dritten gegenüber unwirksam. Wer als Prokurist ins Firmenbuch eingetragen ist, kann sein Unternehmen sehr weitgehend vertreten. Ausgenommen ist insbesondere die Veräußerung und Belastung von Grundstücken. Die **Handlungsvollmacht** ist hingegen keine Formalvollmacht, weil ihr Umfang beliebig ausgestaltet werden kann.

b) Das Innenverhältnis

Die Beziehung zwischen **Geschäftsherrn und Vertreter** wird demgegenüber Innenverhältnis genannt. Wie erwähnt bestimmt sich nach diesem Verhältnis, ob der Vertreter gegen den Geschäftsherrn einen Anspruch auf Entgelt für seine Tätigkeit hat, ob er haftet, wenn er einen Fehler macht usw. Das Innenverhältnis kann rechtlich auf verschiedene Arten geregelt sein. Es kann bspw ein Dienstvertrag oder ein Auftragsvertrag vorliegen, im Rahmen derer der Stellvertreter dazu verpflichtet ist, für den Geschäftsherrn bestimmte Rechtshandlungen vorzunehmen (**rechtliches Müssen**). Im Innenverhältnis ist aber auch eine Ermächtigung denkbar, die den Stellvertreter bloß berechtigt, ein Geschäft abzuschließen, ihn aber nicht dazu verpflichtet (**rechtliches Dürfen**). Vorsicht: Die Bevollmächtigung regelt das Außenverhältnis, die Ermächtigung das Innenverhältnis!

Beispiele: Paul ist Angestellter der Z-AG und auch deren Prokurist. Paul hat mit der Z-AG einen Dienstvertrag abgeschlossen, wobei unter anderem der Einkauf von Rohstoffen für die Z-AG in seinen Aufgabenbereich fällt (rechtliches Müssen).
Walter beauftragt seinen Anwalt Alex damit, Vertragsverhandlungen über den Kauf eines Grundstücks zu tätigen (Auftragsvertrag, rechtliches Müssen).
Sepp ist krank und kann daher eine Fotomesse nicht besuchen. Er bittet seinen Freund Karl, dass sich dieser für ihn auf der Messe umschauen möge, ob er eine neue Kamera für Sepp finde. Karl wird dazu aber nicht verpflichtet (Ermächtigung, rechtliches Dürfen).

c) Fazit

Beschränkungen, die im Innenverhältnis vorliegen, schlagen grundsätzlich nicht ins Außenverhältnis durch. Dies dient dem Schutz des Dritten. Sein Vertrauen auf das Bestehen von Vertretungsmacht soll nicht dadurch beeinträchtigt werden, dass im Innenverhältnis Beschränkungen vorliegen, die er nicht erkennen kann. Grundsätzlich kommt daher ein Vertrag wirksam zustande, wenn er von der Vertretungsmacht im Außenverhältnis gedeckt ist, auch wenn gegen Beschränkungen des Innenverhältnisses verstoßen wird. Der Umfang der Vollmacht bestimmt sich daher bei einer extern erteilten Vollmacht nach der nach außen abgegebenen Erklärung. Bei einer bloß intern erteilten Vollmacht wird in einer Beschränkung im Innenverhältnis hingegen in aller Regel gleichzeitig eine Beschränkung des Vollmachtumfanges zu sehen sein, weil mit einem Satz das Außen- und das Innenverhältnis geregelt werden. Bei intern erteilten Vollmachten besteht daher regelmäßig ein Gleichlauf von Können (Außenverhältnis) und Dürfen (Innenverhältnis).

Beispiel: Hat Walter dem Alex eingeschärft, für das Grundstück nicht mehr als EUR 600.000 auszugeben und hat er ihm aber gleichzeitig eine Vollmachtsurkunde ohne Betragsbegrenzung ausgestellt, kommt der Vertrag, wenn Alex offenlegt, zwischen Walter und dem Grundstückseigentümer Max zustande, selbst wenn Alex sich mit ihm auf einen Kaufpreis von EUR 650.000 einigt. Max wird geschützt. Hier wird auch klar, warum Innen- und Außenverhältnis oft auseinanderfallen können: Walter will Max nicht von Anfang an offenlegen, um welchen Preis er maximal kaufen will, um seine Verhandlungsposition nicht zu schwächen. Deshalb nennt er in der Vollmachtsurkunde keine Betragsbegrenzung.

4. Der „Missbrauch" der Vertretungsmacht

Hält sich der Vertreter im Rahmen seiner Vertretungsmacht und **verstößt gegen Beschränkungen des Innenverhältnisses**, ist das Geschäft grundsätzlich wirksam (s.o.). Man spricht hier meist von einem „Missbrauch" der Vertretungsmacht. Es kann lediglich im Innenverhältnis zu **Schadenersatzansprüchen** kommen (überdies kann strafrechtlich das Delikt der Untreue verwirklicht sein, § 153 StGB).

Beispiel: Walter wird durch Alex' Handeln verpflichtet, er muss EUR 650.000 als Kaufpreis bezahlen. War das Grundstück lediglich EUR 600.000 wert, entsteht Walter dadurch ein Schaden iHv EUR 50.000. Diesen muss Alex ersetzen.

Etwas anderes gilt bei **Kollusion**. Hier wirken der Vertreter und der Dritte in gemeinsamer Absicht, den Geschäftsherrn zu schädigen, zusammen. Es kommt **kein Vertrag** zustande, weil ein solches Geschäft nach § 879 Abs 1 ABGB sittenwidrig ist.

Beispiel: Alex und Max sprechen sich ab. Sie wollen einen höheren Kaufpreis vereinbaren, um Walter einen Schaden zuzufügen; Alex soll einen Teil des Kaufpreises bekommen. Hier liegt Kollusion vor, ein Vertrag kommt aufgrund § 879 Abs 1 ABGB nicht zustande.

Strittig ist, was zu gelten hat, wenn der Dritte zwar nicht in Schädigungsabsicht mit dem Vertreter zusammengewirkt hat, aber doch wusste oder wissen musste, dass der Vertreter gegen Beschränkungen im Innenverhältnis verstößt. Hier wird meist danach differenziert, ob eine Formalvollmacht oder eine gewöhnliche Vollmacht vorliegt. Bei der Formalvollmacht, bei der der Schutz des Rechtsverkehrs im Mittelpunkt steht, schadet nur Kenntnis des Verstoßes gegen das Innenverhältnis. Bei einer gewöhnlichen extern erteilten Bevollmächtigung schadet schon fahrlässige Unkenntnis dieses Verstoßes („Kennen müssen").

5. Vertretung ohne Vertretungsmacht: falsa procuratio (Scheinvertretung)

Von Verstößen gegen das Innenverhältnis bei Missbrauch der Vertretungsmacht streng zu unterscheiden ist das Handeln ohne Vertretungsmacht. Handelt jemand als Vertreter, obwohl er gar keine Vertretungsmacht hat, ist er **Scheinvertreter (*fal-***

sus procurator). Dies ist sowohl dann der Fall, wenn ihm überhaupt keine Vertretungsmacht eingeräumt wurde, als auch, wenn ihm zwar Vertretungsmacht eingeräumt wurde, er diese aber überschritten hat.

Beispiele: Felix stellt sich beim Autohändler Andi mit einer gefälschten Vollmacht als Stellvertreter der Edith vor und kauft in deren Namen einen PKW. Felix hat keine Vertretungsmacht, er ist *falsus procurator.* Ein Vertrag zwischen Andi und Edith kommt nicht zustande. Peter hat Fabian eine Vollmacht erteilt, die ihn berechtigt, Bürobedarf in Höhe von EUR 2.000 für ihn einzukaufen. Kauft Fabian in Peters Namen beim Händler Y-AG Bürobedarf iHv EUR 2.500, kommt der Vertrag nicht wirksam zustande (Überschreitung der Vollmacht). Fabian ist *falsus procurator.* Gleiches gilt, wenn Fabian statt Bürobedarf Kleidungsstücke kauft. Weist Fabian der Y-AG eine Vollmachtsurkunde vor (externe Bevollmächtigung), die keine Betragsbeschränkung enthält, ist der Büromaterialkauf über EUR 2.500 hingegen gültig, weil nur gegen interne Anweisungen verstoßen wird. Die Vollmacht wird missbraucht.

Der Scheinvertreter kann daher den vermeintlichen **Geschäftsherrn nicht binden**. Es kommt aber auch **kein Vertrag zwischen dem Dritten und dem Scheinvertreter** zustande, weil der Scheinvertreter offengelegt und damit im Namen des Geschäftsherrn gehandelt hat. Bei Verschulden wird der Scheinvertreter aber gegenüber dem Dritten **schadenersatzpflichtig** (§ 1019 ABGB). Zu ersetzen ist der Vertrauensschaden, also jener Schaden, der dadurch entstanden ist, dass der Dritte auf das Bestehen der Vertretungsmacht vertraut hat. Das Erfüllungsinteresse, das ist jener Schaden, der in der Nichterfüllung des Vertrages besteht, muss der Scheinvertreter hingegen nicht ersetzen.

Beispiel: Andi hat bereits von einem Anwalt einen schriftlichen Kaufvertrag aufsetzen lassen (Kosten: EUR 300) und hat das Auto – wie mit Felix vereinbart – schon zu Edith transportieren lassen (Kosten: EUR 300). Sein Vertrauensschaden beträgt EUR 600. Diesen kann er von Felix verlangen. Ist das Auto EUR 5.000 wert und hat Felix das Auto in Ediths Namen um EUR 6.000 gekauft, stellen die EUR 1.000 Differenz das Erfüllungsinteresse dar. Dieses kann Andi von Felix nicht verlangen. Diesen Schaden hat Felix nämlich nicht verursacht: Hätte er nicht über die Vertretungsmacht getäuscht, wäre der Vertrag auch nicht zustande gekommen, sodass Andi die EUR 1.000 auch nicht lukriert hätte.

Auch wenn derjenige, in dessen Namen der *falsus procurator* das Geschäft „abgeschlossen hat“, einen Schaden erleidet (zB Prozesskosten), steht ihm nach allgemeinen Grundsätzen Ersatz zu.

Bei der *falsa procuratio* kommt das Geschäft nicht zustande, allerdings kann der vermeintlich Vertretene es immer noch **nachträglich genehmigen** oder sich den Vorteil aus dem Geschäft mit Genehmigungswillen zuwenden (Willensbetätigung). Dann wird das Geschäft rückwirkend wirksam, es handelt sich gleichsam um eine nachträgliche Bevollmächtigung.

Beispiel: Peter kann die von Fabian beschafften zusätzlichen Büroartikel gut gebrauchen und beginnt, sie in Kenntnis der Kostenüberschreitung in seinem Unternehmen zu verwenden. Er hat sich den Vorteil aus dem vollmachtlosen Geschäft zugewendet, sodass dieses rückwirkend wirksam wird.

6. Anscheinsvollmacht

Grundsätzlich gilt also: Hat der Vertreter keine Vertretungsmacht, kann er den Geschäftsherrn nicht verpflichten. Vertraut der Dritte dem Vertreter, ist das sein Risiko, er könnte jederzeit Informationen beim Geschäftsherrn einholen, um Sicherheit zu erlangen. Ein Vertrauen des Dritten auf das Bestehen von Vertretungsmacht wird also nicht geschützt.

Vertrauensschutz gibt es aber ausnahmsweise im besonderen Fall der Anscheinsvollmacht (§§ 1026 ff ABGB). Geschützt wird – unter ganz bestimmten Voraussetzungen! – das Vertrauen des Dritten, **dass Vertretungsmacht vorliege**. Voraussetzungen für das Vorliegen einer Anscheinsvollmacht sind folgende Elemente, die **kumulativ** erfüllt sein müssen:

- Anschein, dass Vertretungsmacht vorliegt (**Rechtsschein**), der nur bei „gewöhnlichen" Geschäften gegeben sein kann,
- dieser Rechtsschein muss seine **Grundlage im Verhalten des Vertretenen** haben,
- der Dritte muss auf diesen Rechtsschein **vertrauen** (leichte Fahrlässigkeit schadet).

Beispiel: Sophie ist im Antiquitätengeschäft Konrads angestellt und sitzt dort an der Verkaufstheke. Konrad hat ihr verboten, Antiquitäten zu verkaufen, wovon seine Kunden nicht informiert sind. Hier liegt ein Rechtsschein vor, der seine Grundlage im Verhalten des Konrad hat: Er lässt schließlich Sophie in seinem Geschäft an der Verkaufstheke sitzen. Kommt nun der redliche Richard ins Geschäftslokal und erwirbt eine alte Rokokokommode, kommt ein Vertrag mit Konrad zustande. Richard kann darauf vertrauen, dass Sophie zum Verkauf befugt ist.

Der Schutz des Dritten ist also nur dann gerechtfertigt, wenn der Rechtsschein seine Grundlage im Verhalten des Vertretenen hat. Es reicht insbesondere nicht aus, wenn der vermeintliche Vertreter selbst einen Rechtsschein geschaffen hat.

Beispiele: War Sophie gar nicht die Angestellte von Konrad, sondern eine Passantin, die das Geschäft betritt und die Kommode einfach so verkauft, kommt kein Vertrag zustande. Gleiches gilt, wenn Karl das Briefpapier von Julian stiehlt und sich mit einer gefälschten Vollmachtsurkunde als dessen Vertreter ausgibt. Julian hat nichts dazu beigetragen, dass Karl die Urkunde fälscht.

Nach denselben Prinzipien werden die Fälle des Fortwirkens einer **erloschenen Vollmacht** behandelt. Wird eine einmal erteilte Vollmacht wieder entzogen, wird das Vertrauen des Dritten, der die Bevollmächtigung gekannt hat, auf das Weiterbestehen der Vollmacht geschützt.

Beispiel: Cora teilt Eva mit, dass sie ihre Angestellte Anna zum Kauf von Büromaterial bevollmächtigt hat. Wegen eines Streits widerruft Cora Annas Vollmacht, wovon Eva aber nichts weiß. Wenn Anna nach dem Widerruf der Vollmacht erneut Büromaterial in Coras Namen einkauft, kommt ein wirksamer Vertrag zwischen Cora und Eva zustande.

II. Schuldrecht

A. Grundbegriffe

Das Schuldrecht beschäftigt sich mit Schuldverhältnissen zwischen zwei oder mehreren Personen. Ein Schuldverhältnis ist dabei als eine Art **„Rechtsband"** (***vinculum iuris***) zu sehen, das diese Personen verbindet und sie der anderen Partei gegenüber berechtigt und/oder verpflichtet. Gemeinsam ist allen Schuldverhältnissen, dass es jeweils um Ansprüche geht, die nur gegen bestimmte Personen durchsetzbar sind (**relative Rechte**), nicht aber – im Unterschied zu Sachenrechten – gegenüber jedermann Schutz genießen (absolute Rechte). Das Schuldrecht wird somit auch als **Recht der Güterbewegung** bezeichnet: Es vermittelt **Rechte auf etwas**, während das Sachenrecht Aussagen über Rechte an etwas trifft.

Ein Schuldverhältnis entsteht gem § 859 ABGB durch Rechtsgeschäft, Gesetz oder aufgrund einer erlittenen Beschädigung, wobei freilich das Schuldverhältnis aus erlittener Beschädigung (Schadenersatzanspruch) auch ein gesetzliches Schuldverhältnis ist. Man unterscheidet daher zwischen vertraglichen und gesetzlichen Schuldverhältnissen.

Unter die **vertraglichen Schuldverhältnisse** fallen die verschiedenen Vertragstypen des ABGB. Hierbei sind zB Kaufvertrag, Schenkungsvertrag, Arbeitsvertrag, freier Dienstvertrag, Werkvertrag, Auftragsvertrag, Kreditvertrag, Verwahrungsvertrag oder Leihvertrag zu erwähnen. Die **Privatautonomie** erlaubt es, sich nicht auf diese Vertragstypen zu beschränken. Der Rechtsverkehr kann aus diesen Vertragstypen gemischte Verträge schaffen (zB das Leasing, das eine Mischung aus Miete und Kauf darstellt). Es ist aber auch möglich, ganz neue Verträge zu schaffen (atypische Verträge, wie zB das Franchising).

Beispiele: Der Installateur Ingo verpflichtet sich gegen Entgelt, Berts Badezimmer zu renovieren: Werkvertrag (Inhalt ist eine tatsächliche Leistung gegen Entgelt). Alex verpflichtet sich gegen Entgelt, für Walter ein Grundstück zu kaufen und den Vertrag aufzusetzen: Auftragsvertrag (Inhalt ist die entgeltliche oder unentgeltliche Erbringung einer Rechtshandlung). Max verpflichtet sich gegen Entgelt, für zwei Wochen auf Karls Katze aufzupassen: Verwahrungsvertrag. Im Detail lernen Sie die verschiedenen Vertragstypen in den aufbauenden Lehrveranstaltungen kennen.

Die wichtigsten **gesetzlichen Schuldverhältnisse** sind das Schadenersatzrecht (s II.C.) und das Bereicherungsrecht (dazu in den aufbauenden Lehrveranstaltungen).

Eine weitere gebräuchliche Einteilung trennt das Schuldrecht in einen allgemeinen Teil und einen besonderen Teil. Der besondere Teil behandelt die konkreten Schuldverhältnisse wie eben die verschiedenen Vertragstypen und die gesetzlichen Schuldverhältnisse. Der allgemeine Teil umfasst die Entstehung und Beendigung von Schuldverhältnissen sowie das Recht der Leistungsstörungen (dazu sogleich).

B. Leistungsstörungen

1. Allgemeines

Sie haben bereits gelernt, wer Verträge abschließen kann und wie und worüber sie zustande kommen. Besteht ein gültiger Vertrag, kann dieser bei Vorliegen bestimmter Voraussetzungen durch Anfechtung beseitigt werden, wenn im Zeitpunkt des Vertragsabschlusses ein Fehler vorgelegen ist (s.o.). Passiert der **Fehler** hingegen erst **bei der Vertragserfüllung**, sieht das ABGB dafür das Recht der Leistungsstörungen vor. Dessen Regeln sind also einschlägig, wenn eine Abwicklungsstörung vorliegt, also entweder eine Nichterfüllung oder eine Schlechterfüllung des Vertrags. Dabei werden drei Fallgruppen unterschieden:

- Nachträgliche Unmöglichkeit (Nichterfüllung)
- Verzug (Nichterfüllung)
- Gewährleistung (Schlechterfüllung)

Charakteristisch für zweiseitig verpflichtende Rechtsgeschäfte ist ein Austauschverhältnis (**Synallagma**), in dem jeder Vertragspartner eine **Leistung** zu erbringen hat und dafür eine **Gegenleistung** erhält. Jeder Vertragspartner ist daher gleichzeitig Schuldner und Gläubiger. Es ist somit stets darauf zu achten, wer Gläubiger und Schuldner der jeweiligen Leistung ist. Auf beiden Seiten kann es zu Leistungsstörungen kommen.

Beispiel: Wenn Viktor dem Kurt ein Auto verkauft, ist er Schuldner hinsichtlich der Übergabe des Autos und Gläubiger hinsichtlich des Kaufpreises, den Kurt ihm schuldet. Zahlt Kurt den Kaufpreis nicht rechtzeitig, ist er in Verzug. Wird das Auto mangelhaft übergeben, trifft Viktor die Gewährleistungspflicht.

2. Nachträgliche Unmöglichkeit

Eine nachträgliche Unmöglichkeit liegt vor, wenn die vertraglich vereinbarte Leistung, die im Zeitpunkt des Vertragsabschlusses noch hätte erbracht werden können, aufgrund eines Ereignisses zwischen Vertragsabschluss und geplanter Vertragserfüllung endgültig nicht mehr geleistet werden kann. Dadurch ist sie von der anfänglichen Unmöglichkeit abzugrenzen, bei der die Unmöglichkeit schon im Zeitpunkt des Vertragsabschlusses besteht. Entscheidendes Kriterium ist, dass die Leistung **endgültig nicht mehr erbracht werden kann** (so grenzt man die nachträgliche Unmöglichkeit nämlich vom Verzug ab, s.u.).

Beispiele: Alex einigt sich mit Berta über den Verkauf seines Cabrios (Wert: EUR 10.000) um EUR 8.000, wobei das Auto zwei Wochen später übergeben werden soll. Drei Tage vor dem Übergabetermin fällt ein Baum vor Alex' Haus auf das Cabrio und zerstört es. Die Leistung dieses Cabrios ist somit endgültig unmöglich.
Hat Berta hingegen ein neues Auto bei der Ferrari AG gekauft und wird das Auto beim Transport zerstört, weil es vom Lastwagen fällt, liegt keine nachträgliche Unmöglichkeit vor, weil die Leistung eines vertragsgemäßen Neuwagens ja noch möglich ist. Ferrari ist allenfalls in Verzug.

Bei nachträglicher Unmöglichkeit wird zwischen drei Fallgruppen unterschieden, die verschiedene Rechtsfolgen nach sich ziehen:

a) **Zufällige** nachträgliche Unmöglichkeit
b) Dem **Schuldner zuzurechnende** nachträgliche Unmöglichkeit
c) Dem **Gläubiger zuzurechnende** nachträgliche Unmöglichkeit

a) Zufällige nachträgliche Unmöglichkeit (§ 1447 ABGB)

Es kann sein, dass der Vertragsgegenstand nach Vertragsabschluss zufällig, also **ohne Verschulden** eines Vertragspartners, untergeht. Dabei stellt sich insbesondere die Frage, wer das **Risiko** des zufälligen Untergangs trägt. Bis zum Vertragsabschluss ist klar, dass dieses Risiko beim bisherigen Eigentümer liegt. Nach Vertragserfüllung trägt es der neue Eigentümer, der die Sache erworben hat. Dazwischen entscheidet das ABGB, dass die Gefahr im **Zeitpunkt der bedungenen** (= vereinbarten) **Übergabe** übergeht.

Beispiel: Das Cabrio geht vor dem vereinbarten Übergabetermin unter. Die Gefahr ist noch nicht auf Berta übergegangen. Alex trägt das Risiko. Er bekommt den Kaufpreis nicht, der Vertrag zerfällt. Bereits Geleistetes (zB eine Anzahlung) ist zurückzugeben.

Dieses Konzept leuchtet beim Cabrio unmittelbar ein. Etwas modifiziert werden muss es, wenn die Parteien nicht den Kauf einer individuell bestimmten Sache (**Speziessache**, etwa „Alex‘ Cabrio") vereinbaren, sondern den Vertragsinhalt nur nach generellen Merkmalen beschreiben (**Gattungssache**, etwa „ein neuer Audi A4"). Denn dann wird die Leistungserbringung nicht unmöglich, wenn nur die Leistung eines Stücks unmöglich ist. Geliefert werden kann immer noch ein anderes Stück derselben Gattung; die **Gattung geht nicht unter** („*genus non perit*"). **Hat der Schuldner aber bereits alles zur Erfüllung des Vertrages Nötige getan** und schon bestimmte Stücke der Gattung zur Vertragserfüllung ausgesondert, kommt es auch bei Gattungssachen im Zeitpunkt der bedungenen Übergabe zum Gefahrenübergang. Die Gattungssache wird ab diesem Zeitpunkt als Speziessache behandelt (man spricht von **Konzentration**).

Beispiel: Das Herstellerunternehmen A-AG muss dem Händler Hans am 1.9. hundert Paar Alpinski liefern. Werden am 28.8. zwanzig Paar Ski aus dem Lager der A-AG gestohlen, muss die A-AG weiter hundert Paar Ski liefern. Werden die hundert Paar Ski aber am 1.9. geliefert und erscheint weder Hans noch einer seiner Angestellten zur Übernahme, tritt Konzentration ein. Gehen die Ski auf dem Rücktransport zufällig unter, muss die A-AG nicht erneut liefern. Hans muss aber den Kaufpreis bezahlen.

b) Dem Schuldner zuzurechnende nachträgliche Unmöglichkeit (§§ 920 f ABGB)

Wird die Leistung durch ein **Verschulden des Schuldners** oder seiner Gehilfen unmöglich oder wird sie im verschuldeten Schuldnerverzug (s.u.) zufällig unmöglich, steht dem Gläubiger ein **Wahlrecht** zu. Er kann entweder am Vertrag festhalten und den Wert der untergegangenen Sache verlangen (**Austauschanspruch**) oder vom Vertrag zurücktreten und die Wertdifferenz zwischen Leistung und Gegenleistung verlangen (**Differenzanspruch**).

Beispiel: Der Einsturz des Baumes war Folge eines lange vorhergesagten heftigen Sturmes; außerdem war der Baum morsch, worüber Alex Bescheid wusste. Wenn er das Auto trotzdem unter dem Baum abstellt, verschuldet er die Unmöglichkeit der Leistung. Berta kann entweder am Vertrag festhalten, den Kaufpreis leisten und den Wert des Cabrios (= EUR 10.000) verlangen oder vom Vertrag zurücktreten und die Differenz zwischen Leistung und Gegenleistung (= EUR 2.000) verlangen. Dasselbe gilt, wenn die Leistung im verschuldeten Schuldnerverzug zufällig unmöglich wird.

c) Dem Gläubiger zuzurechnende nachträgliche Unmöglichkeit

Eine dem Gläubiger zuzurechnende nachträgliche Unmöglichkeit liegt vor, wenn die Leistung aufgrund von Umständen, die in der **Sphäre des Gläubigers** liegen, unmöglich wird. Ein Verschulden des Gläubigers ist nicht erforderlich. Außerdem, wenn der Gläubiger den vertraglich geschuldeten Erfolg selbst herbeiführt (etwa das liegengebliebene Auto vor Eintreffen des Pannenservice selbst repariert); weiters wenn die Sache im Gläubigerverzug zufällig untergeht (§ 1419 ABGB). Als Rechtsfolge kann der Schuldner die **Gegenleistung** (zB den Kaufpreis) **verlangen**.

Beispiel: Berta erscheint nicht zum vereinbarten Übergabezeitpunkt. Sie ist im Gläubigerverzug. Stürzt der Baum danach unvorhergesehen um, trägt sie das Risiko des zufälligen Sachuntergangs. Alex kann das vereinbarte Entgelt verlangen.

3. Verzug

a) Schuldnerverzug (Leistungsverzug) (§§ 918 ff ABGB)

Wird der Vertrag vom Schuldner nicht am gehörigen Ort, zur gehörigen Zeit oder auf die bedungene Weise erfüllt, ist die **Erfüllung** aber (anders als bei der nachträglichen Unmöglichkeit, s.o.) **noch möglich**, spricht man von Schuldnerverzug (§§ 918 ff ABGB).

Beim Schuldnerverzug wird differenziert:
i) Objektiver Schuldnerverzug
ii) Subjektiver Schuldnerverzug

i) Objektiver Schuldnerverzug

Objektiver Schuldnerverzug liegt vor, wenn der Schuldner nicht wie vereinbart leistet, ihn daran aber **kein Verschulden** trifft. In diesem Fall hat der Gläubiger ein **Wahlrecht**. Er kann entweder am Vertrag festhalten oder vom Vertrag unter Setzung einer angemessenen Nachfrist zurücktreten.

Beispiel: Andi verkauft Toni einen handsignierten Fußball. Zum vereinbarten Übergabetermin taucht Andi nicht auf, weil er nach einem Autounfall im Koma liegt. Da Andi nicht zur gehörigen Zeit den Vertrag erfüllt, liegt Verzug vor. Ein Verschulden daran trifft ihn aber nicht. Toni hat für die Anfahrt extra ein Auto gemietet. Er kann nun am Vertrag festhalten und weiterhin die Übergabe des Balls fordern oder vom Vertrag unter Setzung einer angemessenen Nachfrist zurücktreten. Weitere Ansprüche (Schadenersatz, zB für die Mietwagenkosten) hat er mangels Verschuldens nicht.

ii) Subjektiver Schuldnerverzug

Subjektiver Schuldnerverzug liegt vor, wenn der Schuldner den Verzug **schuldhaft verursacht** hat. Der Gläubiger hat wieder dasselbe **Wahlrecht** wie zuvor. Zusätzlich steht ihm **Schadenersatz** zu. Hält er am Vertrag fest, kann er den Verspätungsschaden fordern, also den Schaden, den er durch die Verspätung erlitten hat. Tritt er (unter Setzung einer angemessenen Nachfrist) zurück, kann er den Nichterfüllungsschaden fordern, also den Schaden, den er durch die Nichterfüllung erlitten hat. Dabei ist zu bedenken, dass bei Vertragsverletzungen das **Verschulden vermutet** wird (§ 1298 ABGB), Andi müsste also beweisen, dass ihn kein Verschulden am Verzug getroffen hat (sog Freibeweis).

Beispiel: Andi ist zum Übergabetermin auf Urlaub gefahren. Ihn trifft am Verzug also ein Verschulden. Hält Toni am Vertrag fest, kann er den Verspätungsschaden fordern (die Kosten für die erneute Miete eines Autos). Tritt er unter Nachfristsetzung zurück, kann er den Nichterfüllungsschaden verlangen. War der Ball EUR 2.000 wert und hat ihn Toni für EUR 1.800 erworben, kann er also EUR 200 verlangen.

Im Schuldnerverzug geht die **Gefahr** auch im Zeitpunkt der bedungenen Übergabe nicht über.

Beispiel: Wird der Ball nach dem vereinbarten Übergabezeitpunkt von einem unbekannten Einbrecher gestohlen, ist die Leistung nachträglich unmöglich geworden. Die Gefahr des zufälligen Untergangs trägt nach wie vor Andi, weil er in Verzug geraten ist. Er kann daher kein Entgelt verlangen. Wird der Ball im subjektiven Schuldnerverzug gestohlen, liegt ein Fall der dem Schuldner zuzurechnenden nachträglichen Unmöglichkeit (s.o.) vor, sodass Andi schadenersatzpflichtig werden kann (§§ 920 f ABGB).

b) Gläubigerverzug (Annahmeverzug) (§ 1419 ABGB)

Nicht nur der Schuldner kann in Verzug geraten, sondern auch der Gläubiger. Beim Gläubigerverzug sind zwei Aspekte relevant: Der Gläubiger ist erstens **nicht zur Annahme** der Leistung **verpflichtet** (wohl aber zur Zahlung der Gegenleistung). Zweitens kann der Gläubiger nur in Verzug geraten, wenn der **Schuldner seine Leistung ordnungsgemäß angeboten** hat.

Nimmt der Gläubiger diese ordnungsgemäß angebotene Leistung nicht an, geht die Gefahr des zufälligen Untergangs auf den Gläubiger über. Überdies kann der Schuldner die Sache schuldbefreiend bei **Gericht hinterlegen** und erhält **Ersatz für Aufwendungen**, die er tätigen muss.

Beispiel: Erscheint Toni nicht zum vereinbarten Termin und wird der Ball dann von Unbekannten gestohlen, muss er den Kaufpreis trotzdem zahlen (die Gefahr ist übergegangen). Andi könnte aber ab dem Zeitpunkt der bedungenen Übergabe den Ball auch gerichtlich hinterlegen und erhält Ersatz für Aufwendungen, die er tätigen musste.

4. Gewährleistung (§§ 922 ff ABGB)

a) Allgemeines und Abgrenzung

Bei nachträglicher Unmöglichkeit wird die Leistung endgültig nicht erbracht; beim Verzug wird sie trotz Fälligkeit noch nicht erbracht. Nachträgliche Unmöglichkeit und Verzug bilden somit die Leistungsstörungen der Nichterfüllung. Anders stellt es sich bei der Gewährleistung dar. Hier wird der Vertrag zwar erfüllt, die Erfüllung ist aber mangelhaft, es liegt daher eine **Schlechterfüllung** vor. Wird also eine vertragswidrige Leistung angeboten, kann der Gläubiger die Annahme verweigern, der Schuldner gerät dann in Verzug. Nimmt der Gläubiger die Leistung aber an (zB weil er den Fehler nicht bemerkt), kommt Gewährleistungsrecht zur Anwendung.

Gewährleistung ist die **verschuldensunabhängige Haftung** für Sach- und Rechtsmängel im Zeitpunkt der Vertragserfüllung. Der Erbringer einer mangelhaften Leistung wird als Übergeber, der Empfänger als Übernehmer bezeichnet.

Die Gewährleistung kommt nur bei **entgeltlichen Geschäften** zur Anwendung. Ihr Zweck ist es, das von den Vertragspartnern gewollte Verhältnis von Leistung und Gegenleistung wiederherzustellen, indem sie dem Übernehmer Rechte gegen den Übergeber gibt. Gibt es keine Gegenleistung, dann entfällt auch der Bedarf nach einer Wiederherstellung der **subjektiven Äquivalenz** („Einem geschenkten Gaul schaut man nicht ins Maul"). Zu beachten ist, dass die Gewährleistung ein universelles Prinzip ist. Sie kommt auch im Verhältnis zwischen Privatpersonen oder zwischen Unternehmern zur Anwendung. Das Gewährleistungsrecht ist praktisch daher von enormer Bedeutung, aber leider sehr zersplittert und unübersichtlich geregelt.

- Das ABGB kennt ein allgemeines Gewährleistungsrecht, das nicht auf Kaufverträge beschränkt ist, sondern etwa auch bei Werkverträgen gilt. Diese Regelungen kommen in B2B (zwischen Unternehmern) und C2C („Privatverkauf") Verträgen zur Anwendung.
- In B2C-Geschäften über den Kauf von Waren oder über die Bereitstellung digitaler Leistungen ist das Verbrauchergewährleistungsgesetz (VGG) einschlägig, das aber nicht alle Fragen regelt, sondern durch das ABGB und das KSchG ergänzt wird.
- Für alle anderen B2C-Geschäfte gelten das ABGB und das KSchG.

b) Mangel und maßgebender Zeitpunkt

Ansatzpunkt für die Gewährleistung ist immer das Vorliegen eines Mangels. Pauschal kann man eine Vertragsleistung nicht als mangelfrei oder mangelhaft einordnen. Vielmehr muss die Mangelhaftigkeit immer durch einen **Vergleich** der **erbrachten Leistung** mit dem **vertraglich Geschuldeten** ermittelt werden. Zunächst muss also der Vertragsinhalt bestimmt werden. Jede Abweichung der Leistung davon stellt einen Mangel dar. Dementsprechend sagt schon § 922 ABGB, dass der Übergeber dafür Gewähr leistet, dass die Leistung dem Vertrag entspricht.

Beispiel: Verkauft Veronika dem Kilian einen Neuwagen und liefert einen Gebrauchtwagen, ist die Leistung mangelhaft. War hingegen der Verkauf eines Gebrauchtwagens vereinbart, ist die Leistung vertragskonform.

Bei **Bestimmung des Vertragsinhalts** wird auf ausdrücklich **bedungene** (also vertraglich vereinbarte) und **gewöhnlich vorausgesetzte** Eigenschaften gleichermaßen abgestellt. Das VGG unterscheidet in ähnlicher Weise zwischen eigens vertraglich vereinbarten (§ 5 VGG) und objektiv erforderlichen Eigenschaften (§ 6 VGG). Weist die erbrachte Leistung diese Eigenschaften nicht auf, ist sie mangelhaft.

Beispiele: Gewöhnlich vorausgesetzt ist etwa, dass ein Fahrrad über Bremsen verfügt oder dass ein Kletterseil das Gewicht eines Menschen trägt. Dies ist auch ohne ausdrückliche Vereinbarung Vertragsinhalt.

Mängel können in Sachmängel und Rechtsmängel unterteilt werden. **Sachmängel** haften der Sache körperlich an. Ein **Rechtsmangel** kann sich sowohl auf bewegliche als auch auf unbewegliche Sachen beziehen und liegt vor, wenn nicht die geschuldete Rechtsposition übertragen wird.

Beispiele: Die kaputten Bremsen des Fahrrads sind ein Sachmangel. Verkauft der Dieb das Fahrrad, kann er daran kein Eigentum übertragen, sodass ein Rechtsmangel vorliegt.

Maßgebender Zeitpunkt für die Beurteilung der Mangelhaftigkeit ist grundsätzlich der **Zeitpunkt der Übergabe**. Eine Erleichterung für den Übernehmer besteht aber darin, dass wenn ein Mangel binnen einer bestimmten Frist nach Vertragserfüllung hervorkommt, vermutet wird, dass er schon im Zeitpunkt der Übergabe vorhanden war. Diese Frist beträgt im ABGB 6 Monate (§ 924 ABGB), im VGG 12 Monate (§ 11 VGG).

Beispiel: Mario kauft ein neues Handy bei der MegaMercado GmbH. Nach 7 Monaten funktioniert es nicht mehr. Jetzt ist es mangelhaft und deshalb wird vermutet, dass das Handy schon im Zeitpunkt der Übergabe mangelhaft war. Die MegaMercado GmbH muss den Beweis des Gegenteils führen (§ 11 VGG). Wäre Mario Unternehmer, müsste er den Beweis der Mangelhaftigkeit im Zeitpunkt der Übergabe erbringen (§ 924 ABGB).

c) Rechtsfolgen der Gewährleistung und Fristen (§§ 932 f ABGB, §§ 12, 20 VGG)

Genau geprüft werden müssen die Rechtsfolgen einer mangelhaften Leistung. Alle Rechte aus der Gewährleistung stehen immer nur gegenüber dem Vertragspartner zu. Mit der in der Praxis auch oft gebräuchlichen (Hersteller-)Garantie hat die Gewährleistung nichts zu tun. Die Garantie besteht allenfalls neben der Gewährleistung.

Bei der Gewährleistung folgt das Gesetz dem **Konzept der zweiten Chance**. Wer mangelhaft leistet, soll die Möglichkeit haben, die Leistung zu verbessern oder auszutauschen. Der Übernehmer kann daher als **primäre Gewährleistungsbehelfe** Verbesserung oder Austausch verlangen. **Austausch** ist dabei die Lieferung einer anderen Sache derselben Gattung (zB neuer Fernseher desselben Modells statt des defekten Fernsehers). Bei Stückschulden (Lisas alter Bauernkasten; Rembrandts „Nachtwache") ist ein Austausch unmöglich. **Verbesserung** bedeutet Reparatur im weitesten Sinn (nicht nur das Nachziehen einiger Schrauben bei einem Auto, sondern auch die Neuerrichtung des mangelhaften Hauses ist Verbesserung).

Zwischen diesen Behelfen kann der Übernehmer **frei wählen**, wenn nicht ein Behelf unmöglich oder für den Übergeber mit einem unverhältnismäßig hohen Aufwand verbunden ist (§ 932 Abs 2 Satz 1 ABGB; § 12 Abs 3 VGG).

Beispiel: Kauft Pia von Vera ein neues Fahrrad und ist das Rücklicht defekt, liegt ein Mangel vor. Pia kann aber nur Verbesserung verlangen. Der Austausch des gesamten Fahrrads wäre bei einem solchen Mangel mit einem unverhältnismäßig hohen Aufwand für Vera verbunden.

Unter bestimmten, vom Gesetz abschließend aufgezählten, Voraussetzungen stehen die **sekundären Gewährleistungsbehelfe** zur Verfügung. Das ist der Fall, wenn:

- beide primären Behelfe unmöglich oder für den Übergeber mit einem unverhältnismäßig hohen Aufwand verbunden sind, dann hat der Übernehmer nur die sekundären Behelfe;
- der Übergeber einen der primären Behelfe verweigert bzw nicht in angemessener Frist vornimmt, dann kann der Übernehmer zwischen primären und sekundären Behelfen wählen;
- beide primären Behelfe für den Übernehmer mit erheblichen Unannehmlichkeiten verbunden wären, dann kann der Übernehmer zwischen primären und sekundären Behelfen wählen; oder
- beide primären Behelfe dem Übernehmer aus triftigen, in der Person des Übergebers liegenden Gründen unzumutbar sind, dann kann der Übernehmer zwischen primären und sekundären Behelfen wählen. Bei der Beurteilung ist ein strenger Maßstab anzulegen, bloße Mangelhaftigkeit der Leistung reicht nicht aus.
- Für den Verbraucherkauf nach dem VGG sieht § 12 Abs 4 Z 1 VGG vor, dass auch die besondere Schwere des Mangels einen Umstieg auf die zweite Ebene rechtfertigen kann.

Es handelt sich dabei um Alternativvoraussetzungen, dh, dass nur einer dieser Gründe vorliegen muss, um die sekundären Gewährleistungsbehelfe zur Verfügung zu haben.

Die sekundären Behelfe sind **Preisminderung**, also eine Reduktion des Entgelts, und die **gewährleistungsrechtliche Vertragsauflösung**, die oft auch Wandlung genannt wird und dem Rücktritt beim Verzug entspricht. Auch hier hat der Übernehmer grundsätzlich ein Wahlrecht. Liegt aber nur ein **geringfügiger Mangel** vor, kann er lediglich Preisminderung verlangen. Ob ein Mangel geringfügig ist, muss für jeden Vertrag gesondert geprüft werden. Dabei kommt es etwa auf die objektive Wertminderung an oder darauf, ob eine Eigenschaft ausdrücklich bedungen wurde.

Beispiele: Verweigert Vera die Verbesserung, kann Pia nur Preisminderung verlangen. Denn ein defektes Rücklicht stellt bei einem neuen Fahrrad einen geringfügigen Mangel dar. Ist hingegen das Dach eines Oldtimer-Cabrios nicht regendicht, liegt kein geringfügiger Mangel vor.

Die Preisminderung wird mittels **relativer Berechnungsmethode** ermittelt, sodass eine verhältnismäßige Kürzung eintritt. Es gilt die Gleichung W:w = P:p. Wenn die mangelfreie Leistung einen Wert (W) von EUR 8.000 gehabt hätte und um einen Preis (P) von EUR 10.000 verkauft wurde, ist für eine mangelhafte Sache mit einem Wert (w) von EUR 6.000 noch ein Kaufpreis (p) von EUR 7.500 fällig. Es kommt also zu einer verhältnismäßigen Kürzung. Wenn die mangelhafte Sache 25 % weniger wert ist (8000:6000), muss also auch der Preis um 25 % sinken.

Wird der Vertrag gewährleistungsrechtlich aufgelöst, erlöschen die daraus resultierenden Verpflichtungen. Bereits Geleistetes ist zurückzugeben und noch ausstehende Leistungen müssen nicht mehr erbracht werden.

Die **Gewährleistungsfrist** beträgt bei beweglichen Sachen zwei Jahre und bei unbeweglichen Sachen drei Jahre (§ 933 ABGB). Sie beginnt bei Sachmängeln im Zeitpunkt der Übergabe, bei Rechtsmängeln mit deren Kenntnis zu laufen. Um die Frist bei Sachmängeln effektiv ausnützen zu können, hat der Übernehmer, wenn der Mangel binnen 2 Jahren nach Übergabe hervorkommt, noch 3 Monate ab Ende der Gewährleistungsfrist für die Geltendmachung Zeit (§ 933 Abs 3 ABGB; § 28 Abs 1 VGG).

> *Beispiel:* Silvia kauft am 1.9.2022 einen neuen Fernseher. Der Übergeber ist für alle Mängel gewährleistungspflichtig, die binnen 2 Jahren (1.9.2024) hervorkommen. Für die Geltendmachung ihrer Gewährleistungsrechte hat Silvia bis zum 1.12.2024 Zeit.

d) Ausschluss der Gewährleistung?

Die Gewährleistungsregeln sind grundsätzlich **dispositiv** und können daher vertraglich beschränkt werden. Anderes gilt für Gewährleistungsrechte des Verbrauchers gegenüber einem Unternehmer (**B2C**): Sie können vertraglich grundsätzlich nicht beschränkt werden (§ 9 KSchG, § 3 VGG). Eine Ausnahme bilden gebrauchte bewegliche Sachen, bei denen die Frist auf ein Jahr verkürzt werden kann, sofern dies einzeln ausgehandelt wird (§ 10 Abs 4 VGG). Ausgeschlossen ist die Gewährleistung weiters bei – schon im Zeitpunkt des Vertragsabschlusses – **offenkundigen Mängeln** (§ 928 ABGB) und beim Kauf einer Sachgesamtheit zu einem Pauschalpreis (§ 930 ABGB; „**Kauf in Pausch und Bogen**", zB eine Bibliothek). Hintergrund für beide Tatbestände ist, dass die Sache im jeweiligen Zustand Vertragsinhalt geworden ist. Wer über eine offenkundig fehlerhafte Sache kontrahiert, kann diesen Fehler dann nicht als Mangel geltend machen. Und wer eine Sachgesamtheit kauft, dem werden nicht einzelne Gegenstände daraus geschuldet, sondern eben nur die Sachgesamtheit. Ist in der gekauften Bibliothek ein Buch beschädigt, ist das daher kein Fall für die Gewährleistung.

C. Schadenersatzrecht

1. System

Grundsätzlich gilt, dass jeder, der einen Schaden erleidet, ihn selbst tragen muss (***casum sentit dominus***, § 1311 ABGB). Wer also sein Auto zu Schrott fährt oder wem der Laptop in einem Regenguss kaputtgeht, der muss diese Nachteile selbst tragen. In bestimmten Konstellationen ist es aber geboten, dass diese Schäden von einem Dritten (dem Schädiger) getragen werden. Voraussetzung dafür ist ein **Zurechnungsgrund**, der es rechtfertigt, dass nicht der Geschädigte auf dem Schaden „sitzenbleibt". Dabei unterscheidet man primär zwei verschiedene Zurechnungsgründe, die zu einer Zweispurigkeit des Schadenersatzrechts führen:

- Die **Verschuldenshaftung** knüpft die Haftung an ein rechtswidriges und schuldhaftes Handeln des Schädigers an (s sogleich). Sie ist das Standardmodell der Haftung nach dem ABGB.

  Beispiel: Hans zerstört aus Wut das Auto seines Konkurrenten Felix.

- Die **Gefährdungshaftung** knüpft die Haftung an die Ausübung einer abstrakt gefährlichen Tätigkeit und verlangt weder Rechtswidrigkeit noch Verschulden. Bereits die Ausübung einer besonders gefährlichen Tätigkeit bildet die Rechtfertigung der Gefährdungshaftung. Prominentestes Beispiel dafür ist die Haftung des Kraftfahrzeughalters (geregelt im **EKHG**): Wer trotz der Gefahren ein Kfz betreibt, handelt selbstverständlich nicht unrechtmäßig. Entstehen daraus aber Schäden, soll der Halter des Kfz auch ohne Verschulden dafür aufkommen. Ähnliche Haftungen gibt es aber auch für andere gefährliche Tätigkeiten, zB im LuftfahrtG oder im AtomHG.

2. Verschuldenshaftung (§§ 1293 ff ABGB)

Im Rahmen der Verschuldenshaftung müssen **vier Voraussetzungen kumulativ** vorliegen, damit ein Ersatzanspruch besteht (Prüfschema):

a) Schaden
b) Kausalität
c) Rechtswidrigkeit
d) Verschulden

a) Schaden

Ein Schaden kann auf verschiedene Weise eintreten. Er kann entweder ein in Geld messbares Vermögensminus (**Vermögensschaden**, materieller Schaden) oder ein **ideeller** (immaterieller) **Schaden** sein.

Beispiel: Wird etwa ein Auto mit einem Wert von EUR 8.000 beschädigt und hat es danach noch einen Wert von EUR 5.000, entsteht dem Eigentümer ein Schaden iHv EUR 3.000.

Bei Vermögensschäden wird weiter differenziert zwischen einem **positiven Schaden** und dem **entgangenen Gewinn**.

Beispiel: Die Wertminderung des Autos iHv EUR 3.000 stellt einen positiven Schaden dar, weil ein bereits bestehendes Rechtsgut zerstört wird. Besteht die Hoffnung, dass das Auto demnächst um EUR 9.000 verkauft werden kann, stellen die zusätzlichen EUR 1.000 den entgangenen Gewinn dar.

Beim entgangenen Gewinn wird die Chance einer Vermögensvermehrung verhindert. Die Rechtsprechung zählt freilich schon relativ konkrete zukünftige Erwerbschancen zum positiven Schaden, sodass die Unterscheidung zwischen positivem Schaden und entgangenem Gewinn verwischt wurde. Im obigen Beispiel hängt die Einordnung als positiver Schaden oder entgangener Gewinn davon ab, wie sicher die Weiterveräußerung um EUR 9.000 war. Bedeutung hat die Abgrenzung, weil im allgemeinen Zivilrecht der **entgangene Gewinn nur bei grobem Verschulden** (Vorsatz oder grober Fahrlässigkeit) ersetzt wird (§§ 1323 f ABGB).

Beispiel: A vernichtet die Bienenstöcke inkl Bienenvolk des B. Neben den zerstörten Sachen ist nach der Rsp auch die entgangene Möglichkeit der Honiggewinnung positiver Schaden.

Im Gegensatz zu Vermögensschäden wird Ersatz für **ideelle Schäden** vom Gesetzgeber grundsätzlich nur eher zurückhaltend gewährt, weil ideelle Schäden schwer objektivierbar sind. In bestimmten Fällen ist ein solcher Ersatz **ausdrücklich gesetzlich angeordnet**. Bekanntestes Beispiel dafür ist das **Schmerzengeld**, dessen Festsetzung zwar Erfahrungswerten folgt, letztlich aber – wie ein Rechtsvergleich mit anderen Staaten zeigt – auch willkürlich bleibt.

Beispiele: Ob für einen komplett gelähmten 21-Jährigen, der den Rest seines Lebens künstlich beatmet werden muss und in ständiger Todesangst lebt, dass das Beatmungsgerät versagt, EUR 218.000 ein angemessenes Schmerzengeld sind (vgl OGH 2 Ob 237/01v), oder ob eine gebrochene Rippe mit EUR 4.400 hinreichend abgegolten ist (vgl OGH 2 Ob 17/01s), lässt sich kaum sagen. Das bisher höchste in Österreich zugesprochene Schmerzengeld beträgt EUR 320.000.

i) Schadensberechnung bei Körperverletzung (§ 1325 ABGB)

Wer am Körper verletzt wird, hat insbesondere Anspruch auf den Ersatz der **Heilungskosten**, auf Ersatz des **Verdienstentgangs** und auf ein angemessenes **Schmerzengeld** zur Abgeltung seiner (nicht in Geld messbaren) Schmerzen. Ersatzfähig sind weiters etwa die Kosten wegen vermehrter Bedürfnisse (zB behindertengerechtes Auto), die Besuchskosten nahestehender Personen und die Pflegekosten, falls eine Pflege des Verletzten notwendig ist.

Beispiel: Der rücksichtslose Hermann missachtet die Pistenregeln und verletzt beim Skifahren Benjamin, sodass sich dieser den Fuß bricht. Benjamin muss zahlreiche Behandlungen und Therapien absolvieren (Kosten EUR 4.000). Zudem kann er für zwei Wochen nicht seinem Beruf als Arzt nachgehen, wodurch ihm Einnahmen iHv EUR 3.000 entgehen. Im Krankenhaus besucht ihn seine Ehefrau (Fahrtkosten EUR 25). Alle diese Kosten sind ersatzfähig. Zusätzlich gebührt Benjamin ein angemessenes Schmerzengeld.

ii) Schadensberechnung bei Tötung (§ 1327 ABGB)

Wer jemanden rechtswidrig und schuldhaft tötet, haftet den Hinterbliebenen auf den **Unterhalt**, der ihnen vom Getöteten zugestanden ist. Außerdem sind die **Begräbniskosten** zu bezahlen.

iii) Weitere Sondertatbestände

Sonderregeln gibt es auch für die Verletzung der geschlechtlichen Selbstbestimmung (§ 1328 ABGB), Beeinträchtigungen der Privatsphäre (§ 1328a ABGB), Freiheitsbeeinträchtigungen (§ 1329 ABGB), Ehrenbeleidigungen und Kreditschädigungen (§ 1330 ABGB), Beschädigungen von Tieren (§ 1332a ABGB) usw.

b) Kausalität

Nur wer einen Schaden verursacht hat, also für den Schaden kausal war, kann für ihn haften. Dies ist nach der ***conditio sine qua non*-Formel** zu prüfen. Bei positivem Tun wird gefragt, ob der Schaden auch eingetreten wäre, wenn man sich die schädigende Handlung wegdenkt (**Eliminationsmethode**). Wäre der Schaden entfallen, war die Handlung kausal für den Schaden. Bei Unterlassungen wird geprüft, ob der Schaden entfallen wäre, wenn man sich das pflichtgemäße Tun hinzudenkt.

> *Beispiel:* A fügt B mit dem Messer eine Stichwunde zu. Hätte er nicht zugestochen, wäre der Schaden nicht eingetreten.

Dies ist aber nur ein sehr grober Filter. Verkauft A dem B ein Küchenmesser, mit dem B später den C ermordet, so war der Verkauf durch A kausal für den Mord: Wäre das Messer nicht verkauft worden, hätte B damit nicht den C ermordet. Dennoch haftet A nicht, weil es gänzlich außerhalb jeder Lebenserfahrung liegt, dass das verkaufte Küchenmesser als Mordwaffe eingesetzt wird. Gehaftet wird also nur für adäquat kausale Handlungen (**Prüfung der Adäquanz**). Ist ein Schaden überhaupt nicht vorhersehbar, wird nicht gehaftet.

> *Beispiel:* Der OGH bejaht die Adäquanz etwa, wenn der Geschädigte eines Autounfalls in eine Depression stürzt und später Selbstmord begeht. Der Unfallschädiger haftet dann auch für die Begräbniskosten.

c) Rechtswidrigkeit

Der bloße Umstand, dass das Verhalten einer Person einer anderen Person einen Nachteil zufügt, sagt noch nichts über eine Haftung aus. Wer nichts falsch macht, muss auch nicht haften. Eine weitere Voraussetzung der Haftung ist daher die Rechtswidrigkeit. Rechtswidrig handelt, wer **objektiv sorgfaltswidrig** handelt, also Ge- oder Verbote der Rechtsordnung missachtet.

> *Beispiel:* Wer in der Nachbarschaft eines Gasthauses ein eigenes Gasthaus eröffnet, wird dem anderen mit hoher Wahrscheinlichkeit ein Vermögensminus zufügen. Dafür wird aber nicht gehaftet, weil eine Haftung grundsätzlich auch rechtswidriges Verhalten voraussetzt und lauterer Wettbewerb nicht rechtswidrig ist.

Das Rechtswidrigkeitsurteil kann sich dabei aus mehreren Gründen ergeben, wobei sich hier eine ganz fundamentale Unterscheidung (s.u.) im Schadenersatzrecht zeigt. Auf der einen Seite kann die **Verletzung vertraglicher Pflichten** rechtswidrig sein.

Beispiele: Max liefert Kurt das vertraglich geschuldete Fahrrad zu spät; Gregor liefert Franz eine mangelhafte Sache.

Zum anderen kann die **Verletzung einer deliktischen Pflicht** (Jedermannspflicht) die Rechtswidrigkeit begründen. Anders als Vertragspflichten bestehen deliktische Pflichten nicht nur gegenüber dem Vertragspartner, sondern gegenüber jedermann. Sie lassen sich in folgende Gruppen einteilen:

- Eingriff in **absolut geschützte Rechtsgüter**: Absolut (gegenüber jedermann) geschützt sind insb die Persönlichkeitsrechte (zB Recht auf körperliche Unversehrtheit, Freiheit, Ehre, Privatsphäre, Namensrecht) und die dinglichen Rechte (zB Eigentumsrecht, Pfandrecht, Servitut).

  Beispiele: Schlägt A auf B ein und bricht ihm die Nase, ist B in seinem Recht auf körperliche Unversehrtheit verletzt.
  Stoßen der rücksichtslose Hermann und der korrekt fahrende Stephan auf der Piste zusammen und werden Stephans Ski dabei beschädigt, ist er in seinem Eigentumsrecht verletzt.

- Verletzung von **Schutzgesetzen** (§ 1311 ABGB): Manche Gesetze verbieten bestimmte abstrakt gefährliche Verhaltensweisen, um Schädigungen vorzubeugen (Schutzgesetze). Bekanntestes Beispiel dafür ist die StVO.

  Beispiel: Fährt A im Ortsgebiet mit 60 km/h und verletzt dabei B, liegt die Rechtswidrigkeit auch (neben dem Eingriff in ein absolut geschütztes Rechtsgut) in der Verletzung der StVO.

- Verletzung von **Verkehrssicherungspflichten**: Wer eine Gefahrenquelle schafft, muss diese entsprechend absichern, widrigenfalls haftet er.

  Beispiel: Hebt Bernd bei Straßenbauarbeiten eine Grube aus und sichert diese nicht ordentlich ab, haftet er, wenn Karl in die Grube fällt und sich das Bein bricht.

- **Absichtliche sittenwidrige Schädigung** (§ 1295 Abs 2 ABGB): Wer einen anderen absichtlich und sittenwidrig schädigt, haftet ebenso dafür.

  Beispiel aus der Rsp des OGH: Die Mutter veranlasst eine Person durch bewusst falsche Angaben ein Vaterschaftsanerkenntnis abzugeben, aus dem Unterhaltspflichten resultieren.

Die Rechtswidrigkeit eines schädigenden Verhaltens kann sich dabei in einem Fall sowohl aus der Verletzung vertraglicher als auch deliktischer Pflichten ergeben. Auch die gleichzeitige Verletzung verschiedener deliktischer Pflichten ist denkbar. Der Geschädigte kann dann grundsätzlich wählen, auf welche Grundlage er seinen Anspruch stützt, wobei die Verletzung vertraglicher Pflichten für den Geschädigten gewisse Vorteile bietet (s II.C.2.f.).

Zu beachten ist, dass in bestimmten Fällen ein an sich rechtswidriges Verhalten **gerechtfertigt** sein kann. Bekannte Beispiele dafür sind die Notwehr, die Einwilligung des Verletzten und das Handeln auf eigene Gefahr.

Beispiele: B wird von A mit einem Messer attackiert. Er verteidigt sich durch einen Faustschlag, der A die Nase bricht. Der (an sich rechtswidrige) Eingriff in die körperliche Unversehrtheit ist hier gerechtfertigt (Notwehr).
Ebenso ist eine ärztliche Operation an sich ein Eingriff in die körperliche Unversehrtheit des Patienten. Wenn der ordnungsgemäß aufgeklärte Patient ihr aber zugestimmt hat (Einwilligung), ist der Eingriff gerechtfertigt.
Ebenso wenig hat derjenige einen Ersatzanspruch, der bei einem Fußballspiel durch ein übliches Foul am Körper verletzt wird (Handeln auf eigene Gefahr).

d) Verschulden

Wer durch eine rechtswidrige Handlung einen Schaden verursacht hat, haftet in der Verschuldenshaftung grundsätzlich nur, wenn ihm diese Handlung auch **subjektiv vorwerfbar** ist. Einem Deliktsunfähigen sind seine Handlungen etwa nicht vorwerfbar, weil er das Unrecht seiner Handlungen nicht einsehen kann. Das Verschulden bestimmt sich also nach einem subjektiven Maßstab.

Beispiel: Das 6-jährige Kind, das zündelt und ein Feuer verursacht, handelt daher zwar sicher rechtswidrig (objektiv sorgfaltswidrig), aber nicht schuldhaft (subjektiv vorwerfbar).

Dabei werden verschiedene Verschuldensgrade unterschieden. Wer den Schadenseintritt herbeiführen will (direkter Vorsatz) oder ihn für möglich hält und sich damit abfindet (Eventualvorsatz), der handelt **vorsätzlich**.

Im Zivilrecht begründet in aller Regel aber auch schon leicht fahrlässiges Verhalten ein Verschulden. Kann ein Verhalten einem sorgfältigen Menschen auch einmal passieren, so ist es **leicht fahrlässig**. Wenn es einem sorgfältigen Menschen in dieser Situation keinesfalls unterläuft, ist es **grob fahrlässig**. Die Unterscheidung ist ua deshalb von Bedeutung, weil der entgangene Gewinn nur bei grobem Verschulden (Vorsatz oder grober Fahrlässigkeit), nicht aber bei leichter Fahrlässigkeit ersetzt wird.

e) Anspruchsinhalt

Liegen alle vier genannten Voraussetzungen vor, ist der Schädiger verpflichtet, dem Geschädigten Schadenersatz zu leisten. Offen ist noch, auf welche Art und Weise er den eingetretenen Schaden zu ersetzen hat. Im Schadenersatzrecht gilt der Grundsatz der **Naturalrestitution** (§ 1323 ABGB). Der Geschädigte ist so zu stellen, wie er ohne das schädigende Ereignis stünde. Es ist also der vorige Zustand wiederherzustellen.

Beispiele: Reparatur der beschädigten Sache; Behandlung der zugefügten Verletzung etc.

In vielen Fällen wird der Schädiger die Wiederherstellung freilich nicht persönlich durchführen können (medizinische Behandlung; Reparatur des Autos). Dann hat er die **Kosten der Naturalrestitution** zu ersetzen. Ist Naturalrestitution von vornherein nicht möglich oder nicht tunlich, ist stattdessen **Geldersatz** zu leisten (§ 1323 ABGB).

Beispiele: Das Originalbild eines Malers wird zerstört. In diesem Fall ist der Wert des Bildes zu ersetzen. Dasselbe gilt, wenn die Wiederherstellung unverhältnismäßig teurer ist, als die Sache wert ist (Totalschadenseinwand). Das Kfz ist EUR 5.000 wert, die Reparatur würde EUR 8.000 kosten.

f) Unterschiede zwischen Vertrags- und Deliktshaftung

Wie oben angedeutet, sind Vertrags- und Deliktshaftung (Haftung **ex contractu** und **ex delicto**) zu unterscheiden. Die Vertragshaftung, die ja nur gegenüber dem Vertragspartner besteht, ist strenger als die Deliktshaftung gegenüber jedermann. Dies zeigt sich zunächst daran, dass bei Vertragsverletzungen – entgegen der allgemeinen Beweislastregel, dass jeder das beweisen muss, was für ihn günstig ist – hinsichtlich des **Verschuldens** eine **Beweislastumkehr** zu Lasten des Schädigers besteht (§ 1298 ABGB).

Da ein Sachverhalt bei einer Prüfung keine Beweisprobleme enthält, müssen Sie sich nicht mit Beweisproblemen auseinandersetzen, der Sachverhalt muss „nur mehr" rechtlich beurteilt werden. Die Beweisbarkeit (die bei der Prüfung kein Problem ist) hat aber nichts mit der Beweislast zu tun, die als Rechtsfrage sehr wohl ein Problem ist und eine Antwort darauf gibt, wer das Risiko des Beweisnotstandes trägt. Grundsätzlich muss jeder das beweisen, was er behauptet und was für ihn günstig ist. Bei der Falllösung ist es insbesondere wichtig, auf Fälle einer Beweislastumkehr zu achten (§ 1298 ABGB: Vermutung des Verschuldens bei Vertragsverletzungen).

Beispiel: Bekommt Franz von Gregor eine mangelhafte (vertragswidrige) Sache geliefert, durch die ein Schaden entsteht, muss Gregor beweisen, dass ihn daran kein Verschulden trifft. Kann weder Gregor beweisen, dass er am Mangel schuldlos ist, noch Franz beweisen, dass Gregor ein Verschulden trifft, muss der Richter dennoch eine Entscheidung treffen (*non liquet*-Verbot). Dies tut er mithilfe der Beweislastregel in § 1298 ABGB, nach der das Verschulden an einer Vertragsverletzung vermutet wird. Gregor haftet daher.

Der zweite große Unterschied besteht in der **Gehilfenhaftung**, weil gegenüber dem Vertragspartner die strenge Erfüllungsgehilfenhaftung nach § 1313a ABGB greift (s sogleich).

g) Gehilfenhaftung

Grundsätzlich gilt, dass niemand für die rechtswidrige und schuldhafte Handlung eines anderen haftet (§ 1313 ABGB). Eine Ausnahme dazu bildet die Gehilfenzurechnung, die dafür sorgt, dass der sog Geschäftsherr, der einen anderen (= Gehilfe) seine Angelegenheiten erledigen lässt, für diesen Gehilfen haftbar werden kann, wenn der Gehilfe einen anderen schädigt.

Dabei ist zu unterscheiden: Besteht eine **Sonderbeziehung** (insb ein Vertrag) zwischen Geschäftsherrn und Geschädigtem, haftet der Geschäftsherr gegenüber dem Geschädigten für jedes Verhalten des Gehilfen, den er zur Erfüllung der Sonderbeziehung heranzieht, wie für sein eigenes: Der Gehilfe ist **Erfüllungsgehilfe** iSd § 1313a ABGB.

Beispiel: Albert soll gegen Entgelt Beas Haus renovieren (Werkvertrag). Er tut dies aber nicht selbst, sondern schickt seinen Lehrling Lukas, der dabei aus Unachtsamkeit Beas Boden zerkratzt. Obwohl Albert nicht selbst schuldhaft gehandelt hat, haftet er für das Verschulden von Lukas wie für sein eigenes.

Der Grund für diese strenge Haftung ist einleuchtend: Der Vertragspartner soll nicht dadurch seine Haftung vermeiden können, dass er sich eines Gehilfen zur Vertragserfüllung bedient. Er hat schließlich auch den Vorteil aus der Tätigkeit dieses Gehilfen (er kann mehr Verträge erfüllen und erhält dadurch mehr Entgelt).

Gegenüber Dritten (keine Vertragspartner) haftet der Geschäftsherr nur in sehr engen Grenzen für die Handlungen seiner Gehilfen. Man spricht von **Besorgungsgehilfenzurechnung** nach § 1315 ABGB. Der Geschäftsherr haftet nur, wenn er sich eines habituell untüchtigen oder wissentlich eines gefährlichen Gehilfen bedient. Habituelle Untüchtigkeit bedeutet, dass der Gehilfe nach seiner Ausbildung oder Veranlagung für die ausgeübte Tätigkeit nicht geeignet war (eine lediglich einmalige Unachtsamkeit ist iaR nicht ausreichend).

Beispiel: Stiehlt der bislang stets brave Lukas während der Renovierungsarbeiten Davids Fahrrad, das zufällig vor Beas Haus steht, haftet Albert dem David nicht. Er hat sich nicht eines habituell untüchtigen oder wissentlich eines gefährlichen Gehilfen bedient. Etwas anderes würde gelten, wenn Albert wusste, dass Lukas Kleptomane ist. Dann hätte er sich wissentlich eines gefährlichen Gehilfen bedient und diese Gefährlichkeit hat sich auch realisiert. Dann haftet Albert auch für das Verhalten von Lukas.

Ob eine Person Erfüllungs- oder Besorgungsgehilfe ist, ist stets aus der **Warte des Geschädigten** zu prüfen. Zieht der Geschäftsherr den Gehilfen zur Vertragserfüllung heran, ist der Gehilfe Erfüllungsgehilfe. Besteht kein Vertrag, ist er Besorgungsgehilfe. Ein Gehilfe kann somit gleichzeitig Erfüllungsgehilfe gegenüber dem Vertragspartner des Geschäftsherrn und Besorgungsgehilfe gegenüber sonstigen Dritten sein.

Zu beachten ist, dass neben dem Geschäftsherrn auch der Gehilfe selbst haftet, wenn er schuldhaft deliktische Pflichten verletzt hat. Aus einer Verletzung vertraglicher Pflichten haftet er nicht, weil ihn diese nicht treffen (er hat den Vertrag mit dem Geschädigten ja nicht selbst geschlossen).

Beispiele: Die Zerstörung des Bodens stellt ebenso wie der Diebstahl einen Eingriff in ein absolut geschütztes Rechtsgut dar, sodass Lukas deliktisch gegenüber Bea bzw David haftet. Er haftet hingegen nicht selbst, wenn er vertragswidrig mangelhaftes Baumaterial liefert.

Auch **juristische Personen** haften gegenüber Vertragspartnern nach § 1313a ABGB. Deliktisch haften sie aber neben § 1315 ABGB auch für das Verhalten ihrer Organe und Repräsentanten (s I.B.2.c.).

h) Mitverschulden (§ 1304 ABGB)

In manchen Fällen kommt es vor, dass sich der Geschädigte selbst sorglos verhalten hat. Handelt auch der Geschädigte sorgfaltswidrig, wird sein Schadenersatzanspruch gekürzt.

Beispiele: Leo fährt deutlich zu schnell und kollidiert mit Uwe, der Leos Vorrang missachtet. Beide haben Verschulden am Unfall und damit jeweils ein Mitverschulden am eigenen Schaden.
Blickt Karl nicht zu Boden und fällt deshalb in Bernds an sich leicht sichtbare Grube, trifft ihn ein Mitverschulden.
Der OGH nahm etwa ein Mitverschulden eines verunfallten Motorradfahrers an, der ohne Schutzbekleidung unterwegs war.
Auch bei sportlich ambitionierten Rennradfahrern bejahte der OGH ein Mitverschulden des geschädigten Rennradfahrers, der ohne Helm unterwegs war.

Im Zweifel wird angenommen, dass beide Beteiligten dieselbe Verantwortung trifft, sodass der Schaden anteilig zu teilen ist.

Beispiel: Nimmt man an, dass Leo und Uwe die gleiche Verantwortung trifft, bekommt Uwe die Hälfte seines Schadens ersetzt.

i) Verjährung (§ 1489 ABGB)

Schadenersatzansprüche verjähren innerhalb von drei Jahren ab Kenntnis des Geschädigten von Schaden und Schädiger.

Beispiel: A wirft im Winter Steine in das Fenster von Bs Sommerhaus, der erst im nachfolgenden Sommer den Schaden bemerkt. Die Frist beginnt erst zu laufen, wenn B Kenntnis vom Schaden (zerbrochenes Fenster) und vom Schädiger (Steinwerfer) hat.

Erlangt der Geschädigte keine Kenntnis davon, kann die kurze dreijährige Frist nicht zu laufen beginnen. Der Anspruch verjährt dann innerhalb von 30 Jahren ab der schädigenden Handlung.

III. Sachenrecht

A. Grundlagen und Prinzipien

Obwohl der Sachbegriff des ABGB (§ 285 ABGB) sehr weit ist und alles umfasst, was vom Menschen verschieden ist und seinem Gebrauch dient, findet das Sachenrecht im modernen Verständnis nur auf **körperliche Sachen** Anwendung (s I.C.). Das sind gem § 292 ABGB Sachen, die „in die Sinne fallen".

Beispiele: Ein Auto, ein Bild, Möbelstücke, aber auch Grundstücke und Wohnungen oder Elektrizität.

Unkörperliche Sachen sind etwa Rechte oder Forderungen, sie sind nicht Gegenstand des Sachenrechts, sondern gehören zum Schuldrecht, sodass man nicht Besitzer oder Eigentümer, sondern nur Gläubiger einer Forderung sein kann.

Man kann weiters bewegliche und unbewegliche Sachen unterscheiden. Dies ist vor allem für die Form der Eigentumsübertragung von Bedeutung (s III.C.). **Beweg-**

liche Sachen können „ohne Verletzung ihrer Substanz von einer Stelle zur andern versetzt werden" (§ 293 ABGB).

Beispiele: Liegenschaften, darauf errichtete Gebäude, aber auch Bäume bevor sie gefällt werden, sind unbewegliche Sachen.

Das Sachenrecht beschäftigt sich mit der Zuordnung von Sachen zu Personen (**Recht der Güterzuordnung**). Es vermittelt absolute Herrschaftsrechte über Sachen. Wer ein Sachenrecht hat, kann dieses daher gegenüber jedermann durchsetzen (**absolute Wirkung** des Sachenrechts). Dies unterscheidet das Sachenrecht vom Schuldrecht, das nur relative Rechte vermittelt. Aus der Stärke der Sachenrechte folgt auch, dass möglichst leicht erkennbar sein soll, wem ein Sachenrecht zusteht (**Publizität**) und dass die Parteien nur aus einem gesetzlich vorgegebenen Katalog von Sachenrechten wählen können (**Typenzwang**): Eigentum, Pfandrecht, Servitut, Baurecht und Reallast sind die möglichen dinglichen Rechte. Gemeinsam ist den Sachenrechten, dass ihr Erwerb einen gültigen (!) Titel und einen Modus voraussetzt (§ 380 ABGB), es gilt also das **Prinzip der kausalen Tradition**. Titel ist meist ein Vertrag (Verpflichtungsgeschäft), Modus ist bei beweglichen körperlichen Sachen typischerweise die körperliche Übergabe der Sache (Verfügungsgeschäft; im Detail s III.C.1.).

Dass sich absolute Sachenrechte gegenüber jedermann durchsetzen lassen, hat verschiedene Konsequenzen. Im Schadenersatzrecht wurde schon darauf hingewiesen, dass die Beeinträchtigung absolut geschützter Rechtspositionen die Rechtswidrigkeit des Handelns indiziert.

B. Innehabung – Besitz – Eigentum

Grundlegend ist die Unterscheidung von Innehabung, Besitz und Eigentum. Die Innehabung ist ein bloßes Faktum, aber keine Rechtsposition: Wer eine Sache in seiner Gewahrsame hat, ist ihr Inhaber. Auch der Besitz ist ein bloßes Faktum. Sachbesitzer ist, wer die Sache in seiner Gewahrsame hat (Innehabung, ***corpus***) und dazu noch den Willen hat, die Sache für sich zu behalten (***animus***). Der Besitzer kann nicht mit dem Eigentümer gleichgesetzt werden: Auch der Dieb ist Besitzer, mangels eines Rechts an der Sache aber nicht ihr Eigentümer. Denn Eigentümer ist derjenige, dem eine Sache auch wirklich zugeordnet ist und der deshalb das Recht hat, darüber zu verfügen und andere von der Nutzung der Sache auszuschließen (§ 354 ABGB). Das Eigentum ist somit das stärkste Sachenrecht, weil es dem Eigentümer ein Vollrecht über die Sache vermittelt. Er kann die Sache bspw veräußern, verleihen, verpfänden oder gar zerstören. Alle anderen Sachenrechte sind im Vergleich dazu beschränkt (s dazu III.E.).

Beispiele: Wer ein Auto mietet, ist Inhaber des Autos. Gibt er das Auto nicht zurück, sondern setzt sich damit ab, ist er auch (unredlicher) Besitzer.
Ebenso ist Besitzer, wer einen Geldschein findet und (rechtswidrig) für sich behalten will.
Wer ein Auto vom vorigen Eigentümer kauft und übereignet bekommt, wird Eigentümer. Hat er das Auto in seiner Gewahrsame, ist er auch Besitzer.

Auch der Besitz hat allerdings bereits eine rechtliche Bedeutung. Zum Schutz des Rechtsfriedens darf er nicht eigenmächtig gestört werden. Wer bestehende Besitzverhältnisse ändern möchte (etwa eine Sache, die X hat, für sich haben möchte), soll dafür gerichtliche Hilfe in Anspruch nehmen. Die eigenmächtige Störung des Besitzes ist daher ebenso rechtswidrig wie die eigenmächtige Besitzentziehung (**Besitzstörungsklage**, § 339 ABGB).

C. Eigentumserwerb

1. Derivativer Eigentumserwerb

Die wichtigste Form des Eigentumserwerbs ist der derivative (vom Vormann abgeleitete) Erwerb. Dieser verlangt zunächst die **dingliche Berechtigung des Vormanns**. Das leuchtet ein: Niemand kann mehr Rechte übertragen als er selbst hat (§ 442 ABGB; *nemo plus iuris transferre potest quam ipse habet*). Von einem Dieb ist somit kein derivativer Eigentumserwerb möglich. Neben der dinglichen Berechtigung sind als Ausfluss des Prinzips der kausalen Tradition ein gültiger Titel und ein Modus erforderlich (§ 380 ABGB).

Als **Titel** für einen Eigentumserwerb kommen etwa ein Kauf- oder ein Schenkungsvertrag in Betracht, nicht aber bspw ein Mietvertrag, weil sich durch die Miete die Eigentumsverhältnisse am Mietgegenstand nicht ändern sollen. Ist der Titel ungültig (etwa wegen Geschäftsunfähigkeit einer Partei oder ***falsa procuratio***), scheitert auch der Eigentumserwerb, selbst wenn ein Modus gesetzt wurde. Der **Modus** für den Eigentumserwerb variiert je nach Art der Sache. Bei beweglichen Sachen ist die **körperliche Übergabe** der Regelfall (§ 426 ABGB). Daneben ist auch eine **Übergabe durch Erklärung** (§ 428 ABGB) zulässig, bei der drei Arten unterschieden werden:

- **Übergabe kurzer Hand** *(traditio brevi manu)*, bei der die Sache bereits beim Erwerber ist, der sie bislang aber nur innehatte;
- **Besitzkonstitut**, bei dem vereinbart wird, dass die Sache vorerst beim Veräußerer bleiben soll. Der Veräußerer gibt dabei seinen Besitzwillen auf und wird so vom Besitzer zum Inhaber;
- **Besitzanweisung**, bei der ein Dritter angewiesen wird, die Sache von nun an für den Erwerber innezuhaben.

Nur wenn die körperliche Übergabe unmöglich ist (etwa bei großen Warenlagern oder schweren Maschinen), reicht eine **Übergabe durch Zeichen** (§ 427 ABGB) aus, etwa durch Übergabe von Schlüsseln oder Urkunden. All diese Übergabeformen zielen letztlich auf die Einräumung von Besitz ab, dessen Erwerb nach denselben Grundsätzen abläuft. Die Besitzeinräumung ist daher der Modus für den Eigentumserwerb. Bei unbeweglichen Sachen liegt der Modus hingegen in der **Eintragung** des Eigentumsrechts **im Grundbuch**.

Beispiele: Vera schließt mit Kurt einen Kaufvertrag über den Verkauf ihres Autos. War das Auto schon bisher bei Kurt (etwa weil er es ausgeliehen hat), kann der Eigentumserwerb mittels Übergabe kurzer Hand erfolgen: Die Sache bleibt bei Kurt. Hat bislang Lukas das Auto ausgeliehen, kann eine Besitzanweisung erfolgen: Lukas wird angewiesen, das Auto von nun an für Kurt innezuhaben. Wenn das Auto noch für ein Wochenende bei Vera verbleiben soll, ist die Eigentumsübertragung auch mittels Besitzkonstitut zulässig. Unzulässig wäre es hingegen, bloß den Typenschein oder die Schlüssel zu übergeben (Übergabe durch Zeichen), weil bei einem Auto eine körperliche Übergabe sehr wohl möglich ist. Die Subsidiarität der Übergabe durch Zeichen wird aber dadurch relativiert, dass die Übergabe durch Erklärung zulässig ist.

2. Originärer Eigentumserwerb

Fehlt die dingliche Berechtigung des Vormannes (§ 442 ABGB), scheitert ein derivativer Erwerb. In manchen Fällen scheint es aber dennoch angebracht, den Erwerber zu schützen und ihn Eigentum erwerben zu lassen. Man spricht dann von einem originären (nicht vom Vormann abgeleiteten) Eigentumserwerb. Wichtigstes Beispiel dafür ist der **gutgläubige Eigentumserwerb** nach § 367 ABGB. Dieser ist anwendbar auf den Erwerb

- beweglicher, körperlicher Sachen, die
- auf Basis eines entgeltlichen und gültigen Titelgeschäfts
- bereits übergeben wurden.

Liegen diese Voraussetzungen vor und ist der Erwerber der Sache

- redlich (gutgläubig im Hinblick auf die Berechtigung des Vormannes; leichte Fahrlässigkeit schadet),

erwirbt er Eigentum, wenn eine der drei folgenden Voraussetzungen vorliegt:

- Erwerb vom **Vertrauensmann** des Berechtigten (also des bisherigen Eigentümers);
- Erwerb vom **Unternehmer** im gewöhnlichen Betrieb seines Unternehmens;
- Erwerb im Rahmen einer öffentlichen **Versteigerung**.

Die Voraussetzungen zeigen, dass es letztlich darum geht, die **Interessen** des Berechtigten und jene des Erwerbers gegeneinander **abzuwägen**. Wird der Erwerber Eigentümer, bedeutet dies ja, dass der bisherige Eigentümer sein Eigentumsrecht verliert. Das erlaubt das Gesetz nur, wenn der Erwerber schutzwürdiger ist als der bisherige Eigentümer, was durch die umfangreichen Voraussetzungen des § 367 ABGB gewährt wird.

Beispiele: Mario leiht Ivo sein Mountainbike. Wenn Ivo das Mountainbike nun Leo verkauft und übergibt und Leo glaubt, es gehöre Ivo, dann wird Leo gutgläubig Eigentümer. Denn Ivo ist als Entlehner Vertrauensmann des Mario. Dass Ivo Marios Vertrauen enttäuscht, ist ein Risiko, das eher dem Bereich von Mario als dem von Leo zuzuordnen ist. Vertrauensmann sind auch der Mieter, der Pächter, der Verwahrer oder der Pfandgläubiger, also jede Person, der der Eigentümer die Sache willentlich und wissentlich anvertraut hat. Ebenso ist der Erwerb von einer Person, die die Sache vom Vertrauensmann bekommen hat, geschützt (Vertrauensmannkette). Hätte Ivo das Fahrrad dem Leo geschenkt, wäre Leo – mangels eines entgeltlichen Titels – nicht Eigentümer geworden. In diesem Fall erachtet ihn das Gesetz für weniger schutzwürdig.
Kai kauft im Möbelgeschäft des Alex einen Sessel, den Alex der Verena gestohlen hat. Weiß Kai nichts von Alex' Diebstahl, wird er gutgläubig Eigentümer, weil er von einem Unternehmer im gewöhnlichen Betrieb seines Unternehmens erwirbt.

Eine öffentliche Versteigerung liegt vor, wenn sie mit behördlicher Genehmigung und nach ordnungsgemäßer Bekanntmachung durch eine befugte Stelle durchgeführt wird. Bei „ebay“ handelt es sich daher um keine öffentliche Versteigerung.

Zu beachten ist, dass der gutgläubige Eigentumserwerb bloß den guten Glauben auf die dingliche Berechtigung des Vormannes schützt. Daher kann zB das Fehlen eines Titels durch den guten Glauben des Erwerbers nicht kompensiert werden, ein gutgläubiger Eigentumserwerb ist in dieser Konstellation also nicht möglich.

Beispiel: Ein gutgläubiger Erwerb nach § 367 ABGB kann nicht zustande kommen, wenn wegen *falsa procuratio* oder Geschäftsunfähigkeit kein gültiger Titel vorliegt.

Je nachdem ob es zum gutgläubigen Eigentumserwerb kommt oder nicht, wird der frühere Eigentümer oder der frustrierte Erwerber **Ansprüche gegen den Mittelsmann** geltend machen. Dazu stehen zB Schadenersatzansprüche zur Verfügung, der erfolglose Erwerber könnte sich auch auf Rechtsmangelgewährleistung stützen.

D. Das Grundbuch

Liegenschaften sind besonders wichtige, weil knappe und besonders wertvolle Sachen. Für sie gelten daher auch besondere Regeln, die sachenrechtlichen Verhältnisse an Liegenschaften sollen besonders sicher und publik sein. Diese Funktion erfüllt das Grundbuch. Dieses ist prinzipiell für jedermann einsehbar (**Öffentlichkeitsprinzip**) und enthält ein Verzeichnis der österreichischen Liegenschaften, denen jeweils eine Einlagenzahl zugeordnet ist. Im Grundbuch wird eingetragen, wer Eigentümer der jeweiligen Liegenschaft ist. Diese Eintragung (man spricht von „**Einverleibung**“) ist der **Modus** für den Erwerb dinglicher Rechte an einer Liegenschaft (§ 431 ABGB). Auch beschränkte dingliche Rechte wie Hypotheken (Pfandrechte an Liegenschaften) oder Servituten entstehen erst durch die Einverleibung (Modus). Die körperliche Übergabe (etwa des Schlüssels zu einem Haus) genügt für den Erwerb dinglicher Rechte nicht.

Beispiel: Alex verkauft Bea seine Eigentumswohnung. Damit Bea Eigentümerin wird, reicht die Übergabe der Wohnung nicht aus. Es muss eine Einverleibung ins Grundbuch erfolgen.

Aus dem Eintragungsprinzip folgt der **Vertrauensgrundsatz**, dies bedeutet, dass jedermann auf die Richtigkeit und Vollständigkeit der Eintragungen im Grundbuch vertrauen darf. Somit wird derjenige geschützt, der auf den aus dem Grundbuch ersichtlichen Rechtsstand vertraut, auch wenn dieser nicht der Wirklichkeit entspricht (zB weil der Vertrag unwirksam war oder jemand ein Recht ersessen hat).

E. Beschränkte dingliche Rechte

Das Eigentumsrecht ist das Vollrecht an einer Sache. Es ist aber möglich, von diesem Vollrecht beschränkte dingliche Rechte abzuspalten, die beiden wichtigsten sind Pfandrecht und Dienstbarkeit (Servitut).

1. Pfandrecht

Wer ein Pfandrecht an einer Sache hat (bei Liegenschaften spricht man von **Hypotheken**), kann die Sache für den Fall, dass sein Schuldner die geschuldete Leistung nicht erbringt, gerichtlich **verwerten** lassen und sich aus dem Erlös bevorzugt befriedigen. Pfandrechte dienen also der **Besicherung von Forderungen**. Sie können an allen verwertbaren Objekten bestellt werden (körperliche Sachen, Forderungen, Rechte etc).

Beispiel: Julian nimmt bei der B-Bank einen Kredit für den Kauf einer Eigentumswohnung auf. Um den Kredit zu besichern, lässt sich die B-Bank von Julian ein Pfandrecht an der Eigentumswohnung (Hypothek) einräumen. Kann Julian den Kredit nicht zurückzahlen, kann die B-Bank die gerichtliche Versteigerung der Eigentumswohnung verlangen. Der so erzielte Erlös entschädigt die B-Bank für die von Julian nicht zurückgezahlten Kreditraten. Sie ist somit besichert.

Besondere Bedeutung erlangt das Pfandrecht in der Insolvenz. Die **Insolvenz** ist eine Situation der Knappheit. Der Schuldner hat nicht genug Vermögen, um alle seine Gläubiger befriedigen zu können. Es wäre kontraproduktiv, jetzt einen Wettlauf der Gläubiger auf das Vermögen des Schuldners zuzulassen (Konkurs kommt von *concurrere*, also dem „Zusammenlaufen" der Gläubiger). Ungeordnete Zugriffe einzelner Gläubiger auf das Vermögen des Schuldners können ökonomisch ungünstige Effekte haben (wer auf eine Maschine des Schuldners greift, kann den ganzen Betrieb zum Erliegen bringen) und dazu führen, dass die Gläubiger, die einen Wissensvorsprung haben (zB Hausbank) oder den Schuldner am meisten bedrängen, noch volle Befriedigung erlangen, während für die übrigen umso weniger überbleibt. Deshalb sieht die **Insolvenzordnung (IO)** vor, dass einzelne Vollstreckungszugriffe blockiert werden. Das gesamte Vermögen wird einer Generalexekution unterworfen, der Erlös an alle gleichmäßig verteilt. Es herrscht **Gläubigergleichbehandlung** (*par conditio creditorum*).

Beispiel: Der Schuldner hat eine Liegenschaft im Wert von 750 und Aktien im Wert von 250 (also eine Insolvenzmasse von 1000). Er hat Schulden bei A von 500, bei B von 1000 und bei C von 2500. Da nicht genug für alle da ist, werden alle Gläubiger gleichmäßig gekürzt. Jeder bekommt ¼ (A: 125; B: 250; C: 625). So viel Vermögen ist in der Praxis aber meistens nicht vorhanden, durchschnittlich ist mit einer Insolvenzquote von 7 % zu rechnen.

Wer ein Pfandrecht hat, muss sich hingegen nicht kürzen lassen. Er hat nicht nur ein relatives Forderungsrecht gegen den Schuldner, sondern ein **absolutes dingliches Recht** an einer Sache, das von allen anderen zu respektieren ist, sodass die Pfandsache primär für ihn verwertet wird.

Beispiel: A hat sich für seine Forderung das Grundstück verpfänden lassen (Hypothek). Vom Verwertungserlös gehen 500 an A, der Rest (250 von der Liegenschaft und die Aktien) an die anderen Gläubiger. Das würde bedeuten, dass A voll befriedigt wird, während für B und C nur mehr 500 übrig sind. B und C werden wieder gleichmäßig gekürzt, jeder bekommt 1/7.

Der Preis für diese Begünstigung ist ein besonders **schwieriger Erwerb des Pfandrechts**. Die Pfandsache darf nicht beim Pfandbesteller bleiben (**Faustpfandprinzip**). Bei Liegenschaften braucht man – wie stets – die Einverleibung im Grundbuch.

Weil das Pfandrecht Insolvenzmassen zugunsten einzelner Gläubiger aushöhlt, sieht das Gesetz außerdem den **Spezialitätsgrundsatz** vor. Es können immer nur bestimmte Sachen (nicht: das ganze Vermögen) für bestimmte Forderungen (nicht: für alle Forderungen, die ein Gläubiger hat und in Zukunft erwirbt) als Pfand bestellt werden. Da das Pfandrecht ein Mittel der Kreditsicherung ist, hängt sein Entstehen und sein Fortbestand von der **Gültigkeit der gesicherten Forderung** ab.

Beispiel: X bestellt ein Pfand für eine Kaufpreisforderung des Y. Wird der Kaufvertrag anschließend wegen Irrtums angefochten, fällt auch das Pfandrecht weg.

2. Dienstbarkeit

Wer eine **Servitut** an einer Sache hat, hat das Recht, dass der Eigentümer einer Sache zum Vorteil des Servitutsberechtigten etwas **duldet** (zB das Gehen oder Fahren über sein Grundstück) oder **unterlässt** (zB so zu bauen, dass der Nachbar die Aussicht verliert).

Beispiele: Der Bauer Bert ist Eigentümer eines Grundstücks. Sein Nachbar Norbert hat das Recht, über Berts Grundstück auf sein eigenes Grundstück zu gehen; Bert muss dies dulden (Wegerecht). Berts Mutter Elsa hat das Recht, in Berts Bauernhaus zu wohnen (Wohnrecht). In beiden Fällen handelt es sich um Servituten. Weder Norbert noch Elsa dürfen aber natürlich das Grundstück veräußern oder verpfänden.

IV. Familienrecht

A. Einleitung

Das Familienrecht beschäftigt sich mit dem **Eherecht** (Eheschließung, Wirkungen der aufrechten Ehe, Ehescheidung), dem Recht der Lebensgemeinschaft, dem Recht der eingetragenen Partnerschaften, dem **Kindschaftsrecht** (Abstammung, Obsorge, Adoption) und der Vertretung von geschäftsunfähigen Personen (Erwachsenenvertretung, Vorsorgevollmacht, Patientenverfügung).

Schon aus den Regelungsbereichen des Familienrechts zeigt sich, dass es eine besonders hohe **gesellschaftliche Bedeutung** hat. Ebenso leicht ist vorstellbar, dass das Familienrecht Schauplatz intensiver, weltanschaulicher Auseinandersetzung ist. Fragen wie die nach dem Ausmaß der Selbstbestimmung im Alltag, der Zulässigkeit künstlicher Befruchtungen, der Obsorge über Kinder und dem Ausmaß von Unterhalt nach Scheidungen sind die derzeitigen Herausforderungen im Familienrecht.

Dabei zeigt sich insbesondere im Bereich von Ehe und Partnerschaft, dass das Familienrecht zwar Rechte und Pflichten normieren kann, dass diese aber – anders als etwa im Schuldrecht – manchmal nicht ohne weiteres durchsetzbar sind. Wenn das Gesetz für die Haushaltsführung etwa „halbe-halbe“ vorsieht (§ 95 ABGB), so hat diese Vorschrift primär programmatischen Charakter. Eine gerichtliche Anordnung auf Mithilfe beim Wäschewaschen ist weder vorgesehen noch sinnvoll. Die Verletzung solcher programmatisch vorgesehener Rechte und Pflichten bleibt jedoch nicht sanktionslos, sie kann einen Scheidungsgrund bilden. Auch im Familienrecht gibt es aber Rechte und Pflichten, die ohne weiteres durchsetzbar sind. Das gilt für alle vermögenswerten Rechte, zB das Recht auf Unterhalt.

B. Ehe

1. Eheschließung

Die Ehe ist ein privatrechtlicher, vor einem Standesbeamten abgeschlossener, durch übereinstimmende Willenserklärungen zustande kommender **Vertrag** zwischen zwei Personen. Während früher für die Ehe nur Mann und Frau in Betracht kamen, ist sie nunmehr auch gleichgeschlechtlich zulässig. Die vom Gesetzgeber ursprünglich für gleichgeschlechtliche Verbindungen geschaffene eingetragene Partnerschaft hat dadurch an praktischer Bedeutung verloren, auch sie kann aber nach geltendem Recht von allen Paaren gewählt werden (verschiedengeschlechtlich und gleichgeschlechtlich).

Eine zivilrechtlich wirksame Ehe kann daher nur vor dem Standesbeamten, nicht aber vor dem Priester zustande kommen (**Prinzip der obligatorischen Zivilehe**). Da die Ehe ein Vertrag ist, muss auch die nötige Geschäftsfähigkeit vorliegen, die im Eherecht **Ehefähigkeit** genannt wird. Grundsätzlich ist diese ab dem 18. Lebensjahr gegeben, ab dem 16. Lebensjahr kann man vom Gericht für eine bestimmte Ehe für ehefähig erklärt werden. Zusätzlich ist die Zustimmung des gesetzlichen Vertreters erforderlich, die bei ungerechtfertigter Weigerung aber vom Gericht ersetzt werden kann (§ 1 Abs 2 EheG). Außerdem hat der Standesbeamte **Eheverbote** zu beachten. Er darf zB bei bestehender enger Blutsverwandtschaft oder im Fall der Doppelehe keine Trauung vollziehen (§§ 6, 8 EheG). Eine dennoch vollzogene Trauung ist im Gegensatz zu einer Scheidung relativ nichtig und es kommt zu einer Aufhebung mit Wirkung **ex tunc** (rückwirkend, als ob die Trauung nie stattgefunden hätte).

2. Rechtsfolgen der Eheschließung

Nach der Eheschließung führen die Ehegatten den von ihnen gemeinsam bestimmten **Familiennamen**. Wird kein gemeinsamer Name bestimmt, führt jeder seinen bisherigen Familiennamen fort (§ 93 ABGB). Der gemeinsame Name ist nicht zwangsläufig entweder der Name des Mannes oder der Frau, es kann auch jede beliebige Kombination der beiden Nachnamen gewählt werden.

Beispiele: Heiraten Herr Maier und Frau Müller, kann der gemeinsame Familienname also Maier, Müller, Maier-Müller oder Müller-Maier lauten. Möglich ist auch, dass als gemeinsamer Familienname etwa Müller gewählt wird, der Ehegatte aber den Namen Müller-Maier führt.
Wird die Ehe aufgelöst, können die Ehegatten den Ehenamen weiterführen oder jeden früher rechtmäßig geführten Familiennamen wieder annehmen. Das gilt auch für frühere Ehenamen (§ 93a Abs 2 ABGB).

Die Ehegatten trifft die Pflicht zur umfassenden **Lebensgemeinschaft**. Dies bedeutet:

- Wohnungsgemeinschaft
- Wirtschaftsgemeinschaft
- Geschlechtsgemeinschaft
- Seelische Gemeinschaft (Beistands- und Treuepflicht).

In Bezug auf diese Pflichten gilt jedoch der **Grundsatz der Familienautonomie**, die Ehegatten können ihre Lebensgemeinschaft also bis zur Grenze der Sittenwidrigkeit einvernehmlich ausgestalten.

Aus der Eheschließung ergeben sich auch wechselseitige **Unterhaltsansprüche**. Grundsätzlich gilt, dass die Ehegatten nach ihren Kräften und entsprechend der Gestaltung ihrer ehelichen Lebensgemeinschaft zur Deckung der Lebensbedürfnisse gemeinsam beizutragen haben (§ 94 ABGB). Der Ehegatte, der den Haushalt führt, leistet dadurch seinen Beitrag und hat gegen den anderen allein erwerbstätigen Ehegatten einen Unterhaltsanspruch von 33 % des Nettoeinkommens des Unterhaltspflichtigen. Dieser Unterhalt ist freilich nicht zur Gänze in Geld auszuzahlen, vielmehr wird er im gemeinsamen Haushalt zu großen Teilen durch Naturalleistungen erbracht (Miete, Bestreitung der Lebenshaltungskosten etc). Sind beide Ehegatten erwerbstätig, haben sie den Haushalt grundsätzlich gemeinsam zu führen (§ 95 ABGB). Dem Ehegatten, der weniger verdient, stehen 40 % des gemeinsamen Nettoeinkommens, abzüglich des eigenen Verdienstes, zu. Stets ist zu bedenken, dass der Unterhalt, auch wenn er weitgehend als Naturalunterhalt gewährt wird, nicht zu einer Bevormundung des anderen Ehegatten führen darf, sodass dieser etwa Einkäufe für den persönlichen Bedarf selbst durchführen können soll.

3. Ehescheidung

Während nach früherem (insbesondere konfessionellem) Eherecht eine Ehe unauflöslich war, sieht das Gesetz heute die Möglichkeit der Ehescheidung, also der **Trennung einer gültigen Ehe** vor. Das Gesetz kennt einerseits die Ehescheidung aus Verschulden (§ 49 EheG) und andererseits aus anderen Gründen (§§ 50 ff EheG). Stets ist für die Ehescheidung Voraussetzung, dass die Ehe zerrüttet ist, dass die eheliche Lebensgemeinschaft also so sehr gestört ist, dass die Wiederherstellung nicht mehr erwartet werden kann.

Neben der Scheidung aus Verschulden und der Scheidung aus anderen Gründen kennt die Rechtsordnung noch die **einvernehmliche Scheidung** (§ 55a EheG). Auch bei dieser ist eine Zerrüttung der ehelichen Lebensgemeinschaft Voraussetzung, die eheliche Lebensgemeinschaft muss dabei seit mindestens einem halben Jahr aufgehoben sein. Bei der einvernehmlichen Scheidung wird über die Scheidung und die Scheidungsfolgen allerdings nicht gestritten. Vielmehr einigen sich die Parteien darüber, dass sie geschieden werden wollen. Sie stellen einen gemeinsamen **Antrag**, in dem sie die Aufhebung der Lebensgemeinschaft und die unheilbare Zerrüttung zugestehen, und legen dem Gericht eine schriftliche Einigung über die Scheidungsfolgen vor.

Diese muss umfassen:

- Obsorge und Aufenthalt der Kinder sowie das Kontaktrecht;
- Unterhaltsansprüche (Kinder und Ehegatten);
- Aufteilung des Gebrauchsvermögens.

Der Vorteil der einvernehmlichen Scheidung ist, dass das Verfahren billig, schnell und „sauber" ist, da nicht über die Gründe für die Scheidung gestritten wird und eine Einigung über die Scheidungsfolgen vorliegen muss.

Ist ein solches Einvernehmen nicht zu erzielen, erfolgt die Scheidung durch **Scheidungsklage** in einem streitigen Verfahren. Wie bereits erwähnt, können dabei die Scheidung aus Verschulden und die Scheidung aus sonstigen Gründen unterschieden werden. Bei der **Scheidung aus Verschulden** bedarf es der unheilbaren Zerrüttung aufgrund einer schweren Eheverfehlung oder eines ehrlosen oder unsittlichen Verhaltens, an dem den Ehepartner auch ein Verschulden trifft. Im Urteil findet sich ein Ausspruch über das Verschulden, dies ist insbesondere für die aus der Scheidung resultierenden Rechtsfolgen von Bedeutung (s IV.B.4.).

Aus den Tatbestandsvoraussetzungen ist leicht ersichtlich, dass über die verschuldete Eheverfehlung trefflich gestritten werden kann. Ob der Ehemann fremdgegangen ist, weil die Ehefrau lieblos war oder die Ehefrau lieblos war, weil der Ehemann fremdgegangen ist, kann so zum Prozessgegenstand werden, da bloße Reaktionsverfehlungen (zB Fremdgehen aufgrund Lieblosigkeit) unter Umständen nicht vorwerfbar sind. Außerdem können Eheverfehlungen verziehen bzw im Einzelfall nicht als Verfehlung gewertet oder nicht als ehezerstörend empfunden werden.

Für die Scheidungsklage aus sonstigen Gründen ist die Verschuldensfrage grundsätzlich irrelevant. Einzige Voraussetzung ist, dass eine unheilbare Zerrüttung vorliegt („**Zerrüttungsscheidung**"). Das Gesetz nennt einige Scheidungsgründe (§§ 50, 52 EheG), zB besonders schwere Krankheiten. Praktischer Hauptfall ist aber die sog **Heimtrennungsklage** (§ 55 EheG), die es jedem Ehepartner (also auch demjenigen, den selbst ein Verschulden an der Zerrüttung trifft) ermöglicht, 3 Jahre nach Auflösung der häuslichen Gemeinschaft die Scheidung zu betreiben. Auch in einem solchen Verfahren kann ausnahmsweise das Verschulden relevant werden, weil der beklagte Ehepartner etwa einwenden kann, dass den Kläger das Verschulden an der Zerrüttung trifft. Das Verschulden spielt bei der Ehescheidung aus sonstigen Gründen daher doch eine – rechtspolitisch immer wieder hinterfragte – wichtige Rolle, zumal es Bedeutung für den nachehelichen Unterhalt hat. Der Unterhalt, die Vermögensaufteilung und die Obsorge über die Kinder sind auch die wesentlichen Rechtsfolgen, die es bei einer Scheidung zu klären gilt.

4. Rechtsfolgen der Scheidung

Der **Unterhalt** richtet sich primär nach der Parteienvereinbarung, wie die einvernehmliche Scheidung zeigt. Können sich die Parteien nicht einigen, wird der Unterhalt vom Gericht festgesetzt, wobei die Höhe abhängig vom Verschulden ist. Der unschuldige Ehepartner hat gegen den schuldigen Ehepartner einen Anspruch auf sog „angemessenen Unterhalt" (§ 66 EheG), der sich nach dem ehelichen Unterhalt (33 % beim Alleinverdiener, bei beiderseitigem Verdienst 40 % des gemeinsamen Einkommens, abzüglich des eigenen Gehalts) richtet. Zu beachten ist freilich, dass auf beiden Seiten das sog **Anspannungsprinzip** gilt. Die Geschiedenen müssen ihre Kräfte anstrengen, um einem ihnen zumutbaren Erwerb nachzugehen. Entscheidend ist deshalb nicht der tatsächliche Verdienst, sondern was bei einer zumutbaren Erwerbstätigkeit verdient werden könnte. Dadurch soll zB vermieden werden, dass der Unterhaltsberechtigte aufgrund der Unterhaltszahlungen keiner beruflichen Tätigkeit nachgeht.

Bei gleichem Verschulden kann dem nicht selbsterhaltungsfähigen Geschiedenen ein **Unterhaltsbeitrag** (§ 68 EheG) zugesprochen werden. Dieser wird von der Rechtsprechung in der Höhe von 10 bis 15 % des Nettoeinkommens des Verpflichteten gewährt. Wurde die Ehe wegen Zerrüttung, somit ohne Verschulden eines Beteiligten, geschieden, steht nur **Billigkeitsunterhalt** zu (§ 69 Abs 3 EheG), den die Rechtsprechung zwischen dem Unterhaltsbeitrag und dem angemessenen Unterhalt ansetzt.

Stets möglich ist aber die Gewährung von **Bedarfsunterhalt** (den bei Vorliegen der Voraussetzungen sogar der schuldige Ehegatte verlangen kann). Dies ist dann der Fall, wenn einem Teil aus Gründen, die in der Ehe wurzeln, nicht zugemutet werden kann, zu arbeiten (§ 68a EheG). Der wichtigste Fall ist der **Betreuungsunterhalt**, wenn der Geschiedene ein gemeinsames Kind erzieht und ihm deshalb eine Erwerbstätigkeit nicht zumutbar ist. Der Bedarfsunterhalt wird häufig in der Höhe von 20 bis 25 % des Nettoeinkommens des Unterhaltspflichtigen gewährt.

Bei Abschluss der Ehe gilt das (vertraglich abdingbare) Prinzip der Gütertrennung, das bedeutet, dass jeder Gatte Eigentümer seiner in die Ehe eingebrachten Sachen bleibt. Bei der Vermögensaufteilung als Folge einer Scheidung wird alles aufgeteilt, was sich die Ehegatten während der Ehe geschaffen haben, im Zuge der Scheidung gilt also dann das **Prinzip der Güterteilhabe**. Auch hier hat eine vertragliche Einigung Priorität (§ 97 EheG). Gibt es keine solche Regelung, werden das eheliche Gebrauchsvermögen (Sachen, die dem Gebrauch beider Ehegatten gedient haben, zB Ehewohnung, Möbel, Elektrogeräte, Teppiche) und eheliche Ersparnisse (finanzielle Reserven, die die Ehegatten während der Ehe angesammelt haben) aufgeteilt (§§ 81 ff EheG). Dabei hat der Richter einen großen Handlungsspielraum, wobei insbesondere der (nicht bloß finanzielle) Beitrag jedes Gatten zum Erwerb der Aufteilungsmasse eine Rolle spielt, aber etwa auch das Wohl der Kinder (so geht die Ehewohnung meistens an denjenigen, der später die Obsorge haben soll). Von der Aufteilung ausgeschlossen ist Vermögen, das von einem Ehegatten in die Ehe eingebracht wurde, das er geschenkt bekommen oder geerbt hat.

Was die **Obsorge** anlangt, so steht diese während aufrechter Ehe grundsätzlich beiden Eltern gemeinsam zu (§ 177 Abs 1 ABGB). Wird die Ehe aufgelöst, ändert sich daran grundsätzlich nichts, die Eltern müssen sich aber darauf einigen, in wessen Haushalt das Kind hauptsächlich betreut wird (§ 179 Abs 2 ABGB). Besteht kein Einvernehmen, wird die Obsorgeregel vom Gericht getroffen, wobei das Kindeswohl im Vordergrund steht. Dazu gibt es eine 6-monatige **Phase der vorläufigen elterlichen Verantwortung** (Testphase nach § 180 ABGB), in der die gemeinsame Obsorge aufrecht bleibt, das Gericht einem der beiden Elternteile aber die hauptsächliche Betreuung und dem anderen Elternteil ein **Kontaktrecht** einräumt. Der Elternteil, der mit dem Kind nicht im selben Haushalt lebt, hat daher ein Recht auf persönlichen Verkehr mit dem Kind; umgekehrt hat auch das Kind ein Recht auf Kontakt mit dem Elternteil. Deshalb ist der Ort der hauptsächlichen Betreuung hier von besonderer Bedeutung. Wird vereinbart, dass bloß ein Elternteil die Obsorge für das Kind trägt, besteht immer noch ein gesetzliches **Informations- und Äußerungsrecht** des anderen Elternteils (§ 189 ABGB).

5. Lebensgemeinschaften

Ehe und eP sind die gesetzlich anerkannten und geregelten Formen der Lebensgemeinschaften. Regelungen für andere Lebensgemeinschaften gibt es nicht. Der Gesetzgeber sieht solche Regelungen absichtlich nicht vor, weil Abgrenzungsschwierigkeiten bestehen. Ab wann eine Lebensgemeinschaft vorliegt, ist nämlich häufig schwer zu beurteilen. In einzelnen Fällen schützt die Rechtsordnung freilich auch Lebensgefährten. Der praktisch wichtigste Fall ist § 14 Abs 3 MRG, der Lebensgefährten ein **Eintrittsrecht** in den Mietvertrag im Fall des Todes des Mieters einer Wohnung gewährt. Weitergehende Rechtsfolgen an die Lebensgemeinschaft zu knüpfen (insbesondere die bisweilen geforderten Unterhaltsansprüche) wäre kontraproduktiv, da die Parteien gerade keine Ehe oder eP eingehen wollen und für eine „Zwangsbeglückung" kein Grund besteht.

C. Kindschaftsrecht

Der zweite große Teil des Familienrechts ist das Kindschaftsrecht, das sich mit der Abstammung von Kindern beschäftigt, der Obsorge über Kinder und dem Unterhalt für Kinder.

1. Abstammung

Die Abstammung trifft eine Aussage über die **Herkunft eines Kindes**. Sie ist von zentraler Bedeutung, aus ihr folgen etwa Unterhaltsansprüche und Unterhaltspflichten, aber auch die Erbberechtigung. Relevant ist immer die juristisch festgestellte Abstammung. Es ist daher durchaus möglich, dass im juristischen Sinn eine Person Vater des Kindes ist, die es im biologischen Sinn nicht gezeugt hat (zB bei „Kuckuckskindern"). Die Abstammung eines Kindes von der **Mutter** ist in den meisten Fällen unproblematisch („***mater semper certa est***"), dennoch normiert das Gesetz: Mutter ist die Frau, die das Kind geboren hat (§ 143 ABGB). Dies kann vor allem im medizinischen Bereich von Bedeutung sein.

Vater eines Kindes kann man im juristischen Sinn auf verschiedene Weise werden. Kraft Gesetzes gilt der **Ehemann** der Mutter im Zeitpunkt der Geburt als Vater des Kindes (§ 144 Abs 1 Z 1 ABGB). Seine Vaterschaft wird (widerleglich) vermutet. Eine Vaterschaftsbegründung kann auch durch **Anerkenntnis** der Vaterschaft erfolgen (§ 145 ABGB). Dadurch bekennt sich eine Person zu einem Kind, indem der „Vater" eine persönliche Erklärung in Form einer öffentlichen Urkunde abgibt. Mutter und Kind können dem Anerkenntnis binnen zwei Jahren widersprechen. Schließlich ist selbstverständlich auch eine **gerichtliche Feststellung** der Vaterschaft möglich (§ 148 ABGB), wobei das Gericht hier üblicherweise DNA-Tests vornehmen wird. Es gibt auch verschiedene Möglichkeiten der Änderung der Vaterschaft (zB Unwirksamerklärung des Anerkenntnisses).

Es gibt auch Fälle, in denen das Kind keinen Vater, sondern zusätzlich zur Mutter einen „anderen Elternteil" hat. Das ist einerseits bei diversen Personen der Fall, die sich keinem Geschlecht zuordnen, andererseits bei gleichgeschlechtlichen weiblichen Paaren, die ein Kind durch unterstützte Fortpflanzung bekommen haben (§ 144 Abs 2 ABGB). Dazu hören Sie in der Lehrveranstaltung „Erbrecht und Familienrecht" im Masterstudium Wirtschaftsrecht mehr.

2. Obsorge

Wer die Eltern eines Kindes sind, ist auch von großer Bedeutung für die Obsorge. Die Obsorge inkludiert:

- Pflege und Erziehung (§ 160 ABGB);
- Verwaltung des Kindesvermögens (§ 164 ABGB);
- Vertretung des geschäftsunfähigen Kindes (§ 167 ABGB).

Sind die Eltern im Zeitpunkt der Geburt miteinander verheiratet, haben sie die **Obsorge gemeinsam** (§ 177 Abs 1 ABGB; zur Scheidung s IV.B.4.). Sind die Eltern im Zeitpunkt der Geburt nicht verheiratet, hat die Mutter die **alleinige Obsorge** (§ 177 Abs 2 ABGB). Dies war in den vergangenen Jahren Gegenstand heftiger Kontroversen, da der Vater nicht die Möglichkeit hatte, gegen den Willen der Mutter an der Obsorge zu partizipieren. Heute ist es möglich, in einem solchen Fall eine Beteiligung an der Obsorge bei Gericht zu beantragen (§ 180 ABGB).

3. Unterhaltspflicht

Die Frage der Abstammung ist auch relevant für die Frage der Unterhaltspflicht (§§ 231 ff ABGB). Sie trifft bis zur Selbsterhaltungsfähigkeit des Kindes grundsätzlich **beide Eltern**. Auch bei Unterhaltsansprüchen zwischen Eltern und Kindern gilt die **Anspannungstheorie** (s IV.B.4. bei der Scheidung): Das unterhaltsberechtigte Kind muss also selbst ausreichendes Einkommen erzielen, sofern es ihm möglich ist.

Das zielstrebige Betreiben eines Studiums schiebt die Selbsterhaltungsfähigkeit hinaus. Bei gutem Studienerfolg gilt die Unterhaltspflicht nicht nur während des Bachelor-, sondern auch während des Master- und sogar während des Doktoratsstudiums. Die Höhe des Unterhaltsanspruchs hängt vom Alter und den Bedürfnissen des Kindes sowie der Leistungsfähigkeit der Eltern ab. Die Prozentsätze betragen gestaffelt 16 bis 22 % des Nettoeinkommens des Unterhaltspflichtigen, wobei weitere Unterhaltspflichten des Unterhaltsschuldners zu Abzügen führen. Verdient der Vater der 21-jährigen Wirtschaftsrechtsstudentin Susi EUR 3.000 netto 12-mal im Jahr, gebühren Susi davon 22 %, also EUR 660 pro Monat. Auch beim Unterhalt für Kinder erfolgt die Unterhaltsgewährung häufig in der Form des Naturalunterhaltes (Wohnung, Lebenshaltungskosten etc).

V. Erbrecht

A. Grundlagen

Das Erbrecht beschäftigt sich mit den Rechtsfolgen des Todes eines Menschen, dem **Verstorbenen**. Auch der ältere Begriff des **Erblassers** ist noch sehr gebräuchlich. Unter den vielen juristischen Fragen, die der Tod eines Menschen auslöst, beschäftigt sich das Erbrecht nur mit der Nachfolge in die **vermögenswerten** Rechte und Pflichten des Verstorbenen. Sie bilden zusammen die **Verlassenschaft** (§ 531 ABGB; früher auch Nachlass genannt), die anschließend unter den Erben verteilt wird. Man kann daher keinen Verdienstorden oder akademischen Grad erben, sehr wohl aber das Auto des Verstorbenen oder seine Kreditverbindlichkeiten. Das Erbrecht beschäftigt sich somit mit der Frage, wer nach dem Tod des Erblassers vermögensrechtlich an seine Stelle tritt, also sein Gesamtrechtsnachfolger wird. Diese Person nennt man **Erbe**, wobei es unproblematisch möglich ist, dass ein Erblasser mehrere Erben hat. Der Erbe erhält also die gesamte Verlassenschaft oder eine bestimmte Quote (Prozentsatz) und übernimmt nicht nur einzelne Vermögensstücke (Einzelrechtsnachfolge). Allerdings kann der Verstorbene auch bestimmen, dass Personen, die nicht seine Erben sind, einzelne Stücke aus der Verlassenschaft (etwa ein bestimmtes Möbelstück) erhalten sollen. Diese Begünstigten werden **Vermächtnisnehmer** genannt.

B. „Berufungsgründe"

Wer Erbe werden will, braucht einen sog Berufungsgrund, also einen Rechtsgrund, der ihn zum Erben beruft. Dabei ist zwischen gesetzlicher und gewillkürter Erbfolge zu unterscheiden. Die **gewillkürte Erbfolge** (§§ 552 ff ABGB) ermöglicht dem Einzelnen, über sein Vermögen durch die Errichtung eines Testaments oder Vermächtnisses auch im Fall seines Todes zu bestimmen. Diese Testierfreiheit ist Ausfluss der Privatautonomie. Falls keine Vorkehrungen getroffen wurden, greift als subsidiäre Berufungsgrundlage die **gesetzliche Erbfolge** (§§ 727 ff ABGB).

C. Die gesetzliche Erbfolge

Das Gesetz ist der praktisch bedeutendste Berufungsgrund. In Fällen, in denen **keine Vorkehrungen** durch den Erblasser getroffen wurden, gibt das Gesetz darüber Auskunft, wer Erbe werden soll. In den §§ 730 ff ABGB normiert das Gesetz, basierend auf dem hypothetischen Erblasserwillen, wer nach einer Person Erbe wird. Es gilt das **Prinzip der Familienerbfolge**, die Verlassenschaft soll also an die nächsten Angehörigen – die Verwandten und den Ehegatten – gehen, weil das Gesetz die Annahme trifft, dass dies dem Willen des Verstorbenen am ehesten entspricht. Die Verwandten erben dabei nach dem sog Parentelensystem (s sogleich), die Erbportion des Ehegatten hängt davon ab, mit welchen Verwandten er konkurriert.

1. Parentelensystem

Das Parentelensystem bestimmt die Reihenfolge, in der die Verwandten erben können, indem es diese in vier Parentelen kategorisiert (§ 731 ABGB).

Zur **ersten Parentel** gehören die Nachkommen des Erblassers, also seine Kinder und Kindeskinder (§§ 732–734 ABGB; Enkel, Urenkel etc). Die **zweite Parentel** besteht aus den Eltern des Erblassers und deren Nachkommen (§§ 735–737 ABGB; Geschwister des Erblassers, Neffen und Nichten etc). Die **dritte Parentel** besteht aus den Großeltern des Erblassers und deren Nachkommen (§§ 738–740 ABGB; Onkel und Tanten des Erblassers, Cousins und Cousinen etc). Zur **vierten Parentel** gehören die Urgroßeltern des Erblassers, nicht aber deren Nachkommen (§ 741 ABGB; Erbrechtsgrenze).

Die Parentelen kommen nacheinander zum Zug, es kann immer bloß eine Parentel erben. Das Gesetz geht nämlich davon aus, dass der Erblasser lieber seine Kinder als seine Eltern bzw lieber seine Eltern als seine Onkel und Tanten berücksichtigen will.

Innerhalb einer Parentel erben primär die **Stammhäupter**. In der ersten Parentel kommen also die Kinder und nicht die Enkel oder Urenkel zum Zug. Gibt es mehrere Stammhäupter, erhält jedes Stammhaupt eine Quote der Verlassenschaft. Hat der Erblasser zB mehrere Kinder, dann erben diese zu gleichen Teilen. Allgemein gelten somit zwei Regeln:

- Es erbt immer die niedrigste Parentel (also die erste vor der zweiten, die zweite vor der dritten usw). Es können nie mehrere Parentelen nebeneinander erben.
- Innerhalb einer Parentel erben primär die Stammhäupter (§§ 732 ff ABGB).

In einem ersten Schritt ist daher immer zu prüfen, welche blutsverwandten Angehörigen des Verstorbenen vorhanden sind. Ist nach diesen Grundsätzen die Parentel gefunden, die erbt, ist die Verlassenschaft innerhalb der konkreten Parentel zu verteilen: In der ersten Parentel erben also primär die Kinder, nicht die Enkel. In der zweiten Parentel primär die Eltern, nicht die Geschwister des Erblassers. In der dritten Parentel primär die Großeltern, nicht Onkel und Tanten oder Cousins und Cousinen des Erblassers.

Nur wenn die Stammhäupter nicht zum Zug kommen (das ist insbesondere der Fall, wenn sie schon vor dem Erblasser verstorben sind), treten ihre Nachkommen in ihre Rechtsposition ein und können erben (**Repräsentation**). Wenn keine Nachkommen vorhanden sind, also keine Repräsentation möglich ist, **wächst** die Erbportion des Stammhauptes den übrigen Erben **an**, die Quote dieser Erben erhöht sich um diesen Anteil. Damit zeigt sich eine weitere Regel: Repräsentation geht vor Anwachsung.

Beispiel: Susanne verstirbt und hinterlässt 3 Söhne, Florian, Georg und Herbert.
Die erste Parentel kommt zum Zug, jeder der drei Söhne erhält jeweils ein Drittel der Verlassenschaft (§ 732 ABGB).

Beispiel: Eva hinterlässt ihre Tochter Tanja und ihren Vater Alexander. Tanja hat wiederum eine Tochter, Vera.

Tanja erbt alles, sie gehört der ersten Parentel an und verdrängt somit Alexander, der der zweiten Parentel angehört. Innerhalb der ersten Parentel kommt Tanja als Stammhaupt vor Vera zum Zug (§ 732 ABGB).
Variante: Tanja ist bereits vorverstorben.
Nun erbt Vera das gesamte Vermögen. Sie gehört, so wie Tanja, auch der ersten Parentel an und verdrängt deshalb Alexander, die zweite Parentel kommt nicht zum Zug. Innerhalb der ersten Parentel repräsentiert Vera ihre Mutter Tanja, weil diese bereits vorverstorben ist (§ 733 ABGB).

Beispiel: Anton verstirbt. Er hinterlässt einen Sohn Boris sowie eine Tochter Christa. Seine Tochter Daniela ist bereits vorverstorben und hat ihre Tochter Gerda hinterlassen. Christa hat zwei Kinder, Erich und Franz.
In der ersten Parentel erben primär die Kinder des Erblassers, Enkel von noch lebenden Kindern haben kein Erbrecht. Sind mehrere Kinder vorhanden, so teilen sie die Verlassenschaft nach Köpfen (§ 732 ABGB). Ist ein Kind vorverstorben, so erhalten dessen Nachkommen seinen Anteil, sie repräsentieren das vorverstorbene Kind (§ 733 ABGB). Im vorliegenden Fall erhalten also Boris, Christa und Gerda jeweils ein Drittel der Verlassenschaft, Gerda repräsentiert ihre vorverstorbene Mutter Daniela. Erich und Franz gehen leer aus; sie würden bloß erben, wenn Christa nicht mehr leben würde.
Variante: Fall wie oben, mit dem Unterschied, dass Daniela keine Tochter hat.
Kann ein vorverstorbenes Kind nicht repräsentiert werden, wächst seine Erbportion den übrigen Erben an. Somit erben Boris und Christa jeweils die Hälfte der Verlassenschaft.

Beispiel: Ernst verstirbt kinderlos und hinterlässt seinen Vater Viktor und seine Schwester Sophie. Seine Mutter Maria ist bereits vorverstorben.
In der zweiten Parentel erben Vater und Mutter des Erblassers je die Hälfte des Vermögens. Sind beide am Leben, kommen ihre Nachkommen nicht zum Zug. Ist ein Elternteil vorverstorben, wird er von seinen Nachkommen repräsentiert (§ 735 ABGB). Nur wenn es nicht zur Repräsentation kommt, weil es keine erbberechtigten Nachkommen gibt, kommt es zur Anwachsung des freien Anteils an den anderen Elternteil. Somit erhalten Viktor und Sophie je die Hälfte der Verlassenschaft, Sophie repräsentiert ihre Mutter.

2. Ehegatte/eingetragener Partner

Aus der bisherigen Betrachtung ist das Erbrecht des Ehegatten/eingetragenen Partners ausgeklammert gewesen. Er ist keiner Parentel zuzuordnen, sondern erbt **neben den Parentelen**. Seine Erbportion hängt davon ab, mit welchen Verwandten aus dem Parentelensystem er konkurriert (§ 744 ABGB). Neben der ersten Parentel (Nachkommen) erbt der Ehegatte ein Drittel der Verlassenschaft. Neben der zweiten Parentel (Eltern und Geschwister des Erblassers) erbt der Ehegatte zunächst zwei Drittel, außerdem werden die Repräsentations- und Anwachsungsregeln so verändert, dass statt Repräsentanten bzw Anwachsungsberechtigten der Ehegatte zum Zug kommt. Ist ein Elternteil vorverstorben, erhält der Ehegatte des Verstorbenen deshalb auch den Teil, der ansonsten den Geschwistern als Repräsentanten zufallen würde, oder mangels Nachkommen dem anderen Elternteil anwachsen würde. Neben der dritten und vierten Parentel erbt der Ehegatte alles. All diese Regelungen gelten allerdings nur für den Ehegatten/eingetragenen Partner, nicht für den Lebensgefährten.

Beispiel: Olga hinterlässt ihre Mutter Paula und ihren Ehemann Richard sowie ihren Bruder Stefan. Olgas Vater Leo ist bereits vorverstorben.

Neben der zweiten Parentel erbt der Ehegatte zwei Drittel. Das verbleibende Drittel wird auf die Elternteile aufgeteilt, weshalb Olgas Mutter Paula ein Sechstel erhält. Das übrige Sechstel würde Olgas Vater zufallen, der allerdings bereits vorverstorben ist. Außerhalb des Ehegattenerbrechts würde das Sechstel von Olgas vorverstorbenem Vater Leo ihr Bruder Stefan als Repräsentant erhalten. Wäre Stefan nicht vorhanden, würde das Sechstel Paula anwachsen. Im Ehegattenerbrecht sind allerdings beide Schritte zugunsten des Ehegatten abgeschnitten. Richard erhält somit zwei Drittel und zusätzlich das übrige Sechstel, also fünf Sechstel.

D. Die gewillkürte Erbfolge

Wie bereits erwähnt, setzt das Privatrecht auf die Selbstbestimmung der einzelnen Rechtssubjekte (Privatautonomie). Dies ist auch bei der Bestimmung des Erben so, daher gilt **Testierfreiheit**, das bedeutet, dass der Erblasser durch Errichtung einer letztwilligen Verfügung bestimmen kann, wer sein Vermögen erben soll. Eine gewisse Einschränkung der Testierfreiheit bildet allerdings das **Pflichtteilsrecht**, hierbei handelt es sich um einen Mindestanteil am Vermögen des Verstorbenen, der zwingend bestimmten nahen Angehörigen zukommt (s V.D.3.).

1. Letztwillige Verfügungen

Entspricht der hypothetische Wille, der dem Erblasser durch die Regelungen zur gesetzlichen Erbfolge unterstellt wird, nicht dem wirklichen Willen des konkreten Erblassers, kann dieser eine letztwillige Verfügung errichten und von seiner Testierfreiheit Gebrauch machen. Es gibt zwei Arten von letztwilligen Verfügungen (§ 552 Abs 2 ABGB): **Testamente** und **sonstige letztwillige Verfügungen** (früher auch Kodizill genannt). Für alle letztwilligen Verfügungen gilt dabei ein strenger **Formzwang**, es gibt also detaillierte gesetzliche Regelungen, die besagen, in welcher Form letztwillige Verfügungen errichtet werden dürfen (§§ 577 ff ABGB; s gleich beim Testament). Wird die Form nicht eingehalten, ist die Verfügung ungültig.

Generell ist die Errichtung einer letztwilligen Verfügung ein **vertretungsfeindliches, einseitiges Rechtsgeschäft**. Da letztwillige Verfügungen Willenserklärungen sind, bedarf es zudem der nötigen Geschäftsfähigkeit, um zu testieren. Im Erbrecht spricht man dabei von **Testierfähigkeit** (§§ 566–569 ABGB). Unbeschränkte Testierfähigkeit haben geistig gesunde Volljährige. Aber auch mündige Minderjährige können bereits testieren, sie müssen dies allerdings vor Gericht oder Notar tun (§ 569 ABGB, beschränkte Testierfähigkeit). Personen, denen ein Erwachsenenvertreter bestellt wurde, sind nicht schon deswegen testierunfähig. Wenn die dafür nötige Einsichtsfähigkeit gegeben ist, können sie testieren. Außerdem ist es notwendig, dass die Person im Moment der Errichtung ihrer letztwilligen Verfügung auch das Bewusstsein hat, zu testieren (sog ***animus testandi***).

a) Testament

Ein Testament ist eine letztwillige Verfügung, die eine **Erbseinsetzung** enthält. Es werden in einem Testament also eine oder mehrere Personen als Erben bezeichnet, diese treten im Wege der **Gesamtrechtsnachfolge** in die rechtliche Position des

Verstorbenen ein. Ein formgültiges Testament verdrängt die gesetzliche Erbfolge (vgl § 727 ABGB). Das Gesetz kennt verschiedene Testamentsformen. Neben öffentlichen Testamenten (§§ 581–583 ABGB; Errichtung vor Gericht oder Notar) sind praktisch vor allem private Testamentsformen relevant.

Die einfachste Testamentsform ist das **eigenhändige Testament** (§ 578 ABGB). Der Erblasser muss den Text der letztwilligen Verfügung selbst mit der Hand schreiben und die Verfügung am Ende unterschreiben. Hat der Erblasser den Text nicht selbst mit der Hand geschrieben, liegt kein eigenhändiges Testament vor. Das Testament kann dann nur als **fremdhändiges Testament** gültig sein (§§ 579 f ABGB). Dabei muss der Text vom Erblasser mit einem eigenhändig verfassten Zusatz versehen werden, dass die Urkunde seinen letzten Willen enthält (*nuncupatio*), anschließend ist die Verfügung zu unterschreiben. Zusätzlich bedarf es dreier gleichzeitig anwesender Zeugen, deren Identität aus der Urkunde hervorgehen muss. Diese müssen dann mit einem eigenhändig geschriebenen, auf ihre Eigenschaft als Zeugen hinweisenden Zusatz (zB „als Testamentszeuge") die Urkunde ebenfalls unterschreiben.

Kann ein reguläres (privates oder öffentliches) Testament nicht errichtet werden, etwa weil die Gefahr droht, dass der Erblasser stirbt oder die Testierfähigkeit verliert, bevor er ein reguläres Testament errichten kann, kann er ein **Nottestament** errichten (§ 584 ABGB). Er kann dann mündlich oder fremdhändig vor zwei Zeugen testieren.

Stets gilt, dass die **Zeugen** fähige Zeugen sein müssen (§ 587 ABGB). Sie dürfen insbesondere nicht selbst begünstigt sein oder in einem Naheverhältnis zu einer begünstigten Person stehen (§ 588 ABGB).

b) Sonstige letztwillige Verfügung

In einer sonstigen letztwilligen Verfügung wird nicht über das Erbrecht verfügt. Der Erblasser kann darin **einzelne Vermögenspositionen** (zB „das Auto") hinterlassen. Der Erblasser kann also auch Zuwendungen machen, die keine Erbenstellung begründen, man nennt dies auch **Vermächtnis** (früher auch Legat). Der Begünstigte eines Vermächtnisses wird Vermächtnisnehmer genannt (vgl §§ 647 ff ABGB). Er ist **Einzelrechtsnachfolger** und tritt damit nicht in die gesamte Rechtsposition des Verstorbenen ein, sondern hat nur einen schuldrechtlichen Anspruch auf Herausgabe der konkreten Sache. Auch der Eigentumserwerb richtet sich nach allgemeinem Sachenrecht, so werden zB bewegliche Sachen durch Übergabe erworben. Die soeben beim Testament erörterten Formvorschriften gelten gleichermaßen bei sonstigen letztwilligen Verfügungen.

2. Rechtsstellung des Erben

Ob man als Erbe Gesamtrechtsnachfolger oder (wie ein Vermächtnisnehmer) Einzelrechtsnachfolger ist, macht einen erheblichen Unterschied, weil die Gesamtrechtsnachfolge eine Rechtsnachfolge in alle vererblichen Rechte und Pflichten des Verstorbenen bedeutet. Erben iSe Gesamtrechtsnachfolge heißt also auch **haften**. Steht fest, wer der Erbe ist, wird die Verlassenschaft vom Verlassenschaftsgericht mit **Gerichtsbeschluss eingeantwortet**. Das bedeutet, dass der Erbe dadurch *ipso iure* („automatisch") ebenso Eigentümer der Verlassenschaftssachen wie Gläubiger der Forderungen des Verstorbenen und Schuldner seiner Verbindlichkeiten wird. Sind die Aktiven des Verstorbenen niedriger als die Passiven, ist dies für den Erben sehr gefährlich. Allerdings hat es der Erbe in der Hand, seine Haftung zu gestalten (§ 800 ABGB). Einerseits muss er die Verlassenschaft natürlich überhaupt nicht annehmen, er kann sich des Erbes **entschlagen**. Aber auch wenn er die Verlassenschaft annimmt, also eine Erbantrittserklärung abgibt, hängt die Art der Haftung von der Art der Erbantrittserklärung ab. Gibt der Erbe eine **unbedingte Erbantrittserklärung** ab, haftet er unbeschränkt für alle Verbindlichkeiten des Erblassers mit seinem gesamten Vermögen (§ 801 ABGB). Gibt der Erbe hingegen eine **bedingte Erbantrittserklärung** ab, wird im Verlassenschaftsverfahren ein Inventar aller Vermögenswerte errichtet (§ 802 ABGB). Der Erbe haftet in der Folge dann nur bis zum Wert der übernommenen Aktiven. Bei der bedingten Erbantrittserklärung steigt der Erbe also im schlimmsten Fall mit Null aus.

3. Pflichtteilsrecht

Eine Beschränkung der Testierfreiheit sieht das Pflichtteilsrecht vor. Bestimmte Personen, die dem Erblasser besonders nahestehen, sollen jedenfalls etwas aus der Verlassenschaft erhalten. So soll gewährleistet werden, dass zumindest ein Teil des Vermögens in der Familie bleibt. Pflichtteilsberechtigt sind nach § 757 ABGB die **Nachkommen** (1. Parentel) und der **Ehegatte** des Erblassers. Der Pflichtteil beträgt die Hälfte (§ 759 ABGB) des gesetzlichen Erbteils (das ist die Portion, die der Pflichtteilsberechtigte erhalten hätte, wenn die gesetzliche Erbfolge zum Zug gekommen wäre).

Beispiel: Ilse hinterlässt ihren Ehemann Josef und ihre Tochter Karin. Ilse hat in einem formgültigen Testament ihre Freundin Laura zur Alleinerbin eingesetzt.
Gäbe es kein Testament, würde die gesetzliche Erbfolge zur Anwendung kommen. Gemäß der gesetzlichen Erbfolge stünden Josef ein Drittel und Karin zwei Drittel der Verlassenschaft zu. Im vorliegenden Fall wurde jedoch über das Vermögen letztwillig verfügt, weshalb die gesetzliche Erbfolge verdrängt wird. Die gewillkürte Erbfolge wird eingeschränkt durch das Pflichtteilsrecht. Josef erhält ein Sechstel (die Hälfte von einem Drittel) und Karin ein Drittel (die Hälfte von zwei Drittel) des Vermögens als Pflichtteil, Laura erhält die Hälfte des Vermögens aufgrund des Testaments.

Ist der gesetzlich vorgesehene Pflichtteil nach dem letzten Willen des Verstorbenen nicht gedeckt (zB durch Einräumung einer Erbenstellung oder durch Aussetzung eines Vermächtnisses), hat der verkürzte Pflichtteilsberechtigte einen **Geldanspruch** gegen die Verlassenschaft (§§ 761, 763 ABGB).

Eine Entziehung des Pflichtteils (§§ 769–775 ABGB; **Enterbung**) ist nur unter sehr engen Voraussetzungen möglich, etwa dann, wenn der Pflichtteilsberechtigte:

- gegen den Verstorbenen (oder bestimmte nahe Angehörige) eine gerichtlich strafbare Handlung begangen hat, die nur vorsätzlich begangen werden kann und mit mehr als einjähriger Freiheitsstrafe bedroht ist,
- den wahren Willen des Verstorbenen zu vereiteln versucht hat (zB indem er ein Testament unterdrückt),

- dem Verstorbenen in verwerflicher Weise schweres seelisches Leid zugefügt hat (zB indem er den Verstorbenen im Notstand hilflos gelassen, wiederholt beschimpft oder Psychoterror ausgeübt hat),
- familienrechtliche Pflichten gegenüber dem Verstorbenen gröblich vernachlässigt hat (zB die grundlose Ablehnung jeglichen Kontakts) oder
- wegen einer mit Vorsatz begangenen strafbaren Handlung zu einer lebenslangen oder 20-jährigen Freiheitsstrafe verurteilt worden ist.

Außerdem besteht die Möglichkeit, den Pflichtteil um die Hälfte zu **mindern**, wenn zwischen Erblasser und Pflichtteilsberechtigtem über einen langen Zeitraum kein Naheverhältnis bestanden hat (§ 776 ABGB).

Beispiel: Valerie hinterlässt ihren Vater Andreas und ihre Tochter Sabrina. Sie hinterlässt durch ein formgültiges Testament ihr gesamtes Vermögen ihrem Lebensgefährten Matthias. Sabrina steht ein Pflichtteil in Höhe der Hälfte des Vermögens zu (nach der gesetzlichen Erbfolge hätte sie alles geerbt, der Pflichtteil beträgt die Hälfte des gesetzlichen Erbteils). Andreas bekommt nichts, weil er als Elternteil nicht pflichtteilsberechtigt ist. Somit hat Sabrina einen Geldanspruch in Höhe der Hälfte der Verlassenschaft, den sie gerichtlich gegen die Verlassenschaft durchsetzen kann.
Variante: Sabrina hat versucht, ihre Mutter Valerie zu ermorden und ist zu einer lebenslangen Freiheitsstrafe verurteilt worden. In diesem Fall kann Sabrina der Pflichtteil entzogen werden. Durch das Begehen dieser gerichtlich strafbaren Handlung setzte Sabrina einen Enterbungsgrund.

Beispiel: Markus hinterlässt seine 25-jährige Tochter Lisa. Markus hatte seit der Scheidung von Lisas Mutter vor 20 Jahren keinen Kontakt mehr zu Lisa, davor lebte die Familie zusammen. Er hinterlässt sein gesamtes Vermögen seinem Arbeitskollegen Gerhard.
Lisa hat einen Pflichtteilsanspruch, ihr steht grundsätzlich die Hälfte der Verlassenschaft zu. Es kommt allerdings eine Minderung des Pflichtteils gem § 776 ABGB um die Hälfte in Betracht. Lisa hat dann nur Anspruch auf ein Viertel der Verlassenschaft. Die restlichen drei Viertel erhält Gerhard (gewillkürte Erbfolge).

VI. Grundzüge des Zivilverfahrensrechts

A. Zweck

Das materielle Zivilrecht bestimmt, wann jemand einen zivilrechtlichen Anspruch hat. Wer etwa rechtswidrig und schuldhaft am Körper verletzt wird, hat einen Schadenersatzanspruch (§§ 1293 ff iVm § 1325 ABGB); wer einen wirksamen Kaufvertrag abschließt und vertragsgemäß erfüllt, hat Anspruch auf Zahlung des Kaufpreises (§ 1062 ABGB) usw. Wer einen solchen zivilrechtlichen Anspruch nach materiellem Recht hat, der soll ihn auch durchsetzen können. Diese **Rechtsdurchsetzung** wird vom Zivilprozessrecht geregelt. Denn häufig kommt es zwischen den beteiligten Personen zum Streit darüber, ob der Anspruch wirklich besteht. Der Schädiger wird behaupten, an der Verletzung nicht schuld zu sein, der Käufer wird einwenden, die gelieferte Sache sei mangelhaft etc. Es zählt zu den fundamentalen Prinzipien einer entwickelten Rechtsordnung, dass sich der Betroffene sein Recht in einer solchen

Situation grundsätzlich nicht eigenmächtig verschaffen darf (**Verbot der Selbsthilfe**, § 19 ABGB). Vielmehr ist er zur Rechtsdurchsetzung auf ein staatliches Verfahren angewiesen. In diesem Verfahren stehen sich der Kläger und der Beklagte gegenüber. Zweck des Verfahrens ist die bindende Entscheidung über streitige Rechte und damit die **Wiederherstellung des Rechtsfriedens**. Am Ende steht also eine Entscheidung darüber, ob der Schadenersatzanspruch oder der Anspruch auf Kaufpreiszahlung wirklich besteht. Trotz der wichtigen Funktion, die dem Zivilprozess damit zukommt, sollte er – wegen des belastenden Einflusses auf die Beziehung der Prozessparteien und der potentiell hohen Kosten – stets das letzte Mittel (*ultima ratio*) der Streitbeilegung sein.

B. Rechtsquellen

Die zentrale Rechtsquelle des Zivilprozessrechts ist die **Zivilprozessordnung** (ZPO) aus dem Jahr 1895. Sie wurde von *Franz Klein* in Weiterentwicklung der deutschen ZPO maßgebend geprägt und regelt insbesondere den Ablauf des Verfahrens. Die Zuständigkeit der Gerichte (s sogleich) ist hingegen in der **Jurisdiktionsnorm** (JN) geregelt, wobei bei grenzüberschreitenden Angelegenheiten europäische und internationale Rechtsquellen zur Anwendung kommen. Die zwangsweise Durchsetzung von Gerichtsentscheidungen (Zwangsvollstreckung) wird hingegen in der **Exekutionsordnung** (EO) geregelt. Reicht das Vermögen einer Person nicht mehr aus, um alle ihre Schulden zu begleichen, ist sie insolvent. Dafür sieht die Rechtsordnung Sonderregeln in der **Insolvenzordnung** (IO) vor, nach denen das gesamte Vermögen verwertet und quotenmäßig an die Gläubiger verteilt wird.

C. Die ordentliche Zivilgerichtsbarkeit

Zur Entscheidung über Streitigkeiten zwischen den Parteien eines Zivilprozesses sind die **ordentlichen Gerichte** berufen. Diese sind mit weisungsfreien (Art 87 B-VG) und gegen ihren Willen grundsätzlich unabsetzbaren und unversetzbaren (Art 88 B-VG) Richtern besetzt. Diese verfassungsmäßigen Garantien gewährleisten eine **unabhängige und unparteiliche Justiz** und gelten für alle Gerichtstypen, somit für den Obersten Gerichtshof (OGH) gleichermaßen wie für Oberlandesgerichte (OLG), Landesgerichte (LG) und Bezirksgerichte (BG).

1. Zuständigkeiten

Wer einen Anspruch in einem Zivilprozess durchsetzen will, muss seine Klage beim „richtigen“, also beim zuständigen Gericht einbringen. Dabei ist die **sachliche Zuständigkeit**, die regelt, welcher Gerichtstyp zuständig ist, von der **örtlichen Zuständigkeit** zu unterscheiden, die regelt, an welchem Ort die Klage einzubringen ist. Örtlich zuständig ist regelmäßig das Gericht am Wohnort bzw gewöhnlichen Aufenthalt des Beklagten (allgemeiner Gerichtsstand, §§ 65 f JN). Daneben gibt es zahlreiche Sonderregeln. So ermöglichen Wahlgerichtsstände Klagen am Erfüllungsort eines Vertrages (§ 88 JN), am Ort der gelegenen Sache (§ 91 JN) oder am Ort der Schadenszufügung (§ 92a JN). Die sachliche Zuständigkeit richtet sich hingegen im Regelfall nach dem Streitwert der Angelegenheit (§§ 49 ff JN).

Für „geringere" Streitigkeiten (Streitwert bis EUR 15.000) sind in **erster Instanz** grundsätzlich die Bezirksgerichte sachlich zuständig, für über der Streitwertgrenze liegende Angelegenheiten die Landesgerichte. In Wien gibt es für Klagen gegen ins Firmenbuch eingetragene Unternehmer ein eigenes Bezirksgericht für Handelssachen (BGHS) und ein eigenes Handelsgericht (HG), wenn das Geschäft auf Seiten des Beklagten ein unternehmensbezogenes Geschäft ist; in den anderen Bundesländern entscheiden die BG bzw LG auch „in Handelssachen". Es gibt dabei 18 Landesgerichte, wobei sich in jeder Landeshauptstadt eines befindet (außer in Vorarlberg: LG Feldkirch).

Beispiel: Bert aus Bregenz wird bei einem Verkehrsunfall in Korneuburg von Lukas aus Linz verletzt. Da sich Lukas weigert, Schmerzengeld zu bezahlen, klagt Bert seinen Anspruch iHv EUR 30.000 ein. Sachlich zuständig ist hier das Landesgericht, weil der Streitwert (EUR 30.000) über der Streitwertgrenze liegt. Örtlich zuständig ist grundsätzlich das Gericht am allgemeinen Gerichtsstand des Beklagten, der in Linz liegt. Außerdem besteht hier die Möglichkeit, die Klage am Ort der Schadenszufügung, somit Korneuburg, einzubringen. Die Klage muss somit entweder beim LG Linz oder beim LG Korneuburg eingebracht werden.

2. Gerichtsbesetzung

Die Gerichtsbarkeit wird bei den Bezirksgerichten stets durch **Einzelrichter** ausgeübt (§ 5 JN). Sind die Landesgerichte in erster Instanz zuständig, entscheiden grundsätzlich ebenfalls Einzelrichter. In zweiter Instanz entscheiden bei den Landesgerichten und Oberlandesgerichten stets **Senate** (§§ 7 Abs 1, 8 JN). Der OGH entscheidet im Regelfall im einfachen Senat mit fünf Richtern. Ein **verstärkter Senat** entscheidet über Rechtsfragen von grundsätzlicher Bedeutung, wenn die Entscheidung ein Abgehen von der bisherigen ständigen Rechtsprechungslinie oder von einer zuletzt ergangenen Entscheidung eines **verstärkten Senats** bedeuten würde oder sofern in dieser Rechtsfrage von grundsätzlicher Bedeutung keine einheitliche Judikatur des OGH existiert (§ 8 OGHG).

D. Verfahrensablauf

Partei eines Zivilprozesses kann jeder sein, der parteifähig ist. Die Parteifähigkeit ist das Pendant zur Rechtsfähigkeit, parteifähig ist also jeder, der Träger von Rechten und Pflichten ist. Wer im Prozess auch selbst oder durch einen frei gewählten Vertreter handeln kann, ist **prozessfähig** (§ 1 ZPO). Nicht prozessfähig sind damit juristische Personen, aber auch minderjährige oder geistig beeinträchtigte Personen. Die Prozessfähigkeit entspricht daher der zivilrechtlichen Geschäftsfähigkeit. Nicht jeder, der prozessfähig ist, soll aber in jedem Verfahren auch allein handeln können (also postulationsfähig sein). Zum Schutz der Parteien sieht die Rechtsordnung ab einem Streitwert von EUR 5.000 nämlich **Anwaltspflicht** vor (§ 27 ZPO). Parteien müssen sich daher durch einen Rechtsanwalt vertreten lassen.

Wie im materiellen Recht hat auch im Prozess die Privatautonomie große Bedeutung. Zentraler Grundsatz im Zivilprozess ist daher der **Dispositionsgrundsatz**, demzufolge ein Zivilprozess ausnahmslos **nur auf Antrag** eingeleitet wird („Wo kein Kläger, da kein Richter"), was im Gegensatz zur Offizialmaxime im Verwaltungsverfahrens- und im Strafprozessrecht steht. Der Zivilprozess beginnt daher mit der Einbringung einer Klage bei Gericht. Das Gericht prüft, ob es für die Klage zuständig ist und ob die Klage den Vorschriften der ZPO entspricht (zB bei Anwaltspflicht von einem Rechtsanwalt unterschrieben wurde). Fehlen Voraussetzungen, wird die Klage zurückgewiesen. Wenn alle Voraussetzungen erfüllt sind, stellt das Gericht die Klage dem Beklagten zu. Dieser hat 4 Wochen Zeit, um die Klagebeantwortung zu erstatten. Danach wird eine vorbereitende Tagsatzung anberaumt, bei der das Gericht die Sach- und Rechtslage erörtert, Vergleichsversuche unternimmt und das Prozessprogramm festlegt, das in den nächsten Tagsatzungen („mündliche Streitverhandlung") abgearbeitet wird (§ 258 ZPO). Im bezirksgerichtlichen Verfahren gibt es keine Klagebeantwortung, der Beklagte wird in der vorbereitenden Tagsatzung gehört.

Damit zeigt sich eine wesentliche Anforderung an den Zivilprozess. Die aus Art 6 EMRK resultierende **Garantie des „fair trial"** verlangt unter anderem, dass jede Partei ausreichend **rechtliches Gehör** (Gelegenheit zur Stellungnahme) hat.

Bemerkenswert ist, dass die mündlichen Verhandlungen grundsätzlich öffentlich sind, also von jedermann besucht werden können. Das passiert zwar nicht häufig, ist aber eine wesentliche rechtsstaatliche Errungenschaft, weil so der geheimen Kabinettsjustiz ein Riegel vorgeschoben wurde. **Öffentlichkeit** der Verhandlung ist natürlich nur dann sinnvoll, wenn das Publikum verstehen kann, worum es geht. Die Verhandlung ist daher auch mündlich.

Inhalt dieses Verfahrens erster Instanz ist nicht primär die Lösung von Rechtsfragen, sondern die Ermittlung dessen, was tatsächlich geschehen ist. Dazu führt das erstinstanzliche Gericht ein **Beweisverfahren** durch. Es gibt 5 Beweismittel:

- Urkunden, also schriftliche Dokumente (zB Vertragsurkunde, Briefe)
- Zeugen, die über ihre Wahrnehmungen aussagen sollen („War die Ampel rot?")
- Sachverständige, also Experten, die nicht nur über ihre Wahrnehmungen aussagen („Wie lang war die Bremsspur?"), sondern daraus auch Schlussfolgerungen ziehen sollen („Wie schnell war das Auto daher?")
- Augenschein, also die Besichtigung von Orten, Gegenständen oder Personen („Lokalaugenschein am Unfallort")
- Die Parteien selbst, die am Geschehen ja am nächsten dran sind.

Der Richter hat erhebliche Einflussmöglichkeiten auf die Gestaltung des Verfahrens. Es gilt der **Kooperationsgrundsatz**, nach dem der Richter mit den Parteien gemeinsam den Prozess gestaltet, nicht der Beibringungsgrundsatz, bei dem der Richter wie etwa im angloamerikanischen Prozess „Zuschauer" ist. Wann der Richter welche Beweismittel aufnimmt, obliegt daher weitgehend ihm.

Im Beweisverfahren gilt der **Grundsatz der Unmittelbarkeit** (§ 276 ZPO): Der Richter muss alle Beweise selbst aufnehmen und nach seiner Beweisaufnahme das

Urteil selbst fällen (§ 412 ZPO). Dies ist selbstverständlich, wenn man bedenkt, dass der Richter die Beweise nach freier Überzeugung zu würdigen hat (§ 272 ZPO). Die **freie Beweiswürdigung** unterwirft den Richter anders als gebundene Beweisregeln („aus zweier Zeugen Mund, wird alle Wahrheit kund") keinen besonderen Regeln. Er hat nach eigener Überzeugung festzustellen, was er für wahr hält. Zwischen den Aussagen zweier Zeugen kann man sich aber meist nur entscheiden, wenn man beide Zeugen selbst gehört hat und sich dadurch eine Meinung bilden konnte. Die große Verantwortung der freien Beweiswürdigung geht mit einer **Begründungspflicht** einher, weil freie Beweiswürdigung nicht mit Willkür zu verwechseln ist. Außerdem schreibt das Gesetz vor, dass der Richter mit hoher Wahrscheinlichkeit davon überzeugt sein muss, dass sich etwas so ereignet hat, damit er auch davon ausgehen darf (es „feststellen" darf). Dieser Standard wird **Beweismaß** genannt. Wird der Standard nicht erreicht, trifft der Richter eine Negativfeststellung („Es kann nicht festgestellt werden, ob der Beklagte schneller als 30 km/h gefahren ist"). Solche Beweislosigkeit ist aber keine Entscheidungslosigkeit. Es greifen die Beweislastregeln ein (s II.C.2.f.).

Sind alle Beweise aufgenommen, fällt der Richter seine Entscheidung. Entscheidungen in der Sache selbst werden in **Urteilsform** gefällt, sonstige Entscheidungen in Form des **Beschlusses** (zB Zurückweisung der Klage wegen Unzuständigkeit).

Gegen die Entscheidung eines Gerichts in erster Instanz steht den Parteien im Regelfall ein **Rechtsmittel** zu, wobei ein dreigliedriger Instanzenzug typisch ist. Als **zweite Instanz** ist nach dem Bezirksgericht das übergeordnete Landesgericht, wenn aber das Landesgericht erste Instanz war, das übergeordnete Oberlandesgericht vorgesehen. Oberlandesgerichte befinden sich in Wien, Graz, Linz und Innsbruck. Unter bestimmten Voraussetzungen (Rechtsfragen von erheblicher Bedeutung) kann dann der **Oberste Gerichtshof** als dritte und **letzte Instanz** angerufen werden. Im Rechtsmittelverfahren gilt das **Neuerungsverbot**. Danach müssen die Parteien alles, was für sie nützlich ist, bereits in der ersten Instanz in das Verfahren einbringen. Spätere Beweisanbote bleiben unberücksichtigt. So wird eine Verfahrenskonzentration erreicht.

E. Wirkungen einer rechtskräftigen Entscheidung

Wenn in einem Verfahren eine Entscheidung (Urteil oder Beschluss) ergeht, gibt es grundsätzlich die Möglichkeit der **Überprüfung dieser Entscheidung** durch ein übergeordnetes Gericht (zu den Instanzenzügen s VI.D.), indem eine der Parteien innerhalb einer bestimmten Frist ein Rechtsmittel erhebt. Ist gegen eine Entscheidung kein Rechtsmittel mehr zulässig oder ist die Rechtsmittelfrist schon abgelaufen, wird die Entscheidung **rechtskräftig**. Grundsätzlich ist die Rechtssache dann endgültig entschieden. Weigert sich eine Partei, der Entscheidung Folge zu leisten, kann die Entscheidung mit den Mitteln des **Exekutionsrechts** zwangsvollstreckt werden.

Gerichtsurteile wirken aber nur zwischen den Parteien, nicht hingegen gegenüber anderen Personen. § 12 ABGB meint dazu, dass Urteile „nie die Kraft eines Gesetzes" haben. Dies bedeutet auch, dass ein **Gericht nicht an bereits ergangene Urteile** anderer Gerichte in ähnlichen Rechtsstreitigkeiten (*Präjudizien* in Präzedenzfällen) **gebunden** ist. Dies unterscheidet das österreichische Recht vom ***case law*** englischer Prägung, in dem eine Bindung an die Entscheidungsgründe von Präzedenzfällen vorgesehen ist (*stare decisis*). Dass freilich auch in Österreich nach möglichster Rechtseinheit, Rechtssicherheit und Vorhersehbarkeit sowie Gleichbehandlung gestrebt wird, zeigt schon § 8 OGHG. Demzufolge hat bei Abgehen von der bisherigen stRsp des OGH in Grundsatzfragen ein verstärkter Senat zu entscheiden.

VII. Historische Grundlagen des Zivilrechts

A. Römisches Recht

1. Einleitung

Wer sich mit Rechtswissenschaft beschäftigt, stößt – insbesondere im Privatrecht – alsbald auf lateinische Formulierungen. Die *traditio brevi manu* (Übergabe kurzer Hand), die *condictio indebiti* (Leistungskondiktion wegen Zahlung einer Nichtschuld) oder Schadenersatzansprüche *ex contractu* und *ex delicto* (vertraglich und deliktisch) sind nur einige wenige Beispiele dafür. Bemerkenswert ist, dass diese antiken Begriffe Rechtsprobleme bezeichnen, die sich auch im geltenden Recht – oft ganz unverändert – finden (unsere Beispiele in §§ 428, 1431, 1295 Abs 1 ABGB).

Auch an **lateinischen Rechtsgrundsätzen** herrscht kein Mangel: *nemo plus iuris transferre potest quam ipse habet* (§ 442 ABGB: „Überhaupt kann niemand einem andern mehr Recht abtreten, als er selbst hat"); ein Zurückbehaltungsrecht steht nur an Sachen zu, die *nec vi, nec clam, nec precario* erworben wurden (§ 1440 ABGB: „Eigenmächtig oder listig entzogene, entlehnte, in Verwahrung oder in Bestand genommene Stücke sind überhaupt kein Gegenstand der Zurückbehaltung"). In der Methodenlehre ist von Derogationsgrundsätzen zu lesen (s 1. Teil VI.B.), die als „*lex posterior derogat legi priori*" und „*lex specialis derogat legi generali*" beschrieben werden, das ältere Gesetz (*lex prior*) wird also vom jüngeren Gesetz (*lex posterior*) aufgehoben. Dasselbe gilt für das Verhältnis von genereller (*lex generalis*) und spezieller Norm (*lex specialis*).

Schon *Goethe* – selbst Jurist – hat festgestellt, das römische Recht gleiche einer untertauchenden Ente, die sich zwar von Zeit zu Zeit verbirgt, aber nie ganz verloren geht, und immer einmal wieder lebendig hervortritt.

Das ständige Auftauchen des römischen Rechts und seine Auswirkung auf die moderne Rechtswissenschaft und Rechtskultur liegt freilich nicht daran, dass Österreich in der Antike römisches Siedlungs- und Einflussgebiet war (der römische Kaiser *Marc Aurel* soll bekanntlich in Wien – damals *Vindobona* – gestorben sein). Der **Einfluss** ist vielmehr Teil einer größeren Entwicklung. Das römische Recht zählt mit der griechischen Philosophie und dem Christentum zu den drei Säulen der gesamten abendländischen Kultur.

So nahmen sich viele Rechtsordnungen das antike römische Recht zum **Vorbild**; außer dem österreichischen ABGB etwa das deutsche BGB und das Schweizer ZGB, aber auch der französische Code Civil. Insgesamt kann man sagen, dass alle europäischen Rechtsordnungen – mit Ausnahme der englischen – vom römischen Recht mehr oder weniger deutlich beeinflusst wurden. Weitere Rechtsordnungen haben sich wiederum diese europäischen Gesetze zum Vorbild genommen, sodass das römische Recht seinen Siegeszug bis in die Türkei, nach Thailand, China oder Japan angetreten hat.

Der außerordentliche Einfluss dieser antiken Normen erklärt sich dabei schlicht durch ihre außerordentliche **Qualität**. Auf einer abstrakten, vom Einzelfall losgelösten Ebene ist es zum ersten Mal den römischen Juristen gelungen, viele Interessenkonflikte (also Rechtsprobleme, Prozesse) durch allgemeine Regeln sachgerecht zu lösen und eine systematische Rechtsordnung auf diesen Lösungen aufzubauen. Vergleicht man das kurze, sachgerechte römische Recht mit dem 1794 (also 1.500 Jahre nach der Blüte des römischen Rechts) beschlossenen preußischen Allgemeinen Landrecht (ALR), das zwar inhaltlich nicht schlecht, aber mit über 19.000 (!) Paragraphen kaum handhabbar war, oder mit dem stark religiös motivierten jüdischen Talmud, besticht die Überzeugungskraft der römischen Regeln, die unabhängig von örtlichen, zeitlichen, kulturellen und religiösen Gegebenheiten gerechte Lösungen finden.

Friedrich Engels hat das römische Recht deshalb als „das erste Weltrecht einer Waren produzierenden Gesellschaft" gelobt, „mit seiner unübertrefflich scharfen Ausarbeitung aller wesentlichen Rechtsbeziehungen". Das ist nicht übertrieben, wenn man bedenkt, dass 117 n Chr auf dem Höhepunkt seiner Macht das römische Reich von Spanien bis Syrien und von Britannien bis Ägypten reichte und dass die Römer vom Mittelmeer beruhigt als „*mare nostrum*" (unser Meer) sprechen konnten.

Das römische Recht ist somit aber nicht nur historisches Faktum, sondern kann losgelöst von seinem geschichtlichen Hintergrund als **überzeitliche Ordnung** dienen, die den Beginn moderner nationaler Regelwerke markiert. Vor dem Hintergrund der in der EU angestrebten (freilich jedenfalls in dieser Generation nicht erfolgversprechenden) Vereinheitlichung der nationalen Privatrechte zur Stärkung eines gemeinsamen Binnenmarktes und zum Abbau von Handelshemmnissen, die sich durch verschiedene Rechtsordnungen bei grenzüberschreitendem Handel ergeben, ist eine Besinnung auf die gemeinsamen Wurzeln umso bedeutender.

Das römische Recht hat zur modernen Rechtskultur den wissenschaftlichen Zugang zum Recht mit klaren Begriffen, präzisen Regelungen und exakter Argumentation beigetragen. Außerdem wurden bereits damals Rechtsprinzipien und Wertungsgesichtspunkte entwickelt, die seither zum gemeinsamen Erbe europäischer Rechtstradition zählen. Bloß exemplarisch hervorgehoben sei die Entwicklung der Konsensualverträge oder der umfassende Eigentumsschutz durch die *rei vindicatio* (während etwa das germanische Recht hier Schutz wohl nur durch Deliktsklagen bei Eingriffen wie Diebstahl etc gewährte – Fahrnisverfolgung bei Gewerebruch). Weitere Leistungen sind etwa Ansätze zur Entwicklung der Verschuldenshaftung im Schadenersatzrecht.

2. Die Entwicklung des „römischen Rechts“

Wenn vom römischen Recht die Rede ist, ist zu bedenken, dass Rom nach der (auch historisch ungefähr richtigen) Überlieferung 753 v Chr gegründet wurde und allein bis zur Reichsteilung in Westrom und Ostrom 395 n Chr somit über ein Jahrtausend liegt. Während Westrom danach ca 475 n Chr zu existieren aufhörte, ging Ostrom (Byzanz, Konstantinopel) erst 1453 durch die Eroberung der Türken unter. Die Zeitspanne, in der vom „römischen Recht“ gesprochen werden könnte, beträgt somit über 2.000 Jahre.

a) Altrömisches Recht

Die Anfänge waren freilich – einer kleinen Stadt durchaus angemessen – bescheiden. Die ersten drei Jahrhunderte nach der Gründung kannten nur **rudimentäre Gesetze**, wie die Regel, dass für die fahrlässige Tötung eines Menschen den Verwandten des Getöteten ein Widder zu opfern war. Die Gesellschaft war statt durch eigens beschlossene Gesetze viel stärker durch **Sitten und Gebräuche**, den *mos maiorum*, also die Sitte der Väter, bestimmt und basierte somit auf nicht gesondert aufgezeichnetem Gewohnheitsrecht. Solches **Gewohnheitsrecht** bildete sich aus einer lang dauernden Übung und Beachtung dieser Regeln (*consuetudo*) und der allgemeinen Überzeugung, dass diese Regeln für alle verbindlich sein sollten (*consensus omnium; opinio iuris*). Noch heute entsteht Gewohnheitsrecht nach diesen beiden Faktoren, wenngleich dafür in Anbetracht organisierter staatlicher Rechtssetzung und Gesetzgebung kaum Platz ist. Anders ist das im Völkerrecht, wo – mangels organisierter Rechtserzeugung und Durchsetzung – das Gewohnheitsrecht eine anerkannte Rechtsquelle ist (Art 38 Statut des Internationalen Gerichtshofes).

Die Summe dieser althergebrachten Regelungen wird als das ***ius civile*** (*civis*: Bürger) bezeichnet, das 450 v Chr in den berühmten **12-Tafel-Gesetzen** zum Teil aufgezeichnet, zum Teil auch – unter griechischem Einfluss – neu gestaltet wurde. Wie die Beschränkung auf 12 Holztafeln, die öffentlich ausgestellt wurden, um jedermann Zugang zum Recht zu gewähren, zeigt, handelte es sich dabei nicht um eine vollständige Rechtsordnung, sondern um **einzelne Regelungen** aus dem Privatrecht, Strafrecht, Öffentlichen Recht und Prozessrecht. Die Regelungen sind nicht geschlossen erhalten, der Einfluss, den sie auf das römische Rechtsleben hatten, zeigt sich aber in der Biographie von *Cicero* (* 106 v Chr, also 350 Jahre nach Schaffung der 12 Tafeln), der die Gesetze in der Schule noch auswendig lernen musste, was auf Grund ihrer viel gelobten *elegantia*, *simplicitas* und *brevitas verborum* (Eleganz, Einfachheit, Prägnanz) nicht so schwer fiel.

Für den modernen Juristen muten viele Regelungen seltsam an. Dass auf einen Mord die Todesstrafe steht, ist auch heute noch in manchen Ländern zu beobachten (in Österreich durch Art 85 B-VG und in der ganzen EU durch Art 2 Grundrechtecharta und das 6. sowie 13. Zusatzprotokoll zur EMRK verboten). Dass die Todesstrafe auch für das Zerstören fremder Saat durch Zauberei oder gar das nächtliche Abweiden fremder Felder verhängt wurde, erscheint dann freilich doch hart. Für eine agrarische Gesellschaft ist die strenge Bestrafung solcher Delikte allerdings nicht ganz unverständlich. Auch der weitere Strafenkatalog entspricht nicht modernen Vorstellungen, etwa wenn auf Körperverletzung die Zufügung derselben Verletzung an den Täter steht. Dieses **Talionsprinzip** („Auge um Auge, Zahn um Zahn") ist allerdings etwa auch im Alten Testament und der jüdischen Tora sowie im Kodex Hammurabi überliefert und wird heute zunehmend weniger als grausame Strafe, sondern als Reaktion auf Vergeltungsexzesse gesehen. Das Talionsprinzip gibt nach dieser Ansicht nicht primär das Recht, ein Auge für ein Auge zu fordern, sondern **nur** ein Auge für ein Auge zu fordern und setzt so dem Übermaß Grenzen, wie es in Kulturen mit Blutrache häufig geübt wurde.

Die nächsten drei Jahrhunderte nach Einführung der 12-Tafel-Gesetze sind rechtshistorisch von geringer Bedeutung. Die 12-Tafel-Gesetze wurden kaum ergänzt, Gesetzgebung fand nur vereinzelt statt. Die jeweilige *lex* (Gesetz) war dann meist Reaktion auf konkrete Missstände und Probleme (*lex Poetelia* über Wucher; *lex Cincia* über Schenkungen) und nicht Mittel gezielter Sozialgestaltung, wie das heute der Fall ist. Die bescheidene Rolle, die die direkt demokratisch beschlossenen *leges* (Plural von *lex*) spielten, wurde im Zuge der Stärkung des Senats als Parlament von Senatsbeschlüssen (*senatus consultum*) übernommen, die für das Privatrecht aber auch wenig Bedeutung hatten.

In der gesamten Republik (Rom wurde seit 753 v Chr von Königen regiert, 509 v Chr wurde der letzte König vertrieben, es folgte die lange, bis 27 v Chr währende Phase der Republik), also in nahezu 500 Jahren, wurden nur ca 30 Gesetze erlassen, die wiederum kaum das Zivilrecht zum Gegenstand hatten. Es stand die längste Zeit die **Auslegung der 12 Tafeln** im Vordergrund, eine Aufgabe, die vor allem von Priestern übernommen wurde. Diese Zeit der **Pontifikaljurisprudenz** (*pontifex* = Priester) war durch strengen Formalismus geprägt und für die Rechtsentwicklung unergiebig. Die Rituale wurden zum Selbstzweck. Stotterte eine der Parteien oder verspielte sich ein Flötenspieler, war das Ritual ungültig. Flexibilität beim Zugang zu Rechtsproblemen – die auf Grund der Beteiligung der Priester gleichzeitig religiöse Probleme waren – war nicht zu erwarten, die Auslegung hing am Wortlaut. *Cicero* überliefert etwa die Geschichte eines Feldherrn, der einem Waffenstillstand für dreißig Tage zugestimmt hatte und daher (Wortinterpretation) in der Nacht angriff. Nach heutigen Interpretationsmethoden, zu denen § 7 ABGB verrät, es müsse auch auf den natürlichen Sinn eines Gesetzes geachtet werden und in letzter Konsequenz sogar auf die „natürlichen Rechtsgrundsätze", könnte eine solche Auslegung nicht überzeugen.

Diese methodische Beschränkung auf den **reinen Wortlaut** einer Regelung führte freilich zu gewissen Härten. So gab es den italischen Brauch des *ver sacrum*, des heiligen Frühlings, bei dem man in Zeiten der Not gelobte, alle *animalia*, die im Frühling geboren wurden, den Göttern zu opfern. Gedacht hatte man bei den *animalia* an Tiere. Die Priester erklärten aber, dass darunter alle Lebewesen, also auch Kinder zu verstehen seien. Diese Engherzigkeit bei der Auslegung führte zu einer Suche nach Auswegen, da eine Durchführung dem Wortlaut nach nicht immer zumutbar war. So entstand zwar keine neue Methodik, wie sie § 7 ABGB vorgibt, aber die trickreichen Römer schufen neue, ebenso trickreiche Rechtsfiguren: Von alters her war es etwa Brauch, jedes Jahr zwei Griechen als Opfer in den Tiber zu werfen. Dieser Brauch erfreute sich – insbesondere unter den Griechen – keiner großen Beliebtheit, sodass man sich schließlich entschied, zwei Strohfiguren zu opfern. Das rechtfertigte man durch den Satz: *in sacris simulata pro vero accipiuntur.* Bei Opferritualen gilt das Vorgetäuschte als wahr. Dass etwas als etwas anderes gilt (Strohfigur als Grieche), kennt auch das moderne Recht, es ist die Figur der Fiktion. Zum Beispiel ist jeder Mensch nach österreichischem Recht rechtsfähig, kann also Träger von Rechten und Pflichten sein. Wenn § 22 ABGB das ungeborene Kind, wenn es um seine Rechte geht, „als Geborne" ansieht, so ist jedem klar, dass der Ungeborene gerade nicht schon geboren wurde; er wird aber trotzdem so behandelt als wäre er es. Der Ungeborene entspricht also der Strohfigur, der Geborene dem Griechen. Nicht erwiesen – aber auch nicht unplausibel – ist, dass die Herkunft des heutigen Wortes Strohmann, also einer Person, die vorgeschoben wird, damit ein Hintermann seine Identität nicht offenlegen muss, von diesem Brauch kommt.

Eine erste Zwischenbilanz zeigt also, dass sich das römische Recht die längste Zeit eher mühsam dahinschleppt. Was auffällt ist, dass Rom sich in der Zeit der Republik von einem lokalen Stadtstaat zur Weltmacht entwickelte. Von dem von *Engels* angesprochenen „Weltrecht" kann aber auf dem Gebiet des Privatrechts nicht die Rede sein. Das *ius civile* entwickelte sich kaum fort. Es bestand aus den 12 Tafeln, die alt waren und deren Anwendung engherzig war, privatrechtliche Gesetzgebung war kaum vorhanden. Wie konnte die Privatrechtsordnung dann funktionieren und woher kommt die Vorbildwirkung des römischen Rechts?

b) Geburt einer Rechtsordnung

Ab etwa 300 v Chr begann als Reaktion auf praktische Notwendigkeiten ein bemerkenswerter Wandel „von unten". Die **Rechtspraxis** übernahm die Führungsrolle und überholte den Gesetzgeber durch Schaffung eines ganz eigenen Normenkomplexes, des ***ius honorarium***, das neben das alte *ius civile* trat und dieses teilweise verdrängte. Das *ius honorarium* verdankt seinen Namen dem lateinischen *honor* (Ehre), weil es von den Prätoren (Ehrenamt) entwickelt wurde. So wurde dem *ius civile* eine **zweite Rechtsordnung** an die Seite gestellt. Die Römer kannten daher ziviles Eigentum und honorarrechtliches Eigentum (bonitarisches Eigentum), das man zB hatte, wenn man eine Sache nicht nach den strengen Formvorschriften des *ius civile* übertragen hatte, also etwa einen Sklaven nicht manzipiert hatte.

Ein wichtiger Ausgangspunkt des Aufstiegs des *ius honorarium* war wohl, dass das *ius civile* nur für römische *cives* (= Bürger) galt und Nicht-Römer – von denen es mit dem Wandel Roms zur Weltmacht aber immer mehr gab – keinen Rechtsschutz hatten. Ursprünglich für sie wurde der **prätorische Prozess** geschaffen, ein formloses, nicht rituelles Verfahren, dessen Vorteile vor dem für römische Bürger bestimmten Legisaktionenverfahren mit seinem starren Formalismus so einleuchteten, dass das Verfahren bald auch den Zuspruch römischer Bürger fand, während der alte Legisaktionenprozess abstarb. Die Bedeutung des prätorischen Prozesses wird deutlich, wenn man bedenkt, dass es anders als heute gerade keine umfassende privatrechtliche Kodifikation gab. Heute hat man einen Anspruch, wenn das Gesetz ihn gewährt (zB §§ 1293 ff iVm 1325 ABGB: Wer einen anderen am Körper verletzt, muss ihm Verdienstentgang, Heilungskosten und Schmerzengeld bezahlen). Zur Zeit des prätorischen Prozesses hatte man einen Anspruch, wenn der Prätor einem eine

Klage zur Durchsetzung gewährte. Dies tat der Prätor aus Gründen der Einfachheit nicht in jedem Einzelfall von neuem, vielmehr veröffentlichte er ein **Edikt**, in dem die von ihm gewährten Klagen (*actiones*) angeführt waren. Der Prätor übernahm dabei üblicherweise das Edikt seines Amtsvorgängers und ergänzte es vielleicht bei Bedarf. Die Entwicklung einer ausdifferenzierten Rechtsordnung, die möglichst keine Lücken lassen sollte, dauerte Jahrhunderte, sie war, was den Prätor anlangt, erst 130 n Chr abgeschlossen, als unter Kaiser Hadrian das *edictum perpetuum* (ewiges Edikt) erlassen wurde.

Die Konzentration auf gewährte Klagen (*actiones*) führt zum für das moderne Verständnis gewöhnungsbedürftigen **aktionenrechtlichen Zugang**: Wer eine Klage hatte, hatte einen Anspruch. Das Modell wird heute auf den Kopf gestellt: Wer einen Anspruch hat, der hat (natürlich) auch eine Klagemöglichkeit, sonst wäre der Anspruch ja sinnlos. Die Anerkennung von Interessen und Rechtspositionen erfolgt heute also im Gesetz, damals durch die Klagegewährung durch den Prätor.

So wichtig die Rolle des Prätors war, so wenig konnte er sie allein erfüllen, da der Prätor Politiker und kein Jurist war. Es erwies sich – aus dieser Perspektive – als glücklich, dass der Aufschwung des *ius honorarium* mit der Eroberung Griechenlands durch Rom zusammenfiel (deren Endpunkt die Zerstörung von Korinth 146 v Chr war). So fand eine Begegnung mit der hellenistischen Philosophie statt. Systematik und Methode verdankten die Römer den Griechen, ebenso die Abwendung vom Formalismus und die Hinwendung zu einer Suche nach gerechten Lösungen. In dieser Zeit begann der Aufschwung der Juristen, deren Berufsbild sich freilich deutlich vom heutigen unterschied. Juristen waren meist reiche Adelige, die an Privatleute und Gerichte gleichermaßen unentgeltlich und anlassbezogen Rechtsauskünfte auf konkrete Fragestellungen erteilten, man spricht daher von Responsen (*respondere* = antworten).

Diese Art der Rechtsentwicklung erreichte in der klassischen Periode der römischen Rechtswissenschaft, die mit Kaiser *Augustus* begann (* 63 v Chr) und etwa 3 Jahrhunderte dauerte, ihren Höhepunkt. *Augustus,* Erbe *Cäsars*, hatte den Wandel von der römischen Republik zum Kaisertum vollzogen, er war *princeps civium* (Erster der Bürger), weswegen diese Zeit auch als Prinzipat bezeichnet wird.

Eine weitere Zwischenbilanz zeigt: Die römischen Rechtsquellen waren im Wesentlichen ausgebildet. Das *ius civile* (12 Tafeln und einige Gesetze) galt nur für römische Bürger, parallel dazu war das prätorische Recht entstanden, das das *ius civile* vielfach abgelöst hatte. Der Prätor gewährte römischen Bürgern und Nicht-Römern gleichermaßen Rechtsschutz durch Klagen (*actiones*) und zwar überall dort, wo er es für zweckmäßig und gerecht hielt. So entstand statt eines bloß für römische Bürger geltenden *ius civile* ein *ius gentium*, also ein Komplex allgemeinverbindlicher Normen (heute wird der Begriff im Völkerrecht verwendet).

c) Die römischen Juristen

Nun bedurfte es der Verfeinerung und Weiterentwicklung des an sich Vorhandenen. Diese Aufgabe fiel den Juristen zu, die dazu mit staatlicher Autorität ausgestattet wurden. Die Autorität der Juristen war schon früher groß gewesen, *Augustus* verlieh nun aber besonders prominenten Juristen das Recht, ihre Responsen *ex auctoritate principi* zu erteilen, also mit kaiserlicher Autorität ausgestattete **Rechtsgutachten** abzugeben. Übereinstimmende Gutachten von Juristen mit einem solchen *ius respondendi* hatten dieselbe Kraft wie Gesetze. Als prominenteste Namen seien *Labeo, Proculus, Celsus, Iulian, Pomponius, Papinian, Paulus* und *Ulpian* genannt. Natürlich waren nicht immer alle Juristen einer Meinung. Es lassen sich sogar zwei Schulen erkennen, die Sabinianer und die Prokulianer, die methodisch verschiedene Grundpositionen hatten und deren Wettstreit um die Vormacht für die Entwicklung des Rechts sehr ertragreich war.

Die **Juristenschriften der Klassik** waren ausgesprochen umfangreich, sie markieren die Blütezeit der juristischen, aber auch der wirtschaftlichen und politischen Entwicklung. Zu dieser Zeit hatte Rom seine größte Ausdehnung, das Reich florierte, die *pax romana* (der römische Frieden) war der Nährboden dafür. Im 3. Jahrhundert n Chr wirkte es, als seien die Probleme des Privatrechts hinreichend gelöst. Politisch unsichere Zeiten und ein wirtschaftlicher Abschwung lenkten den Blick wieder auf andere Fragen. Sinnbild dafür ist der Größenwahn der Kaiser. So verfolgte etwa Kaiser *Commodus* den Plan, Rom in „Commodus-Stadt" umzubenennen (ca 192 n Chr). Die Privatrechtswissenschaft schlief derweil ein und dämmerte etwa 300 Jahre dahin.

Damit hat sich gezeigt, dass das Recht „von unten", aus konkreten Fällen entstand, also **Fallrecht** war. Im römischen Recht ergibt sich die Rechtsordnung somit durch **Induktion**, den Schluss vom Besonderen (Einzelfallresponsen) aufs Allgemeine (das Prinzip). Auch heute noch ist diese Methode in manchen Ländern (etwa im englischen Recht, das als *case law* stark fallbasiert ist) verbreitet. In unserem Rechtskreis wird hingegen aus allgemeinen Regeln auf den Einzelfall geschlossen (Deduktion). Die privaten Juristenschriften waren der Motor der Rechtsentwicklung, sie hatten gesetzesgleiche Kraft und sollten unter dem Titel der „Digesten" größten Einfluss auf die Kodifikationen der Neuzeit ausüben. An der Spitze der Digesten steht die ewige Definition der Aufgabe des Juristen, formuliert von *Celsus*: *ius est ars boni et aequi.* Recht ist also die Kunst des Guten und Gerechten, mit *Ulpian* sind die Juristen „Priester der Gerechtigkeit".

d) Das Corpus Iuris Civilis des Justinian

Den letzten und für die weitere Entwicklung entscheidenden Höhepunkt erlebte die römische Jurisprudenz nach der Reichsteilung. In Ostrom herrschte *Justinian* (527–565 n Chr), der ein gigantisches Vorhaben in Angriff nehmen ließ: eine umfassende **Kodifikation** des römischen Rechts. Vergleichsweise leicht war es noch, alle geltenden Kaiserkonstitutionen (Gesetze, die der Kaiser erlässt) zu sammeln, veraltete Regelungen auszuscheiden und den noch aktuellen Rest als Kodex übersichtlich wieder zu verlautbaren. Dies geschah in Gestalt des ***Codex Iustinianus*** 529 n Chr.

Ungleich schwieriger war es, den Berg an Literatur der klassischen Juristen zu sichten, sie zu harmonisieren, Unwesentliches auszuscheiden, Wesentliches übersichtlich zu kompilieren und an die aktuellen Gegebenheiten anzupassen. Der Auftrag dazu erging an *Tribonianus*, der zum Zweck der Anpassung an die damaligen

Gegebenheiten ausdrücklich berechtigt wurde, die Texte zu modifizieren, wovon er auch erheblich Gebrauch machte. Seine Änderungen sind als *Emblemata Triboniani* bekannt. Aus annähernd 2.000 Büchern an Juristenschriften wurde von *Tribonianus* und seinen Helfern nur ein kleiner Teil von etwa 5 % übernommen, der Rest verworfen. Das Ergebnis dieser – nur dreijährigen – Arbeit trat 533 n Chr in Kraft: es sind die „**Digesten**" oder griechisch „Pandekten". Sie bestehen aus 50 Büchern mit 432 Titeln und fast 10.000 Fragmenten. So etwa das 6. Buch, dessen erster Titel (Dig 6,1) „*De rei vindicatione*", also von der Eigentumsklage handelt. Noch heute wird die Eigentumsklage (§ 366 ABGB) oft als „*rei vindicatio*" bezeichnet. Zitiert werden solche Stellen nach Buch, Titel, Fragment und Absatz, zB Dig 1,1,1, wo *Ulpian* über die Auffassung von *Celsus* zur *ars boni et aequi* berichtet.

Manche Digestenstellen kommen uns auch heute noch bekannt vor: Dig 41,2,3,1 (*Paulus*): „Besessen werden kann aber, was körperlich ist. Und wir erwerben Besitz mit Körper und Willen (*corpore et animo*), nicht allein mit dem Willen oder allein dem Körper." (vgl § 309 ABGB). Andere können wir gut nachvollziehen: Dig 9,2,27,33 (*Ulpian*): „Wenn ein Stein von einem Lastwagen gefallen ist und etwas zerrissen oder zerbrochen hat, so ist anerkannt, dass der Fuhrmann unter mit der Klage nach der *Lex Aquilia* [Anm: Römisches Schadenersatzrecht] haftet, wenn er die Steine schlecht aufgeschichtet hat und sie deswegen heruntergefallen sind."

Neben dem *Codex* und den Digesten wurde noch ein drittes Projekt in Angriff genommen: ein Lehrbuch zum römischen Privatrecht, bei dem auf das Werk von *Gaius* zurückgegriffen wurde und das ebenfalls 533 n Chr in Kraft trat und mit Gesetzeskraft ausgestaltet war (**Institutionen**). Diese Institutionen, der *Codex Iustinianus* und die Digesten bildeten zusammen das ***Corpus Iuris Civilis* (*CIC*)**, das noch um *novellae* – also neue Gesetze zu auftauchenden Rechtsfragen – ergänzt wurde.

B. Rezeption

Der Weg vom *CIC* zur Bedeutung des römischen Rechts war freilich noch weit. Während in Konstantinopel, der Hauptstadt von Ostrom, das *CIC* bis zu seinem Untergang 1453 angewendet wurde, brach in Zentraleuropa das Mittelalter an, das nicht umsonst meist als „dunkel" charakterisiert wird. Die römischrechtliche Wissenschaft und die alten Quellen gingen verloren, an die Stelle der einstigen „Weltrechtsordnung" traten einzelne **Partikularrechte** von sehr verschiedener Qualität.

Erst Jahrhunderte später kam es zu einer Wiederentdeckung des römischen Rechts, das in das geltende Recht übernommen wurde (**Rezeption**). Diese Wiederentdeckung hatte nichts damit zu tun, dass sich ein „Heiliges Römisches Reich deutscher Nation" entwickelte, das durch die Namensgebung – und durch die Krönung von *Karl dem Großen* zum Kaiser durch den Papst – zwar eine Kontinuität zu Rom suchte (*translatio imperii*), aber nicht fand. Dieses Bemühen um ein Anknüpfen an das antike Rom findet seinen Ausdruck in der ***Lotharischen Legende***, nach der Kaiser *Lothar* 1135 das römische Recht bei der Eroberung von Amalfi entdeckt und mit Hoheitsakt wieder zu geltendem Recht erklärt habe.

An dieser Legende stimmen nur der Zeitraum der Wiederentdeckung des römischen Rechts und wahrscheinlich der Bezug zu Amalfi. Die Wiederentdeckung ist allerdings nicht *Lothar*, sondern den oberitalienischen Universitäten zu verdanken. Das Auffinden der *Littera Florentina*, einer Abschrift der Digesten aus dem 6. Jahrhundert, führte dazu, dass *Irnerius* begann, sich an der Universität von Bologna intensiv mit dem antiken Text zu beschäftigen. *Irnerius* gründete im 11. Jahrhundert ebendort die bedeutendste Rechtsschule des europäischen Mittelalters. Er und seine Schüler versahen den Text mit ausführlichen Kommentierungen, sogenannten Glossen, die sie entweder an den Rand (Marginalglossen) oder zwischen die Zeilen (Interlinearglossen) schrieben, weshalb diese Gruppe von Rechtsgelehrten, die sich nach Jahrhunderten erstmals wieder mit dem römischen Recht beschäftigte, als **Glossatoren** bezeichnet wird. Es wurden Begriffe erklärt, Widersprüche aufgezeigt und aufgelöst, Systembildung betrieben, Digestenstellen erläutert und aus den Digesten allgemeine Prinzipien erschlossen. Den Abschluss der Glossatorentätigkeit bildet die umfassende *Glossa Ordinaria* des *Accursius*, die alle seit *Irnerius* entstandenen Glossen zusammenfasste.

Auf der Arbeit der Glossatoren aufbauend, entwickelten die **Kommentatoren** (oder auch Postglossatoren) ab der Mitte des 13. Jahrhunderts einen modernen, praxisorientierteren Zugang zum römischen Recht. Unter ihnen sind vor allem *Bartolus de Saxoferrato* (1313–1357) und *Baldus de Ubaldis* (1327–1400) hervorzuheben, die zu ihrer Zeit überragende Bedeutung hatten und die systematische Werke zum römischen Recht verfassten (daher auch ihre Bezeichnung als „Kommentatoren"), mit denen auch eine zeitgemäße Rechtsanwendung möglich wurde. *Bartolus* und *Baldus* waren Stars ihrer Zeit. Die Lehrmeinungen von *Bartolus* hatten in manchen Ländern Gesetzeskraft. *Baldus* war so gefragt, dass ihm der Papst für ein Rechtsgutachten ein Schloss schenkte. Wegen ihrer Gutachtertätigkeit werden die Vertreter dieser Rechtsschule auch als „***Konsiliatoren***" bezeichnet.

Bartolus und *Baldus* sind außerdem die wichtigsten Vertreter des berühmten *mos italicus* (wörtlich: italienische Sitte/Gewohnheit), also des italienischen Zugangs zur Rechtswissenschaft, der freilich im *mos gallicus* einen wichtigen, wenn auch weniger wirkmächtigen Gegenspieler in Frankreich bekam, der über die Pandekten des *CIC* hinaus versuchte, klassische Quellen zu erforschen und gegenüber der Überlieferung des *Codex* kritisch war.

Die an den **Universitäten** in Oberitalien betriebene Rechtswissenschaft fand durch die darin unterrichteten Studenten ihren Weg auch nach Österreich und Deutschland. Zu dieser Zeit wurden in Zentral- und Westeuropa die ersten Universitäten gegründet (Paris: 1200; Salamanca: 1218; Prag: 1348; Wien: 1365), wodurch sich das römische Recht in ganz Europa ausbreitete. Diese Ausbreitung des römischen Rechts in so weiten Teilen Europas führte dazu, dass man vom ***ius commune***, dem allgemeinen oder gemeinen Recht sprach, das bald kurz als das „***gemeine Recht***" bezeichnet wurde und lange Zeit – neben dem Kirchenrecht – das einzige war, was ein Jurist in seiner Ausbildung lernte. Wer römisches Recht studierte, schloss mit dem Titel *doctor legum* ab; wer Kirchenrecht studierte, mit dem Titel *doctor canonum*. Wer beides studierte, wurde zum *doctor iuris utriusque*, dem Doktor beider Rechte.

Zusammenfassend lässt sich festhalten, dass es also, anders als die Lotharische Legende vermuten lässt, keinen Gesetzgebungsakt gab, der das römische Recht wieder in Kraft setzte. Es war schlicht nichts anderes da als die autochthonen Partikularrechte mit durchwachsener Qualität einerseits und das hochentwickelte römische Recht andererseits. Dabei darf nicht übersehen werden, dass die Partikularrechte wesentlich zersplitterter waren als die heutigen Nationalstaaten, sodass allein im heutigen Deutschland dutzende verschiedene Rechtsordnungen galten. Es gab somit ein Nebeneinander von einheimischem Recht und gemeinem Recht. Allerdings hatte das einheimische Recht gerade auf Grund seiner Zersplitterung keinen annähernd so hohen Grad an Systematisierung und Verwurzelung erreicht wie das römische Recht. Dass in Deutschland das oberste Gericht, das Reichskammergericht, mit universitär (dh im römischen Recht) geschulten Juristen besetzt war, die die Anweisung hatten, nach „des Reiches gemeinen Rechten" (also dem universellen römischen Recht) zu urteilen, tat das Übrige. Das römische Recht drang in die Rechtsordnungen einfach ein, verdrängte das deutsche Recht aber nicht. Symptomatisch dafür ist, dass sich auch im 19. Jahrhundert noch zwei Schulen von Juristen finden: Romanisten und Germanisten.

C. Neuzeitliche Strömungen

1. Pandektistik und Begriffsjurisprudenz

Auf diesem soeben dargestellten Stand befanden sich Österreich und Deutschland am Ende des 18. und Beginn des 19. Jahrhunderts in juristischer Hinsicht, wobei sich nun zwei Strömungen zu entwickeln begannen. Auf der einen Seite standen die Befürworter einer umfassenden eigenständigen und modernen Kodifikation des Privatrechts; auf der anderen deren Kritiker, deren bekanntester Vertreter *Friedrich Carl von Savigny* war. Dieser hielt die Zeit noch nicht reif für eine Kodifikation und setzte sich mit seiner Position vorläufig durch.

In Deutschland beschäftigte man sich daher weitere 100 Jahre intensiv mit dem gemeinen Recht und hob in Gestalt der **historischen Rechtsschule** (Pandektistik) dessen Erforschung auf ein unerreichtes Niveau, wie die Werke von *Savigny*, *Puchta* oder *Windscheid* zeigen. Die Pandektistik verdankt ihren Namen dem griechischen Wort für Digesten (*Pandektai*). Nach dem Motto „Zurück zu den Quellen" wurde versucht, die reinste Form des römischen Rechts zu ermitteln und Fehlvorstellungen, die sich durch die Rezeption eingeschlichen hatten, zu korrigieren. So wurden zB seit den Glossatoren Verjährung und Ersitzung gemeinsamen Regeln unterstellt (vgl auch die §§ 1451-1502 ABGB). *Savigny* hielt dies für einen Fehler, den es zu korrigieren galt. Dass dieser „Fehler" bereits 600 Jahre gelebt wurde, störte ihn nicht. Wie dieses Beispiel zeigt, wurde das Rad der Zeit so freilich vielfach weit zurückgedreht.

Die mit der Pandektistik einhergehende, sehr akribische Konzentration auf die antiken Quellen führte auch zu einem **formalistischen**, dem Privatrecht unangemessen positivistischen und letztlich mühsamen **Zugang** zum Recht: der **Begriffsjurisprudenz**, die von der Hoffnung getragen war, Rechtsprobleme streng nach logischen Regeln fast wie in der Mathematik zu lösen. Das war schon deshalb unglücklich, weil die Pandekten selbst die Lösung bereit hielten, etwa in Gestalt eines Ratschlags von *Celsus* (D 1,3,17): *scire leges non hoc est verba earum tenere, sed vim ac potestatem*: Gesetze kennen, heißt nicht, ihre Worte kennen, sondern ihren Sinn und Zweck. Der Begriffsjurisprudenz attestiert einer ihrer führenden Kritiker (und gleichzeitig der Vater der Interessenjurisprudenz, durch die die Begriffsjurisprudenz abgelöst wurde, s VII.C.2.), *Rudolf von Jhering*, deshalb, sie gerierte sich, „als ob das Recht ihretwegen da sei" und nur ein „dankbares Objekt für das logische Denken" als „Zirkus für dialektisch-akrobatische Kunststücke" sei.

2. Naturrecht und erste Kodifikationen

Währenddessen reagierte Österreich auf die starke philosophische Strömung des **Naturrechts**, die mit ihren überragenden Proponenten wie etwa *Hugo Grotius* oder *Samuel Pufendorf* die geistesgeschichtlichen Grundlagen für moderne Kodifikationen gelegt hatte.

Im Naturrecht manifestiert sich das Suchen nach allgemein gültigen und unveränderlichen Gesetzlichkeiten; das Naturrecht ist überstaatliches Recht, das nicht auf menschlicher Rechtssetzung beruht. Für die Rechtsentwicklung in Europa hat vor allem das **naturrechtliche Vernunftrecht** Bedeutung. Dieses beruht auf der Überzeugung, dass der Mensch in der Lage ist, kraft seiner Vernunft die natürliche Rechtsordnung zu erkennen und als geschlossenes Rechtssystem darzustellen. Bedeutendste Vertreter des Vernunftrechts in Österreich sind *Karl Anton von Martini* und *Franz von Zeiller*, denen die Entstehung des ABGB zu verdanken ist.

Unter dem Einfluss des Naturrechts der Aufklärung entstand im 18. Jahrhundert eine Kodifikationsbewegung. Dabei ging es um Rechtssicherheit, aber auch die Überwindung mittelalterlicher Autoritäten wie der Moraltheologie. Das Recht sollte leicht zugänglich und verständlich sein.

Dies entspricht dem Gedanken der **Aufklärung**, der ein Gelehrtenrecht wie das römische Recht verdächtig sein musste, weil so einigen wenigen Juristen unerhörte Machtpositionen zugestanden wurden. Angestrebt wurde stattdessen ein leicht zugängliches kodifiziertes Recht, das von den Bürgern oder ihren Repräsentanten beschlossen wurde.

Dies führte auch zur Forderung nach Gesetzen in den Landessprachen (statt Latein). Die Naturrechtsbewegung war vor allem für die Systematisierung des Rechts wesentlich; viele Gedanken des römischen Rechts wurden übernommen, aber auch weitergebildet. Hier sind etwa die Lehre vom subjektiven Recht, vom Rechtsgeschäft, von der Stellvertretung als Ausfluss der Privatautonomie oder von der Zession und die Herausbildung eines allgemeinen Schadenersatzrechts zu nennen, vor allem aber auch der Aufbau eines umfassenden Privatrechtssystems. Auch die Betonung zentraler Rechtswerte wie Freiheit und Menschenwürde geht auf das Naturrecht zurück.

Die Rechtserzeugung ging somit auf den Staat über, wodurch aber gleichzeitig das gemeine Recht, das – wenn auch in verschiedenen Prägungen – überall in Europa Geltung hatte, in nationalstaatliche Kodifikationen zersplittert wurde.

Erstes Resultat der Kodifikationsbemühungen in Europa war das preußische Allgemeine Landrecht (ALR) von 1794, welches über 19.000 Paragraphen umfasste und sich auch dem Verwaltungs-, Straf- und Kirchenrecht widmete. Dieses Gesetz war aufgrund des immensen Umfangs noch äußerst unübersichtlich. Die Pandektisten waren keine Freunde des ALR und *Savigny* sprach davon – ungerecht hart – als „Sudelei" und „Mist der vergangenen Jahre". Der Durchbruch gelang etwas später: Nachdem in Frankreich 1804 der Code Civil (nach seinem Initiator auch Code Napoléon genannt) verabschiedet wurde, legte Österreich 1811 mit dem **Allgemeinen Bürgerlichen Gesetzbuch** (ABGB) nach. In beiden Ländern wurde das gemeine Recht somit abgelöst. Während in Deutschland in der historischen Rechtsschule zu der Zeit noch Rechtspositivismus und übertriebene Begrifflichkeiten vorherrschten, bemühte sich das ABGB um eine naturrechtlich fundierte, gerechte Lösung von Interessenkonflikten. Dabei wurde das römischrechtliche Fundament nicht etwa preisgegeben, vielmehr führte die Konfrontation und Kombination mit dem Naturrecht die Rechtswissenschaft zu einem neuen Höhepunkt (s VII.D.).

Damit ging bald die Ablöse der Begriffsjurisprudenz, die keinen Platz für rechtsschöpferisches Tätigwerden des Richters ließ, durch die **Interessen- und Wertungsjurisprudenz** einher, die es als ihre Aufgabe sieht, Interessenkonflikte sachgerecht zu lösen, indem die Wertungen des Gesetzes erkannt und – wo das erforderlich ist – auch weitergedacht werden. Eine besonders starke Ausprägung dieses Gedankens findet sich in Art 1 des Schweizerischen ZGB, in dem es heißt: „Kann dem Gesetz keine Vorschrift entnommen werden, so soll das Gericht [...] nach der Regel entscheiden, die es als Gesetzgeber aufstellen würde".

3. Spätere Kodifikationen

Unter dem Einfluss der Pandektistik entstanden schließlich auch in Deutschland Kodifikationen. 1861 wurde das Allgemeine deutsche Handelsgesetzbuch (ADHGB) erlassen, das 1900 durch das Handelsgesetzbuch (HGB) ersetzt wurde. 1900 folgte auch das **Bürgerliche Gesetzbuch** (BGB), das Pendant zum österreichischen ABGB. Charakteristisch für das BGB sind der hohe Grad an Abstraktion sowie ein umfangreicher allgemeiner Teil und zahlreiche Verweisungen. Der Aufbau folgt dem sog Pandektensystem (allgemeiner Teil, Obligationenrecht, Sachenrecht, Familienrecht, Erbrecht). Dieses Gliederungssystem wurde erstmals von *Gustav Hugo* (Institutionen des römischen Rechts, 1789) vertreten, von *Georg Arnold Heise* (Grundriß eines Systems des allgemeinen Zivilrechts, 1807) maßgeblich entwickelt und setzte sich vor allem unter dem Einfluss *Savignys* durch. Das BGB wurde in Japan und Griechenland weitgehend rezipiert. Daneben ist auch das Schweizerische ZGB von 1907 letztlich eine Frucht der Pandektenwissenschaft. Das ZGB wurde in der Türkei rezipiert.

D. Privatrechtsentwicklung in Österreich

1. Entwicklung bis zum ABGB

Das ältere heimische Recht in Österreich und Deutschland (als Gegenstück zum römischen und kanonischen Recht) basierte auf mündlich überliefertem Gewohnheitsrecht. Erst mit Ende des 12. Jahrhunderts ist eine stärkere Tendenz zu schriftlichen Rechtsaufzeichnungen festzustellen. Hierzu gehören vor allem private Rechtssammlungen, die sowohl Privatrecht als auch Öffentliches Recht umfassten. Es sind etwa der von *Eike von Repgow* verfasste **Sachsenspiegel** (um 1225) und der um 1275 in Augsburg entstandene **Schwabenspiegel** zu nennen. Letzterer hat die österreichische Rechtsentwicklung stark beeinflusst, so wurde etwa die Gliederung in Land- und Lehensrecht übernommen. Eine der wichtigsten aus dieser Zeit überlieferten privatrechtlichen Quellen ist das **Wiener Stadtrechtsbuch** (Mitte 14. Jahrhundert), das auch für andere Städte (zB Krems, Wiener Neustadt) zum Vorbild wurde. Die Rezeption des römischen Rechts ging im heutigen Österreich hauptsächlich von den hier angesiedelten juristischen Fakultäten aus.

2. Das ABGB

Den Plan einer umfassenden Privatrechtskodifikation hatte in Österreich bereits *Maximilian I.* (1459–1519). Im 18. Jahrhundert bemühten sich *Joseph I.* und *Maria Theresia* um eine einheitliche Regelung des Strafverfahrens und Zivilrechts. Als Ergebnis wurde 1766 der ***Codex Theresianus*** vorgelegt, dieser erwies sich jedoch als zu kasuistisch und kompliziert, weshalb ein Inkrafttreten nicht in Frage kam. Die überarbeitete (und stark gekürzte) Fassung des *Codex Theresianus* ist nach ihrem Verfasser als **Entwurf Horten** bekannt. Das Personenrecht dieses Entwurfs wurde dann 1786 unter *Joseph II.* selbständig als **Josephinisches Gesetzbuch** in Kraft gesetzt. Dieses auch als „Teil-ABGB" bezeichnete Gesetzbuch war ein erster Schritt in Richtung eines umfassenden ABGB.

Es folgten weitere Überarbeitungen durch eine Hofkommission in Gesetzessachen unter dem Vorsitz von *Carl Martini, Freiherr von Wasserburg*. Die Arbeiten dieser Kommission waren im Jahr 1797 mit dem **Entwurf Martini**, später auch „**Urentwurf**" genannt, abgeschlossen. Dieser wurde gewissermaßen „zur Probe" zunächst in Westgalizien als Bürgerliches Gesetzbuch für Westgalizien, ein Jahr später auch in Ostgalizien eingeführt. Das (zu dieser Zeit bereits für ganz Galizien geltende) „**Galizische Bürgerliche Gesetzbuch**" war somit noch vor dem französischen Code Civil in Kraft und stellte die erste moderne Privatrechtskodifikation dar. In der Folge kam es dann zu einer neuerlichen Überarbeitung des Gesetzes, bei welcher *Franz von Zeiller* federführend war. Dieser neue Entwurf wurde durch kaiserliches Patent vom 1.6.1811 als **Allgemeines Bürgerliches Gesetzbuch** (ABGB) in allen deutschen Erbländern der österreichischen Monarchie kundgemacht. Am 1.1.1812 trat das ABGB in Kraft und brachte erstmals komplette Rechtseinheit im Privatrecht in Österreich.

a) Römischrechtlicher Einfluss

Wenngleich das ABGB auch einige Anleihen aus dem deutschen Recht übernommen hat, so ist es doch besonders stark vom römischen Recht geprägt, nicht zuletzt weil auch die führenden Mitglieder der Kompilationshofkommissionen alle Professoren des römischen Rechts waren.

Dieser starke Einfluss zeigt sich schon in der Gliederung. Die Einteilung des ABGB lehnt sich an das vom römischen Juristen *Gaius* begründete **Institutionenschema** (*personae – res – actiones*, also Personen – Sachen – Klagen) an. Weil das Prozessrecht gesondert geregelt war, ergab sich daraus eine Zweiteilung in Personen- und Sachenrecht. Letzteres wurde weiter in „dingliche Sachenrechte" (§§ 285-858 ABGB, in moderner Terminologie: Sachenrecht und Erbrecht) und „persönliche Sachenrechte" (§§ 859-1341 ABGB, in moderner Terminologie: Schuldrecht) unterteilt. Ein dritter Teil enthält „gemeinsame Bestimmungen" (§§ 1342-1502 ABGB, s dazu auch I.A.2.).

Die Anlehnung an römischrechtliche Positionen zeigt sich auch in der **Übernahme von Rechtsinstituten**. Im Schuldrecht wurden die gängigen Vertragstypen aus dem römischen Recht beibehalten und nur um den – als Glücksgeschäft eingestuften – Versicherungsvertrag ergänzt. Bedeutsam war die Übernahme des Grundsatzes der kausalen Tradition in Anlehnung an die römische *traditio* (formfreier Eigentumserwerb durch dingliche Berechtigung des Vormannes und Besitzübertragung aufgrund eines rechtlich anerkannten Erwerbstitels, § 380 ABGB, vgl III.C.).

Andererseits zeigt sich an vielen Stellen das Festhalten an „einheimischen" deutschen Traditionen und am preußischen ALR. Dies gilt etwa für den – dem römischen Recht unbekannten – umfassenden Schutz des Rechtsbesitzes, der dazu führte, dass bspw der Mieter als Rechtsbesitzer geschützt wird (§ 372 ABGB). Ein anderes Beispiel ist der unechte Besitz: Der klassischen römischen Trias *vi, clam, precario* (Besitzerwerb durch Gewalt, heimlich oder aufgrund einer Bittleihe) fügte das ABGB in § 345 ausdrücklich als vierten Tatbestand die List hinzu.

b) Naturrechtlicher Einfluss

Wie schon erwähnt, ist das ABGB eine Naturrechtskodifikation. Dieser naturrechtliche Einschlag spiegelt sich in zahlreichen Bestimmungen wider. Das Naturrecht öffnete den Blick für manches, was dem gemeinen Recht unvorstellbar war. *Grotius* und *Pufendorf* verdankte das ABGB etwa die Einsicht, dass es keinen Grund dafür gab, dass man – wie im römischen Recht – nur körperliche Sachen übertragen konnte. Warum sollten nicht auch unkörperliche Rechte (Forderungen) übertragen werden? Ebenso arbeiteten sie heraus, dass es für den römischen Satz *alteri stipulari nemo potest* (einem Dritten kann nichts versprochen werden) auf Basis einer Rechtsordnung, die an der Privatautonomie ausgerichtet ist, keine Begründung gibt. Warum sollen sich zwei Parteien nicht darauf einigen können, einem Dritten etwas zuzuwenden (solche Verträge zugunsten Dritter waren dem ABGB daher schon 1811 nicht fremd; heute wird man so etwa Begünstigter einer Lebensversicherung). Das römische Recht ließ auch keine direkte Stellvertretung zu. Erst die Naturrechtslehre der Neuzeit begann die Stellvertretung als Ausfluss der Privatautonomie zu begreifen, so insbesondere *Grotius*, der die Zulässigkeit von Versprechen im fremden Namen betonte, wodurch derjenige Eigentum erwerbe, auf „dessen Namen das Erwerbsgeschäft gestellt sei".

Naturrechtlichen Ursprungs sind auch zentrale Gestaltungsfragen im **Vertragsrecht**. Hierzu gehören die Übernahme der Vertrauens- statt der Willenstheorie, die – wohl auf *Zeiller* zurückgehende – Entdeckung der Bindung des Offerenten an seinen Antrag, aber auch die Möglichkeit der stillschweigenden Willenserklärung. Diese Leistung kann aus heutiger Sicht nicht hoch genug eingeschätzt werden.

Ähnliches leisteten die Redaktoren auch im **Deliktsrecht**. Die Vielzahl der unterschiedlichen Deliktsklagen des römischen Rechts wurde zugunsten eines einheitlichen Deliktsrechts aufgegeben. Das ABGB normiert in § 1295 eine allgemeine Generalklausel für den Schadenersatz: „Jedermann ist berechtigt, von dem Beschädiger den Ersatz des Schadens, welchen dieser ihm aus Verschulden zugefügt hat, zu fordern". Diese Generalklausel wird durch besondere Haftungstatbestände ergänzt, zB haftet der Wohnungsinhaber für Schäden, die durch herunterfallende Gegenstände aus seiner Wohnung verursacht werden (vgl §§ 1318 f ABGB). Das ABGB erklärt sogar die Unterscheidung von vertraglichem und deliktischem Schadenersatz für unerheblich (§ 1295 Abs 1 ABGB), ohne diesen Grundsatz freilich konsequent durchhalten zu können. Hervorzuheben ist auch die Emanzipation des Schadenersatzrechts vom Strafrecht, die im ALR noch nicht zur Gänze verwirklicht war.

Auch der **soziale Gedanke**, der Schutz Schwächerer, geht auf *Martini* zurück, der noch weitergehende Vorstellungen als *Zeiller* verfolgte. Vor allem aber ist als Errungenschaft des Naturrechts die Betonung zentraler Rechtswerte wie Freiheit und Menschenwürde hervorzuheben. Das eindrucksvollste Zeugnis des naturrechtlichen Einflusses ist **§ 16 ABGB**: „Jeder Mensch hat angeborne, schon durch die Vernunft einleuchtende Rechte, und ist daher als eine Person zu betrachten. Sclaverey oder Leibeigenschaft, und die Ausübung einer darauf sich beziehenden Macht, wird in diesen Ländern nicht gestattet."

3. Entwicklung des ABGB

Das ABGB war ursprünglich ein „**vollständiges Gesetzbuch**", das das Privatrecht weitgehend vollständig regelte. Die ersten Änderungen betrafen den räumlichen Geltungsbereich des ABGB, der im Gefolge des Wiener Kongresses (1814–1815) insbesondere auf die östlichen Gebiete des Kaiserreichs ausgedehnt wurde.

Inhaltlicher Natur waren zunächst die **drei Teilnovellen** in den Jahren 1914, 1915 und 1916, in denen das ABGB an einzelne Punkte des BGB angepasst wurde. Das modernere, von der Pandektistik geprägte, BGB beeinflusste also hier das traditionsreichere ABGB. Ein Beispiel dafür bietet die Gehilfenhaftung im Schadenersatzrecht, die mit der III. Teilnovelle eingeführt wurde (s dazu II.C.2.g.). Das ABGB war hier noch vom Leitbild des Handwerkers oder Kaufmanns ausgegangen, die ihre Dienstleistungen selbst erbrachten. Die zunehmende Ausbildung größerer Unternehmen und die fortschreitende Arbeitsteilung machten aber eine Haftung für von den eingesetzten Gehilfen verursachte Schäden notwendig.

Im 20. Jahrhundert führten politische, soziale und wirtschaftliche Veränderungen zur Herausbildung neuer Rechtsgebiete (zB Arbeitsrecht). Das Privatrecht erhielt eine stärkere **soziale Funktion** (Mietrecht, Konsumentenschutz etc). Die Rechtsfortbildung vollzog sich vor allem durch Sondergesetze, weniger hingegen im ABGB selbst. Daher wird auch von „dekodifikatorischen Tendenzen" oder „zentrifugaler Nebengesetzgebung" gesprochen. So sind heute wichtige Fragen des Privatrechts in **Sondergesetzen** ausgelagert. Hierzu gehören etwa das Ehegesetz (EheG), das Konsumentenschutzgesetz (KSchG), das Mietrechtsgesetz (MRG) und das Eisenbahn- und Kraftfahrzeughaftpflichtgesetz (EKHG). Außerdem begann die Auseinandersetzung mit dem Phänomen der Europäisierung des Privatrechts.

4. Die Auslegung des ABGB im Wandel der Zeit

Auf *Gschnitzer* geht die Einteilung der Lehre in fünf Perioden zurück, die heute um zwei weitere Perioden zu ergänzen ist. Die **erste Periode** der Schaffung des ABGB wurde bereits dargestellt. Hervorzuheben sei an dieser Stelle nochmals das Wirken des *Franz von Zeiller*, der auch als Erster einen mehrbändigen Kommentar zum ABGB verfasste, der bis heute als Standardwerk gilt.

Daran schloss sich eine „traurige" **zweite Periode** an, die eigenständige Leistungen weitgehend vermissen lässt (etwa 1828–1858). In strikter Beschränkung auf den Wortlaut des Gesetzes versäumte man es, das Potential des nach wie vor jungen Gesetzbuches auszuschöpfen. Vom „Buchstabendienst geistloser Exegese" sprach daher *Joseph Unger*, der bekannteste Vertreter der dritten Periode.

Diese **dritte Periode** wurde von den Jahren 1858–1888 geprägt. In dieser Zeit, nach der Revolution von 1848 und der um diese Zeit verstärkt einsetzenden Rückbesinnung auf historische Werte, setzten sich auch in Österreich die historische Schule und die Pandektistik durch, die in Deutschland immer noch prägend waren. Die Durchdringung des Rechts wurde durch Systeme und Entscheidungssammlungen vorangetrieben, die Konzentration auf das historische römische Recht trübte aber mitunter auch das Verständnis des ABGB.

Die **vierte Periode** (etwa 1888–1918) war durch das Wirken von *Josef Schey* gekennzeichnet. Dieser war maßgeblich am Entwurf der drei Teilnovellen beteiligt. Die **fünfte Periode** hatte hingegen die Krisen von 1918 und 1945 zu überwinden. Hervorzuheben sind hier aber *Armin Ehrenzweig* und *Heinrich Klang*. Ersterer verfasste ein geradezu klassisches Lehrbuch („System des österreichischen allgemeinen Privatrechts"), *Klang* gab „den" ABGB-Kommentar heraus.

Herausragender Vertreter der **sechsten Periode** ist *Walter Wilburg*, der das *„bewegliche System"* entwickelte, das nicht nur in Lehre und Rechtsprechung, sondern auch vom Gesetzgeber selbst übernommen wurde. Dieses löst sich von starren Tatbeständen und durch sie ausgelösten Rechtsfolgen. Versucht wird stattdessen, die für eine Rechtsfolge maßgebenden Kriterien zu ermitteln, aus deren Zusammenspiel die Rechtsfolge abgeleitet wird. Ist ein Kriterium besonders stark ausgeprägt, so kann die Rechtsfolge auch ausgelöst werden, wenn ein anderes Kriterium nur schwach ausgeprägt ist. Ein Bsp soll dies verdeutlichen: *Nach § 879 Abs 2 Z 4 ABGB sind wucherische Verträge nichtig. Voraussetzung für den Wuchertatbe-*

stand sind a) ein auffallendes Missverhältnis zwischen Leistung und Gegenleistung, b) das Vorliegen verdünnter Willensfreiheit auf Seiten des Bewucherten (etwa eine Zwangslage) und c) das Ausbeuten dieser Lage des Bewucherten. Ist nun das auffallende Missverhältnis zweifelhaft, die Zwangslage aber besonders groß und die „Ausbeutung" eindeutig, ist die Nichtigkeit eher gerechtfertigt als wenn ein weiteres Kriterium nur schwach ausgeprägt wäre. Kritisiert wurde am beweglichen System vor allem, dass es mangels klarer rechtlicher Schranken mitunter zu unvorhersehbaren Ergebnissen führe. Andererseits lassen sich durch die Herausarbeitung der maßgebenden rechtlichen Kriterien reine Billigkeitsentscheidungen vermeiden.

Aus der **letzten Periode** des österreichischen Privatrechts ist *Walter Wilburgs* prominentester Schüler, der 2011 verstorbene *Franz Bydlinski*, hervorzuheben, der unter anderem im Bereich der juristischen **Methodenlehre** wegweisend tätig war und der durch seine Arbeit das Verständnis für die Prinzipien des Privatrechts vertieft hat.

3. Teil
Öffentliches Recht

I. Der rechtswissenschaftliche Begriff des öffentlichen Rechts

Das Studium des öffentlichen Rechts setzt Klarheit darüber voraus, was überhaupt unter **öffentlichem** Recht verstanden wird und wie es unterteilt wird. Aufbauend auf den Theorien zur Abgrenzung des öffentlichen Rechts gegenüber dem Privatrecht (vgl oben 1. Teil IX.) gibt es in der Rechtswissenschaft Einigkeit darüber, dass einige Bereiche der Rechtsordnung jedenfalls zum öffentlichen Recht gehören. Dazu gehören insbesondere das **Verfassungsrecht** und das **Verwaltungsrecht**. Das **Verfassungsrecht** umfasst die grundlegenden Regeln des Staats (näher unten V.). Das **Verwaltungsrecht** umfasst den übrigen Teil des innerstaatlichen öffentlichen Rechts, es wird in erster Instanz idR von weisungsgebundenen Behörden vollzogen (näher unten VI.). Das **Verwaltungsrecht** wird wiederum untergliedert in das Allgemeine Verwaltungsrecht, das Besondere Verwaltungsrecht und das Verwaltungsverfahrensrecht sowie das Recht der Verwaltungsgerichtsbarkeit. Für alle diese Teilbereiche gibt es in den rechtswissenschaftlichen Studienplänen eigene Vorlesungen und Prüfungen. Bestimmte Teile des Verwaltungsrechts werden wegen ihrer Besonderheiten seit jeher an den Universitäten in anderen, eigenen Fächern gelehrt und erforscht. Das gilt vor allem für das Steuerrecht und für weite Bereiche des Sozialrechts. Letzteres wird herkömmlich im Zusammenhang mit dem Arbeitsrecht gelehrt.

Im internationalen Bereich gehören zum öffentlichen Recht das **Völkerrecht** (angelehnt an die Begriffsbildung in anderen Sprachen auch als „internationales Recht" bezeichnet), das das zwischen den Staaten geltende Recht umfasst, und große Teile des **Europarechts**, worunter im Wesentlichen das von den Organen der Europäischen Union erzeugte Recht verstanden wird. Schließlich können das Straf- und das Strafprozessrecht sowie das Zivilprozessrecht nach einigen Abgrenzungstheorien (oben 1. Teil IX.) in einem weiteren Sinn zum öffentlichen Recht gezählt werden. Weil diese Rechtsgebiete aber von ordentlichen Gerichten (und nicht von Verwaltungsbehörden) vollzogen werden, werden sie in eigenen bzw anderen Fächern gelehrt, nämlich im Strafrecht und im Privat- oder Zivilrecht.

Weiterführende Überlegungen zum Inhalt und zum Wesen des öffentlichen Rechts setzen eine Beschreibung des Gebildes **Staat**, der sein Regelungsgegenstand ist, und die Erläuterung seiner theoretischen Grundlagen (s sogleich II.) sowie des grundlegenden Aufbaus des Rechts, der diesen Staat konstituiert und organisiert (s III.), voraus. Voraussetzung für ein angemessenes Verständnis des geltenden öffentlichen Rechts ist die Kenntnis zumindest von Grundzügen **der geschichtlichen Entwicklung des Verfassungsrechts** (s IV.). Auf dieser Grundlage können die rechtscharakteristischen Merkmale und die Regelungsfelder des **Verfassungsrechts** (s V.), des **Allgemeinen Verwaltungsrechts**, **Verwaltungsverfahrens-**

rechts und der **Verwaltungsgerichtsbarkeit** (s VI.), des **Völkerrechts** (s VII.) sowie des **Europarechts** sachadäquat erfasst und rechtswissenschaftlich beschrieben werden.

II. Allgemeine Staatslehre

Ein wichtiger theoretischer Zweig des öffentlichen Rechts ist die Allgemeine Staatslehre: Sie beschäftigt sich mit den theoretischen Grundlagen staatlicher Ordnungen und erforscht das Phänomen „Staat". Im Zentrum steht dabei der Begriff des Staats, der in historischer Hinsicht in der Neuzeit eine besondere Entwicklungsstufe zum modernen Verfassungsstaat erreicht hat. In der Rechtswissenschaft existieren unterschiedliche Staatsbegriffe: So wird das Wesen des Staats sowohl aus der Perspektive des Staatsrechts als auch in seiner internationalen Dimension aus der des Völkerrechts erfasst. Daneben ist in interdisziplinärer Weise die Befassung mit dem Staat vor allem aus politischer und soziologischer Sicht anzutreffen.

Fragen der rechtsphilosophischen Grundlagen des Staats und der Verfassung werden an anderer Stelle erläutert (s 4. Teil). Im Folgenden geht es zum einen um die wesentlichen Elemente des Staats- und Verfassungsbegriffs, zum anderen um die Frage, nach welchen Kriterien die Staatsgewalt ausgeübt und wie sie gegliedert sein kann.

A. Staatsbegriff

Mit unterschiedlichen methodischen Ansätzen wird versucht, das Wesen eines Staats zu bestimmen und eine Begriffsdefinition aufzustellen. Der von *Hans Kelsen* (zu Person und Werk s 4. Teil V.A.) zugrunde gelegte Staatsbegriff setzt den Staat und die Rechtsordnung gleich. Mit dem Staatsvolk wird der persönliche, mit dem Staatsgebiet der räumliche Geltungsbereich einer Rechtsordnung abgegrenzt. Der persönliche Geltungsbereich umschreibt im Wesentlichen den Personenkreis, für den die Rechtsordnung gilt. Mit dem räumlichen Geltungsbereich wird der territoriale Bereich bezeichnet, in dem eine Rechtsordnung gilt. Die beiden Geltungsbereiche werden durch den zeitlichen Geltungsbereich der Rechtsordnung ergänzt. Die Staatsgewalt ist nach *Kelsen* die höchste und unabhängige Herrschaftsmacht, mit der die Rechtsordnung durchgesetzt wird. Im Sinne der **Drei-Elemente-Lehre** von *Georg Jellinek*, die auch im Völkerrecht maßgeblich ist (s VII.C.2.), wird bei Vorliegen der drei folgenden Staatselemente nach hA von einem Staat ausgegangen: Staatsgebiet, Staatsvolk und Staatsgewalt. Nach dieser Sichtweise ist ein Staat eine Einheit, die durch eine dauerhafte Verbindung eines Volkes (Staatsvolk) auf einem bestimmten Territorium (Staatsgebiet) besteht und eine im Großen und Ganzen effektive Herrschaftsgewalt besitzt (Staatsgewalt).

1. Staatsgebiet

Das Staatsgebiet ist ein bestimmter Teil der Erdoberfläche, innerhalb dessen Grenzen ein Staatsvolk lebt und auf das sich die Staatsgewalt bezieht. Das Staatsgebiet wird begrenzt durch die Grenzen eines Landes und vielfach durch völkerrechtliche Verträge bestimmt. Eine weitere Möglichkeit, ein Staatsgebiet zu begründen, liegt in der unbestrittenen Ausübung der Staatsgewalt auf einem bestimmten Gebiet über einen langen Zeitraum, selbst wenn dies nie völkervertraglich geregelt wurde.

Beispiel: Die österreichischen Staatsgrenzen sind im Wesentlichen im Staatsvertrag von St. Germain von 1919 festgelegt. Besonderes gilt für die Grenze zu Deutschland und zur Schweiz im Bodensee, die nicht vertraglich festgelegt ist. Es existieren verschiedene Theorien darüber, wo die Grenzziehung im Bodensee genau verläuft, und die Grenze ist umstritten. Die Grenzen der einzelnen österreichischen Bundesländer gehen – abgesehen von Verkleinerungen im Gefolge des Ersten Weltkrieges – im Wesentlichen auf die Kronländer der Monarchie zurück.

2. Staatsvolk

Das Staatsvolk wird aus den Staatsbürgern des jeweiligen Staats gebildet, auch wenn sie sich nicht auf dem Territorium des Staats aufhalten. Die Staatsbürgerschaft besteht unabhängig davon, wo sich die betreffende Person aufhält. Im internationalen Vergleich wird das für die Erlangung der Staatsbürgerschaft nötige Naheverhältnis zum betreffenden Staat entweder durch Abstammung (**ius sanguinis**), Geburt (**ius soli**) oder längeren Aufenthalt im Inland erworben. Nach diesen verschiedenen Möglichkeiten sind **Doppelstaatsbürgerschaften** unter bestimmten Voraussetzungen möglich, etwa wenn eine österreichische Staatsbürgerin ein Kind in den USA zur Welt bringt – hier sind die Voraussetzungen sowohl des österreichischen (ius sanguinis, Abstammung) als auch jene des US-amerikanischen Staatsbürgerschaftsrechts (ius soli, Geburt auf dem Gebiet der USA) erfüllt. Die genauen Kriterien des Staatsbürgerschaftserwerbs sind in den jeweiligen innerstaatlichen Rechtsordnungen geregelt. In der Regel kombinieren die entsprechenden Gesetze verschiedene Modelle des Staatsbürgerschaftserwerbs miteinander.

In Österreich wird der Erwerb und Verlust der Staatsbürgerschaft durch ein eigenes (einfaches) Gesetz, das Staatsbürgerschaftsgesetz, rechtlich geregelt. Die Staatsbürgerschaft kann demnach durch Abstammung von einem Staatsbürger oder durch staatliche Verleihung erworben werden.

3. Staatsgewalt

Die Staatsgewalt beschreibt die Befugnis, das Verhalten der Menschen in der Gemeinschaft verbindlich zu regeln und gegebenenfalls mit Zwangsmitteln Verhalten zu erzwingen. Durch die Staatsgewalt wird die staatliche Rechtsordnung durchgesetzt. Ist die Staatsgewalt als Herrschaftssystem im Großen und Ganzen wirksam (**effektiv**) und hat sie sich dauerhaft etabliert, so ist dieses Kriterium für das Vorliegen eines Staats erfüllt.

B. Verfassungsbegriff

Historisch ist der Verfassungsbegriff mit den ersten Verfassungsgesetzen in Nordamerika und Europa im 18. Jahrhundert entstanden. Er meint in einem weitesten

Sinn einen Komplex von Rechtsvorschriften, der sich von der übrigen Rechtsordnung durch besondere Merkmale unterscheidet und in inhaltlicher Hinsicht eine Grundordnung einer in aller Regel staatlich organisierten Einheit darstellt.

Man unterscheidet einen formellen und einen materiellen Verfassungsbegriff. Der **formelle Verfassungsbegriff** stellt auf das **besondere Verfahren** ab, in dem die Rechtsvorschriften der Verfassung erzeugt werden, und damit auf ein formelles Kriterium (zB erhöhte Abstimmungserfordernisse im Parlament oder auch eine Bezeichnungspflicht [s V.A.]). Für die Einordnung ist der Inhalt der Bestimmung, etwa ob es sich um Themenbereiche handelt, die typischerweise in Verfassungen geregelt werden, irrelevant. Eine Rechtsvorschrift, die in dem für Verfassungsrecht vorgesehenem besonderen Verfahren erzeugt wird, stellt inhaltsunabhängig Verfassungsrecht im formellen Sinn dar. Der **materielle Verfassungsbegriff** stellt hingegen auf den **Inhalt einer Regelung** ab, etwa darauf, dass die Verfassung die grundlegenden Regelungen über Ziele, Aufgaben und Organisation des Staats enthält, also etwa der Aufbau des Staats als Demokratie oder Rechtsstaat. Im Speziellen zählen dazu auch die Grundrechte, weil diese Staat und Gesellschaft insoweit voneinander abgrenzen, als sie Grenzen für staatliches Handeln normieren. Das Verfassungsrecht im materiellen Sinn erfasst Bestimmungen, die Inhalte enthalten, die von grundlegender Bedeutung für den Staat sind. Unabhängig davon, ob eine Rechtsvorschrift im formellen Verfahren als Verfassungsrecht erzeugt wird, handelt es sich um materielles Verfassungsrecht, wenn die Vorschrift verfassungstypische Gegenstände regelt. Verfassungsrecht im formellen Sinn ist zwar meist auch Verfassungsrecht im materiellen Sinn und umgekehrt. Allerdings ist das nicht zwingend der Fall.

Beispiel: § 5 Abs 6 StVO, der die Zulässigkeit einer verpflichtenden Blutabnahme zum Zweck der Bestimmung des Blutalkoholgehalts vorsieht, stellt eine Verfassungsbestimmung dar, die in dem besonderen für Verfassungsrecht vorgesehenen Verfahren erzeugt wurde. § 5 Abs 6 StVO regelt aber keinen verfassungstypischen Gegenstand, wie etwa die Aufgaben und Organisation des Staats. Die Verpflichtung zur Duldung der Blutabnahme zur Feststellung des Blutalkoholgehalts zählt jedenfalls nicht zu den typischerweise in Verfassungen geregelten Gegenständen. Diese Bestimmung ist daher zwar Verfassungsrecht im formellen Sinn, aber nicht Verfassungsrecht im materiellen Sinn. Die Nationalratswahlordnung, ein einfaches Gesetz, das Regelungen über die Wahl zum NR trifft, also über die Bildung eines Staatsorgans, ist als materielles Verfassungsrecht zu qualifizieren. Da es sich aber um ein einfaches Gesetz handelt, das nicht in dem besonderen für Verfassungsrecht notwendigen Verfahren erzeugt wurde, ist die Nationalratswahlordnung kein Verfassungsrecht im formellen Sinn.

Zu den typischen Funktionen einer Verfassung gehört es, die Spielregeln des politischen Prozesses festzulegen („**Spielregelverfassung**"), nach denen die für die Demokratie entscheidende Konkurrenz um die Mehrheit offengehalten wird. Durch die im Verfassungsrang festgelegten „Spielregeln" wird verhindert, dass die (einfache) politische Mehrheit diese Spielregeln nach ihren Vorstellungen abändern kann. Die Begrenzung staatlicher Macht gewährleistet zugleich auch eine Sicherung individueller Freiheit. Ein zentraler Inhalt von Verfassungen ist auch die Abgrenzung der Staatsfunktionen voneinander: Das damit angesprochene Konzept der **Gewaltenteilung** geht auf *Montesquieu* zurück (s 4. Teil IV.C.) und sieht eine Aufteilung der Staatsfunktionen (*Legislative [Gesetzgebung], Judikative [Gerichtsbarkeit], Exekutive [Verwaltung]*) auf unterschiedliche Staatsorgane vor. Um Machtmissbrauch hintanzuhalten, sehen die Verfassungen meist ein ausgefeiltes System von **checks and balances** mit wechselseitigen Mitwirkungs- und Kontrollrechten zwischen den Staatsorganen vor. Es schafft gegenseitige Abhängigkeiten und begrenzt so die Macht der Staatsorgane und kontrolliert sie. So kann nach der österreichischen Verfassung etwa der Bundespräsident, ein Verwaltungsorgan, den Nationalrat, ein Gesetzgebungsorgan, auflösen. Der Bundespräsident bedarf seinerseits für die allermeisten seiner Akte eines Vorschlags der Bundesregierung Die Bundesregierung leitet wiederum ihre demokratische Legitimation von der Mehrheit im Nationalrat ab, da dieser der Bundesregierung das Vertrauen entziehen kann; in der Folge hat der Bundespräsident die Bundesregierung des Amtes zu entheben. Der Nationalrat ist damit das wichtigste Organ der politischen Kontrolle der Bundesregierung.

C. Staatsformen

Die Organisation staatlicher Herrschaftsgewalt kann unterschiedlich erfolgen. Dementsprechend werden in der Staatslehre und in der Politikwissenschaft mehrere Staatsformen auseinandergehalten. Davon zu unterscheiden sind Herrschafts- oder Regierungsformen (s unten D.). Der Begriff der Staatsform stellt einerseits auf das Staatsoberhaupt und andererseits auf die territoriale Einheitlichkeit oder Gegliedertheit ab.

1. Monarchie und Republik

Eine grundlegende Unterscheidung ist jene zwischen Monarchie und Republik. Sie stellt auf die **Stellung des Staatsoberhauptes** ab. Dieses ist in einer **Monarchie** ein auf **Lebenszeit amtierendes Staatsoberhaupt**, das nicht durch Wahl, sondern durch **Erbfolge** sein Amt erhalten hat (zB Spanien, Vereinigtes Königreich, Schweden). Dem Staatsoberhaupt in der Monarchie fehlt es zudem an der **Verantwortlichkeit** gegenüber einem gewählten **Parlament**, wobei es in dieser Hinsicht unterschiedliche Ausprägungen der Monarchie gibt.

Von der Staatsform lässt sich nämlich nicht automatisch auf den tatsächlichen Träger der Herrschaftsgewalt schließen. Hierüber gibt die Regierungsform Auskunft. So übt der Monarch zB in einer absoluten Monarchie als alleiniger Träger der Staatsgewalt die volle und unbeschränkte Herrschaftsgewalt aus, während in einer parlamentarischen Monarchie die Herrschaftsgewalt im Wesentlichen vom Parlament ausgeübt wird. In einer konstitutionellen Monarchie ist der Monarch durch eine Verfassung in seiner Herrschaftsausübung beschränkt. Es ist aber nicht ausgeschlossen, dass dennoch erhebliche Befugnisse beim Monarchen verbleiben.

Im Gegensatz zur Monarchie ist die **Republik** erstens durch die Bestellung des Staatsoberhauptes durch eine **Wahl** gekennzeichnet, zweitens durch dessen **begrenzte Amtsdauer** sowie drittens durch eine **Verantwortlichkeit** des Staatsoberhauptes gegenüber einem Parlament (zB Österreich, Deutschland).

2. Einheitsstaat und Bundesstaat

Die Staatsgewalt ist in Einheits- und Bundesstaaten jeweils unterschiedlich gegliedert. Unter einem **Einheitsstaat** wird ein Staat verstanden, bei welchem **alle Staats-**

aufgaben bloß einem Verband zukommen und nicht auf Gliedstaaten (zB Länder, Kantone) aufgeteilt sind. Territoriale Gliederungen stellen bloße Verwaltungssprengel mit vom Verband abgeleiteten Rechtssetzungsbefugnissen dar.

Man unterscheidet zentralisierte und dezentralisierte Einheitsstaaten. Im ersten Fall, dem Zentralstaat, sind territoriale Gliederungen reine Verwaltungsbezirke der Zentralregierung (zB Frankreich). Im zweiten Fall sind sie darüber hinaus Körperschaften mit Staatsqualität mit eigenen Volksvertretungen und Regierungen, die vom Einheitsstaat eingerichtet werden und seiner Rechtsaufsicht unterliegen.

Beispiele: Die österreichische Reichshälfte der Monarchie (s unten IV.D.) war nach der Dezemberverfassung 1867 ein dezentralisierter Einheitsstaat; die Länder („Kronländer") hatten die Stellung von selbstverwaltungsähnlichen Körperschaften. Beispiele für dezentralisierte Einheitsstaaten sind heute Italien und Spanien.

Unter einem **Bundesstaat** versteht man einen **aus mehreren Gliedstaaten zusammengesetzten Staat**, innerhalb dessen die Staatsaufgaben zwischen mehreren Verbänden mit jeweils eigenen Organen und eigenständiger Rechtssetzungsbefugnis aufgeteilt auf den Zentralstaat und die Gliedstaaten sind. Elemente von essenzieller Bedeutung sind die Aufteilung der Staatsaufgaben anhand einer verfassungsrechtlichen Kompetenzverteilung, die Sicherstellung der Mitwirkung der Gliedstaaten an der zentralen Gesetzgebung (zB durch eine zweite Kammer des Bundesparlaments), die Verfassungsautonomie der Gliedstaaten (= die Kompetenz, eine eigene Verfassung in abgegrenzten Bereichen zu haben) und eine föderalistische Finanzordnung (= gewisse Entscheidungsbefugnis bei den Einnahmen und Ausgaben der Gliedstaaten). Die konkrete Ausgestaltung des Bundesstaats variiert von Verfassung zu Verfassung. Die Übergänge zwischen einem dezentralisierten Einheitsstaat und einem Bundesstaat sind fließend.

Beispiele: Bundesstaaten sind Österreich, Deutschland, die USA und die Schweiz.

Von einem Einheits- wie Bundesstaat zu unterscheiden ist der **Staatenbund**: Dieser bezeichnet einen völkerrechtlichen Zusammenschluss grundsätzlich selbständig bleibender Staaten, auf dessen Grundlage bestimmte Angelegenheiten gemeinsam gehandhabt werden. Ein Staatenbund stellt daher eine völkerrechtliche Form der Kooperation souveräner Staaten in abgegrenzten Bereichen dar (s auch unten VII.C.3.).

Beispiele: Die BENELUX-Union, bestehend aus den Staaten Belgien, Niederlande und Luxemburg, sowie die Afrikanische Union (AU). Die **Europäische Union ist mehr als** ein **Staatenbund,** weil die einzelnen Mitgliedstaaten an die EU in großem Umfang Souveränitätsrechte abgetreten haben. Das europäische Unionsrecht ist aus diesem Grund auch vom Völkerrecht zu unterscheiden, weil es „supranationalen" Charakter besitzt (s VII.C.3.)

D. Regierungsformen

Mit der Regierungsform wird die Art und Weise der Machtverteilung im Staat beschrieben. Für die Beschreibung und Klassifikation von Staaten durch ihre Regierungsformen ist das Gegensatzpaar von Demokratie und Autokratie prägend. Mischformen werden mit Begriffen wie Oligarchie oder Aristokratie beschrieben.

1. Demokratie und Autokratie

In einer **Demokratie** (wörtlich aus dem Griechischen: Herrschaft des Volkes) erfolgt die Ausübung der Herrschaftsgewalt durch das Volk, in der Regel durch die Wahl eines Parlaments. Das Staatsvolk ist damit der **Souverän**, also der Inhaber der Herrschaftsgewalt. Das heute herrschende Modell ist jenes einer **repräsentativen Demokratie** mit nur einigen direkt-demokratischen Elementen (etwa Volksbegehren oder Referenden). In rechtsvergleichender Hinsicht wird darüber hinaus danach unterschieden, ob das politische Schwergewicht beim Parlament oder bei einem Präsidenten liegt. Im ersten Fall spricht man von einem parlamentarischen Regierungssystem, im zweiten Fall von einem präsidentiellen Regierungssystem oder Präsidialsystem (zB Frankreich, USA). Das österreichische System wird aufgrund der zentralen Stellung des Parlaments und zugleich der relativ starken Kompetenzen des Bundespräsidenten überwiegend als ein „**parlamentarisches Regierungssystem mit präsidentiellem Einschlag**“ bezeichnet.

In einer **Autokratie** (wörtlich aus dem Griechischen: Selbstherrschaft) wird die Herrschaft nicht durch Wahlen legitimiert. Die Rechtsunterworfenen sind von der Ausübung der Herrschaftsgewalt ausgeschlossen, sie wird vielmehr durch einen oder mehrere Herrscher ausgeübt.

2. Aristokratie und Oligarchie

Die **Aristokratie** (wörtlich aus dem Griechischen: Herrschaft der Besten) bildete ursprünglich den Begriff zur Beschreibung einer Regierungsform, in der eine relativ kleine Gruppe besonders geeigneter Bürger (Bester) herrschte. In der Praxis wurde die Eigenschaft als „Bester“ bald mit der Zugehörigkeit zu einer durch Erbfolge bestimmten Oberschicht (Adel) definiert, weshalb Aristokratie heute überwiegend als Begriff für die Adelsherrschaft verwendet wird.

Die **Oligarchie** (wörtlich aus dem Griechischen: Herrschaft der Wenigen) ist in der griechisch-römischen Staatsphilosophie ursprünglich eine Bezeichnung für eine bestimmte Art der Aristokratie. Zwar ist in beiden Fällen die Herrschaft auf wenige Personen beschränkt, nur wird ihre Eignung nicht mehr durch ihre besonderen Fähigkeiten bestimmt (so das antike, in der späteren Praxis der Adelsherrschaft ohnehin bereits nicht mehr verwirklichte Ideal), sondern durch Herkunft und Besitz, worin die begriffliche Annäherung mit der Aristokratie sichtbar wird (zur ideengeschichtlichen Herkunft der Begriffe aus der Antike siehe unten 4. Teil II. B.).

III. Der Stufenbau der Rechtsordnung

In der österreichischen Verfassungsrechtswissenschaft hat sich die Vorstellung eines hierarchischen Aufbaus der Rechtsordnung durchgesetzt, die vor rund hundert

Jahren von *Adolf J. Merkl* (s 4. Teil V.A.) mit der Lehre vom Stufenbau der Rechtsordnung in ein theoretisches Konzept gebracht wurde. Man unterscheidet dabei zwischen dem Stufenbau nach der rechtlichen Bedingtheit (A.) und dem Stufenbau nach der derogatorischen Kraft (B.). Sinn dieses rechtstheoretischen Konzepts ist die Beschreibung der unterschiedlichen „Schichten“ des Rechts und ihres Verhältnisses zueinander.

A. Stufenbau nach der rechtlichen Bedingtheit

Eine Grundeinsicht der Lehre vom Stufenbau ist, dass das Recht seine eigene Erzeugung regelt: Das höherrangige Recht regelt die Voraussetzungen, nach denen rangniedrigeres Recht erzeugt werden kann. Jede Rechtsvorschrift muss sich grundsätzlich auf eine Ermächtigungsgrundlage einer höherrangigen Rechtsvorschrift stützen. Die jeweilige Rechtssetzung auf einer Stufe ist an die übergeordnete Norm gebunden. Wegen dieser Bindung wird der Ermächtigungsgrundlage ein höherer Rang eingeräumt. Innerhalb des Rahmens der Bindung besteht ein gewisser Gestaltungsspielraum für das jeweilige rechtsetzende Organ. Dieser Gestaltungsspielraum verengt sich zunehmend, je tiefer im Stufenbau die Rechtssetzung geschieht. So kommt dem Gesetzgeber, der bei der Gesetzgebung nur durch die Verfassung beschränkt ist, ein größerer Gestaltungsspielraum zu als etwa einer Verwaltungsbehörde bei der Erlassung einer Verordnung, weil zusätzlich zum Verfassungsrecht auch einfaches Gesetzesrecht zu beachten ist.

Beispiel: Auf die österreichische Rechtsordnung umgelegt bedeutet dies: Die Bundesverfassung ermächtigt die Gesetzgebungsorgane zur Erlassung einfacher Gesetze. Verfassung und Gesetze ermächtigen Verwaltungsbehörden zur Erlassung von Verordnungen. Gesetze ermächtigen Behörden und Gerichte zur Erlassung von Bescheiden und Urteilen oder Beschlüssen. Die österreichische Bundesverfassung regelt also die Erzeugungsbedingungen für einfache Bundesgesetze. Diese sind daher im Stufenbau der Rechtsordnung dem Bundesverfassungsrecht nachgereiht. Einfache Bundesgesetze enthalten wiederum Regeln, wie Verordnungen und individuelle Rechtsakte (Bescheide, Urteile, Erkenntnisse, Beschlüsse) erzeugt werden können, weshalb letztere den Bundesgesetzen nachgereiht sind. Verordnungen können ebenso Vorgaben für individuelle Rechtsakte enthalten.

In einem groben Schema umfasst der Stufenbau der Rechtsordnung in der österreichischen Rechtsordnung auf Bundesebene daher folgende Stufen:

Bundesverfassungsrecht

↓

Bundesgesetze

↓

Verordnungen

↓

Bescheide, Urteile, Erkenntnisse, Beschlüsse

In einem weiteren Schritt kann sodann das Landes(verfassungs)recht in den Stufenbau der Rechtsordnung eingegliedert werden. Die Länder haben das Recht, sich eine eigene Verfassung zu geben. Diese darf die Bundesverfassung aber nicht „berühren", ihr also nicht widersprechen (Art 99 Abs 1 B-VG). Damit gibt die Bundesverfassung den Rahmen für die Landesverfassungen vor und ist diesen übergeordnet. Auf Basis der Bundes- und Landesverfassung können die Länder Gesetze und auf deren Basis auch Verordnungen erlassen. Landesverfassung und Landesgesetze sind damit zwar der Bundesverfassung untergeordnet, einfache Bundesgesetze sind mit diesen aber gleichrangig, sodass es keinen Vorrang von Bundesgesetzen gegenüber Landesgesetzen gibt.

Bundesverfassungsrecht	
↓	↓
Landesverfassungsrecht	↓
↓	↓
Landesgesetze	Bundesgesetze
↓	↓
Verordnungen	
↓	
Bescheide, Urteile, Erkenntnisse, Beschlüsse	

B. Stufenbau nach der derogatorischen Kraft

Regelmäßig hängt mit dem Stufenbau nach der rechtlichen Bedingtheit der Stufenbau nach der derogatorischen Kraft zusammen. Im Stufenbau nach der derogatorischen Kraft bestimmt sich der Rang einer Rechtsvorschrift nicht nach dem Rechtserzeugungszusammenhang, sondern danach, ob die erste Rechtsvorschrift die zweite Rechtsvorschrift aufheben kann (= ihr „derogieren" kann) oder ob umgekehrt die zweite Rechtsvorschrift der ersten derogieren kann. Da es sich dabei um ein theoretisches Konzept handelt, wird damit nichts über die konkreten Rechtsfolgen eines Widerspruchs einer Rechtsvorschrift gegenüber einer höherrangigen Rechtsvorschrift ausgesagt. Die Vorschrift, der derogiert wurde, scheidet nicht automatisch aus dem Rechtsbestand aus. Die Rechtsordnung sieht daher idR bestimmte Verfahren vor, mit denen diese Widersprüche beseitigt werden können (zB Gesetzes- und Verordnungsprüfungsverfahren vor dem Verfassungsgericht, dessen Aufgabe vor allem die Aufhebung verfassungswidriger Gesetze und gesetzwidriger Verordnungen ist; ein Bescheid, der dem Gesetz widerspricht, kann – solange er nicht rechtskräftig geworden ist – im Wege der Beschwerde oder Berufung im Instanzenzug aufgehoben werden).

Beispiel: Nach dem Stufenbau nach der rechtlichen Bedingtheit stehen einfache Gesetze auf einer Stufe unter den Verfassungsgesetzen, da das Verfassungsrecht die Erzeugungsbedingungen und den inhaltlichen Rahmen für die einfachen Gesetze vorgibt. Dies entspricht auch dem Stufenbau nach der derogatorischen Kraft, da dem einfachen Gesetz durch ein Verfassungsgesetz derogiert werden kann und das einfache Gesetz insofern untergeordnet ist. Ein verfassungswidriges Gesetz bleibt aber auch im Fall einer derartigen Derogation bis zur Aufhebung durch den VfGH im Rechtsbestand und ist anzuwenden. Von diesen Konstellationen zu unterscheiden sind die lex specialis- bzw lex posterior-Regel (s oben 1. Teil VII.B.). Diese Regeln finden nur Anwendung auf Rechtsvorschriften, die auf derselben Stufe im Stufenbau der Rechtsordnung stehen.

IV. Geschichte des Verfassungsrechts

A. Einleitung

Die historischen Wurzeln des heute geltenden Verfassungsrechts reichen in das 19. Jahrhundert zurück. Insbesondere ab Mitte des 19. Jahrhunderts galten auf dem Gebiet des heutigen Deutschlands und Österreichs Verfassungen, ohne dass bereits die heutige Staatsform einer demokratischen Republik existierte. Man bezeichnet diese Phase der Verfassungsentwicklung als **Konstitutionalismus**. Während sich die parlamentarische Regierungsweise noch nicht durchgesetzt hatte, war die Staatsgewalt des Monarchen in dieser Phase bereits in bestimmten Bereichen durch eine Verfassung begrenzt.

Die verschiedenen Verfassungen und deren Entwicklung waren gleichwohl von demokratischen und parlamentarischen Gedanken sowie dem Streben nach Gewaltenteilung beeinflusst, wie es sich insbesondere aus den heutigen USA und Frankreich entwickelte. Auch rechts- und staatsphilosophische Einflüsse schlugen sich in der Entwicklung nieder. Vor 1918/19 konnte sich jedoch eine demokratische Staatsform in Österreich nicht etablieren.

B. Die Phase des Frühkonstitutionalismus (1848 bis 1851)

1. Die Verfassungen 1848

Bis zum Jahr 1848 herrschte in Österreich eine absolute Monarchie ohne Demokratie und ohne echte Gewaltenteilung. Einflüsse aus der US-amerikanischen Verfassungsentwicklung oder aus der durch diese beeinflusste französische Revolution konnten zunächst nicht Platz greifen. Hingegen herrschte ein System der absoluten Monarchie, das neben dem Monarchen entscheidend von *Fürst von Metternich* geprägt war, jahrzehntelanger Staatskanzler (Regierungschef), dessen Name für einen Polizeistaat stand, der demokratische Tendenzen lange Zeit unterdrückte. Unter einem Polizeistaat wird ein Staat verstanden, in dem das staatliche Handeln nicht vom Recht abgeleitet und dementsprechend auch nicht vorhersehbar ist. Es existiert kein effektiver Rechtsschutz, und die Bürger sind im Polizeistaat sohin der willkürlichen Rechtsausübung der Polizei ausgesetzt.

Bürgerliche Zirkel und Hochschulkreise begannen sich in der ersten Hälfte des 19. Jahrhunderts nach und nach gegen diese Unterdrückung aufzulehnen. Im Gefolge der französischen Februarrevolution 1848 in Paris, mit welcher der französische König gestürzt wurde, kam es im März desselben Jahres auch in Österreich zu gewalttätigen Ausschreitungen („Märzrevolution"). Die Folge waren der Rücktritt *Metternichs* und **erste Öffnungen des Systems** mit der **Abschaffung der Zensur** und der Erlassung eines, wenngleich nach wie vor einschränkenden, „Preßgesetzes". Aus Anlass der Märzrevolution sah sich Kaiser *Ferdinand I.* veranlasst, eine Verfassung zu versprechen.

Im April 1848 wurde unter der Leitung des Innenministers *Pillersdorf* von Abgeordneten eine erste Verfassung (**Pillersdorfsche Verfassung**) ausgearbeitet; sie trat jedoch nur in Teilen des Gebiets des Habsburgerreichs in Kraft. Die Verfassung enthielt Grundrechte, die aber nur für Staatsbürger galten und gerichtlich nicht durchsetzbar waren. Mit wesentlichen Beschränkungen des Wahlrechts wurde ein **Wahlgesetz** erlassen. Das Wahlrecht war als indirektes, über Wahlmänner auszuübendes, Männerwahlrecht ausgestaltet und schloss bestimmte „Berufsgruppen" und Wohltätigkeitsunterstützungsempfänger vom aktiven Wahlrecht von vornherein aus. In der Folge wurde ein erstes Parlament, nämlich der **Reichstag,** gewählt, dem die Gesetzgebungskompetenz gemeinsam mit dem Kaiser zukam und der im Juli 1848 zusammentrat und bestimmte Reformen beschloss. Der Kaiser besaß aber ein absolutes Vetorecht gegenüber Gesetzesbeschlüssen. Mit der Pillersdorfschen Verfassung erhielt Österreich aber immerhin erstmals eine Verfassung im formellen Sinn in Gestalt einer typisch frühkonstitutionellen Verfassung. Damit fand der Übergang von der absoluten Monarchie zu einer konstitutionellen Monarchie statt.

Dass die Pillersdorfsche Verfassung nicht weit genug ging, zeigte sich schon nach kurzer Zeit. In den Folgejahren kam es zu weiteren Unruhen, in deren Gefolge die Bestimmungen der Verfassung wesentlich abgeändert wurden und schlussendlich eine definitive Verfassungsurkunde beschlossen werden sollte. Die Pillersdorfsche Verfassung hatte im Rückblick daher nur provisorischen Charakter.

Parallel dazu tagte in Frankfurt am Main die konstituierende Nationalversammlung des Deutschen Bundes (**Paulskirchenversammlung**), in welcher zunächst auch österreichische Vertreter anwesend waren. Nachdem man sich in der Paulskirchenversammlung aber für die sog **„Kleindeutsche Lösung"** entschieden hatte (keine Vereinigung von Teilen des Deutschen Reichs mit nichtdeutschen Ländern), wurden die österreichischen Vertreter abberufen. Die weitere Verfassungsentwicklung des Deutschen Reichs fand ohne österreichische Beteiligung statt.

2. Kremsierer Verfassungsentwurf 1848/49

Noch im Jahr 1848 wurde dem Reichstag die Zuständigkeit übertragen, eine neue Verfassung auszuarbeiten. Nach schweren politischen Unruhen im Oktober 1848 wurde der Reichstag zunächst nach Kremsier in Mähren (heute auf dem Gebiet der Tschechischen Republik) verlegt. In diesem Umfeld konnten inhaltlich große Fortschritte in den Beratungen über neue Verfassungsinhalte erzielt werden, die allerdings in der Praxis erst viel später und nur punktuell in Geltung traten.

Der **Kremsierer Entwurf** war daher im Vergleich zu den vorangegangenen und nachfolgenden Verfassungstexten insgesamt deutlich fortschrittlicher und ausgereifter, wie an den folgenden drei Entwicklungen erkennbar ist:

- Es wurde erstmals das Prinzip der **Volkssouveränität** vorgesehen, dh die Rückführung staatlichen Handelns auf das Volk. So sollten nach § 1 alle Staatsgewalten vom Volk ausgehen.
- In Bezug auf die **Gewaltenteilung** waren erstmals moderne Ansätze festzustellen, indem die **Trennung von Gerichtsbarkeit und Verwaltung** ebenso angeordnet wurde wie die **Unabhängigkeit der Gerichtsbarkeit** von der Verwaltung.
- Das Parlament sollte mit weitreichenden Befugnissen ausgestattet werden. Der Reichstag war als **Zweikammerparlament** vorgesehen, einer Volkskammer mit 360 direkt gewählten Abgeordneten und einer Länderkammer mit je sechs Abgeordneten pro Land. Mit der Länderkammer wurde dem Prinzip des **Föderalismus** Rechnung getragen und eine Abkehr vom ständischen Prinzip vorgenommen. Die Länder erhielten je einen eigenen Landtag, das Recht einer eigenen Landesgesetzgebung sowie der Mitwirkung an der Reichsgesetzgebung. Der Föderalismus sollte einen Beitrag zur Lösung des Nationalitätenproblems der Habsburgermonarchie leisten, da das Reich von einer Vielzahl von unterschiedlichen Nationalitäten bestimmt war.

Der Reichstag erarbeitete im Kremsierer Entwurf die Grundstruktur der künftigen Verfassung und einen Grundrechtskatalog, der wesentlich umfangreicher als jener der Pillersdorfschen Verfassung war und bei Grundrechtsverletzungen die Möglichkeit von gerichtlich geltend zu machenden Schadenersatzansprüchen vorsah. Am Ende der Beratungen konnte bloß ein Teil der **Grundrechte** beschlossen werden. Die weitreichenden Bestimmungen waren mitverantwortlich dafür, dass ein Beschluss des gesamten Entwurfs vereitelt wurde, weil Kaiser *Franz Joseph* den Reichstag am 4. März 1849 auflöste; insbesondere die Grundrechte wurden als unvereinbar mit der Staatsform der Monarchie angesehen. Weil die Ergebnisse des in Kremsier tagenden Reichstags nie als Verfassung in Kraft traten, blieb es bei Bezeichnung als Kremsierer Entwurf; er beeinflusste aber, insbesondere in dessen Grundrechtsteil, die spätere Verfassungsentwicklung bis 1920.

3. Die Oktroyierte Märzverfassung 1849

Gleichzeitig mit der Auflösung des Reichstages wurden von Kaiser *Franz Joseph* ohne Mitwirkung des Reichstages eine neue Reichsverfassung für das Kaisertum Österreich, die **Oktroyierte Märzverfassung**, und ein **Grundrechtspatent** mit einigen Grundrechten erlassen. Die Oktroyierte Märzverfassung bezog sich auf alle Länder einschließlich Ungarn und enthielt einige Grundrechte. Für die österreichische Reichshälfte wurden in einem eigenen Grundrechtspatent weitere Grundrechte festgelegt. Die Märzverfassung leitete ihre Legitimität vom Monarchen ab, ihr fehlte demgemäß das Prinzip der Volkssouveränität. Eine echte Gewaltenteilung oder Föderalismus gab es ebenso nicht. Die Verfassung baute vielfach auf dem Kremsierer Entwurf auf, schwächte ihn aber in zahlreichen Punkten deutlich ab. Vom Kremsierer Entwurf wurden die föderalistischen Inhalte insoweit übernommen, als eine

Unterteilung in Länder ebenso vorgesehen war wie die Existenz der Gemeinden; die Selbstverwaltung wurde sogar als Grundrecht konzipiert.

Zu den **Grundrechten** des Grundrechtspatents gehörten die Meinungsäußerungsfreiheit, die Pressefreiheit, die Glaubens- und Gewissensfreiheit, die Wissenschafts- und Unterrichtsfreiheit, die Vereins- und die Versammlungsfreiheit, die persönliche Freiheit, das Recht auf ein Verfahren vor dem gesetzlichen Richter, der Schutz des Hausrechts und der Schutz des Briefgeheimnisses.

Im Übrigen waren die Grundrechtsbestimmungen bloß partiell, aber immerhin doch aus dem Kremsierer Entwurf entnommen. Sie haben allerdings im Wesentlichen nur den Charakter von **Staatszielbestimmungen** erlangt.

Zentrales Organ war nicht mehr der Reichstag, sondern ein **Reichsrat**, der zur Beratung der Krone und der Vollziehung berufen wurde. Der Reichsrat, der aus vom Kaiser ernannten Mitgliedern bestand, war das einzige in der Märzverfassung vorgesehene Organ, das auch tatsächlich 1851 eingerichtet wurde. Weitere Umstrukturierungen des Ministerrates durch den Kaiser, durch die einerseits der Reichsrat zum alleinigen Beratungsorgan der Krone gemacht und eine alleinige Verantwortlichkeit der Minister dem Monarchen gegenüber (und nicht etwa dem Reichstag) geschaffen wurde, führten dazu, dass das konstitutionelle System schrittweise beseitigt wurde. Um öffentliche Kritik an dieser Vorgangsweise zu unterdrücken, wurde die politische Presse unter die Kontrolle der Regierung gebracht.

4. Das Silvesterpatent 1851

Bereits zwei Jahre später, am 31. Dezember 1851, wurde die Märzverfassung 1849 mitsamt dem Grundrechtspatent durch das sog Silvesterpatent aufgehoben. Mit diesem Patent wurden bloße Grundsätze für organisatorische Einrichtungen in den Kronländern des österreichischen Kaiserstaats aufgestellt, eine Verfassung gab es nicht mehr. Das konstitutionelle System wurde damit gänzlich beseitigt; erneut war alle Macht beim Kaiser vereint. Dies führte zu einer Rückkehr zu einer absolutistischen Monarchie.

C. Der Neoabsolutismus und der monarchische Einheitsstaat (1851 bis 1867)

Mit der Aufhebung der Märzverfassung 1849 durch das Silvesterpatent 1851 begann in Österreich die Zeit des **Neoabsolutismus**. Sie knüpfte in der Herrschaftsform an den aufgeklärten Absolutismus des 18. Jahrhunderts an und war gekennzeichnet durch das Fehlen einer Verfassung im formellen Sinn und eines echten Parlaments. Vom Absolutismus unterscheidet sich der Neoabsolutismus unter anderem durch die ausgesprochene Gleichheit aller Staatsbürger vor dem Gesetz und das Recht der gemeinsamen öffentlichen Religionsausübung. Die **Grundherrschaft**, also jedes bäuerliche Untertänigkeits- und Hörigkeitsverhältnis, wurde **beendet**. Die **Stellung der römisch-katholischen Kirche** wurde im Neoabsolutismus gegenüber der Zeit seit dem Ende des 18. Jahrhunderts wieder wesentlich gestärkt. Den Höhepunkt fand diese Entwicklung im Abschluss eines Konkordats zwischen Kaiser *Franz Joseph* und Papst *Pius IX.* im Jahr 1855, womit die Kirche wesentlichen Einfluss auf das Eherecht und das Unterrichtswesen erhielt. Dieses Konkordat wurde im Jahr 1870 von Österreich wieder gekündigt.

Die Zeit des Neoabsolutismus war gekennzeichnet vom Ausschluss des Volkes von der Teilhabe an der Staatsgewalt, von der Reduktion der Grundrechte auf wenige Staatszielbestimmungen und der Aufhebung der Gewaltenteilung. Auch der Föderalismus wurde weiter geschwächt, die Länder wurden auf bloße Verwaltungseinheiten reduziert. Mit der Konzentration der Staatsmacht beim Monarchen wurde ein zentralistisches System geschaffen.

Das neoabsolutistische System wurde von weiten Teilen der Bevölkerung abgelehnt. Außenpolitische Misserfolge und militärische Niederlagen im Jahr 1859 ließen die Widerstände in der Bevölkerung gegen den Kaiser anwachsen. Das Kaiserliche Diplom zur Regelung der inneren staatsrechtlichen Verhältnisse der Monarchie (**Oktoberdiplom**) vom 20. Oktober 1860 war die Antwort auf diese Widerstände. Dieses Diplom bildete immer noch keine Verfassung, sondern enthielt weiterhin bloße Prinzipien über die Organisation des Staats. Es war wegen seiner Allgemeinheit auch praktisch undurchführbar.

Erst im folgenden Jahr wurde wieder eine Verfassung erlassen, nämlich durch das **Februarpatent** vom 26. Februar 1861. Dieses sah einen **monarchischen Einheitsstaat** mit einem Zweikammerparlament vor, dem Reichsrat bestehend aus einem Herrenhaus und einem Abgeordnetenhaus. Das Wahlrecht war als Kurienwahlrecht ausgestaltet. Der 1861 geschaffene Reichsrat war nicht mit dem 1851 geschaffenen Reichsrat vergleichbar und entsprach politisch vielmehr dem Reichstag aus 1848/49. Obwohl von einer Verfassung gesprochen wurde, handelte es sich nach wie vor nicht um eine Verfassung im eigentlichen Sinn. Es fehlten unter anderem Bestimmungen über Grundrechte oder die Ministerverantwortlichkeit. Der Reichsrat erließ im Rahmen seiner Gesetzgebungstätigkeit unter anderem eine Reihe von grundrechtsrelevanten Bestimmungen. So wurde bspw durch das Preßgesetz 1862 die Vorzensur weitgehend aufgegeben. Stattdessen wurde die Möglichkeit der Zensur nach Erscheinen einer Zeitung eingeführt.

Bereits im Jahr 1865 wurde die Verfassung wieder vorübergehend außer Kraft gesetzt („sistiert", das entsprechende Kaiserliche Manifest heißt daher auch **Sistierungspatent**). Kaiser *Franz Joseph I.* umging dadurch die Verhandlungen mit den cisleithanischen (österreichischen) Abgeordneten, um für Verhandlungen mit Ungarn, das ihn nicht als legitimen Herrscher anerkannte „freie Hand" zu haben. Der Reichsrat wurde bereits im Juli 1865 aufgelöst. Im Jahr 1866 wurde der Ausgleich zwischen Österreich und Ungarn herbeigeführt. Gleichzeitig wurde der Deutsche Bund aufgelöst. Die politischen Verhältnisse in Deutschland wurden getrennt davon und unabhängig von der Entwicklung der österreichischen Länder neu geordnet.

D. Der Konstitutionalismus in der österreichisch-ungarischen Monarchie (1867 bis 1918)

Im Jahr 1867 wurden die entscheidenden Weichen für die restliche Zeit des Konstitutionalismus in der vorrepublikanischen Zeit gestellt. Zunächst wurde mit dem **Ausgleich mit Ungarn** die österreichisch-ungarische Doppelmonarchie eingeführt, die aus den österreichischen Ländern (**Cisleithanien**) und den ungarischen Ländern (**Transleithanien**, die Begrifflichkeit ist abgeleitet vom Fluss Leitha im heutigen Burgenland) zusammengesetzt war. Die Verbindungsklammer zwischen beiden Reichshälften war die Person des Kaisers, der gewisse Vorrechte hatte (sog **Prärogativen der Krone**), wie zB den Oberbefehl über das Heer, die Entscheidung über die sog Reichsminister (k.u.k. – kaiserliche und königliche Minister) in den Bereichen des Äußeren, des Kriegswesens und des damit zusammenhängenden Finanzwesens. Der zweite verfassungshistorische Meilenstein des Jahres 1867 war die **Dezemberverfassung**, die aus einer Reihe von **Staatsgrundgesetzen** bestand. Der Kremsierer Entwurf beeinflusste in gewissen Bereichen die Dezemberverfassung. Die fünf wesentlichen Staatsgrundgesetze (StGG) waren:

- Gesetz, wodurch das Grundgesetz über die **Reichsvertretung** 1861 abgeändert wurde; das Gesetz beruhte auf dem 1861 ergangenen Februarpatent und regelte die Gesetzgebung. Der Reichsrat wurde neu gebildet.
- StGG über die allgemeinen **Rechte der Staatsbürger**; das Gesetz enthielt einen modernen Grundrechtskatalog, der auch heute noch in großen Teilen unverändert geltendes Verfassungsrecht ist. Im Wesentlichen übernahm dieses StGG den Grundrechtskatalog des Kremsierer Entwurfes. Ein Teil der Grundrechte wurde damals noch als auf Frauen nicht anwendbar gesehen.
- StGG über die Einsetzung eines **Reichsgerichts**; das Gesetz sollte die materiellen Grundrechtsgarantien prozessual durchsetzbar machen. Darüber hinaus entschied das Reichsgericht über verschiedene Kompetenzkonflikte, einerseits zwischen Justiz und Verwaltung und andererseits zwischen verschiedenen Verwaltungsbehörden, und über bestimmte öffentlich-rechtliche Ansprüche. Das Reichsgericht hatte daher Zuständigkeiten, die heute beim **Verfassungsgerichtshof** liegen.
- StGG über die **richterliche Gewalt**; das Gesetz war Grundlage für die daraufhin durchgeführte Neuorganisation der Gerichtsverfassung und des Prozessrechts und sah die Einrichtung eines Verwaltungsgerichtshofs vor. In Ausführung des Staatsgrundgesetzes über die richterliche Gewalt wurde durch ein Gesetz aus dem Jahr 1875 der **Verwaltungsgerichtshof** eingerichtet. Diesem oblag die Kontrolle der Gesetzmäßigkeit der Verwaltung.
- StGG über die **Regierungs- und Vollzugsgewalt**; das Gesetz regelte die Ausübung der Regierungs- und Vollzugstätigkeit.

Nach diesen verfassungsrechtlichen Rahmenbedingungen waren Kaiser und Reichsrat gemeinsam zur Gesetzgebung auf Reichsebene zuständig. Der Reichsrat bestand wie bisher aus einem Herrenhaus und dem Abgeordnetenhaus. Die Landesgesetzgebung erfolgte durch den Kaiser gemeinsam mit dem Landtag. Die Verwaltung wurde weiterhin von einem dem Parlament nicht verantwortlichen Monarchen und kaiserlich-königlichen Ministern (k.u.k.) ausgeübt. Erstmals war die Gerichtsbarkeit (wie schon im Kremsierer Entwurf vorgesehen) tatsächlich von der Verwaltung getrennt, und es bestand eine Unabhängigkeits- und Unversetzbarkeitsgarantie für Richter. Mit dem Schaffen einer Gerichtsbarkeit im öffentlichen Recht wurde ebenso die Entwicklung in Richtung eines Rechtsstaates in Abkehr vom Polizeistaat vorangetrieben. Das Wahlrecht war weiterhin nur beschränkt auf ein Kurien- bzw Zensuswahlrecht, das an die Steuerleistung anknüpfte. Wahlberechtigt waren daher im Jahr 1876 nur 6 % der Gesamtbevölkerung. Erst im Jahr 1907 kam es zur Einführung eines (fast) **allgemeinen und direkten Männerwahlrechts**, Frauen waren nicht wahlberechtigt, immerhin wurde aber das Kurienwahlrecht beseitigt. Einige Männer, wie zB Bezieher einer öffentlichen Armenversorgung, waren nach wie vor vom Wahlrecht ausgeschlossen.

E. Die Entstehung der Ersten Republik

Mit dem Ende des Ersten Weltkriegs ging auch die Zeit der monarchischen Staatsform zu Ende. Am 21. Oktober 1918 trafen sich die Reichsratsabgeordneten der deutschsprachigen Gebiete der Monarchie in Wien im Rahmen einer **Provisorischen Nationalversammlung** des selbstständigen deutschösterreichischen Staats und bildeten das erste Parlament des neuen Staats. Die provisorische Nationalversammlung beschloss die Staatsgründung formell zu vollziehen und dem Staat die notwendigen Organe zu geben, sodass er handlungsfähig wurde. Sie sah sich selbst in zweierlei Hinsicht als provisorisch an: Zum einen, weil sie nicht vom Staatsvolk Deutschösterreichs gewählt worden war, und zum anderen, weil sie bloß für einen Übergangszeitraum bestehen sollte. Diese Versammlung, bestehend aus den deutschsprachigen Abgeordneten des Reichsrates, fasste am 30. Oktober 1918 den Beschluss über die grundlegenden Einrichtungen der Staatsgewalt für den Staat **„Deutschösterreich". Dieser provisorischen Verfassung zufolge hatte die Provisorische Nationalversammlung fortan „die oberste Gewalt des Staats Deutschösterreich" auszuüben**. Nach weiteren vierzehn Tagen wurde die Staats- und Regierungsform der **demokratischen Republik** festgelegt. Ein Gesetz über die Übernahme der Staatsgewalt in den Ländern schuf eine frühe Form des **Bundesstaats**. Am 12. November 1918 verzichtete Kaiser *Karl I.* auf jeden Anteil an den Regierungsgeschäften; der Name der Republik wurde als Bedingung des Vertrags von St. Germain auf Österreich geändert, wodurch die Entstehung der Republik Österreich abgeschlossen war. Die provisorische Nationalversammlung sollte nur bis zur Wahl einer neuen Versammlung, nämlich der Konstituierenden Nationalversammlung, bestehen, die dem neuen Staat eine definitive Verfassung geben sollte.

Im Februar 1919 wurde sodann eine **Konstituierende Nationalversammlung** gewählt, welche die Schaffung einer endgültigen Verfassung zur Aufgabe hatte, nachdem der **Friedensvertrag von Saint-Germain** im September 1919 mit den Siegermächten abgeschlossen worden war. In der frühen Phase der Beratungen über das B-VG lag das größte Konfliktpotential in der Ausgestaltung des Verhältnisses zwischen Bund und Ländern, das auf zwei **Länderkonferenzen** im Frühjahr 1920 intensiv diskutiert wurde. Unter dem Vorsitz des sozialdemokratischen Politikers

Otto Bauer tagte ein Unterausschuss des Verfassungsausschusses, der bis zum September das Ergebnis einer Verfassung erbrachte: das **Bundes-Verfassungsgesetz 1920**. Diese Verfassung enthielt keine Grundrechte und klammerte auch die Schulfrage und die Finanzverfassung aus. Die Kompetenzverteilung zwischen Bund und Ländern wurde zwar im Text ausgehandelt, ihr Inkrafttreten aber bis zum Jahr 1925 aufgeschoben. Mit der Schaffung des Verfassungsgerichtshofs im Jahre 1919 als Nachfolger des Reichsgerichts sowie der Übernahme des VwGH bekam das rechtsstaatliche Prinzip auf dem Gebiet des öffentlich-rechtlichen Rechtsschutzes im Wesentlichen sein heutiges Gepräge. Die Kompetenzen des VfGH haben sich seit dessen Schaffung unter der Geltung des Bundes-Verfassungsgesetz 1920 immer wieder erweitert, sodass heute von einer umfassenden verfassungsgerichtlichen Kontrolle gesprochen werden kann.

Im Jahr **1925** traten die **Kompetenzbestimmungen** des B-VG in Kraft. Mit der gleichzeitigen Schaffung von **Ämtern der Landesregierungen** wurde die Parallelität von Bundes- und Landesverwaltung in der Organisation des Bundesstaats beseitigt.

Die B-VG-Novelle 1929 zielte vor dem Hintergrund der politischen Unruhen des Jahres 1927, die im Brand des Justizpalastes am 15. Juli gipfelten, auf eine Schwächung des Parlaments und eine **Stärkung der Exekutive** ab. Parallel zur politischen Entwicklung in Deutschland unter der Weimarer Reichsverfassung hatte sich die Skepsis gegenüber der parlamentarischen Demokratie in der schärfer werdenden politischen Auseinandersetzung zu einer teils offenen Ablehnung der parlamentarischen Demokratie gewandelt. Die Stellung des Bundespräsidenten wurde gestärkt, an die Stelle der Wahl durch die Bundesversammlung trat die Volkswahl. Auch die Stellung der Polizei wurde gestärkt, gleichzeitig wurde die Sonderstellung des Landes Wien verfassungsrechtlich abgesichert. Der Verfassungsgerichtshof wurde mit dieser Novelle personell zu großen Teilen erneuert, indem die Bestellungsverfahren und die Ernennungsvoraussetzungen geändert wurden.

F. Ständestaat und Nationalsozialismus

In den dreißiger Jahren des 20. Jahrhunderts kam es schließlich zum Niedergang der demokratischen Republik auch in rechtlicher Hinsicht. Im März 1933 wurde das Parlament nach einer hitzigen Debatte und dem Rücktritt seiner drei Präsidenten von der Regierung unter Bundeskanzler *Dollfuß* ausgeschaltet, wenig später folgte der Verfassungsgerichtshof, beides unter Verletzung von Verfassungsrecht. Mit der Verlautbarung der **Verfassung 1934** wurden die Parlamente aufgelöst, womit die kurze Zeit der Kanzlerdiktatur des Ständestaats begann. Die mit *Adolf Hitler* in Deutschland bereits seit 1933 regierende NSDAP gewann auch in Österreich politisch an Terrain. Unter massivem wirtschaftlichen und militärischen Druck Deutschlands wurde im März 1938 der Rücktritt von Bundespräsident und Bundesregierung erzwungen und der Anschluss Österreichs an das Deutsche Reich am 12. März 1938 herbeigeführt. Mit diesem Tag hörte die Republik Österreich auf zu existieren. Es folgte eine siebenjährige Zeit der **nationalsozialistischen Diktatur** mit massenhaften Ermordungen von Teilen der Bevölkerung im Holocaust, den grausamsten

Menschenrechtsverletzungen und Verbrechen gegen die Menschlichkeit in der Geschichte Europas. Ebensolche Verbrechen wurden auch durch Deutschland (dessen Teil das heutige Österreich war) im 1939 begonnenen Zweiten Weltkrieg verursacht, der wiederum zur Tötung von Millionen von Menschen und durch den Bombenkrieg zur Zerstörung großer Teile Europas führte. Er sollte den Kontinent, aber auch die gesamte Weltordnung nach 1945 politisch grundlegend verändern.

G. Die Zweite Republik

Bereits in den letzten Tagen des Zweiten Weltkriegs fanden sich die Führungspersonen der politischen Parteien ÖVP, SPÖ und KPÖ zusammen. Sie proklamierten eine **Unabhängigkeitserklärung**. Mit einem Verfassungsgesetz vom 1. Mai 1945 wurde das B-VG neuerlich in Kraft gesetzt, ebenso wie alle übrigen Bundesverfassungsgesetze und Verfassungsbestimmungen, und zwar nach dem Stand vom 5. März 1933, dem Tag der Ausschaltung des Parlaments in der Ersten Republik.

Auf internationaler Ebene herrschte nach 1945 unter den Siegermächten des Zweiten Weltkriegs eine kurze Zeit der Entspannung und des politischen Konsenses, in der die Gründung der Vereinten Nationen (UNO) und die Proklamation der Allgemeinen Erklärung der Menschenrechte (AEMR) gelang. Nach wenigen Jahren kam es aber bereits zum Bruch zwischen der Sowjetunion und den Westmächten USA, Großbritannien und Frankreich. Im beginnenden Kalten Krieg wurde 1949 die Teilung Deutschlands in die BRD und die DDR besiegelt. Unter der Führung von Frankreich und (West)Deutschland wurde 1951 die Europäische Gemeinschaft für Kohle und Stahl (EGKS, auch **Montanunion**) gegründet, die später in die Europäische Wirtschaftsgemeinschaft (EWG) mündete. Österreich blieb von den vier Alliierten besetzt und führte mit diesen Verhandlungen über einen Friedensvertrag, der eine Teilung des Landes nach deutschem Muster verhindern sollte.

Am 15. Mai 1955 wurde der **Staatsvertrag von Wien** abgeschlossen, mit dem Österreich wieder die volle Souveränität erlangte und eine Reihe von verfassungsrechtlichen Determinanten – ein **Anschlussverbot** an Deutschland, die **Rechte der** slowenischen und kroatischen **Minderheiten**, das **Verbot nationalsozialistischer Organisationen** und die **Verhinderung** des Wiederauftretens **nationalsozialistischer Bestrebungen** sowie die Aufrechterhaltung des **Habsburgergesetzes** (mit dem vor allem die Landesverweisung der Habsburger erfolgte) – verfügt wurden. Eine Bedingung des Abschlusses des Staatsvertrages war, dass Österreich im selben Jahr seine **immerwährende Neutralität** erklärte. Dies geschah innerstaatlich in einem eigenen Bundesverfassungsgesetz vom 26. Oktober, der später zum Nationalfeiertag wurde.

Im Jahr 1958 trat Österreich der Europäischen Menschenrechtskonvention (**EMRK**) bei. Im Jahr 1964 wurde der Verfassungsrang der EMRK mit Wirkung des Jahres 1958 ausdrücklich durch ein Verfassungsgesetz klargestellt.

Im Jahr 1994 wurde der Vertrag über den **Beitritt** Österreichs zur **Europäischen Union** ratifiziert, nachdem das Volk am 12. Juni 1994 mit Zweidrittelmehrheit den verfassungsrechtlichen Ermächtigungen zu diesem Beitritt zugestimmt hatte. Der

Beschluss dieser verfassungsrechtlichen Ermächtigung bildete die erste und bisher einzige **Gesamtänderung der Bundesverfassung** (s unten V.B.1.).

In den beiden Jahrzehnten nach der Jahrtausendwende wurde das Bundesverfassungsrecht in zahlreichen Novellen weiterentwickelt, zu einer vielfach seit langem angestrebten großen Verfassungsreform kam es aber nicht. Ein **Österreich-Konvent** von etwa 70 Experten und Politikern, der in den Jahren 2003 bis 2005 tagte, erbrachte kein unmittelbares Ergebnis, wohl aber Vorschläge zu vielen Einzelfragen, von denen nicht wenige im folgenden Jahrzehnt in die Verfassung Eingang fanden. Hervorzuheben ist eine große Bereinigung des Verfassungsrechts um überflüssige Bestimmungen, die Schaffung neuer Grundrechte (zB für Kinder und Jugendliche im Jahr 2011) und die Neugestaltung der Verwaltungsgerichtsbarkeit im Jahr 2012, die nicht nur bestehende Rechtsschutzstandards gehoben hat, sondern auch einen Anstieg der Zahl der Verfahren, insbesondere im Bereich des Asyl- und Fremdenrechts, bewältigen soll. Im Grundrechtsbereich hatte die größten praktischen Auswirkungen aber nicht ein Akt des Verfassungsgesetzgebers, sondern eine Entscheidung des Verfassungsgerichtshofes aus dem Jahr 2012, mit dem die Grundrechte der Grundrechte-Charta der Europäischen Union jenen des StGG 1867 und der EMRK unter bestimmten Voraussetzungen gleichgestellt wurden (VfSlg 19.632/2012).

Die letzten Jahre ließen die Konsequenzen der B-VG-Novelle des Jahres 1929 hinsichtlich der Wahl und der Kompetenzen des Bundespräsidenten in besonderem Maße deutlich werden. Im Juli 2016 hob der Verfassungsgerichtshof mit dem zweiten Wahlgang der Bundespräsidentenwahl zum ersten Mal eine bundesweite Wahl zur Gänze auf. In der Wahlwiederholung war, wie schon bei der angefochtenen Wahl, mit *Alexander Van der Bellen* erstmals ein Kandidat siegreich, der ursprünglich nicht von den Parteien ÖVP und SPÖ unterstützt worden war, die entweder alleine oder gemeinsam seit 1945 stets über die Mehrheit sowohl im Nationalrat als auch im Bundesrat verfügten. Der Mai 2019 brachte eine in der bisherigen Geschichte einmalige Bewährungsprobe für die im Jahr 1929 in der heutigen Form geschaffenen Verfassungsbestimmungen über die Bundesregierung, als die ÖVP-FPÖ-Bundesregierung in der Folge der Veröffentlichung eines Videos mit dem Vizekanzler zerbrach. Eine Reihe von in der Bundesverfassung geregelten Vorgängen, wie die Entlassung eines Bundesministers oder ein (erfolgreicher) Misstrauensantrag gegen eine Bundesregierung, fanden zum ersten Mal statt. Bei der nachfolgenden Bildung einer neuen Bundesregierung, mag sie auch nur für eine begrenzte Zeit bis zu politisch akkordierten Neuwahlen erfolgt sein, wurde das Amt des Bundespräsidenten in durchaus aktiver Form ausgeübt, ohne dass der Amtsinhaber die bisherige Verfassungspraxis im Amtsverständnis verlassen oder gar seine Befugnisse überspannt hätte. Diese Ereignisse zeigten auch die praktische Wirksamkeit jener verfassungsrechtlichen Regelungen, die bislang noch nie in dieser Form zur Anwendung gekommen sind.

V. Grundzüge des Verfassungsrechts

A. Rechtsquellen des Verfassungsrechts

Die Kernurkunde der österreichischen Verfassung ist das **Bundes-Verfassungsgesetz (B-VG)** aus 1920, das seither mehr als 130 mal novelliert wurde. Eine Besonderheit der österreichischen Verfassung ist aber, dass es Verfassungsrecht auch außerhalb des B-VG gibt. Neben diesem Stammgesetz gibt es nämlich eine größere Anzahl von **Bundesverfassungsgesetzen (BVG)** und in einzelnen Bundesgesetzen enthaltene **Verfassungsbestimmungen**. Neben dem Bundesverfassungsrecht haben auch die **Länder** eigene Verfassungen.

Beispiel: Das Bundesverfassungsgesetz über die Rechte von Kindern ist ein eigenes, außerhalb des B-VG existierendes, Bundesverfassungsgesetz. Das Datenschutzgesetz ist ein einfaches Bundesgesetz. § 1 des Datenschutzgesetzes, in dem das Grundrecht auf Datenschutz geregelt ist, ist aber als Verfassungsbestimmung beschlossen und somit eine in einem Bundesgesetz enthaltene Verfassungsbestimmung.

Das gemeinsame Kriterium aller dieser Bestimmungen liegt in den besonderen Bedingungen ihrer Erlassung bzw Abänderbarkeit („**formelles Verfassungsrecht**"). Eine Änderung bedarf einer Mehrheit von zwei Dritteln der Stimmen im Nationalrat (*Konsensquorum*; „Zweidrittelmehrheit"), wobei mindestens die Hälfte der Mitglieder des Nationalrates anwesend sein muss (*Präsenzquorum*), und der Bezeichnung als Verfassungsgesetz bzw Verfassungsbestimmung (Art 44 Abs 1 B-VG). Überwiegend finden sich in den Bestimmungen des B-VG und der BVG auch jene grundlegenden Bestimmungen der Staatsorganisation und der Grundrechte, die diese Rechtsschicht überdies als „**materielles Verfassungsrecht**" ausweisen. Sichtbar wird das vor allem auch an den Regelungen über das Parlament, die Verwaltungsorgane und die Gerichtsbarkeit sowie über den Aufbau des Bundesstaats, der im Sinne eines Drei-Ebenen-Systems aus den Gebietskörperschaften Bund, Ländern und Gemeinden besteht. Bei all diesen handelt es sich um grundlegende Regelungen über Aufgaben und Organisation des Staats im Sinne des materiellen Verfassungsrechts. Bund und Länder haben Gesetzgebungs-, Verwaltungs- und Gerichtsbarkeitskompetenzen, die Gemeinden sind demgegenüber ausschließlich Verwaltungseinrichtungen, besitzen aber als Selbstverwaltungskörper ein hohes Maß an Unabhängigkeit, weil sie in wichtigen Teilbereichen weisungsfrei sind (sog „eigener Wirkungsbereich") und nur der staatlichen Aufsicht unterliegen (vgl unten VI.C.3. und 4.).

Es besteht **kein** sog „**Inkorporationsgebot**" (= Gebot, Verfassungsänderungen nur in der Kernurkunde vorzunehmen). Somit können Verfassungsbestimmungen auch in einfachen Gesetzen erlassen werden (müssen aber auch dort eigens als solche bezeichnet werden), was dazu führt, dass das österreichische Verfassungsrecht nach wie vor zersplittert und unübersichtlich ist.

Im österreichischen Verfassungsrecht sind auch sog **Staatszielbestimmungen** (zB dauernde Neutralität, umfassende Landesverteidigung, umfassender Umweltschutz, Achtung der Autonomie der Sozialpartner) vorgesehen. Sie enthalten grundlegende politische System- und Wertentscheidungen und damit eine Art „Programmauftrag" für den einfachen Gesetzgeber, die jeweiligen Staatsziele zu verwirklichen.

Staatszielbestimmungen haben nicht den Rang leitender Grundprinzipien der Bundesverfassung (s V.B.). Ebenso wenig ergeben sich aus den Staatszielbestimmungen Rechte von Einzelnen, die durchgesetzt werden können. Sie beinhalten keine subjektiven Rechte (vgl. V.C.1.f.). So kann ein Einzelner nicht gerichtlich einfordern, dass die Neutralität zu wahren ist. In der Judikatur des VfGH haben Staatszielbestimmungen vor allem als Maßstab bei der Auslegung des sonstigen Verfassungsrechts Bedeutung erlangt, dh sonstiges Verfassungsrecht ist im Lichte der Staatszielbestimmungen auszulegen. Staatszielbestimmungen verkörpern bestimmte öffentliche Interessen, die zB Grundrechtseingriffe rechtfertigen können (vgl V.C.1.).

B. Grundprinzipien der Verfassung

1. Eigenschaften und Bedeutung der Grundprinzipien

Den Kern des Bestands des österreichischen Verfassungsrechts stellen die sich aus den einzelnen Bestimmungen des Verfassungsrechts ergebenden „**Grundprinzipien der Verfassung**" (oder auch „**Baugesetze**") dar. Die österreichische Verfassungsordnung beruht auf gewissen grundlegenden Prinzipien, die sich aus dem Gesamtzusammenhang der Verfassung ergeben. Als Leitentscheidungen über den Aufbau der Bundesverfassung nehmen sie eine besondere Stellung ein. Es existiert keine verbindliche „Aufzählung" der österreichischen Grundprinzipien und sie sind auch nicht ausdrücklich geregelt, sondern sie ergeben sich im Wege der Interpretation aus dem Gesamtzusammenhang der Bundesverfassung, teils ausgehend von einem speziellen Verfassungsartikel (zB Art 1, 2 oder 18 B-VG). Insgesamt sind der Bundesverfassung ein demokratisches, ein republikanisches, ein bundesstaatliches, ein gewaltenteilendes, ein liberales und ein rechtsstaatliches Grundprinzip inhärent (s unten 2. bis 5.).

Beispiel: Art 1 B-VG legt zwar fest, dass Österreich eine demokratische Republik ist. Damit werden aber noch keine Aussagen darüber getroffen, wie das demokratische Grundprinzip ausgestaltet ist. Handelt es sich etwa um eine direkte oder indirekte Demokratie? Welche Wahlgrundsätze gibt es? Wie ist das Gesetzgebungsverfahren ausgestaltet? Diese und ähnliche Fragestellungen, die für die Ausgestaltung der Demokratie maßgeblich sind, werden durch Art 1 B-VG nicht beantwortet. Die genauen Ausformungen des demokratischen Grundprinzips ergeben sich erst durch die übrigen Bestimmungen des B-VG, durch den Gesamtzusammenhang der Bundesverfassung.

Eine besondere Stellung nehmen diese Grundprinzipien insofern ein, als sie **erschwerten Erzeugungs- bzw Abänderungsbedingungen** unterliegen: Art 44 Abs 3 B-VG bestimmt, dass jede **Gesamtänderung** der Bundesverfassung – zusätzlich zu der in Art 44 Abs 1 B-VG vorgesehenen Zweidrittelmehrheit im Nationalrat bei einer Anwesenheit von mindestens der Hälfte der Mitglieder – zwingend einer **Volksabstimmung** bedarf. Wann eine Gesamtänderung anzunehmen ist, legt das B-VG nicht fest. Eine derartige Gesamtänderung wird in der Lehre und vom VfGH allgemein angenommen, wenn eines der Grundprinzipien aufgegeben oder tiefgreifend umgestaltet wird oder wenn sich das Verhältnis der Prinzipien zueinander wesentlich ändert. Dies würde etwa bei einer Abschaffung des Bundesstaats oder einer wesentlichen Veränderung der repräsentativen Demokratie in Richtung einer direkten Demokratie der Fall sein. Bei allen anderen Verfassungsänderungen ist eine Volksabstimmung zwar möglich, aber nicht erforderlich.

> *Beispiel:* Würde zB ein großer Teil der Gesetzgebungskompetenzen, die den Ländern zukommen, dem Bund übertragen werden, würde das bundesstaatliche Grundprinzip tiefgreifend umgestaltet. Dies wäre als Gesamtänderung einzustufen. Wenn hingegen etwa nur eine einzige Kompetenz von den Ländern auf den Bund übergeht und wird möglicherweise sogar im „Austausch" eine andere Kompetenz vom Bund auf die Länder übertragen, wird zwar das bundesstaatliche Grundprinzip umgestaltet, aber nicht tiefgreifend umgestaltet. Eine Gesamtänderung ist in diesem Fall nicht anzunehmen.

Die erste und bislang einzige Gesamtänderung der Bundesverfassung fand beim Beitritt Österreichs zur Europäischen Union im Jahr 1995 statt. Der mit dem Beitritt verbundene Übergang weitreichender Kompetenzen auf Organe der EU beeinträchtigte das demokratische, das gewaltenteilende, das rechtsstaatliche und auch das bundesstaatliche Prinzip. Aus diesem Grund wurde am 12. Juni 1994 eine Volksabstimmung durchgeführt.

Nach hA nehmen die Grundprinzipien der Bundesverfassung **im Stufenbau der Rechtsordnung den höchsten Rang** ein, sie stehen sohin auch über sonstigem („einfachem") Bundesverfassungsrecht. Verstößt daher eine Vorschrift des einfachen Bundesverfassungsrechts gegen die Grundprinzipien der Bundesverfassung, so ist sie aus diesem Grund verfassungswidrig („**verfassungswidriges Verfassungsrecht**"). In der Judikatur des VfGH ist dies seit langem anerkannt, doch hat der VfGH tatsächlich erst ein einziges Mal eine Verfassungsvorschrift als baugesetzwidrig aufgehoben (VfSlg 16.327/2001).

> *Beispiel:* Eine neue Bestimmung in der Bundesverfassung (= Verfassungsrecht), die den Verfassungsgerichtshof abschafft oder in seinen Kompetenzen wesentlich beschneidet, würde, wenn keine Volksabstimmung abgehalten wird, gegen das rechtsstaatliche Grundprinzip und damit gegen Verfassungsrecht verstoßen und wäre daher verfassungswidriges Verfassungsrecht.

Grundprinzipien der Bundesverfassung

↓

Bundesverfassungsrecht

↓ ↓

Landesverfassungsrecht ↓

↓ ↓

Landesgesetze Bundesgesetze

↓ ↓

Verordnungen

↓

Bescheide, Urteile, Erkenntnisse, Beschlüsse

---

2. Das demokratische Grundprinzip

Die Verfassung legt die Staatsform der Demokratie für Österreich fest. Dies ergibt sich aus vielen einzelnen Verfassungsbestimmungen. Art 1 B-VG bestimmt zudem: **„Österreich ist eine demokratische Republik. Ihr Recht geht vom Volk aus."** Dem demokratischen Prinzip zufolge sollen die Rechtsunterworfenen das Recht selbst erzeugen. Das Volk ist damit der Souverän („**Volkssouveränität**").

Ferner regelt das B-VG, wie das Recht von den Rechtsunterworfenen erzeugt wird. In Österreich ist das demokratische Grundprinzip durch die **mittelbare (indirekte), parlamentarische Demokratie** verwirklicht. Im Gegensatz zur unmittelbaren (direkten) Demokratie erzeugen nicht die Rechtsunterworfenen selbst das Recht, sondern von den Rechtsunterworfenen gewählte Personen. In einer parlamentarischen Demokratie werden die Gesetze vom Parlament beschlossen. Wahlberechtigte österreichische Staatsbürger wählen auf Bundesebene den **Nationalrat** (für eine Gesetzgebungsperiode von 5 Jahren) und auf Landesebene die **Landtage** als gesetzgebende Körperschaften.

Exkurs: Wahlrecht
Aktiv wahlberechtigt zum Nationalrat sind alle österreichischen Staatsbürger, die am Wahltag das 16. Lebensjahr vollendet haben (**allgemeines Wahlrecht**: Art 26 Abs 1 B-VG begründet ein verfassungsgesetzlich gewährleistetes subjektives Recht). Das passive Wahlrecht bezeichnet das Recht, zum Nationalratsabgeordneten gewählt zu werden, und kommt österreichischen Staatsbürgern zu, die am Wahltag das 18. Lebensjahr vollendet haben. Jeder Stimme kommt der gleiche Zählwert zu (**gleiches Wahlrecht**). Es ist aber nicht erforderlich, dass faktisch jede Stimme gleich viel wert ist (kein gleicher Erfolgswert). So ist das in der NRWO festgelegte sog Bürgerzahlprinzip verfassungskonform. Die bestehenden Abgeordnetensitze (Mandate) im Nationalrat werden auf Wahlkreise aufgeteilt, wobei die Zuweisung der Mandate nach der Bürgerzahl erfolgt und hierbei auch nicht wahlberechtigte Staatsbürger mitgezählt werden. Aufgrund dieser Mandatszuteilungsweise wiegt eine Stimme in einem Wahlkreis mit höherer Anzahl an „junger", nicht wahlberechtigter Bevölkerung verhältnismäßig mehr, da diesem Bundesland aufgrund der Bevölkerungsanzahl mehr zu besetzende Mandate zugewiesen wurden. Die Wähler müssen die Abgeordneten selbst auswählen (es dürfte daher kein Wahlmännersystem wie etwa in den USA, wo zunächst die Wahlmänner gewählt werden, die sodann die Abgeordneten wählen, geben – **unmittelbares Wahlrecht**). Die Wahl muss durch persönliche Stimmabgabe erfolgen (keine Wahl durch Stellvertreter – **persönliches Wahlrecht**) und geheim sein, sodass die Wähler ihre Stimme unbeobachtet abgeben können (**geheimes Wahlrecht** zum Schutz der Wahlfreiheit). Vorgesehen ist aber die Möglichkeit der Briefwahl, bei der es besondere Anforderungen zur Wahrung des geheimen und persönlichen Wahlrechts gibt. Der Grundsatz des **freien Wahlrechts** besagt, dass die Wähler ihre Entscheidung möglichst unbeeinflusst von Zwang und unzulässiger Beeinflussung treffen können sollen. Die Wahlwerbung darf demnach nicht beschränkt oder staatlich differenziert begünstigt werden, sodass die Parteien frei um die Gunst der Wähler werben können. Ebenso darf die Stimmabgabe nicht zu Nachteilen irgendwelcher Art führen. Diese Wahlgrundsätze gelten auch für die Landtage (die Landesparlamente) und die Gemeinderäte (die allgemeinen Vertretungskörper auf Gemeindeebene) – „wahlrechtliches Homogenitätsprinzip". Der Nationalrat wird nach den Grundsätzen der Verhältniswahl (eine Partei, die zB 20% der Wählerstimmen erhält, bekommt 20% der Mandate) gewählt, sodass allen politischen Kräften von zahlenmäßig erheblicher Bedeutung nach Maßgabe ihrer Stärke eine parlamentarische Vertretung gesichert wird (**Verhältniswahlrecht** im Gegensatz zum Mehrheitswahlrecht, wo jener Partei, die in einem Wahlkreis die Mehrheit der abgegebenen Stimmen erhält, alle Mandate für diesen Wahlkreis zukommen). Dies schließt es nicht aus, eine gewisse Mindestanzahl an Stimmen für eine Vertretung als erforderlich zu erachten („4-Prozent-Hürde" oder „Grundmandat" in einem Wahlkreis). Das Wahlrecht zu den Landtagen und den Gemeinderäten wird nach den Vorgaben der Bundesverfassung durch den Landesgesetzgeber geregelt. Die Recht-

mäßigkeit der Wahlen zu den allgemeinen Vertretungskörpern wird vom VfGH im Rahmen der **Wahlgerichtsbarkeit** (Art 141 B-VG) kontrolliert.

Die gewählten **Abgeordneten** haben ein **freies Mandat** und sind somit nicht an Aufträge ihrer Wähler und grundsätzlich auch nicht an ihre politischen Parteien gebunden. Letzteres bedeutet, dass eine gesetzliche Regelung, die einen parteipolitischen Zwang zu einem bestimmten Abstimmungsverhalten („Fraktionszwang") vorsehen würde, verfassungswidrig wäre; als verfassungsgemäß wird aber eine freiwillige „Klubdisziplin" (freiwilliges einheitliches Abstimmungsverhalten der Mitglieder eines parlamentarischen Klubs) angesehen.

Die Bestimmungen über die parlamentarische Gesetzgebung bilden den Kern des demokratischen Prinzips der Bundesverfassung und regeln die Hauptaufgabe des Parlaments. Der Einrichtung Österreichs als Bundesstaat entsprechend gibt es sowohl eine Bundes- als auch eine Landesgesetzgebung, wobei die **Bundesgesetzgebung** von **Nationalrat und Bundesrat** ausgeübt wird. Die 183 Nationalratsabgeordneten werden vom Bundesvolk nach den oben genannten Grundsätzen des Wahlrechts (allgemeines, gleiches, unmittelbares, persönliches, freies und geheimes) gewählt, während der Bundesrat aus Vertretern der Länder besteht, welche von den jeweiligen Landtagen gewählt werden. Diese Vertreter werden jeweils nach den (von Bundesland zu Bundesland zu unterschiedlichen Zeitpunkten stattfindenden) Landtagswahlen neu beschickt und der Bundesrat daher immer wieder teilweise erneuert. Man spricht vom Prinzip der **Partialerneuerung** im Gegensatz zur „Totalerneuerung" wie beim Nationalrat, der alle fünf Jahre völlig neu gewählt wird. Die **Einleitung** des Gesetzgebungsverfahrens erfolgt mittels eines **Gesetzesvorschlags**, somit eines auf Erlassung eines Gesetzes an den Nationalrat gerichteten Antrags. Das Recht, einen Gesetzesvorschlag beim Nationalrat einzubringen, kommt gem Art 41 B-VG

- der Bundesregierung (Regierungsvorlage),
- den Mitgliedern des Nationalrates (als Initiativantrag von mindestens 5 Abgeordneten oder als Antrag eines Ausschusses),
- dem Bundesrat als Beschluss mit einfacher Mehrheit oder als Antrag von mindestens einem Drittel der Mitglieder des Bundesrates und
- den Bürgern durch Volksbegehren zu.

Einfache Gesetze bedürfen gem Art 31 B-VG idR der *Anwesenheit eines Drittels* der Nationalratsabgeordneten (Präsenzquorum) und der *unbedingten Mehrheit* (= mehr als die Hälfte) der abgegebenen Stimmen (Konsensquorum). **Verfassungsgesetze** benötigen gem Art 44 Abs 1 B-VG die *Anwesenheit der Hälfte* der Nationalratsabgeordneten (Präsenzquorum) und eine *Zweidrittelmehrheit* der abgegebenen Stimmen (Konsensquorum); sie sind zudem ausdrücklich als Verfassungsgesetz zu bezeichnen (Bezeichnungspflicht). Fehlt eines dieser Erfordernisse, kommt kein gültiges Verfassungsgesetz zustande. Eine Änderung im B-VG selbst muss nicht zusätzlich als Verfassungsgesetz bezeichnet werden, da die Bezeichnung bereits im zu ändernden Gesetz selbst (Bundes-*Verfassungs*gesetz) enthalten ist.

Das Verfahren zur Beschlussfassung im Parlament ist in mehrere Abschnitte gegliedert, die als „Lesungen" bezeichnet werden. In der dritten und letzten Lesung wird über den Gesetzesantrag final abgestimmt. Nach Fassung eines entsprechenden **Gesetzesbeschlusses** durch den Nationalrat ist dieser durch den Nationalratspräsidenten unverzüglich dem **Bundesrat** zu übermitteln, welchem idR ein **suspensives, dh aufschiebendes, Veto** zukommt. Erhebt der Bundesrat innerhalb von acht Wochen begründeten Einspruch, ist der Gesetzesbeschluss wieder dem Nationalrat zu übermitteln. Der Nationalrat kann entweder dem Einspruch des Bundesrats entsprechen (das Gesetz kommt nicht zustande) oder einen sog Beharrungsbeschluss (unter erhöhtem Präsenzquorum: Hälfte der Nationalratsabgeordneten) fassen, gegen den der Bundesrat keine neuerliche Einspruchsmöglichkeit hat (daher „bloß" aufschiebendes Veto). Hat der Nationalrat einen Beharrungsbeschluss gefasst, setzt er sich über das suspensive Veto des Bundesrats hinweg, und das Gesetzgebungsverfahren kann, wie im Falle der Nichtausübung des suspensiven Vetorechts des Bundesrats, fortgeführt werden. Für bestimmte Gesetzesbeschlüsse ist die Zustimmung des Bundesrats für ein verfassungskonformes Zustandekommen notwendig, zB wenn die Zuständigkeiten der Länder in Gesetzgebung oder Vollziehung eingeschränkt werden sollen. In diesen Fällen besitzt der Bundesrat ein absolutes Vetorecht. Im Anschluss an das Verfahren im Nationalrat und Bundesrat ist die **Beurkundung** durch den Bundespräsidenten (Prüfung des verfassungsmäßigen Zustandekommens), die Gegenzeichnung durch den Bundeskanzler und daraufhin die Kundmachung im Bundesgesetzblatt (BGBl) durch den Bundeskanzler vorzunehmen.

Als zweite Säule neben der Wahl des Parlaments durch das Volk basiert das österreichische Demokratiekonzept auf der **Abhängigkeit aller übrigen staatlichen Organe vom Parlament**. Dies wird dadurch verwirklicht, dass die Vollziehung (Gerichtsbarkeit und Verwaltung) nur aufgrund der Gesetze und unter Bindung an diese ausgeübt werden darf (**Legalitätsprinzip**, vgl Art 18 Abs 1 B-VG). Das Legalitätsprinzip bindet aber insoweit auch das Parlament, als dieses sich nur in der Form des Gesetzes verbindlich äußern kann und das Verwaltungshandeln entsprechend vorherzubestimmen hat. Dies verschränkt das demokratische mit dem rechtsstaatlichen Grundprinzip (dazu unten 3.).

Bezüglich der Verwaltung bedeutet dieses Konzept, dass die **obersten Verwaltungsorgane** den gesetzgebenden Körperschaften für ihre Amtsführung **verantwortlich** sind. Dies stellt die Grundidee des parlamentarischen Regierungssystems dar. Als Instrumente kommen dafür die Einsetzung von Untersuchungsausschüssen (wenn bestimme abgeschlossene Vorgänge in der Verwaltung des Bundes einer Aufklärung bedürfen, kann der Nationalrat – auch auf Verlangen einer Minderheit – Untersuchungsausschüsse einrichten), aber auch das Misstrauensvotum (politische Verantwortlichkeit; einzelnen Bundesminister oder der gesamten Bundesregierung kann das Vertrauen durch den Nationalrat entzogen werden, was zum Amtsverlust führt) und die (Minister-)Anklage vor dem VfGH (rechtliche Verantwortlichkeit, mit der ebenso der Amtsverlust einhergehen kann) in Betracht.

Dieses System der mittelbaren Demokratie wird durch **Elemente unmittelbarer Demokratie** in bestimmter Hinsicht modifiziert:

- Im Falle einer Gesamtänderung der Bundesverfassung (Art 44 Abs 3 B-VG) oder ansonsten über Beschluss des Nationalrats ist ein Gesetzesbeschluss einer **Volksabstimmung** zu unterziehen. Bislang gab es zwei Volksabstimmungen: eine über die Gesamtänderung anlässlich des EU-Beitritts im Jahr 1994 (obligatorische Volksabstimmung) und eine über ein einfaches Bundesgesetz betreffend die Inbetriebnahme des Kernkraftwerks Zwentendorf im Jahr 1978 (fakultative Volksabstimmung).

- Über Beschluss des Nationalrates ist eine **Volksbefragung** über eine Angelegenheit von grundsätzlicher und gesamtösterreichischer Bedeutung, zu deren Regelung der Bundesgesetzgeber zuständig ist, durchzuführen. Das Ergebnis hat keine rechtlich bindende Kraft (kann allerdings größere politische Bedeutung haben). Die erste derartige Volksbefragung fand im Jahr 2013 über die Beibehaltung der Wehrpflicht statt.
- Ein Antrag von mindestens 100.000 Stimmberechtigten oder 1/6 der Stimmberechtigten dreier Bundesländer (**Volksbegehren**) auf Erlassung eines bestimmten Gesetzes, für das der Bundesgesetzgeber zuständig ist, kann dem Nationalrat vorgelegt werden, welcher allerdings nicht verpflichtet ist, dem Antrag zu entsprechen. Die bislang über 60 Volksbegehren auf Bundesebene wurden nur in wenigen Fällen in gesetzlichen Regelungen umgesetzt (so zB bezogen auf Teile der Forderungen des Rundfunkvolksbegehrens 1964, des Tierschutzvolksbegehrens 1996, oder des Don't smoke Volksbegehrens 2018), sie sorgten aber für ein hohes Maß an Öffentlichkeit der Debatte über als wichtig erachtete Themen (zB das Bildungsvolksbegehren im Jahr 2011 oder das Frauenvolksbegehren im Jahr 2018).

Nach der Judikatur des VfGH (VfSlg 16.241/2001) wäre die Bindung des Parlaments durch direkt-demokratische Instrumente eine Gesamtänderung; dies gilt im Besonderen auch für einen allfälligen Ausbau derartiger Instrumente auf Landes- bzw Gemeindeebene (vgl VfSlg 20.406/2020). Instrumente direkter Demokratie sind in Österreich relativ schwach ausgestaltet, sodass eine Rechtssetzung gegen den Willen der Mehrheit des Parlaments nicht möglich ist.

3. Das rechtsstaatliche Grundprinzip

Das rechtsstaatliche Grundprinzip der österreichischen Bundesverfassung setzt sich aus verschiedenen Komponenten zusammen. In einem Rechtsstaat braucht es zunächst Spielregeln in einer Verfassung, die von der einfachen Parlamentsmehrheit nicht ohne weiteres abgeändert werden können und daher erhöhte Bestandskraft genießen (Verfassungsstaat). Rechtsstaaten zeichnen sich dadurch aus, dass die Ausübung der Staatsmacht auf Gesetzen beruht und ihre Rechtsordnungen eine gewisse inhaltliche Bestimmtheit und Vorhersehbarkeit aufweisen (Gesetzesstaat) und entsprechend vorgesehene Einrichtungen die Sicherung und Durchsetzung der Rechtsordnung garantieren (Rechtsschutzstaat). Diese Vorausbestimmtheit und daraus resultierende Berechenbarkeit der bestehenden Rechte und Pflichten unterscheidet den Rechtsstaat vom Polizeistaat, wie er zB während der Staatskanzlerzeit *Metternichs* (s IV.B.1.) bestanden hat.

a) Verfassungsstaat

Der Rechtsstaat ist schließlich auch ein **Verfassungsstaat**, sodass die Staatsmacht durch die Bindung des Souveräns (in der Demokratie: die Repräsentanten des Volkes) an Normen (die zB die Gesetzgebung regeln) beschränkt ist. Um zu verhindern, dass sich die konkreten Träger der Staatsgewalt durch den Missbrauch ihrer Möglichkeiten der rechtsstaatlichen Vorgaben entledigen, bedarf es gewisser „Spielregeln“, die unabhängig von den jeweils im Amt befindlichen Personen bestehen und in ihrer Existenz abgesichert sind. Aus diesem Grund ist der Rechtsstaat ein Verfassungsstaat, der den Weg der Gesetzgebung, die Rechtsschutzeinrichtungen usw der einfachen Abänderbarkeit entzieht und durch erschwerte Abänderungsbedingungen des Verfassungsrechts absichert.

b) Gesetzesstaat

Hauptbestandteil des rechtsstaatlichen Prinzips ist die Bindung der Verwaltung an das Gesetz (**Legalitätsprinzip – „Gesetzesstaat“**). Das Legalitätsprinzip richtet sich einerseits an die Verwaltung und normiert für diese insofern eine Bindung an das Gesetz, als die Verwaltung nur dann handeln darf, wenn es durch ein Gesetz vorgesehen ist (**Vorbehalt des Gesetzes**). Das Handeln der Verwaltung bedarf daher stets einer gesetzlichen Grundlage. In der österreichischen Verfassung ist dies in Art 18 Abs 1 B-VG explizit niedergelegt. Das Gesetz ist damit Bedingung staatlichen Handelns. Darüber hinaus impliziert das Legalitätsprinzip aber auch einen **Vorrang des Gesetzes**: Dies bedeutet, dass, selbst wenn die Verwaltung auf Basis eines Gesetzes handeln kann oder muss, kein Akt der Verwaltung gegen eine gesetzliche Regelung verstoßen darf. Art 18 Abs 1 B-VG bezieht sich entgegen seinem Wortlaut („gesamte staatliche Verwaltung“) jedoch nur auf die Hoheitsverwaltung (Handeln durch Bescheide etc). Im Bereich der Privatwirtschaftsverwaltung (s VI.E.2.), dh beim Abschluss privatrechtlicher Verträge, ist ein Handeln staatlicher Organe auch ohne gesetzliche Grundlage rechtlich zulässig.

Die Verwaltung kann allerdings nur rechtskonform handeln, wenn der Gesetzgeber das Verwaltungshandeln durch Gesetze festlegt. Damit richtet sich das Legalitätsprinzip andererseits auch an den Gesetzgeber und verpflichtet ihn, das Handeln der Verwaltung inhaltlich bereits auf der Ebene der Gesetzgebung hinreichend genau zu determinieren („**Determinierungsgebot**“). Das Gebot der „Gesetzmäßigkeit“ der Verwaltung würde andernfalls leerlaufen (vgl VI.D.1.).

Mit dem Legalitätsprinzip vereinbar ist es aber, den Verwaltungsbehörden einen größeren Spielraum durch die Verwendung von sog **Ermessensbestimmungen** einzuräumen. Der Gesetzgeber lässt der Verwaltung durch die Einräumung von Ermessen in bestimmten Bereichen zB eine Wahlfreiheit, welche Entscheidung sie treffen. Rechtswidrigkeit liegt in diesen Fällen dann nicht vor, wenn die Verwaltung das Ermessen „im Sinne des Gesetzes“ ausübt (vgl VI.D.1.).

Beispiel: Die Verleihung der Staatsbürgerschaft ist eine Ermessensentscheidung, die allerdings den einschlägigen gesetzlichen Vorgaben entsprechen muss.

Darüber hinaus ist dem Gesetzgeber die Verwendung **unbestimmter Gesetzesbegriffe**, die durch eine unscharfe Abgrenzung gekennzeichnet sind, erlaubt. Diese Regelungstechnik ist dann mit Art 18 B-VG vereinbar, wenn diese Begriffe einen so weit bestimmbaren Inhalt haben, dass der einzelne Rechtsunterworfene sein Verhalten danach einrichten kann.

Beispiel: Die Begriffe „Nachtzeit“ und „Stand der Technik“ erlangen durch den Regelungskontext (zB Jugendschutz, Parkordnungen, Art der Betriebsanlage) einen hinreichend klaren Gehalt.

c) Rechtsschutzstaat

Ein weiterer wesentlicher Bestandteil des rechtsstaatlichen Prinzips ist, dass die Einhaltung von Verfassung und Gesetz durch entsprechende Institutionen garantiert ist und dem Betroffenen damit Rechtsschutzmöglichkeiten gegenüber staatlichem Handeln zukommen („**Rechtsschutzstaat**"). Das Rechtsschutzsystem der Bundesverfassung umfasst jenes der ordentlichen Gerichtsbarkeit mit dem OGH an der Spitze und ein eigenes öffentlich-rechtliches Rechtsschutzsystem mit dem VwGH als Höchstgericht und dem VfGH, der auch Zuständigkeiten jenseits der Verwaltungsgerichtsbarkeit hat (insbesondere die Gesetzesprüfung). Die verfassungsrechtlichen Grundlagen für das öffentlich-rechtliche Rechtsschutzsystem finden sich im Achten Hauptstück des B-VG, das Regelungen über die Verwaltungsgerichte, den VwGH und den VfGH enthält.

Insgesamt gibt es 11 Verwaltungsgerichte: pro Bundesland ein Landesverwaltungsgericht (LVwG) und auf Bundesebene das Bundesverwaltungsgericht (BVwG) und das Bundesfinanzgericht (BFG). Alle verwaltungsbehördlichen Entscheidungen in Bescheidform können grundsätzlich direkt bei diesen Verwaltungsgerichten mittels **Bescheidbeschwerde** bekämpft werden, die entweder mit Erkenntnis oder mit Beschluss entscheiden. Daneben bestehen auch Zuständigkeiten zur Kontrolle von verwaltungsbehördlichen Maßnahmen (zB Festnahmen, Abschleppen eines Autos) und zur Überprüfung der Säumigkeit von Behörden (Säumnisbeschwerde) sowie nach Maßgabe einfachgesetzlicher Regelungen weitere Kompetenzen der Verwaltungsgerichte.

Im Bereich der Gemeindeselbstverwaltung kann es allenfalls noch erforderlich sein, vor Erhebung der Beschwerde an das VwG eine Berufung zu erheben und erst dann den Berufungsbescheid mittels Bescheidbeschwerde zu bekämpfen.

Die Entscheidungen der Verwaltungsgerichte können sowohl beim VwGH als auch beim VfGH bekämpft werden. Das entsprechende Rechtsmittel ist im Hinblick auf den VwGH die **Revision** (Art 133 Abs 1 Z 1 B-VG), mit Blick auf den VfGH die „**Entscheidungsbeschwerde**" nach Art 144 B-VG. Der VfGH nimmt dabei die Kontrolle der Verfassungsmäßigkeit von Entscheidungen der Verwaltungsgerichte vor („Sonderverwaltungsgerichtsbarkeit"), die Kontrolle der bloßen Gesetzmäßigkeit dieser Akte ist hingegen eine Aufgabe des VwGH (s dazu D.2.c.).

Das rechtsstaatliche Prinzip fordert nach der Judikatur auch **ein Mindestmaß an Verständlichkeit und Zugänglichkeit der Rechtsvorschriften** sowie die **Effizienz des Rechtsschutzsystems**. Der VfGH (VfSlg 11.196/1986) hat dies auf die prägnante Formel gebracht, dass „alle Akte staatlicher Organe im Gesetz und mittelbar letzten Endes in der Verfassung begründet sein müssen und ein System von Rechtsschutzeinrichtungen die Gewähr dafür bietet, dass nur Akte in ihrer rechtlichen Existenz als dauernd gesichert erscheinen, die in Übereinstimmung mit den sie bedingenden Akten höherer Stufe erlassen wurden". Zu kurze Rechtsmittelfristen sind daher verfassungsrechtlich bedenklich.

Der VfGH geht von einem Rechtstypenzwang aus (VfSlg 17.967/2006): Das Rechtsschutzsystem des B-VG knüpft an bestimmte Rechtsakte an (s VI.E.). Nur gegen diese Rechtsakte ist Rechtsschutz vorgesehen. Dem Gesetzgeber ist es daher untersagt, bestimmte Rechtsakte, die nicht vom B-VG vorgesehen sind, zu schaffen, und damit Rechtsschutzmöglichkeiten zu umgehen. Der Gesetzgeber muss sich daher bei der Verfolgung seiner Ziele jener Rechtsakte bedienen, die durch den verfassungsrechtlich gewährleisteten Rechtsschutz vorgezeichnet sind, wenn er in die Rechte der Rechtsunterworfenen eingreift.

4. Das bundesstaatliche Grundprinzip

Gemäß Art 2 Abs 1 B-VG ist Österreich ein Bundesstaat. Das **bundesstaatliche Prinzip** legt eine **Dezentralisierung** fest: Der Gesamtstaat, die Republik Österreich, setzt sich aus dem Bund (Oberstaat) und den in Art 2 Abs 2 B-VG genannten Ländern (Gliedstaaten) zusammen. Gesetzgebung und Vollziehung sind auf verschiedene Gebietskörperschaften aufgeteilt. Gesetzgebung, Verwaltung und Gerichtsbarkeit kommen Bund und Ländern zu, auch den Gemeinden kommen nicht unwesentliche Teile der Verwaltung (aber keine Gesetzgebungs- und Gerichtsbarkeitskompetenzen) zu. Der überwiegende und bedeutende Teil an Gesetzgebungskompetenzen obliegt dem Bund. Im Bereich der Vollziehung kommt den Ländern aufgrund der mittelbaren Bundesverwaltung eine höhere Bedeutung zu (s VI. C.). Für die Charakteristik des bundesstaatlichen Grundprinzips in der österreichischen Verfassung sind insbesondere folgende Strukturmerkmale kennzeichnend: Die Staatsgewalt, Gesetzgebung und Vollziehung, ist auf Bund und Länder aufgeteilt. Die Länder wirken durch den Bundesrat an der Gesetzgebung und in der Form der mittelbaren Bundesverwaltung an der Verwaltung des Bundes mit. Die Länder verfügen über eine relative Verfassungsautonomie. Dh, die Länder besitzen selbst eine Landesverfassung, die allerdings der Bundesverfassung nicht widersprechen darf. Eine Beseitigung oder gravierende Änderung eines dieser drei Elemente würde zu einer Gesamtänderung der Bundesverfassung führen.

Diese Dezentralisierung ist durch die Kompetenzverteilung (Art 10 bis 15 B-VG) verfassungsrechtlich gesichert. Dort ist festgelegt, welche Aufgaben vom Bund und welche von den Ländern zu erfüllen sind.

In Art 10 B-VG sind jene Materien aufgezählt, die sowohl in Gesetzgebung als auch in Vollziehung Bundessache sind. Das bedeutet, dass der Bundesgesetzgeber für die Erlassung eines Gesetzes zuständig ist und auch die Vollziehung dieses Gesetzes unter der Letztverantwortung des Bundes erfolgt, wie das zB in Angelegenheiten des Gewerbes der Fall ist (Art 10 Abs 1 Z 8 B-VG; vgl GewO 1994). Ganz wesentliche, auch für das Wirtschaftsleben bedeutende Angelegenheiten fallen unter einen Kompetenztatbestand des Art 10 B-VG. In Angelegenheiten des Art 11 B-VG, zB Angelegenheiten der Staatsbürgerschaft oder Straßenpolizei, ist der Bundesgesetzgeber für die Gesetzgebung zuständig und die Vollziehung ist Sache der Länder, dh sie erfolgt durch Landesbehörden. Art 12 B-VG weist dem Bund die Kompetenz zur Grundsatzgesetzgebung zu und der Landesgesetzgeber ist für die Erlassung von Ausführungsgesetzen zuständig. Das bedeutet, dass der Bund die Grundzüge einer Regelung festlegt, während der Landesgesetzgeber darauf aufbauend detailliertere, konkretisierende Regelungen einführt. So gibt es zB im Bereich des Krankenanstaltenrechts ein Grundsatzgesetz des Bundes und neun Ausführungsgesetze der Länder, die nähere Regelungen treffen. Grundsatzgesetze sind ausdrücklich als solche zu bezeichnen. In den Art 12 B-VG zugeordneten Materien ist die Vollziehung ausschließlich Landessache. Art 15 B-VG weist alle Materien, die nicht ausdrücklich durch die Bundesverfassung der Gesetzgebung oder auch der Vollziehung des Bundes übertragen sind, dem selbstständigen Wirkungsbereich der Länder zu. Diese Angelegenheiten sind also in Gesetzgebung und Vollziehung Landessache. Dies trifft zB für das Bauwesen oder das Veranstaltungswesen zu. Die Art 13 bis 14b B-VG beinhalten besondere Kompetenzordnungen in den Bereichen des Abgabenwesens, des Schulwesens und für die Vergabe öffentlicher Aufträge.

Die sog Kompetenzhoheit (oder „Kompetenz-Kompetenz"), also die Fähigkeit, zu entscheiden, wem welche Kompetenzen zukommen, hat letztlich immer der Bund, da die Kompetenzverteilung durch die Bundesverfassung festgelegt ist, die nur durch den Bundesverfassungsgesetzgeber geändert werden kann.

5. Das republikanische, das gewaltenteilende und das liberale Grundprinzip

Darüber hinaus ergeben sich aus der Bundesverfassung weitere Grundprinzipien, nämlich das republikanische, das gewaltenteilende und das liberale Prinzip.

Das **republikanische Prinzip** legt die **Stellung des Bundespräsidenten** fest. Das Staatsoberhaupt muss anders als ein durch Erbfolge bestimmter Monarch auf begrenzte Zeit gewählt werden und rechtlich wie politisch verantwortlich gemacht werden können. In der konkreten Ausprägung des B-VG wird der Bundespräsident für sechs Jahre gewählt, wobei eine einmalige Wiederwahl zulässig ist. Ferner ist er der Bundesversammlung (das ist die Gesamtheit der Mitglieder des Nationalrates und Bundesrates) rechtlich verantwortlich. Der Bundespräsident kann wegen Verletzung der Bundesverfassung durch Beschluss der Bundesversammlung vor dem VfGH angeklagt und von diesem ggf seines Amts enthoben werden (rechtliche Verantwortlichkeit). Auf Verlangen der Bundesversammlung kann eine Volksabstimmung darüber durchgeführt werden, ob der Bundespräsident abgesetzt werden soll (politische Verantwortlichkeit).

Das **gewaltenteilende Prinzip** ist durch die Einrichtung **unterschiedlicher Organe für Gesetzgebung** (Nationalrat und Bundesrat, Landtage), **Verwaltung und Gerichtsbarkeit** verwirklicht (organisatorische Trennung der Staatsgewalten). Durch die Aufteilung der Staatsgewalt auf verschiedene Einheiten wird die Macht eingeschränkt. Abgesichert wird die Gewaltenteilung durch zahlreiche **Inkompatibilitätsbestimmungen**, denen zufolge grundsätzlich niemand zugleich Funktionen in mehreren Organen verschiedener Staatsgewalten, mitunter aber auch derselben Staatsgewalt, einnehmen kann. Dies soll auch verhindern, dass zu viel Macht „in einer Hand" liegt und möglicherweise missbraucht wird. Das gewaltenteilende Prinzip hängt eng mit dem rechtsstaatlichen Grundprinzip zusammen. Nach manchen Auffassungen wird es als Unterelement des rechtsstaatlichen Grundprinzips gesehen. Wären Verwaltung und Gerichtsbarkeit nicht getrennt, könnten Konstellationen auftreten, in denen der Kontrollierte und der Kontrollierende identisch wären. Das wäre mit dem Erfordernis effektiven Rechtsschutzes nach dem rechtsstaatlichen Grundprinzip nicht vereinbar.

Das **liberale Prinzip** fordert die Selbstbeschränkung des Staats im Sinne einer Trennung von Staat und Gesellschaft. Diese findet Ausdruck in den **Grund- und Freiheitsrechten**, die gewisse „Freiräume vom Staat" gewährleisten sollen (s sogleich C.).

C. Grundrechte

1. Allgemeines

a) Überblick über die Grundrechte

Grundrechte sind ein zentraler Inhalt von Verfassungen, so auch der österreichischen Verfassung. Es handelt sich um Rechte, welche die Verfassung einzelnen Rechtssubjekten verleiht. Art 144 B-VG bezeichnet sie als **verfassungsgesetzlich gewährleistete Rechte**.

Die österreichischen Grundrechte sind – als Ausdruck des liberalen Grundprinzips der Bundesverfassung – vorwiegend in ihrer klassischer Funktion als **Abwehrrechte gegen den Staat** konzipiert und schützen somit den Einzelnen vor zu weit reichenden Eingriffen in seine individuelle Freiheitssphäre.

Beispiel: Das Grundrecht auf Achtung der Wohnung verbietet es dem Staat, willkürlich und ohne Grund in den Wohnraum von Individuen einzudringen.

Aus den Grundrechten folgen damit vor allem Unterlassungspflichten des Staats.

Beispiel: Der Staat darf niemanden foltern; der Staat darf niemanden zu Zwangsarbeit verpflichten; der Staat darf Presseartikel und Medienbeiträge nicht vor der Veröffentlichung zensieren etc.

Manche Grundrechte können aber erst in Anspruch genommen werden, wenn der Staat diese durch sein Handeln ermöglicht.

Beispiel: Das Recht auf ein faires Verfahren vor einem unabhängigen Gericht kann nur in Anspruch genommen werden, wenn der Staat ein solches Gericht einrichtet. Das Recht auf Bildung kann nur in Anspruch genommen werden, wenn der Staat Bildungseinrichtungen zur Verfügung stellt.

Außerdem garantieren manche Grundrechte einen Anspruch auf Mitwirkung. So hat der Einzelne etwa einen Anspruch auf Mitwirkung an der Staatswillensbildung (zB aktives und passives Wahlrecht).

Schließlich ist der Staat zu aktivem Handeln verpflichtet, wenn der Schutz eines Grundrechtsträgers durch Dritte gefährdet ist. Man spricht in diesem Zusammenhang auch von „**grundrechtlichen Schutzpflichten**".

Beispiel: Um das Recht auf Leben (Art 2 EMRK) zu schützen, muss der Staat Mord unter Strafe stellen und Mörder auch strafrechtlich verfolgen.

b) Regelungen zu den Grundrechten

Die Grundrechte finden sich va im **StGG** (Staatsgrundgesetz über die allgemeinen Rechte der Staatsbürger) aus 1867, im **B-VG** sowie in der **EMRK** (Europäische Menschenrechtskonvention), die in Österreich 1958 in Kraft getreten ist und mit ihren Zusatzprotokollen in Verfassungsrang steht. Teilweise finden sich Grundrechte aber auch in eigenen Verfassungsgesetzen (zB das Bundesverfassungsgesetz über die Rechte von Kindern) oder in Verfassungsbestimmungen in einfachen Gesetzen (zB Recht auf Datenschutz, § 1 Datenschutzgesetz). Die österreichischen Grundrechte finden sich somit in unterschiedlichen Rechtsquellen, die zu verschiedenen Zeitpunkten in Kraft traten. Sie überschneiden sich inhaltlich teilweise und verstärken sich gegenseitig. Auch im Recht der Europäischen Union gibt es Grundrechte, die sich in der **GRC** (Charta der Grundrechte der Europäischen Union) finden.

c) Grundrechtsträger

Personen, die durch die Grundrechte geschützt werden, bezeichnet man als **Grundrechtsträger**. Es können sowohl natürliche Personen (Menschen) als auch juristische Personen (zB Aktiengesellschaften, Gesellschaften mit beschränkter Haftung) Grundrechtsträger sein. Für juristische Personen gilt jedoch, dass sie sich nur auf Grundrechte berufen können, die „ihrem Wesen nach“ auch auf juristische Personen anwendbar sind.

Beispiel: Eine AG kann sich auf ihr Hausrecht berufen, wenn etwa eine Hausdurchsuchung vorgenommen wird. Dagegen wird sie sich nicht auf das Folterverbot nach Art 3 EMRK berufen können, da eine juristische Person nicht gefoltert werden kann.

Manche Grundrechte (insb im StGG oder der Gleichheitssatz im B-VG) berechtigen nur österreichische Staatsbürger. Die meisten Grundrechte (insb jene der EMRK und der GRC) schützen hingegen jedermann unabhängig von der Staatsbürgerschaft.

d) Grundrechtsverpflichtete

Primär verpflichten Grundrechte den Staat, und zwar in allen seinen Erscheinungsformen (Legislative, Exekutive und Judikative). Das bedeutet, kein Gesetz, kein Bescheid und kein Urteil darf gegen die Grundrechte verstoßen. Der Staat muss die Grundrechte aber nicht nur bei hoheitlichem Handeln einhalten, sondern ist auch an sie gebunden, wenn er privatrechtlich tätig wird. Man spricht von der **Fiskalgeltung** der Grundrechte.

Beispiel: Wenn eine Bundesministerin ein Ministeriumsgebäude sanieren lassen will, darf sie damit nicht einfach einen befreundeten Unternehmer betrauen. Vielmehr gebietet der Gleichheitssatz, dass der entsprechende Auftrag nach sachlichen Kriterien an den besten Anbieter vergeben wird.

Daneben stellt sich die Frage, ob die Grundrechte auch auf die Rechtsbeziehungen von Privatpersonen untereinander anzuwenden sind (**Dritt- oder Horizontalwirkung**). Eine **unmittelbare Drittwirkung**, dh die Ableitung eines Anspruchs (zB auf Unterlassen) einer Privatperson gegenüber einer anderen Privatperson aus einem Grundrecht, wird grundsätzlich verneint.

Die Grundrechte haben jedoch eine durch das einfache Gesetz vermittelte Wirkung auf die Rechtsverhältnisse zwischen Privatpersonen (**mittelbare Drittwirkung**). Zum einen haben die Gesetze, welche die Rechtsverhältnisse zwischen Privaten regeln (zB Allgemeines Bürgerliches Gesetzbuch, Konsumentenschutzgesetz, Mietrechtsgesetz, ...), die Grundrechte zu wahren bzw auszuführen. Zum anderen müssen Verwaltungsbehörden und Gerichte in ihren Entscheidungen, die die Rechtsverhältnisse zwischen Privaten zum Gegenstand haben, die Grundrechte bei der

Gesetzesauslegung und -anwendung (s zur verfassungskonformen Interpretation 1.Teil VIII.D.) beachten.

Beispiel: Wenn der Vermieter einer Wohnung einen Schlüssel behält, um „immer wieder nach dem Rechten sehen" zu können, dann kann der Mieter den Vermieter nicht mit Verweis auf das Grundrecht auf Achtung seiner Wohnung fernhalten. Das Mietrechtsgesetz vermittelt aber den Schutz dieses Grundrechts, indem es dem Vermieter nur bei Vorliegen wichtiger Gründe den Zutritt zur Wohnung erlaubt. Dieser darf daher auch keinen Zweitschlüssel haben, wenn der Mieter das nicht möchte. Auch ohne eine solche explizite Bestimmung würden die ordentlichen Gerichte in verfassungskonformer Interpretation des § 879 ABGB eine vertraglich geregelte Möglichkeit des Vermieters, ständig in die Wohnung des Mieters zu kommen, für sittenwidrig erachten. Würde der Gesetzgeber dem Vermieter gesetzlich ausdrücklich erlauben, ständig in die Wohnung des Mieters zu kommen, dann wäre dieses Gesetz wegen Verstoßes gegen das Grundrecht auf Achtung seiner Wohnung verfassungswidrig und könnte durch den VfGH aufgehoben werden (siehe unten).

e) Einschränkungen der Grundrechte

Einige wenige Grundrechte (etwa das Verbot der Folter gem Art 3 EMRK) sind „absolut" gewährleistet und dürfen daher nicht eingeschränkt werden. Die meisten Grundrechte stehen aber unter einem **Gesetzesvorbehalt**. Darunter ist die (im Grundrecht selbst enthaltene) Ermächtigung des einfachen Gesetzgebers zu verstehen, das Grundrecht zu beschränken.

Beispiel: Während Folter unter keinen Umständen zulässig ist, können Eingriffe in die Wohnung durchaus hinzunehmen sein, wenn sie in einem Gesetz vorgesehen sind. So erlauben es §§ 120 ff StPO bei Vorliegen bestimmter Verdachtsmomente der Kriminalpolizei, eine Hausdurchsuchung durchzuführen.

Ein Gesetzesvorbehalt bedeutet aber nicht, dass der Gesetzgeber mit einem Gesetz ohne Vorliegen weiterer Voraussetzungen einfach Grundrechte aufheben kann. Denn dann wäre der Gesetzgeber *de facto* nicht an die Grundrechte gebunden, die immerhin im Verfassungsrang stehen. Ein Gesetz darf vielmehr nur dann in ein Grundrecht eingreifen, wenn der Eingriff dem Verhältnismäßigkeitsprinzip entspricht. Dieses legt fest, dass für einen zulässigen Eingriff in den Schutzbereich eines Grundrechtes folgende vier Voraussetzungen vorliegen müssen. Ein Eingriff ist demnach verhältnismäßig, wenn er

- durch ein **öffentliches Interesse** geboten ist,
- die vorgesehene Maßnahme geeignet ist, dieses Ziel zu erreichen (**Geeignetheit**),
- der Eingriff weiters erforderlich in dem Sinne ist, dass es keine weniger in das Grundrecht eingreifende Maßnahme gibt, die das Ziel auf gleiche Weise verwirklicht (**Erforderlichkeit**),
- und schließlich adäquat ist, also die Schwere des Eingriffs in das Grundrecht und das angestrebte Ziel in einem angemessenen Verhältnis zueinanderstehen (**Adäquanz**, Verhältnismäßigkeit im engeren Sinne – Übermaßverbot).

Beispiel: Die Möglichkeit einer Hausdurchsuchung gem §§ 120 ff StPO greift in das Recht auf Achtung der Wohnung (Art 8 EMRK) ein. Sie dient jedoch dem öffentlichen Interesse der Aufklärung von Straftaten. Die Aufklärung von Straftaten dient (auch) der Verhinderung weiterer strafbarer Handlungen und dem Aufrechterhalten der öffentlichen Ordnung. Die Hausdurchsuchung ist geeignet dieses Ziel zu erreichen, weil die Durchsuchung von Wohnräumen dabei hilft, Straftaten aufzuklären. Sie ist auch erforderlich, weil eine gelindere Maßnahme (zB Fragen um eine freiwillige Herausgabe von Beweismitteln, Beobachtung eines Hauses) nicht geeignet wäre, das Ziel auf die gleiche Weise zu verwirklichen. Schließlich ist die konkrete Regelung der StPO auch adäquat, weil die Hausdurchsuchung nur zulässig ist, wenn bestimmte Indizien bereits nahelegen, dass sich eine verdächtige Person/ein Beweismittel im zu durchsuchenden Haus befinden. Außerdem darf eine Hausdurchsuchung grds nur durchgeführt werden, wenn ein Gericht sie genehmigt hat. Insgesamt überwiegt daher das Interesse an einer Hausdurchsuchung zur Verhinderung von Straftaten das Interesse des dort Wohnenden an der Achtung seiner Wohnung, der Grundrechtseingriff ist also verhältnismäßig. Das Grundrecht auf Achtung der Wohnung ist nicht verletzt.

Bei manchen Grundrechten wird in der Grundrechtsbestimmung explizit vorgegeben, zur Verfolgung welcher öffentlichen Interessen das Grundrecht gesetzlich eingeschränkt werden kann. Man spricht von einem **materiellen Gesetzesvorbehalt**, der eben inhaltliche (= materielle) Vorgaben für die zulässigen Eingriffe in das betreffende Grundrecht macht. Auch bei einem materiellen Gesetzesvorbehalt muss ein Eingriff zur Zielerreichung geeignet, erforderlich und adäquat sein.

Gerade in den (älteren) Grundrechtsbestimmungen des StGG wird häufig nur gefordert, dass Eingriffe in ein Grundrecht durch Gesetz zulässig sind. Das Grundrecht wird „unter den gesetzlichen Bedingungen“ gewährleistet. Es handelt sich insofern um einen **formellen Gesetzesvorbehalt**, weil für Eingriffe in dieses Grundrecht nur die **Form** (eines Gesetzes) vorgegeben ist. Damit aber nicht mittels einfachen Gesetzes ein durch die Verfassung garantiertes Recht ausgehöhlt werden kann, verlangt der VfGH, dass auch bei Grundrechten mit einem formellen Gesetzesvorbehalt Eingriffe verhältnismäßig sein müssen. Im Unterschied zum materiellen Vorbehalt kann ein zulässiger Eingriff aber zum Zweck jedes denkbaren öffentlichen Interesses erfolgen, sofern Geeignetheit, Erforderlichkeit und Adäquanz gegeben sind.

Beispiel: Recht auf Achtung des Privat- und Familienlebens (Art 8 EMRK):
(1) Jedermann hat Anspruch auf Achtung seines Privat- und Familienlebens, seiner Wohnung und seines Briefverkehrs.
(2) Der Eingriff einer öffentlichen Behörde in die Ausübung dieses Rechts ist nur statthaft, insoweit dieser Eingriff gesetzlich vorgesehen ist und eine Maßnahme darstellt, die in einer demokratischen Gesellschaft für die *nationale Sicherheit, die öffentliche Ruhe und Ordnung, das wirtschaftliche Wohl des Landes, die Verteidigung der Ordnung und zur Verhinderung von strafbaren Handlungen, zum Schutz der Gesundheit und der Moral oder zum Schutz der Rechte und Freiheiten anderer* notwendig ist.
Ein Eingriff in Art 8 EMRK ist nur zur Verfolgung von den oben kursiv gekennzeichneten öffentlichen Interessen zulässig.

f) Durchsetzung der Grundrechte

Wichtiges Merkmal der Grundrechte ist, dass diese auch durchgesetzt werden können. Es handelt sich eben nicht um Vorschläge, die der Staat beachten sollte, sondern um einklagbare, subjektive Rechte, die den Staat in allen Erscheinungsformen binden. Die Überwachung der Einhaltung der Grundrechte obliegt in erster Linie dem **VfGH**. Dieser ist dazu berufen, sowohl generell-abstrakte (**Gesetze und Ver-**

ordnungen) als auch manche individuell-konkrete Rechtsakte (**Entscheidungen der Verwaltungsgerichte**) auf ihre Grundrechtskonformität zu überprüfen (dazu näher unter D).

Für die Prüfung der Urteile von **ordentlichen Gerichten**, bei denen es sich auch um staatliche, individuell-konkrete Rechtsakte handelt, ist der VfGH allerdings **nicht** zuständig. Hier ist in der ordentlichen Gerichtsbarkeit ein eigener Instanzenzug vorgesehen, der beim OGH endet. Somit stellt in der ordentlichen Gerichtsbarkeit in letzter Instanz der OGH die Einhaltung der Grundrechte in gerichtlichen Entscheidungen sicher.

2. Besonderer Teil

Beispielhaft soll im Folgenden auf einzelne Grundrechte vertieft eingegangen werden.

a) Schutz des Privat- und Familienlebens

Die Grundrechte sollen unter anderem die Privatsphäre von Individuen vor staatlichen Eingriffen schützen. Art 8 EMRK enthält vier Freiheitsrechte die bestimmte Teilbereiche der Privatsphäre schützen sollen: die Achtung des Privatlebens, des Familienlebens, der Wohnung und des Briefverkehrs. Unterstützt und erweitert wird diese Grundrechtsbestimmung durch den Schutz des Hausrechts (Art 9 StGG iVm dem HausrechtsG), den Schutz des Briefgeheimnisses (Art 10 StGG), den Schutz des Fernmeldegeheimnisses (Art 10a StGG) sowie das Grundrecht auf Datenschutz (§ 1 DSG). Diese Grundrechtsgarantien finden sich damit sowohl in den älteren Grundrechtsschichten des StGG aus 1867 als auch in jüngeren Rechtsquellen wie der EMRK bzw dem DSG.

Der grundrechtliche **Schutz des Privatlebens** ist sehr weit zu verstehen. Er umfasst nicht nur die private Lebensführung, sondern auch die Achtung der körperlichen und geistigen Integrität, der Selbstbestimmung über den eigenen Körper und des Sexualverhaltens. Auch der Name einer Person ist geschützt. Art 8 EMRK gewährleistet somit das Recht auf freie Gestaltung der Lebensführung. Denkbare Eingriffe wären zB zwangsweise medizinische Untersuchungen oder eine Impfpflicht, das Verbot homosexueller Handlungen unter Erwachsenen, Videoüberwachung im öffentlichen Raum, Personen- und Gepäckdurchsuchungen oder die Erhebung und Veröffentlichung privater Informationen.

Der **Schutz des Familienlebens** umfasst jedenfalls alle durch Blutsverwandtschaft, Eheschließung oder Adoption verbundenen Familienmitglieder, die zusammenleben oder bei denen ein Abhängigkeitsverhältnis besteht. Die Beziehungen zur sog Kernfamilie (Eltern und [eheliche, uneheliche, adoptierte] Kinder) sind auch ohne das Erfordernis des Zusammenlebens von Art 8 EMRK geschützt. Zusätzlich ist auch die Beziehung zu weiter entfernten Verwandten und verbundenen Menschen („de facto-Familie") geschützt, allerdings nur, wenn ein ausreichendes Naheverhältnis besteht. Der Schutzbereich des Art 8 EMRK umfasst aber auch die (kinderlose) Beziehung von (hetero- oder homosexuellen) Lebensgefährten außerhalb einer Ehe. Der Familienbegriff ist also denkbar weit. Eingriffe können etwa im Entzug des Erziehungsrechts und in der Behinderung und Beeinträchtigung des Familienlebens liegen. Eine solche läge etwa dann vor, wenn ein Elternteil ohne Grund sein Kind nicht mehr sehen dürfte oder wenn ein Kind in staatliche Obsorge genommen wird.

Das Recht auf **Achtung der Wohnung** soll Grundrechtsträgern einen Rückzugsraum garantieren, in dem sie sich entfalten können. Neben dem Schutz vor willkürlichen Wohnungsdurchsuchungen enthält es auch ein Recht auf Schutz vor Immissionen durch den Staat (Lärm, Rauch, Müll ...), die die Benützbarkeit der Wohnung einschränken. Da nicht nur der Staat solche Immissionen verursachen kann, treffen ihn hier auch positive Verpflichtungen, Immissionen von Nachbargrundstücken durch gesetzliche Bestimmungen auf ein erträgliches Maß zu reduzieren und wirksam bekämpfbar zu machen, indem gegen diese zB auf Unterlassung geklagt werden kann. Eingriffe wären etwa Hausdurchsuchungen, die Genehmigung einer Anlage, die in einer Wohngegend hochgiftige Abgase produziert usw.

Das Recht auf **Achtung des Briefverkehrs** schützt vornehmlich die Vertraulichkeit der Kommunikation, insbesondere das Briefgeheimnis (Art 10 StGG). Als moderneres Pendant dazu regelt Art 10a StGG den Schutz der elektronischen Kommunikation. Beide Schutzgehalte sind auch vom Schutzbereich des Art 8 EMRK umfasst. „Briefverkehr" im Sinne der EMRK ist nämlich weit als „Korrespondenz" zu verstehen. Eingriffe in dieses Grundrecht wären entweder das Mitlesen geheimer Korrespondenz, Abhörmaßnahmen bei Telefongesprächen oder die Installation eines „Bundestrojaners" auf mobilen Endgeräten, der Behörden eine Ferndurchsuchung von Handys ermöglicht.

Schließlich gewährt das Grundrecht auf **Datenschutz** einen Anspruch auf Geheimhaltung personenbezogener Daten, soweit ein schutzwürdiges Interesse daran besteht. Darüber hinaus besteht ein Anspruch auf Auskunft, Richtigstellung und Löschung von solchen Daten. Das Grundrecht wird explizit in § 1 DSG gewährleistet, ergibt sich aber im Wesentlichen auch aus Art 8 EMRK, insbesondere dem Recht auf Achtung des Privatlebens (siehe oben). In dieses wird durch das Sammeln von personenbezogenen Daten eingegriffen.

Beispiel: Ein schutzwürdiges Interesse besteht etwa an der Geheimhaltung politischer Präferenzen, Informationen über das Privatleben wie die Wohnadresse oder den Familienstand, aber auch an geschäftlichen Vorgängen.

Eingriffe in das Grundrecht auf Datenschutz wären etwa die automatische Speicherung personenbezogener Daten ohne Anlass (Vorratsdatenspeicherung) oder aber auch schon die bloße Speicherung solcher Daten.

Die eben genannten Grundrechte ergeben sich aus verschiedenen Regelungen, sie lassen sich jedoch großteils aus nur einer Bestimmung, nämlich Art 8 EMRK, ableiten. Art 8 Abs 2 EMRK enthält einen **materiellen Gesetzesvorbehalt**, weswegen Eingriffe in die genannten grundrechtlichen Positionen nur mit dem Ziel der Verfolgung bestimmter öffentlicher Interessen zulässig sind. Konkret sind im Artikel folgende öffentliche Interessen genannt: die nationale Sicherheit, die öffentliche Ruhe und Ordnung, das wirtschaftliche Wohl des Landes, die Verteidigung der Ordnung und die Verhinderung von strafbaren Handlungen, der Schutz der Gesundheit und der Moral oder der Schutz der Rechte und Freiheiten anderer.

b) Schutz der freien Meinungsäußerung

Das Grundrecht auf Meinungsfreiheit (Art 10 EMRK und Art 13 StGG) schützt die Kommunikation von Individuen nach außen und dabei vor allem die Äußerung der eigenen Meinung. Es ist egal, ob Werturteile oder Tatsachenbehauptungen geäußert werden.

> *Beispiel:* Die Aussage „Anwälte arbeiten regelmäßig über 60 Stunden pro Woche" ist eine Tatsachenbehauptung, während „Anwälte arbeiten viel zu lange" ein Werturteil ist. Beide Aussagen fallen in den Schutzbereich der Meinungsfreiheit.

Das Grundrecht auf Meinungsfreiheit schützt neben der aktiven Meinungsäußerung auch den Empfang von Meinungen (Informationsfreiheit). Der **Schutzbereich** der Meinungsfreiheit ist dabei ein denkbar **weiter**, sie wird daher teilweise auch als „Kommunikationsfreiheit" bezeichnet. Die Meinungsfreiheit umfasst alle erdenklichen Ausdrucksmittel; die Meinungsäußerung kann also schriftlich, mündlich oder elektronisch erfolgen, auch Fotografien, Filme usw sind vom Schutzbereich umfasst. Kommerzielle Werbung wird ebenfalls geschützt, kann aber stärkeren Beschränkungen unterworfen werden.

Spezielle Ausformungen des Grundrechts sind die Pressefreiheit und die Rundfunkfreiheit. Im Bereich der Pressefreiheit gilt insbesondere das Verbot der Vorzensur, also der Inhaltskontrolle von Meldungen und Äußerungen vor der Veröffentlichung.

> *Beispiel:* Wenn Medien Artikel zu einem bestimmten Thema erst nach Freigabe durch eine Behörde drucken dürften, würde das eine verbotene Form der Vorzensur darstellen, die mit der Meinungsfreiheit – konkret mit der Pressefreiheit – nicht vereinbar wäre.

Auch Art 10 Abs 2 EMRK enthält einen **materiellen Gesetzesvorbehalt**. Ein Grundrechtseingriff ist demnach nur zulässig, wenn er im Interesse der nationalen Sicherheit, der territorialen Unversehrtheit oder der öffentlichen Sicherheit, der Aufrechterhaltung der Ordnung und der Verbrechensverhütung, des Schutzes der Gesundheit und der Moral, des Schutzes des guten Rufes oder der Rechte anderer unentbehrlich ist, um die Verbreitung von vertraulichen Nachrichten zu verhindern oder das Ansehen und die Unparteilichkeit der Rechtsprechung zu gewährleisten.

c) Gleichheitsgrundsatz

Die nahezu wortgleichen Art 7 B-VG und Art 2 StGG normieren einen allgemeinen Gleichheitsgrundsatz (auch: Gleichheitssatz), der in erster Linie die Ungleichbehandlung der Staatsbürger verbietet. Art 7 B-VG zählt als verbotene Differenzierungsmerkmale exemplarisch Geburt, Geschlecht, Klasse, Bekenntnis und Stand auf. Unterschiedliche Behandlungen sind allgemein verboten, sofern es für sie keinen sachlichen Grund gibt. Der VfGH prüft differenzierende Gesetze – egal ob anhand der aufgezählten oder sonstiger Merkmale – nach folgendem Schema: Jede Differenzierung ist gleichheitswidrig, wenn sie nicht durch Unterschiede im Tatsächlichen begründet ist (**Verbot unsachlicher Differenzierung**). Zunächst ist somit stets festzustellen, ob eine rechtliche Differenzierung vorliegt, und anschließend, ob diese Unterscheidung aufgrund tatsächlicher Umstände gerechtfertigt, also sachlich ist.

Beispiel: Ein Gesetz könnte festlegen, dass Angehörige einer bestimmten Religionsgemeinschaft höhere Steuern zahlen müssen. Diese würden im Vergleich zu Personen, die der Religionsgemeinschaft nicht angehören, ungleich behandelt. Da es für diese unterschiedliche Behandlung keinen sachlichen Grund gibt, wäre ein solches Gesetz verfassungswidrig.
Dagegen sind höhere Steuersätze für höhere Einkommensklassen zwar auch eine Ungleichbehandlung, diese ist aber sachlich gerechtfertigt. Wer mehr verdient, kann auch mehr zahlen.

Daneben verbietet der Gleichheitsgrundsatz aber auch, Ungleiches unsachlicherweise gleich zu behandeln (**Verbot unsachlicher Gleichbehandlung**). Hier prüft der VfGH folgendermaßen: Jede Gleichbehandlung von Ungleichem muss sachlich, also aufgrund von tatsächlichen Umständen, gerechtfertigt sein.

Beispiel: Würde man für den Bau eines Windrads ein gleich ausführliches und umfassendes Gutachten über die Kraftwerksicherheit vorlegen müssen wie für ein (ungleich gefährlicheres) Atomkraftwerk, dann würde Ungleiches ohne sachlichen Grund gleich behandelt und der Gleichheitsgrundsatz wiederum verletzt.

Der VfGH hat aus dem Gleichheitsgrundsatz darüber hinaus ein **allgemeines Sachlichkeitsgebot** abgeleitet. Hierbei wird nicht mehr geprüft, ob es zu einer Differenzierung kommt, sondern nur, ob eine Regelung für sich genommen sachlich ist. Das Sachlichkeitsgebot ist aber nur dann verletzt, wenn der Gesetzgeber für eine Zielerreichung völlig ungeeignete Mittel einsetzt. Das Sachlichkeitsgebot ist hingegen nicht verletzt, wenn eine Regelung nur unzweckmäßig erscheint.

Beispiel: Der Gesetzgeber erlässt ein Gesetz zur Einführung einer Mietobergrenze von 10 €/m^2, um mehr leistbaren Wohnraum zu schaffen. Diese Maßnahme kann (auch) den eigentlich unerwünschten Effekt haben, dass weniger neue Wohnungen gebaut werden oder Eigentümer ihre Wohnungen mangels Lukrativität nicht mehr vermieten wollen. Das könnte dazu führen, dass der Gesetzgeber sein Ziel nicht (oder nicht so gut) erreicht. Deswegen ist die Regelung aber noch nicht unsachlich, denn sie ist zur Zielerreichung nicht völlig ungeeignet.

Beispiel: Dem allgemeinen Sachlichkeitsgebot würde etwa eine Regelung widersprechen, nach der für die Eröffnung einer Bäckerei ein Waffenschein erforderlich wäre.

Schließlich ergibt sich aus dem Gleichheitsgrundsatz der **Vertrauensschutz**. Dieser schützt das von den Rechtsunterworfenen in eine bestehende Rechtslage gesetzte Vertrauen und umfasst den Schutz vor rückwirkenden Gesetzen.

Beispiel: Eine Pensionsreform führt zu einer bedeutenden Kürzung der Ansprüche von Personen, die kurz vor ihrem Pensionsantritt stehen. Hier wird ein über viele Jahre erworbenes Vertrauen in eine Pension von einer gewissen Höhe zerstört. Hätten die Betroffenen früher von der Kürzung gewusst, so hätten sie möglicherweise durch eine Privatversicherung die Kürzung kompensieren können. Kurz vor der Pension können Personen aber nicht mehr rechtzeitig auf die Kürzung reagieren. Aus diesem Grund müssen verfassungskonforme Pensionskürzungen oder Anhebungen des Pensionsalters immer schrittweise über einen längeren Zeitraum erfolgen.

d) Verfahrensgrundrechte – Recht auf ein faires Verfahren

Verfahrensgrundrechte sollen sicherstellen, dass Einzelne ihre Rechte in einem fairen Verfahren durchsetzen können. Sie sind damit ein wesentlicher Teil des Rechtsstaatsprinzips, denn ohne faire Verfahren ist ein effektiver Rechtsschutz nicht möglich.
Im Zentrum der Verfahrensgrundrechte steht Art 6 EMRK, der das Recht auf ein faires Verfahren in Zivil- und Strafsachen gewährt. Art 6 EMRK gilt also nur dann, wenn zivilrechtliche Ansprüche betroffen sind oder es um eine strafrechtliche Anklage geht. Diese beiden Voraussetzungen sind allerdings nicht im Sinne des nationalen Rechts, sondern als Begriffe der EMRK als völkerrechtlicher Vertrag autonom auszulegen. Nach dieser Auslegung zählen zu den **zivilrechtlichen Ansprüchen** neben „klassischen" Streitigkeiten unter Privaten auch Verfahren, die dem öffentlichen Recht zuzuordnen sind, sofern diese vermögenswerte Auswirkungen haben.

Beispiel: Eine Enteignung erfolgt mittels hoheitlichen Akts, hat aber Auswirkungen auf das Vermögen der enteigneten Person. Daher betrifft die Enteignung trotz ihres öffentlich-rechtlichen Charakters zivilrechtliche Ansprüche im Sinne der EMRK.

Als **strafrechtliche Anklagen** gelten nach der EMRK nicht nur Anklagen vor einem Strafgericht, sondern auch Verwaltungsstraftaten oder Disziplinarstrafen, die einen Freiheitsentzug oder eine vergleichbare Strafe vorsehen (zB Berufsausübungsverbote). Aus der autonomen Auslegung ergibt sich, dass auch Verfahren, die innerstaatlich dem Verwaltungsrecht zuzuordnen sind, in den Anwendungsbereich des Art 6 EMRK fallen.

Art 6 EMRK enthält vier zentrale Garantien, die ein faires Verfahren in Zivil- und Strafsachen erfüllen muss. Diese sind:

- der Zugang zu einem gesetzlich eingerichteten, unabhängigen und unparteiischen Gericht oder einer entsprechend unabhängigen Verwaltungsbehörde (Tribunal), das/die eine bindende und durchsetzbare Entscheidung treffen kann
- die Einhaltung einer angemessenen Verfahrensdauer
- der Anspruch auf eine mündliche und öffentliche Verhandlung
- der Anspruch auf ein faires Verfahren im engeren Sinn, das etwa Parteiengehör, gleichberechtigten Zugang zu Akten und allgemein eine „Waffengleichheit" im Verfahren verlangt

Beispiel: Mit dem Recht auf ein faires Verfahren ist es nicht vereinbar, wenn in einem Zivil- oder Strafverfahren nur einer Partei Einsicht in verfahrensrelevante Akten verweigert wird.

In Strafverfahren gewährleistet Art 6 EMRK darüber hinaus noch spezielle Verfahrensgrundrechte. Zu diesen gehören etwa der Grundsatz der Unschuldsvermutung, das Recht auf einen Dolmetscher oder das Recht, sich wirksam zu verteidigen. Beschuldigte bzw Angeklagte, die sich keinen Verteidiger leisten können, haben ein Recht auf einen Pflichtverteidiger, der vom Staat bezahlt wird.

D. Verfassungsgerichtsbarkeit

1. Organisation

Der **VfGH** ist neben dem Verwaltungsgerichtshof (VwGH) und dem Obersten Gerichtshof (OGH) eines der drei österreichischen Höchstgerichte. Er besteht aus einem Präsidenten, einem Vizepräsidenten, zwölf Mitgliedern und sechs Ersatzmitgliedern. Alle Mitglieder werden vom Bundespräsidenten ernannt. Das Vorschlagsrecht für die Mitglieder und Ersatzmitglieder ist zwischen Bundesregierung, Nationalrat und Bundesrat geteilt. Die Mitglieder des VfGH genießen wie alle anderen Richter richterliche Unabhängigkeit.

2. Ausgewählte Zuständigkeiten

Die Zuständigkeiten des VfGH sind in den Art 137 ff B-VG abschließend aufgezählt. Zwei der wichtigsten Kompetenzen des VfGH sind die Normenkontrolle (a), insbesondere hinsichtlich der Einhaltung der Grundrechte (b) und die Sonderverwaltungsgerichtsbarkeit (c).

a) Normenkontrolle (Prüfung von Gesetzen und Verordnungen)

Der VfGH prüft die Gesetzmäßigkeit von Verordnungen (Art 139 B-VG) und die Verfassungsmäßigkeit von Gesetzen (Art 140 B-VG). Diese Verfahren werden als Normenkontrolle bezeichnet. Im Falle der Gesetzwidrigkeit bzw Verfassungswidrigkeit hat der VfGH die entsprechende Regelung im geprüften Umfang aufzuheben. Die Normen gelten dann grds ab Verkündung der Entscheidung des VfGH nicht mehr. Im Fall der Aufhebung einer Vorschrift kann der VfGH auch eine Frist setzen, während der die aufgehobene Regelung weitergilt (bei Verordnungen bis zu sechs Monate, bei Gesetzen bis zu 18 Monate). Dadurch soll der Verordnungs- bzw Gesetzgeber die Möglichkeit bekommen, rechtswidrige Normen zu sanieren.

Dem VfGH kommt damit die Rolle eines „negativen Gesetzgebers" zu, weil er Gesetze und Verordnungen aus dem Rechtsbestand entfernen, aber keine Normen erlassen kann.

Gegenstand der Normenkontrolle sind Gesetze (Art 140 B-VG) oder Verordnungen (Art 139 B-VG). Maßstab für ihre Rechtmäßigkeit ist immer das im Stufenbau der Rechtsordnung übergeordnete Recht. Das heißt: Gesetze werden an der Verfassung, Verordnungen an den Gesetzen gemessen.

Der VfGH kann aber nicht einfach jede Norm aufheben, die er für rechtswidrig hält. Vielmehr wird der VfGH nur aufgrund eines Antrags tätig. Zu unterscheiden sind zwei Arten der Normenkontrolle: Die abstrakte und die konkrete Normenkontrolle.

Bei der **abstrakten Normenkontrolle** wird eine Regelung unabhängig von einem konkreten Anwendungsfall geprüft. Wer berechtigt ist, einen Prüfantrag zu stellen, hängt von der zu prüfenden Regelung ab. So können etwa Bundesgesetze auf Antrag (irgend)einer Landesregierung, eines Drittels der Mitglieder des Nationalrates oder des Bundesrates durch den VfGH geprüft werden und Landesgesetze auf Antrag der Bundesregierung oder eines Drittels der Mitglieder des entsprechenden Landtages; Verordnungen von Bundesbehörden können ua auf Antrag einer Landesregierung, Verordnungen einer Landesbehörde ua von der Bundesregierung bekämpft werden.

Beispiel: Vor kurzem wurde auf Bundesebene das Anti-Raser-Gesetz beschlossen. Dieses erlaubt es, die Autos von Personen zu beschlagnahmen, die schwere Geschwindigkeitsüberschreitungen begehen. Bei besonders schweren Verstößen können die beschlagnahmten Fahrzeuge auch versteigert werden, wobei der Erlös dem Staat zufließt. Sollte ein Drittel der Abgeordneten im National- oder Bundesrat bzw eine Landesregierung das Gesetz für verfassungswidrig halten, kann/können diese eine Überprüfung des Gesetzes durch den VfGH beantragen. Dafür ist es nicht erforderlich, dass das Gesetz schon einmal angewendet wurde.

Bei der **konkreten Normenkontrolle** stellt sich hingegen die Frage der Rechtmäßigkeit einer Regelung im Zusammenhang mit einem konkreten Verfahren, in dem diese Regelung anzuwenden ist (Anlassfall). Das Erfordernis, dass die zu prüfende Regelung in einem konkreten Verfahren anwendbar ist und die Entscheidung in diesem Verfahren von der Gültigkeit oder Auslegung der Regelung abhängt, nennt man **Präjudizialität**. In einem solchen Fall sind bei einer Verordnungs- wie auch einer Gesetzesprüfung alle Gerichte (Verwaltungsgerichte und ordentliche Gerichte), die in einem konkreten Verfahren die fragliche Regelung anzuwenden haben, sowie der VfGH selbst („von Amts wegen“) für ein Gesetz, das er in einem Verfahren anwenden muss, antragsberechtigt. Haben die Gerichte Bedenken im Hinblick auf die Verfassungs-/Gesetzeskonformität der von ihnen anzuwendenden Gesetze und Verordnungen, sind sie verpflichtet, einen Antrag auf Normenkontrolle beim VfGH zu stellen. Das Anlassverfahren wird für die Dauer des Prüfungsverfahrens vor dem VfGH unterbrochen und nach dessen Entscheidung fortgesetzt.

Beispiel: Eine Behörde versteigert aufgrund des Anti-Raser-Gesetzes das Auto einer Person, die mit 210 km/h durch ein Ortsgebiet gefahren ist. Die Person beschwert sich gegen die Entscheidung der Behörde beim zuständigen Verwaltungsgericht erster Instanz. Das Verwaltungsgericht muss nun das Anti-Raser-Gesetz anwenden, um zu beurteilen, ob die Behörde rechtmäßig gehandelt hat. Wenn das Verwaltungsgericht Zweifel hinsichtlich der Verfassungsmäßigkeit des Gesetzes hat, muss es das Beschwerdeverfahren unterbrechen und beim VfGH eine Gesetzesprüfung beantragen. Das Verwaltungsgericht muss aber nur dann einen Prüfantrag stellen, wenn es selbst Zweifel an der Rechtmäßigkeit der Regelung hat. Die betroffene Person kann den Antrag anregen, hat aber kein Recht darauf, dass dieser auch gestellt wird.

Unter bestimmten Voraussetzungen ist es aber auch für (juristische und natürliche) Personen möglich, **unmittelbar** einen Antrag auf Gesetzesprüfung beim VfGH zu stellen. Dafür gibt es zwei Möglichkeiten:

Eine Möglichkeit ist die Erhebung eines **Individualantrags**: Dieser ermöglicht die Verordnungs- und Gesetzesprüfung, wenn für einen Betroffenen keine andere Möglichkeit besteht, die behauptete Rechtswidrigkeit eines Gesetzes oder einer Verordnung an den VfGH heranzutragen. Erforderlich ist zum einen die **aktuelle Betroffenheit** in einer Rechtsposition, und zum anderen das Fehlen eines Rechtswegs oder die Unzumutbarkeit, einen Rechtsweg zu beschreiten (sog **Umwegsunzumutbarkeit**). Zumutbar wäre etwa die Erlangung eines Bescheides und dessen Bekämpfung vor den Verwaltungsgerichten oder auch die Einleitung eines Verfahrens durch Klagserhebung vor den ordentlichen Gerichten. Nicht zumutbar ist es aber etwa, eine strafbare Handlung zu setzen, um ein gerichtliches oder verwaltungsbehördliches Strafverfahren zu provozieren.

Beispiel: Seit November 2019 gilt in der gesamten österreichischen Gastronomie ein Rauchverbot. Vom entsprechenden Gesetz sind die Betreiber von Gastronomiebetrieben aktuell betroffen, weil sie schon aufgrund des Gesetzes verpflichtet sind, das Rauchverbot in ihren Betrieben durchzusetzen. Eine aktuelle Betroffenheit wäre zB nicht gegeben, wenn Behörden ermächtigt wären, nach einer Prüfung in bestimmten Gastronomiebetrieben ein Rauchverbot per Bescheid anzuordnen. Hier liegt eine aktuelle Betroffenheit aber vor. Für die Bekämpfung des Gesetzes gibt es einen möglichen „Umweg": das Rauchverbot missachten und sich bestrafen lassen und anschließend gegen die Verwaltungsstrafe vorgehen. Der VfGH hat jedoch entschieden, dass der Umweg über ein (Verwaltungs-)Strafverfahren nicht zumutbar ist. Niemand muss sich strafbar machen, um ein Gesetz, das einen aktuell betrifft, beim VfGH anfechten zu können.

Außerdem besteht die Möglichkeit der Erhebung eines „**Parteiantrags auf Normenkontrolle**". Hierbei kann eine Partei aus Anlass der Erhebung eines **Rechtsmittels** gegen die erstinstanzliche Entscheidung eines **ordentlichen Gerichts** (nicht aber eines Verwaltungsgerichts!) den VfGH mit der Behauptung anrufen, dass im ordentlichen Gerichtsverfahren eine gesetzwidrige Verordnung bzw ein verfassungswidriges Gesetz angewendet wurde.

Beispiel: Im Rahmen einer politischen Diskussion äußert A öffentlich seinen Unmut über die „Zustände" in Österreich, indem er die österreichische Fahne zerreißt und anschließend verbrennt. Damit begeht er eine Straftat, nämlich die Herabwürdigung staatlicher Symbole (§ 248 Abs 2 StGB). A wird daher angeklagt und von einem Strafgericht (= ordentliches Gericht) verurteilt. A ist aber der Meinung, dass das Verbrennen der Flagge Ausdruck seiner grundrechtlich geschützten Meinungsfreiheit ist.
A kann gegen das Urteil des ordentlichen Gerichts vorgehen und dieses im ordentlichen Rechtsweg (in letzter Instanz bis zum OGH) bekämpfen. A's eigentliches Problem ist aber nicht das Urteil, sondern das Gesetz, das seine Handlung unter Strafe stellt. Das Gesetz kann aber nur der VfGH prüfen und gegebenenfalls aufheben. Nachdem A in erster Instanz verurteilt ist, kann er daher einen Parteiantrag auf Kontrolle des § 248 Abs 2 StGB auf seine Vereinbarkeit mit der Meinungsfreiheit (Art 10 EMRK und Art 13 StGG) beim VfGH stellen. Gleichzeitig muss er ein Rechtsmittel gegen das Strafurteil beim zuständigen ordentlichen Gericht erheben. Dieses Urteil kann der VfGH nämlich nicht prüfen, und wenn A nicht das Urteil, sondern ausschließlich das Gesetz bekämpft, dann bliebe er auch verurteilt, wenn der VfGH das Gesetz später für verfassungswidrig erklärt. Ein Parteiantrag auf Normenkontrolle kann also nur 1) von einer Person erhoben werden, die wie A Partei in einem ordentlichen Gerichtsverfahren ist, das in erster Instanz abgeschlossen wurde, wenn 2) gegen die Entscheidung erster Instanz im ordentlichen Rechtsweg vorgegangen wird. Die bekämpfte Regelung muss 3) im ordentlichen Gerichtsverfahren anwendbar (präjudiziell) gewesen sein.

Wird ein Parteiantrag auf Normenkontrolle eingebracht, muss das ordentlichen Gericht mit der Fortführung des Rechtsmittelverfahrens bis zur Entscheidung durch den VfGH zuwarten.

Beispiel: A erhebt ein Rechtsmittel gegen das Urteil beim zuständigen Gericht zweiter Instanz und beantragt gleichzeitig eine Prüfung von § 248 Abs 2 StGB durch den VfGH. Das Rechtsmittelgericht wartet zunächst, wie der VfGH entscheidet. Würde der VfGH das

Gesetz für verfassungswidrig erklären, würde das Rechtsmittelgericht das Verfahren fortsetzen und konkret A freisprechen, weil seine Handlung nun nicht mehr strafbar wäre.

Beachte: Die Entscheidung des ordentlichen Gerichts kann nie beim VfGH bekämpft werden. Gegenstand eines Parteiantrags ist ausschließlich die dieser Entscheidung zugrunde liegende Norm.

b) Normenkontrolle zur Prüfung der Grundrechtskonformität eines Gesetzes

Wenn Einzelpersonen Gesetze bekämpfen, dann meistens, weil sie sich durch die Gesetze in ihren Grundrechten verletzt erachten. Grundrechte sind – wie oben erläutert – verfassungsrechtlich gewährleistete Rechte, die dem Einzelnen eingeräumt sind. Zwar können in einem Individualantrag oder einem Parteiantrag auf Normenkontrolle auch andere Gründe für die Verfassungswidrigkeit eines Gesetzes (etwa: der Bund erlässt ein Gesetz, für das laut Verfassung die Länder zuständig sind) vorgebracht werden, der Hauptanwendungsfall ist aber die Bekämpfung von Gesetzen wegen deren Grundrechtswidrigkeit.

Bei der Prüfung, ob ein Gesetz grundrechtskonform ist, folgt der VfGH einer bestimmten Struktur. Zunächst prüft er, ob ein Gesetz überhaupt in ein Grundrecht eingreift. Anschließend prüft der VfGH, ob dieser Eingriff verhältnismäßig im Sinne des oben (unter C) angeführten Verhältnismäßigkeitsprinzips ist.

Bei der Prüfung, ob in ein Grundrecht eingegriffen wurde, ist zunächst der **Schutzbereich** des jeweiligen Grundrechts zu bestimmen. Der Schutzbereich ist der durch ein bestimmtes Grundrecht geschützte Lebensbereich, der durch Auslegung zu ermitteln ist.

Beispiel: Der grundrechtliche Schutz der Wohnung umfasst Wohnungen, „wohnungsnahe" Gebäude und sogar gewisse Freiflächen. Ein öffentliches Museum, in dem sich eine Person gerne aufhält, fällt nicht in den Schutzbereich dieses Grundrechts. Die Werbung für Zigaretten fällt in den Schutzbereich der Meinungsfreiheit.

In einem nächsten Schritt wird geprüft, ob das zu überprüfende Gesetz einen **Eingriff** in diesen Schutzbereich bewirkt. Ein Eingriff ist jeder Akt, der die grundrechtlich geschützte Sphäre eines Grundrechtsträgers in belastender oder beschränkender Weise berührt.

Beispiele: Die Verhängung einer Geldstrafe greift in das Grundrecht auf Eigentum ein. Der Entzug einer gewerberechtlichen Bewilligung greift in die Erwerbsfreiheit ein. Eine Hausdurchsuchung ist ein Eingriff in das Recht auf Achtung der Wohnung. Das Verbot, auf Plakaten für Zigaretten zu werben, bildet einen Eingriff in die Meinungsfreiheit.

Falls ein derartiger Eingriff vorliegt, prüft der VfGH anhand des Verhältnismäßigkeitsprinzips (siehe oben), ob der Eingriff zur Verfolgung eines öffentlichen Interesses erfolgte, erforderlich, geeignet und verhältnismäßig war. Bei einem materiellen Gesetzesvorbehalt ist außerdem zu prüfen, ob ein zulässiges öffentliches Interesse verfolgt wurde. Ist der Eingriff verhältnismäßig, dann ist er gerechtfertigt, und es liegt keine **Verletzung** des Grundrechts vor.

Beispiel: Das Anti-Raser-Gesetz erlaubt es, Autos von zu schnell fahrenden Personen zu beschlagnahmen und in bestimmten Fällen zu versteigern. Dabei liegt ein **Eingriff** in das Eigentumsrecht vor, das grundrechtlich geschützt ist. Der Eingriff dient **einem öffentlichen Interesse** (Verkehrssicherheit). Die Drohung mit der Wegnahme des Autos ist einerseits **geeignet,** präventiv zu langsamerem Fahren anzuhalten, andererseits können Raser, nachdem ihnen das Auto weggenommen wurde, zumindest mit diesem Fahrzeug die Verkehrssicherheit nicht mehr gefährden. Die Maßnahme ist auch **erforderlich**, weil mit anderen Maßnahmen, wie Führerscheinentzug oder Geldstrafen, die Verkehrssicherheit nicht im selben Ausmaß sichergestellt werden kann. Der Entzug des Fahrzeugs wirkt nämlich laut Studien abschreckender als eine Geldstrafe, außerdem stellt nur eine endgültige Wegnahme sicher, dass der Täter zumindest mit dem weggenommenen Fahrzeug nicht erneut gegen Geschwindigkeitsbeschränkungen verstößt. **Adäquat** ist die Maßnahme der Zwangsversteigerung, wenn sie etwa nur für besonders schwere Geschwindigkeitsüberschreitungen durch Wiederholungstäter vorgesehen ist. In solchen Fällen überwiegt das Interesse an Verkehrssicherheit das Eigentumsrecht der Raser und der Eingriff ist gerechtfertigt.

Ist der Eingriff nicht gerechtfertigt, liegt eine Verletzung des Grundrechts vor. Das Gesetz kann diesfalls durch Erkenntnis des VfGH aufgehoben werden. An das aufhebende Erkenntnis sind alle Gerichte und Verwaltungsbehörden gebunden.

Beispiel: Sähe das Gesetz vor, dass Autos für jeden Verstoß eines Lenkers gegen die Straßenverkehrsordnung (etwa auch wegen Falschparkens oder geringfügiger Geschwindigkeitsüberschreitungen) beschlagnahmt und versteigert werden könnten, wäre das Gesetz jedenfalls nicht mehr adäquat und das Eigentumsrecht verletzt. Der VfGH würde ein entsprechendes Gesetz als verfassungswidrig aufheben.

Wichtig ist stets die **Differenzierung von Eingriff in ein Grundrecht und Verletzung eines Grundrechts**: Jede Verletzung ist zugleich ein (und zwar ein verfassungswidriger) Eingriff, aber nicht jeder Eingriff ist zugleich eine Verletzung, da eine Beschränkung des Grundrechts – wie soeben beschrieben – gerechtfertigt sein kann.

c) Sonderverwaltungsgerichtsbarkeit (Art 144 B-VG)

Neben Gesetzen kann der VfGH auch prüfen, **ob Entscheidungen der Verwaltungsgerichte ein Grundrecht verletzen.** Hierbei ist der Prüfgegenstand nicht ein Gesetz, sondern die **Entscheidung eines Verwaltungsgerichts**. Der VfGH prüft hier (vergleichbar mit dem OGH in der ordentlichen Gerichtsbarkeit) einzelne Entscheidungen auf ihre Verfassungskonformität. Im Unterschied zum OGH, der in der Regel umfassend prüfen kann, prüft der VfGH verwaltungsgerichtliche Entscheidungen ausschließlich dahingehend, ob diese einen Beschwerdeführer in seinen verfassungsgesetzlich gewährleisteten Rechten verletzen oder unter Anwendung einer rechtswidrigen generellen Regelung (zB Gesetz oder Verordnung) erlassen wurden.

Der VfGH hat für Grundrechtsverletzungen durch Entscheidungen von Verwaltungsgerichten eine eigene Prüfformel entwickelt: Im Allgemeinen verletzt eine Entscheidung eines Verwaltungsgerichts ein Grundrecht dann,

- wenn sie **gesetzlos** ergangen ist (dh keine gesetzliche Grundlage existiert, die das Verwaltungsgericht zum Erlass der betreffenden Entscheidung ermächtigt hat),

- wenn das Gesetz **denkunmöglich** angewendet wurde (in diesen Fällen existiert für die Entscheidung zwar eine gesetzliche Grundlage, diese wurde aber vom Verwaltungsgericht qualifiziert unrichtig angewendet) oder
- wenn sich die Entscheidung auf ein **verfassungswidriges Gesetz** (bzw eine gesetzwidrige Verordnung) stützt.

Ist einer dieser Tatbestände erfüllt, so liegt eine Grundrechtsverletzung **durch die Entscheidung** vor, und diese wird vom VfGH in einem Verfahren nach Art 144 B-VG aufgehoben, dh aus dem Rechtsbestand entfernt. Die Verwaltungsgerichte müssen dann in der Regel eine neue Entscheidung treffen, die der Rechtsanschauung des VfGH entspricht. Wenn gegen eine verwaltungsgerichtliche Entscheidung mit der Begründung vorgegangen wird, dass sie sich auf ein verfassungswidriges Gesetz bzw eine gesetzwidrige Verordnung stützt, muss der VfGH die der Entscheidung zugrunde liegende Regelung prüfen. Das kann er allerdings nicht im Rahmen des Entscheidungsprüfungsverfahrens gem Art 144 B-VG. Er muss daher aus Anlass der Entscheidungsbeschwerde mittels Beschluss ein Gesetzes- oder Verordnungsprüfungsverfahren einleiten. In diesem wird dann ein Gesetz (Art 140 B-VG) bzw eine Verordnung (Art 139 B-VG) geprüft.

Beispiel: Im Folgenden soll anhand dreier Fallkonstellationen die sonderverwaltungsgerichtliche Tätigkeit des VfGH beschrieben werden.
Ausgangsfall: A fährt im Ortsgebiet 5 km/h zu schnell. Die zuständige Behörde beschlagnahmt und versteigert daraufhin das Auto der „Raserin“. Das Anti-Raser-Gesetz würde eine Beschlagnahmung erst ab einer Geschwindigkeitsüberschreitung von mehr als 60 km/h im Ortsgebiet vorsehen, für die Möglichkeit einer Versteigerung ist bei Ersttätern eine Überschreitung um über 80 km/h im Ortsgebiet notwendig. Die Beschlagnahmung und Versteigerung erfolgten daher gesetzlos. A kann diese Entscheidung der Behörde zunächst beim Verwaltungsgericht bekämpfen. Bestätigt das Verwaltungsgericht aber die Entscheidung der Behörde, so ist auch die Entscheidung des Verwaltungsgerichts gesetzlos ergangen und kann beim VfGH bekämpft werden. Dieser wird die Entscheidung des Verwaltungsgerichts als gesetzlos aufheben.
Alternative 1: A rast mit 131 km/h durch ein Ortsgebiet. Dies wird mittels Radargerät gemessen, die Behörde beschlagnahmt daher ihr Auto. Laut Anti-Raser-Gesetz kann in so einem Fall (Überschreitung im Ortsgebiet um 80 km/h) das Fahrzeug, „wenn dies geboten erscheint“, nach Beschlagnahmung versteigert werden. A ist zuvor noch nie zu schnell gefahren. Die Geschwindigkeitsüberschreitung wurde kurz vor Ende des Ortsgebiets an einer Stelle gemessen, an der freie Sicht herrscht und sich keine Häuser mehr befinden. A hat bei dieser Fahrt ihren Sohn X ins Krankenhaus transportiert, nachdem sich dieser mit einem Messer eine schwer blutende Schnittwunde zugezogen hat. Dennoch versteigert die Behörde das Fahrzeug, das Verwaltungsgericht bestätigt diese Entscheidung nach einer Beschwerde durch A. In diesem Fall liegt eine denkunmögliche Anwendung des Gesetzes vor, die A in ihrem Eigentumsrecht verletzt. Es widerspricht nämlich grundlegend dem Zweck der Norm, wenn ohne Rücksichtnahme auf die Besonderheiten des Einzelfalls die Zwangsversteigerung durchgeführt wird. Der VfGH wird die Entscheidung des Verwaltungsgerichts wegen denkunmöglicher Anwendung eines Gesetzes aufheben. Der Unterschied zum Ausgangsfall ist, dass das Handeln der Behörde hier grds im Gesetz vorgesehen war.
Alternative 2: Sachverhalt wie im *Ausgangsfall*, nur ist im Anti-Raser-Gesetz eine Beschlagnahmung und Versteigerung von Fahrzeugen bei jeglicher Geschwindigkeitsüberschreitung erlaubt. In diesem Fall wäre die Entscheidung des Verwaltungsgerichts nicht gesetzlos ergangen, das grundrechtliche Problem ist vielmehr das Gesetz selbst. Der VfGH wird aufgrund einer Beschwerde gegen die Entscheidung des Verwaltungsgerichts eine Gesetzesprüfung des Anti-Raser-Gesetzes einleiten und die genannte Bestimmung nach einer Prüfung aufheben, weil sie einen nicht-verhältnismäßigen Eingriff in das Eigentums-

recht darstellt. Nachdem er die Bestimmung aufgehoben hat, prüft der VfGH nochmals die Entscheidung des Verwaltungsgerichts. Für diese gibt es nun keine Rechtsgrundlage mehr, weil der VfGH diese ja aufgehoben hat und die Aufhebung für die bekämpfte Entscheidung rückwirkend gilt. Daher hebt der VfGH die Entscheidung des Verwaltungsgerichts ebenfalls auf.

Beachte: Entscheidungen der Verwaltungsgerichte können auch gegen den Gleichheitsgrundsatz (siehe oben C.2.c.) verstoßen. Für diesen hat der VfGH besondere Prüfungsformeln entwickelt, die von dem klassischen Prüfungsschema abweichen. So wird bei der Prüfung am Gleichheitsgrundsatz (Art 7 B-VG, Art 2 StGG) darauf abgestellt, ob das Verwaltungsgericht in seiner Entscheidung

- sich auf ein **gleichheitswidriges Gesetz** stützt,
- dem anzuwendenden Gesetz einen **gleichheitswidrigen Inhalt** unterstellt hat oder
- **Willkür** geübt hat. Der Begriff der (objektiven) Willkür ist dabei weit und umfasst schwerwiegende Verfahrensfehler und Begründungsmängel, aber auch das gehäufte oder gröbliche Verkennen der Rechtslage.

Die Formel unterscheidet sich jedoch nicht wesentlich von der oben angeführten allgemeinen Prüfformel. Denn eine Entscheidung, die sich auf ein gleichheitswidriges Gesetz stützt, beruht gleichzeitig auf einem verfassungswidrigen Gesetz. Das Unterstellen eines gleichheitswidrigen Inhalts ist mit der denkunmöglichen, weil verfassungswidrigen, Anwendung eines Gesetzes vergleichbar. Eine willkürliche Entscheidung schließlich entspricht einer gesetzlosen.

Der VfGH prüft lediglich die Verfassungsmäßigkeit von verwaltungsgerichtlichen Entscheidungen. Insbesondere werden in der Frage, ob ein Gesetz denkunmöglich angewendet wurde, vom VfGH nur qualifizierte (und damit in die Verfassungssphäre reichende) Rechtswidrigkeiten geprüft und ggf wahrgenommen. Die Prüfung, ob die Entscheidung in allen Einzelheiten dem (einfachen) Gesetz entspricht, obliegt gemäß Art 133 B-VG dem Verwaltungsgerichtshof (VwGH). VwGH und VfGH prüfen somit den gleichen Gegenstand (Entscheidung eines Verwaltungsgerichts), allerdings anhand unterschiedlicher Maßstäbe. Der VfGH hebt eine Entscheidung nur dann auf, wenn sie ohne rechtliche Grundlage, in denkunmöglicher Rechtsanwendung oder auf Basis einer rechtswidrigen Regelung erlassen wurde. Für alle anderen Fälle ist der VwGH zuständig. Insbesondere die Frage, ob eine denkunmögliche oder einfach nur eine unrichtige Rechtsanwendung vorliegt, kann im Einzelfall aber schwierig zu beurteilen sein.

Beispiel: Wer gefährlichen Müll im Wald ablagert, verwirklicht den Tatbestand der „Waldverwüstung“, diese ist mit einer Geldstrafe von bis zu € 7.270 zu bestrafen. Je nachdem, wie schlimm die tatsächliche Verwüstung ist, ob es sich um einen Wiederholungstäter handelt, ob besonders gefährlicher Müll abgelagert wird ..., soll die Strafe dabei höher oder niedriger ausfallen. Wenn nun eine Behörde eine unbescholtene Person ohne besonderer Erschwerungsgründe mit der Höchststrafe bestraft und ein Verwaltungsgericht diese Entscheidung bestätigt, kann der Täter gegen diese Entscheidung des Verwaltungsgerichts wegen denkunmöglicher Gesetzesanwendung den VfGH anrufen. Wenn aber etwa eine Strafe von € 800 verhängt und vom Verwaltungsgericht bestätigt wird, und der Täter meint, das Verwaltungsgericht hätte gewisse mildernde Umstände nicht ausreichend berücksichtigt, liegt kein Fehler vor, der in die Verfassungssphäre reicht. In diesem Fall kann nur der VwGH (erfolgreich) angerufen werden.

Wenn klar ist, dass in einem Fall nur eine einfachgesetzliche Rechtswidrigkeit vorliegt, kann der VfGH die entsprechende Beschwerde ablehnen und auf Antrag an den VwGH abtreten.

VI. Grundzüge des Verwaltungsrechts

Das Verwaltungsrecht besteht aus Vorschriften über den Aufbau der Verwaltung (**Organisationsrecht**), den Inhalt der Verwaltungstätigkeit (**materielles** oder **besonderes** Verwaltungsrecht) und das verwaltungsbehördliche Verfahren (**Verwaltungsverfahrensrecht**). Beim **Allgemeinen Verwaltungsrecht** geht es um das Herausarbeiten allgemeiner Grundsätze der Verwaltung, etwa im Hinblick auf die Organisation und die Handlungsformen.

Beispiel: Für die Erteilung einer Baubewilligung ist der Bürgermeister der Gemeinde zuständig, in dem das zu bebauende Grundstück liegt.
Das **Organisationsrecht** regelt, wie der Bürgermeister gewählt wird und welcher Aufsicht er unterliegt.Das **materielle Verwaltungsrecht** ist in diesem Fall die einschlägige (Landes-)Bauordnung, die regelt, unter welchen Voraussetzungen die Genehmigung für ein Gebäude erteilt werden darf.
Das **Verwaltungsverfahrensrecht** regelt hier zB, wer einen Antrag auf Erteilung der Baubewilligung stellen darf, ob die Behörde eine Bauverhandlung durchführen muss und wie lange sie für die Entscheidung über den Antrag Zeit hat.

A. Die Staatsfunktion Verwaltung

Die Staatsfunktion Verwaltung wird gegenüber der Staatsfunktion Gerichtsbarkeit negativ abgegrenzt: Es ist darunter jener Teil der Vollziehung zu verstehen, der nicht durch unabhängige Richter, sondern durch (grundsätzlich) **weisungsgebundene** staatliche Organe des Bundes, der Länder oder der Gemeinden besorgt wird. Dies können gleichermaßen auf Zeit gewählte Organe (**Funktionäre**), ernannte berufsmäßige Organe (**Beamte**) oder vertraglich bestellte Organe (**Vertragsbedienstete**) sein; sie führen die Verwaltung unter der Leitung der obersten Organe des Bundes und der Länder (Art 20 Abs 1 B-VG; man spricht vom **„hierarchischen Verwaltungsmodell“**).

Beispiel: Die Gewerbeordnung wird von Beamten und Vertragsbediensteten der Bezirksverwaltungsbehörden vollzogen. Als oberstes Organ kann der zuständige Wirtschaftsminister für diesen Vollzug dem Landeshauptmann Weisungen erteilen, der diese an die Bezirksverwaltungsbehörden weitergibt. Die Weisungen müssen von den Behördenmitarbeitern befolgt werden.

Ausnahmsweise können durch Gesetz bestimmte Verwaltungsorgane **weisungsfrei** gestellt werden (Art 20 Abs 2 B-VG). In diesen Fällen muss aber zumindest ein **Aufsichtsrecht** der obersten Organe vorgesehen werden. Zudem besteht aufgrund der verfassungsrechtlichen Vorgaben ein Auskunftsrecht des Nationalrats und des Bundesrats gegenüber den Leitern weisungsfreier Organe (Art 52 Abs 1a B-VG).

Beispiel: Die FMA ist unter anderem für die Bankenaufsicht zuständig. In dieser Tätigkeit agiert sie unabhängig und weisungsfrei, unterliegt aber der Aufsicht des Bundesministers für Finanzen. Dieser achtet darauf, dass die FMA die ihr übertragenen Befugnisse nicht überschreitet.

Mitunter werden Verwaltungsaufgaben auch durch unabhängige Organe wahrgenommen, die unter staatlicher Aufsicht stehen (**Selbstverwaltung**), oder durch Privatrechtssubjekte, denen (durch Gesetz) Hoheitsgewalt übertragen wurde (sog **Beleihung**, zB Übertragung der Flugsicherung an die Austro Control GmbH, Übertragung der „Pickerl"-Begutachtung nach § 57a KFG an private Kfz-Werkstätten). In den Kernbereichen staatlicher Verwaltungstätigkeit (zB die Durchführung von Strafverfahren oder der Strafvollzug) ist eine derartige Beleihung ausgeschlossen.

Österreichische Verwaltungsorgane sind in vielen Bereichen neben ihrer Zuständigkeit für den Vollzug nationalen Rechts auch für die **Vollziehung von Unionsrecht** zuständig. Man spricht in diesen Fällen von indirektem Vollzug des Unionsrechts, dh den Vollzug durch Organe der Mitgliedstaaten.

Beispiel: Die EU-Verordnung 561/2006 regelt Lenk- und Ruhezeiten im Straßenverkehr, etwa für den Güterverkehr. Für den Vollzug dieser Verordnung, also die Kontrolle, ob die Lenk- und Ruhezeiten auch eingehalten werden, sind aber keine eigens eingerichteten EU-Behörden zuständig. Vielmehr werden diese Arbeitszeitregeln durch die innerstaatlichen Behörden (in Österreich insb das Arbeitsinspektorat oder die Bundespolizei im Rahmen von Verkehrskontrollen) vollzogen.

B. Begriffe

1. Juristische Personen des öffentlichen Rechts

Der Staat ist in Form von unterschiedlichen juristischen Personen des öffentlichen Rechts organisiert. Sie sind künstliche Gebilde der Rechtsordnung, denen bestimmte Aufgaben oder Zuständigkeiten zugewiesen werden. Grundsätzlich werden **juristische Personen des öffentlichen Rechts** zur Erfüllung bestimmter im öffentlichen Interesse liegender Aufgaben durch ein spezielles Gesetz oder einen speziellen Hoheitsakt eingerichtet und sind mit hoheitlichen Befugnissen ausgestattet.

Dagegen werden **juristische Personen des Privatrechts** idR durch Privatrechtsakt errichtet (zB Gesellschaftsvertrag, Satzung der AG). Für Streitigkeiten aus dem Verbandsverhältnis sind grundsätzlich bei juristischen Personen des Privatrechts die ordentlichen Gerichte, bei juristischen Personen des öffentlichen Rechts die Verwaltungsbehörden zuständig.

Es lassen sich verschiedene Typen von juristischen Personen des öffentlichen Rechts unterscheiden; am wichtigsten sind dabei die **Körperschaften**. Dabei handelt es sich um zur juristischen Person erhobene Personenmehrheiten, deren Bestehen von einer Mitgliederkontinuität unabhängig ist. Es besteht zumeist von Gesetzes wegen Zwangsmitgliedschaft, womit ein privatautonomer Bei- oder Austritt idR nicht möglich ist. Man unterscheidet **Gebietskörperschaften** (Bund, Länder, Gemeinden: Zwangsmitgliedschaft aufgrund des Wohnsitzes – Gebietshoheit) und

Personalkörperschaften (zB Sozialversicherungsträger, Kammern, ÖH: Zwangsmitgliedschaft aufgrund persönlicher Merkmale oder Eigenschaften).

Beispiel: Mileya studiert Wirtschaftsrecht an der WU. Als Studentin an einer österreichischen Universität ist sie Teil der Personalkörperschaft „ÖH". Da M ihren Wohnsitz in Wien hat, ist sie auch „Mitglied" der Gebietskörperschaft „Gemeinde Wien". Die Körperschaften bestehen weiter, wenn M diese wieder verlassen hat, weil sie einen von ihren Mitgliedern unabhängigen Bestand haben.

Neben den Körperschaften gehören auch Anstalten, öffentlich-rechtliche Fonds und öffentlich-rechtliche Stiftungen zu den juristischen Personen des öffentlichen Rechts.

2. Organbegriff

Juristische Personen sind als künstliche Gebilde zwar rechts-, nicht aber handlungsfähig. Sie handeln daher durch ihre **Organe**, die wiederum abstrakte Konstrukte der Rechtsordnung sind. Die Aufgaben der juristischen Person werden auf mehrere ihrer Organe aufgeteilt. Die Tätigkeiten der Organe üben natürliche Personen (**Organwalter**) aus. Sie können durch Wahl (zB Bundespräsident) oder Ernennung (zB Bundesminister) bestellt werden.

Beispiel: Der Landeshauptmann von Oberösterreich (OÖ) ist ein Organ der Gebietskörperschaft OÖ, dem gem B-VG und den Landesgesetzen gewisse Aufgaben zukommen. Der Organwalter ist Thomas Stelzer.

Die Handlungen von Organen verpflichten diese nicht selbst. Vielmehr üben sie ihre Tätigkeiten stets im Namen der juristischen Person des öffentlichen Rechts aus, für die sie tätig werden. Belangt werden kann daher immer nur die juristische Person, welcher das Organhandeln zurechenbar ist.

Beispiel: Die Bundesministerin (Organ) Gisela (Organwalterin) erlässt eine Verordnung. In diesem Fall hat im Rechtssinn die Gebietskörperschaft Bund (vertreten durch ihr Organ Bundesministerin) gehandelt. Wenn der Polizist Peter in Ausübung der Sicherheitspolizei einen Schuss abgibt, hat im Rechtssinn der Bund „geschossen", weil die Sicherheitspolizei eine Angelegenheit der Gesetzgebung und Vollziehung des Bundes ist (Art 10 Abs 1 Z 7 B-VG).

Beachte: Auch juristische Personen des Privatrechts können nur durch ihre Organe handeln. So wird etwa eine GmbH durch das Organ „Geschäftsführer" vertreten.

Unabhängig von der Bestellung wird meist auch ein *Anstellungsverhältnis* zwischen den Organwaltern und der Gebietskörperschaft begründet. Dieses kann durch Bescheid (*Beamte – öffentlich-rechtliches Dienstverhältnis*) oder privatrechtlichen Vertrag (*Vertragsbedienstete – privatrechtliches Dienstverhältnis*) erfolgen.

Organe können in verschiedene Kategorien eingeteilt werden, man unterteilt sie etwa nach Art der Willensbildung, Zugehörigkeit zu einer Gebietskörperschaft oder der ausgeübten Staatsfunktion.

1. Nach der **Art der Willensbildung** wird zwischen **monokratischen** (ein Organwalter ist zur Willensbildung berufen, zB Bundeskanzler, Bürgermeister) und **Kollegialorganen** (mehrere Organwalter sind zur einstimmigen oder mehrheit-

lichen Willensbildung berufen, zB Bundesregierung, Gemeinderat) unterschieden.

2. Die **Zugehörigkeit** eines Organs **zu einer Gebietskörperschaft**: Die Zugehörigkeit eines Organs zu einer Gebietskörperschaft kann organisatorisch (nach Errichtung) oder funktionell (nach Funktion) verstanden werden. **Bundesorgane im organisatorischen Sinn** werden vom Bund errichtet und erhalten; diesem obliegt die Bestellung der Organwalter. **Landesorgane im organisatorischen Sinn** werden vom Land errichtet und erhalten; die Bestellung der Organwalter erfolgt durch das Land. Landesorgane im organisatorischen Sinn können aber auch für den Bund tätig werden; dann sind sie **funktionell Bundesorgane** (hier wird also auf die Tätigkeit und nicht die Organisation abgestellt).

   Beispiel: In mittelbarer Bundesverwaltung werden zB Bezirksverwaltungsbehörden als Landesbehörden im organisatorischen Sinn funktionell als Bundesorgane tätig (s unten C.1.).

3. Nach der **Staatsfunktion** werden Organe im Sinne der Gewaltenteilung der **Gesetzgebung-, Verwaltung-** oder **Gerichtsbarkeit** eingeordnet, je nachdem, welcher Staatsfunktion das Organ angehört.

   Der Bund und die Länder haben Gesetzgebungsorgane (Nationalrat, Bundesrat, Landtage), Verwaltungsorgane und gerichtliche Organe. Die Gemeinden haben nur Verwaltungsorgane (Bürgermeister, Gemeindevorstand und Gemeinderat).

Bei **Verwaltungsorganen** wird zwischen **Behörden** (sie erfüllen hoheitliche Aufgaben) und sonstigen **Dienststellen** unterschieden. **Dienststellen** sind einem Organ bloß als **Hilfsapparat** beigeordnet, sie erfüllen selbst keine hoheitlichen Aufgaben (zB Gemeindeamt, Amt der Landesregierung, Bundesministerium).

Dem Bundesminister als monokratischem Organ obliegt die Willensbildung allein, obwohl ihm als Hilfsapparat die Dienststelle Bundesministerium beigegeben ist.

Behörden dagegen sind Teilmengen des Begriffs Organ: Behörden sind jene Organe, welchen hoheitliche Aufgaben übertragen sind; solche Ermächtigungen ergeben sich aus materiellen Verwaltungsvorschriften. Es gibt somit keine Behörden im organisatorischen Sinn, sondern bloß solche im funktionellen Sinn.

Beispiel: Ein Bundesminister ist dann Behörde, wenn er in einer bestimmten Aufgabe für die Gebietskörperschaft Bund einen Bescheid erlassen kann; er ist hingegen bloßes Organ, wenn er für den Bund privatwirtschaftlich handelt, zB eine Förderung aufgrund eines Fördervertrags gewährt.

C. Organisation der Verwaltung

Die obersten Organe der Verwaltung sind mit der Durchführung der Verwaltungsgeschäfte betraut. Sie sind selbst nicht Weisungen unterworfen, haben aber die Befugnis zur Erteilung von Weisungen an die ihnen untergeordneten Organe. Da die obersten Organe wiederum dem Parlament (auf Bundesebene dem Nationalrat und Bundesrat und auf Landesebene dem Landtag) verantwortlich sind, wird die Verwaltung mittelbar demokratisch legitimiert (s oben V.B.2.).

1. Organe der Bundesverwaltung

Als gleichrangige **oberste Organe** der Bundesverwaltung sind der **Bundespräsident** (*monokratisches Organ*), die **Bundesregierung** (Bundeskanzler, Vizekanzler und Bundesminister – *Kollegialorgan* mit Einstimmigkeitserfordernis) und die **Bundesminister** (*monokratische Organe*) vorgesehen. Der Bundespräsident wird vom Bundesvolk gewählt, die Bundesminister und der Bundeskanzler werden vom Bundespräsidenten ernannt.

Die **Bundesverwaltung** steht unter der Leitung der Bundesminister. Sie kommt in zwei Formen vor:

- (ausnahmsweise) durch eigene Bundesbehörden (**unmittelbare Bundesverwaltung**, zB Finanzverwaltung, Bundesheer, Schulbehörden, Bundesdenkmalamt);
- (in der Regel) durch den Landeshauptmann und die ihm unterstellten Landesbehörden (**mittelbare Bundesverwaltung**, zB Gewerberecht, Wasserrecht): In diesem Fall werden Landesorgane (im organisatorischen Sinn) funktionell als Bundesorgane tätig. Ihr Handeln in dieser Funktion wird dem Bund zugerechnet. Träger der mittelbaren Bundesverwaltung ist der Landeshauptmann, der den Bundesministern im Bereich der mittelbaren Bundesverwaltung weisungsgebunden ist.

Mittelbare Bundesvollziehung bedeutet nicht, dass eine Materie, wie etwa in Art 11 B-VG vorgesehen, in Gesetzgebung Bundes- und in Vollziehung Landessache ist. Vielmehr ist auch bei der mittelbaren Bundesverwaltung der Bund für den Vollzug zuständig, er bedient sich dabei aber organisatorisch dem Land zugeordneten Behörden. Ob eine Materie in unmittelbarer oder in mittelbarer Bundesverwaltung vollzogen wird, richtet sich nach Art 102 ff B-VG.

Beispiel: Das Gewerberecht (Art 10 Abs 1 Z 8 B-VG) liegt in Gesetzgebung und Vollziehung in der Zuständigkeit des Bundes, wird aber (großteils) von den Bezirksverwaltungsbehörden (= organisatorische Landesbehörden) vollzogen. Der zuständige Bundesminister kann aufgrund seiner Vollzugskompetenz Verordnungen in diesem Bereich erlassen und Weisungen an die Bezirksverwaltungsbehörden erteilen.
Die Straßenpolizei hingegen fällt gem Art 11 Abs 1 Z 4 B-VG zwar in die Gesetzgebungs- nicht aber in die Vollzugskompetenz des Bundes. Daher kann der zuständige Bundesminister in diesem Bereich keine Verordnungen erlassen oder Weisungen erteilen. Das oberste Vollzugsorgan ist vielmehr die Landesregierung. Wenn die Bezirksverwaltungsbehörde im Bereich der Straßenpolizei tätig wird, ist sie auch funktionell als Landesbehörde tätig.

2. Organe der Landesverwaltung

Die **obersten Organe** der Landesverwaltung sind der **Landeshauptmann** und die **Landesräte**, die gemeinsam die **Landesregierung** bilden. Die Mitglieder der Landesregierung werden vom Landtag gewählt. Als Dienststelle der Landesregierung ist dieser und ihren Mitgliedern das Amt der Landesregierung beigeordnet, das durch den Landesamtsdirektor (LAD) geleitet wird.

Die Aufgaben der Landesverwaltung in Unterordnung unter die Landesregierung sind grundsätzlich von Landesorganen im organisatorischen Sinn wahrzunehmen:

Dafür sind die **Bezirksverwaltungsbehörden** (Bezirkshauptmannschaften: monokratische Organe unter der Leitung des Bezirkshauptmanns oder – in Städten mit eigenem Statut – Magistrate: monokratische Organe unter der Leitung des Bürgermeisters) vorgesehen.

3. Organe der Gemeindeverwaltung

Die Gemeinde ist eine Gebietskörperschaft mit dem Recht auf Selbstverwaltung. In manchen Angelegenheiten ist die Gemeinde die unterste Ebene der staatlichen Verwaltung. Grundsätzlich unterliegen sämtliche Gemeinden, unabhängig von ihrer Einwohnerzahl und Größe, denselben Regelungen (Prinzip der „**Einheitsgemeinde**“).

Beispiel: Die Gemeinde Gramais in Tirol mit ihren 41 Einwohnern unterliegt den gleichen verfassungsrechtlichen Regelungen wie die Gemeinde Wals-Siezenheim in Salzburg mit 13.575 Einwohnern. Beide Gemeinden haben einen Bürgermeister, einen Gemeinderat und einen Gemeindevorstand (siehe sogleich) und agieren in ihrem eigenen Wirkungsbereich weisungsfrei.

Besondere Regelungen bestehen für die Städte mit eigenem Statut; sie nehmen neben der Gemeindeverwaltung auch Aufgaben der Bezirksverwaltung wahr.

Eine Sonderstellung nimmt die **Bundeshauptstadt Wien** ein, wo die Zuständigkeiten der Landes- und Gemeindeverwaltung zusammenfallen. So hat der Gemeinderat auch die Funktion des Landtags, der Stadtsenat auch die Funktion der Landesregierung, der Bürgermeister auch die Funktion des Landeshauptmanns, der Magistrat auch die Funktion des Amts der Landesregierung und der Magistratsdirektor auch die Funktion des Landesamtsdirektors. Die Magistratischen Bezirksämter sind keine selbständigen Behörden, sondern Bestandteile des einheitlichen Verwaltungsapparates „Magistrat“.

Für die Organisation der Gemeindeverwaltung enthält die Bundesverfassung einige grundlegende Vorgaben, nähere Regelungen sind in den Gemeindeordnungen (dabei handelt es sich um Landesgesetze) festgelegt. Als Organe der Gemeinde sind gemäß der Bundesverfassung jedenfalls vorzusehen:

- der **Gemeinderat**, das ist ein von den Wahlberechtigten der Gemeinde zu wählender allgemeiner Vertretungskörper,
- der **Gemeindevorstand** (Stadtrat), bei Städten mit eigenem Statut der Stadtsenat, sowie
- der **Bürgermeister**.

Der **Gemeinderat** als oberstes kollegiales Beratungs- und Beschlussorgan wird von allen im Gemeindegebiet wohnhaften Unionsbürgern gewählt. Ihm kommen – anders als den Parlamenten auf Bundes- und Landesebene – keine Gesetzgebungszuständigkeiten zu.

Der **Gemeindevorstand** als kollegiales Verwaltungsorgan wird vom Gemeinderat nach dem Proporz, also nach dem Verhältnis der Gemeinderatsfraktionen gewählt.

Der **Bürgermeister** (monokratisches Organ) wird in manchen Bundesländern direkt von den Gemeindebewohnern, in anderen vom Gemeinderat gewählt.

Den Gemeindeorganen ist als gemeinsame Dienststelle das Gemeindeamt beigegeben.

Die Aufgaben der Gemeinden sind einerseits solche des eigenen Wirkungsbereichs, andererseits solche des übertragenen Wirkungsbereichs. In den **eigenen Wirkungsbereich** fallen nach der Generalklausel des Art 118 Abs 2 B-VG „alle Angelegenheiten, die im **ausschließlichen oder überwiegenden Interesse** der in der Gemeinde verkörperten örtlichen Gemeinschaft liegen und **geeignet** sind, durch die Gemeinschaft innerhalb ihrer örtlichen Grenzen besorgt zu werden". Nach der demonstrativen Aufzählung in Art 118 Abs 3 B-VG fällt darunter bspw die Bestellung der Gemeindeorgane und -bediensteten, die örtliche Sicherheitspolizei sowie die örtliche Baupolizei. In diesen Angelegenheiten sind die Gemeinden nicht an Weisungen von Bundes- oder Landesorganen gebunden; es besteht bloß eine staatliche Aufsicht der Landesregierung (im Vollziehungsbereich des Landes) oder des Landeshauptmanns (im Vollziehungsbereich des Bundes). Die Gemeinde hat in diesen Aufgaben das **Recht auf Selbstverwaltung**.

Der **übertragene Wirkungsbereich** umfasst die Angelegenheiten, die die Gemeinde nach Maßgabe der Bundesgesetze im Auftrag und nach den Weisungen des Bundes oder nach Maßgabe der Landesgesetze im Auftrag und nach den Weisungen des Landes zu besorgen hat (zB Personenstandsangelegenheiten). Diese Angelegenheiten werden vom Bürgermeister besorgt. Bei diesen Aufgaben bildet die Gemeinde die unterste Ebene der staatlichen Verwaltung. Selbstverwaltungsrecht kommt ihr nicht zu.

Beispiel: In der Frage, ob die Baugenehmigung für ein Einfamilienhaus erteilt wird, kann das Land keine Weisungen erteilen. Hier wird die Gemeinde im eigenen Wirkungsbereich im Rahmen der örtlichen Baupolizei tätig. Im Bereich des Meldewesens, den die Gemeinde im Auftrag des Bundes besorgt, kann der dafür zuständige Innenminister hingegen sehr wohl Weisungen erteilen, die der Bürgermeister als zuständiges Organ zu befolgen hat.

D. Grundfragen des Verwaltungsrechts

1. Gesetzesbindung

Gemäß Art 18 Abs 1 B-VG darf die gesamte staatliche Verwaltung nur auf Grund der Gesetze ausgeübt werden (sog **Legalitätsprinzip**, s oben V.B.3.). Das bedeutet, dass die Verwaltung stets nur tätig werden darf, wenn sie sich dabei auf eine Grundlage im Gesetz stützen kann. Auf diese Weise sichert das Legalitätsprinzip die demokratische Bindung der Verwaltung an das Gesetz im Sinne einer Prärogative des Parlaments – die Gesetzgebung ist also exklusiv dem Parlament vorbehalten.

Beispiel: Die Polizei darf Personen nicht willkürlich festnehmen, sondern nur unter den Voraussetzungen, die für eine Festnahme gesetzlich vorgeschrieben sind. Der Bürgermeister als zuständige Behörde darf eine Baugenehmigung nur unter den Voraussetzungen erteilen, die im Gesetz vorgesehen sind. Liegen die entsprechenden Voraussetzungen vor, muss er die Baugenehmigung erteilen.

Art 18 Abs 1 B-VG wendet sich aber nicht nur an die Verwaltung, sondern in Form eines Bestimmtheitsgebots („Determinierungsgebots") auch an den Gesetzgeber, und verlangt insoweit, dass die gesetzlichen Regelungen für die Verwaltung hinreichend bestimmt sein müssen. Das schließt die Einräumung von verwaltungsbehördlichem Ermessen nicht aus. Von Ermessen spricht man dann, wenn der Gesetzgeber der Behörde bei der Gesetzesanwendung gewisse Freiräume einräumt. Es muss aber aus dem Gesetz erkennbar sein, nach welchen Kriterien sich die Behörde bei der Ausübung des Ermessens zu orientieren hat (vgl auch oben V.B.3.).

Beispiel: Der Gesetzgeber kann festlegen, dass Autofahrer, die um eine bestimmte Geschwindigkeit zu schnell fahren, von der zuständigen Behörde mit einer Geldstrafe von € 500–1000 zu bestrafen sind. Wie hoch die Strafe konkret ausfällt, bestimmt die Behörde dann auf Basis gesetzlich definierter Kriterien (Wiederholungstäter, besondere Gefährdung anderer ...) in eigenem Ermessen. Der Gesetzgeber dürfte aber nicht festlegen, dass die Behörde alle Personen, die sich auf der Straße „gefährlich verhalten", mit einer „abschreckenden Strafe" sanktionieren kann. Damit wäre eine Überprüfung der Rechtmäßigkeit der von der Behörde erlassenen Strafen anhand des Gesetzes kaum möglich, das Gesetz würde den Anforderungen des Bestimmtheitsgebots nicht entsprechen.

2. Erlassung von Durchführungsverordnungen

Jede Verwaltungsbehörde kann (nur) „auf Grund der Gesetze" innerhalb ihres Wirkungsbereichs Verordnungen (Durchführungsverordnungen) erlassen (Art 18 Abs 2 B-VG). Verordnungen sind **außenwirksame Regelungen**, die für einen nach **generellen Merkmalen bestimmten Adressatenkreis** unmittelbar rechtsverbindlich sind (s näher unter E.1.).

Die Behörden bedürfen für den Erlass dieser Durchführungsverordnungen stets einer gesetzlichen Grundlage, die wiederum den Inhalt der Verordnung determiniert und begrenzt. Eine ausdrückliche Ermächtigung zur Verordnungserlassung in dieser gesetzlichen Grundlage ist jedoch nicht erforderlich. Ein selbständiges (gesetzesergänzendes oder gesetzesvertretendes) Verordnungsrecht gibt es nur in seltenen Ausnahmefällen (zB das Notverordnungsrecht des Bundespräsidenten).

Beispiel: Die Behörde kann auf Basis von Ermächtigungen in der StVO erforderliche Geschwindigkeitsbeschränkungen per Verordnung erlassen, die mit Tafeln an der Straße kundgemacht werden. Die Behörde kann eine solche Verordnung nur erlassen, wenn das im Gesetz vorgesehen ist. Sie kann nicht nach freiem Ermessen bestimmen, wo sie welche Geschwindigkeitsbeschränkungen vorsehen möchte.

3. Weisungsbindung

Nachgeordnete Verwaltungsorgane sind grundsätzlich an die Weisungen der ihnen vorgesetzten Organe gebunden (s bereits oben VI.A.). Das nachgeordnete Organ **kann** die Befolgung einer Weisung allerdings ablehnen, wenn die Weisung von einem unzuständigen Organ erteilt wurde, und es **muss** die Befolgung der Weisung ablehnen, wenn sie gegen strafgesetzliche Vorschriften verstoßen würde (vgl Art 20 Abs 1 B-VG). Weisungen des zuständigen Organs, die nicht gegen das Strafgesetz, aber möglicherweise gegen andere Gesetze verstoßen, sind grds zu befolgen.

Beispiel: Der Innenminister weist die ihm unterstellten Organe der Bundespolizei an, bei Fahrzeugkontrollen stets den verpflichtend mitzuführenden Erste-Hilfe-Kasten zu kontrollieren. Dabei handelt es sich um eine rechtmäßige Weisung vom zuständigen übergeordneten Organ, welche zu befolgen ist.
Eine entsprechende Weisung des unzuständigen Arbeitsministers kann das angewiesene Organ der Bundespolizei ablehnen. Da eine Kontrolle von Erste-Hilfe-Kästen aber nicht verboten ist, muss es das nicht tun; es kann die „Weisung" auch befolgen.
Anders wäre die rechtliche Beurteilung, wenn ein Polizist den stark alkoholisierten Innenminister im Rahmen einer Verkehrskontrolle anhält und der Innenminister die Weisung erteilt, ihn weiterfahren zu lassen. Hier handelt es sich um einen Amtsmissbrauch (§ 302 StGB), weswegen der Polizist die Weisung nicht befolgen darf.

4. Informationsfreiheit

Nach dem im Jahr 2024 erlassenen Art 22a B-VG besteht nunmehr gegenüber dem Staat, und damit auch gegenüber den Verwaltungsbehörden, ein umfassendes Recht auf Informationsfreiheit. Mit diesem Recht korrespondiert die Verpflichtung der Organe von Bund, Ländern und Gemeinden mit über 5.000 Einwohnern, aktiv Informationen von allgemeinem Interesse zu veröffentlichen. Mit der Informationsfreiheit wird das 2025 auslaufende Verhältnis von Amtsgeheimnis und Auskunftspflicht abgelöst.
Kernstück der Informationsfreiheit ist ein Jedermannsrecht auf Zugang zu Informationen von Verwaltungsorganen. Dieses Recht darf nur eingeschränkt werden, wenn eine Geheimhaltung etwa aus zwingenden integrations- oder außenpolitischen Gründen, im Sinne der nationalen Sicherheit, der umfassenden Landesverteidigung, zur Aufrechterhaltung der öffentlichen Ordnung, zur Abwehr erheblicher wirtschaftlicher Schäden einer Gebietskörperschaft oder aufgrund berechtigter Interessen Dritter (zB auf Datenschutz) erforderlich ist. Diese Interessen wurden früher durch das Amtsgeheimnis geschützt.
Die Informationsfreiheit erstreckt sich auch auf privatrechtliche Unternehmen, die zu mindestens 50 % in Staatseigentum stehen und vom Rechnungshof geprüft werden. Der Informationsanspruch kann hier aus wichtigen Gründen eingeschränkt werden, zu denen auch die Wettbewerbsfähigkeit des Unternehmens zählt.

5. Amtshilfe

Alle Organe des Bundes, der Länder, der Gemeinden und der Gemeindeverbände sowie der sonstigen Selbstverwaltungskörper sind im Rahmen ihres gesetzmäßigen Wirkungsbereichs zur wechselseitigen Hilfeleistung – „Amtshilfe" – verpflichtet (Art 22 B-VG). Auch Organe der Gerichtsbarkeit und parlamentarische Organe fallen darunter.

6. Amtshaftung

Fügt ein Organ eines Rechtsträgers in Ausübung hoheitlicher Tätigkeiten einem Einzelnen durch rechtswidriges und schuldhaftes Handeln einen Personen- oder Vermögensschaden zu, so haftet dafür ausschließlich jener Rechtsträger, dem das schädigende Organhandeln zuzurechnen ist (**Amtshaftung**, Art 23 B-VG, § 1 AHG).

Zu den in Art 23 B-VG genannten Rechtsträgern gehören insbesondere die Gebietskörperschaften, also Bund, Länder und Gemeinden.

Für die Zurechnung eines Organs zum jeweiligen Rechtsträger kommt es nicht auf die organisatorische, sondern auf die funktionelle Organstellung an (s dazu B.2.). Im Rahmen der mittelbaren Bundesverwaltung sind daher die von (organisatorischen Landes-)Organen verursachten Schäden vom Bund zu tragen.

Beispiel: Das Gewerberecht obliegt dem Bund in Gesetzgebung und Vollziehung und wird in mittelbarer Bundesverwaltung primär von den Bezirksverwaltungsbehörden vollzogen. Wenn die zuständige Bezirksverwaltungsbehörde eine Gewerbeberechtigung aus unsachlichen Gründen nicht erteilt (etwa um dem Gewerbetreibenden zu schaden) und dadurch ein Schaden entsteht (zB entgangene Einnahmen), so haftet dafür der Bund, weil die Bezirksverwaltungsbehörde diesem im mittelbaren Vollzug zuzurechnen ist.

Ein Ersatzanspruch des Geschädigten besteht nicht, wenn der Schaden durch das Ergreifen eines Rechtsmittels abgewendet werden hätte können.

Beispiel: Kann durch eine rechtzeitige Bescheidbeschwerde der Schaden aus einer nicht erteilten Gewerbeberechtigung verhindert oder vermindert werden, dann haftet der Bund für den durch ein Rechtsmittel vermeidbaren Schaden nicht.

Der zur Haftung herangezogene Rechtsträger kann sich beim rechtswidrig und schuldhaft handelnden Organ regressieren, sofern dieses vorsätzlich oder grob fahrlässig gehandelt hat **(Organhaftung)**.

E. Verwaltungshandeln

1. Hoheitsverwaltung

Der Staat wird in hoheitlicher Verwaltung tätig, wenn er mit **imperium** auftritt. Jene Verwaltungsorgane, welche ausdrücklich zu hoheitlichen Anordnungen und Entscheidungen ermächtigt sind, bezeichnet man als **Behörden**. Der Behördenbegriff ist daher stets ein funktioneller Begriff, weil auf die hoheitliche Aufgabe („Funktion") des Organs abgestellt wird. Diese behördliche Befugnis besteht in der Kompetenz, einseitig Verordnungen und Bescheide zu erlassen und unmittelbare verwaltungsbehördliche Befehls- und Zwangsakte zu setzen sowie nachgeordneten Verwaltungsorganen Weisungen zu erteilen. Das Rechtsschutzsystem knüpft an diese typisierten Rechtsakte an; ausgehend davon hat der VfGH aus dem rechtsstaatlichen Grundprinzip der Bundesverfassung das Gebot abgeleitet, dass Eingriffe in subjektive Rechte stets nur durch diese Rechtsakte bewirkt werden dürfen (sog **Rechtstypenzwang**).

Als **„schlichte Hoheitsverwaltung"** bezeichnet man jene Maßnahmen von Verwaltungsorganen, die selbst keinen Hoheitsakt darstellen, die aber im Umfeld von Hoheitsakten gesetzt werden („hoheitliche Realakte"), wie etwa das Nachschauhalten (= Betriebsprüfung) durch ein Organ des Arbeitsinspektorats und Warnmeldungen der Finanzmarktaufsichtsbehörde (FMA).

Die Handlungsformen der hoheitlich agierenden Verwaltung sind im Einzelnen:

- **Verordnungen**

Verordnungen sind von Verwaltungsbehörden im Bereich der Hoheitsverwaltung erlassene **außenwirksame Regelungen**, welche sich an einen nach **generellen Merkmalen** bestimmten Adressatenkreis (dh an die Allgemeinheit oder an bestimmte Gruppen der Bevölkerung) richten und für diesen Adressatenkreis **unmittelbar rechtsverbindlich** sind, also die Rechtslage der Betroffenen gestalten. IdR führen sie Gesetze als Durchführungsverordnungen näher aus.

Beispiel: Die zuständige Behörde verordnet eine Geschwindigkeitsbeschränkung für einen bestimmten Straßenabschnitt. Diese Regelung ist außenwirksam, denn sie wirkt nicht nur innerhalb der Verwaltung (Unterschied zur Weisung). Sie richtet sich auch an einen nach generellen Merkmalen bestimmten Adressatenkreis, konkret an alle Fahrzeuglenker, die auf einem bestimmten Straßenabschnitt fahren. Auch sind die Verordnungen unmittelbar rechtsverbindlich, denn alle Fahrzeuglenker müssen sich an die Beschränkung halten und riskieren andernfalls Strafen.

Der VfGH kann Verordnungen auf Antrag eines Antragslegitimierten auf ihre Gesetz- und Verfassungsmäßigkeit überprüfen (Art 139 B-VG). Zur Antragstellung sind unter bestimmten Voraussetzungen auch Individualpersonen legitimiert (s oben V.D.2.).

- **Bescheide**

Bescheide sind von Verwaltungsbehörden im Bereich der **Hoheitsverwaltung** zT von Amts wegen, zT auf Antrag erlassene **außenwirksame, normative Anordnungen und Entscheidungen**, welche im Einzelfall bindend zu Leistungen verpflichten oder Rechtsverhältnisse gestalten oder feststellen; sie richten sich stets an **individuelle Personen**. Der Erlassung eines Bescheides hat idR ein förmliches Ermittlungsverfahren unter Wahrung des Parteiengehörs voranzugehen; die Verwaltungsverfahrensgesetze sind anzuwenden (s unten VI.F.).

Man unterscheidet:

- **Gestaltungsbescheide**: sie begründen, ändern oder heben Rechtsverhältnisse auf (zB Betriebsanlagengenehmigung);
- **Leistungsbescheide**: sie begründen eine Verpflichtung zu einem Tun oder Unterlassen (zB baupolizeiliche Beseitigungsaufträge, Strafverfügungen wegen Geschwindigkeitsüberschreitung nach der StVO mit Verhängung einer Geldstrafe);
- **Feststellungsbescheide**: sie stellen das Bestehen oder Nichtbestehen von Rechtsverhältnissen verbindlich fest (zB Feststellung, ob ein Projekt einer Umweltverträglichkeitsprüfung zu unterziehen ist).

Bescheide können in der Regel von den von ihnen Betroffenen mit **Bescheidbeschwerde** beim zuständigen Verwaltungsgericht erster Instanz bekämpft werden (Art 130 Abs 1 Z 1 B-VG). Die Betroffenen haben somit die Möglichkeit, die Entscheidung einer Behörde durch ein unabhängiges Gericht auf ihre Rechtmäßigkeit prüfen zu lassen. Entscheidungen der Verwaltungsgerichte können wegen Fehlern, die in die Verfassungssphäre reichen, beim Verfassungsgerichtshof bekämpft werden (s oben V.D.2.c.); für alle anderen (behaupteten) Mängel einer verwaltungsgerichtlichen Entscheidung ist der Verwaltungsgerichtshof zuständig.

- **Akte unmittelbarer verwaltungsbehördlicher Befehls- und Zwangsgewalt**

Akte der unmittelbaren verwaltungsbehördlichen Befehls- und Zwangsgewalt (AuvBZ) sind Maßnahmen, die im Rahmen der **Hoheitsverwaltung** aufgrund gesetzlicher Ermächtigung als **normative Anordnungen** gegenüber **individuellen Rechtsunterworfenen** (also mit Außenwirkung) ergehen. Im Unterschied zum Bescheid ergehen AuvBZ weitgehend **form- und verfahrensfrei** und sind nicht auf die rechtskraftfähige Erledigung einer Verwaltungssache gerichtet. Zuständig zu ihrer Setzung sind idR die Organe des öffentlichen Sicherheitsdienstes.

Beispiel: Festnahmen, Anhaltungen, Durchsuchungen, Wegweisungen, Abschleppen eines Autos …

Als Rechtsschutzmöglichkeit gegen AuvBZ besteht die Beschwerde an das jeweils zuständige Verwaltungsgericht erster Instanz (sog „**Maßnahmenbeschwerde**“ nach Art 130 Abs 1 Z 2 B-VG). Gegen die Entscheidung des Verwaltungsgerichts stehen die oben genannten Rechtsmittel offen.

- **Weisungen**

Weisungen stellen **verwaltungsintern** erlassene, **hoheitliche Befehle** von übergeordneten an nachgeordnete Verwaltungsorgane (Organwalter) dar. Werden sie an ein einzelnes nachgeordnetes Organ gerichtet, spricht man von individuellen Weisungen; werden sie hingegen an einen nach Gattungsmerkmalen umschriebenen Kreis nachgeordneter Organe gerichtet, stellen sie generelle Weisungen (sog Verwaltungsverordnungen oder Erlässe) dar.

Beispiel: Der Finanzminister gibt den nachgeordneten Finanzämtern mit „Steuererlässen“ Anweisungen bei der Bemessung von Abgaben (= generelle Weisungen). Die Beamten haben sich an diese Vorgaben zu halten, Dritten gegenüber entfalten sie aber keine Rechtswirkungen.

2. Privatwirtschaftsverwaltung

Der Staat kann sich (dort, wo das Gesetz kein hoheitliches Handeln verlangt) für sein Handeln der **Rechtsformen des Privatrechts** bedienen. Das bezeichnet man als Privatwirtschaftsverwaltung. Anders als die oben genannten Formen des hoheitlichen Verwaltungshandelns, stehen die privatrechtliche Handlungsformen auch anderen natürlichen und juristischen Personen zur Verfügung. Beim Handeln in Formen des Privatrechts tritt der Staat nicht in Ausübung seiner Hoheitsbefugnisse auf. Allerdings liegt auch dann ein Verwaltungshandeln vor, da dies die gesamte Tätigkeit der Verwaltung – hoheitlich und privatrechtlich – umfasst. Insbesondere besteht daher auch im Bereich der Privatwirtschaftsverwaltung eine Bindung des Staats an die Grundrechte (sog **Fiskalgeltung der Grundrechte**, s oben V.C.1.d.).

Beispiel: Zur Privatwirtschaftsverwaltung gehört insb die Bedarfsdeckung für die Ausstattung der Behörden (Erwerb von Sachmitteln), die Verwaltung des staatlichen Vermögens

(Instandhaltung von Verwaltungssachen, Vermietung von Gemeindewohnungen), die Vergabe öffentlicher Aufträge sowie zum Teil die Subventionsverwaltung und die Führung öffentlicher Unternehmen (in Form der Ausübung der Gesellschafterrechte der Gebietskörperschaft an einer privatrechtlich organisierten Gesellschaft).

Rechtsstreitigkeiten im Rahmen der Privatwirtschaftsverwaltung werden von den ordentlichen Gerichten (s oben 2. Teil VI.C.) entschieden. Treten bei der Ausübung der Privatwirtschaftsverwaltung Schäden auf, tritt die Haftung nach den Schadenersatzregelungen des ABGB und nicht nach dem AHG ein (s 2. Teil II.C.).

Beispiel: Wenn der Bund eine Straße errichtet, handelt er nicht hoheitlich, sondern beauftragt damit im Rahmen der Privatwirtschaftsverwaltung Unternehmen. Diese sind durch einen ausgehandelten Vertrag und nicht durch einen Hoheitsakt verpflichtet, die Straße für den Bund zu bauen. Entsteht im Zuge der Errichtungsarbeiten ein Schaden, wird etwa durch Arbeiter eines Bauunternehmens der Zaun eines an der Straße gelegenen Grundstücks eingedrückt, ist Schadenersatz nach dem ABGB, nicht aber nach dem AHG geltend zu machen.

F. Verwaltungsverfahren und verwaltungsgerichtliche Kontrolle

Die Hoheitsverwaltung wird von Verwaltungsbehörden besorgt. Ihre Entscheidungen unterliegen wiederum der Kontrolle durch die Verwaltungsgerichtsbarkeit. In der ersten Instanz entscheiden die neun Landesverwaltungsgerichte, das Bundesverwaltungsgericht oder das Bundesfinanzgericht. Personen, die von den Entscheidungen der Behörden betroffen sind, haben innerhalb einer bestimmten Frist die Möglichkeit, Beschwerde an das zuständige Verwaltungsgericht zu erheben und auf diese Weise Rechtsschutz gegen die Behördentätigkeit zu erhalten. Gegen die Entscheidungen der Verwaltungsgerichte erster Instanz stehen idR Rechtsmittel an den VfGH und VwGH offen (s oben D.2.c.).

Wesentliche Determinanten für das Handeln der Verwaltungsbehörden sind die Regelungen über ihre Zuständigkeit und über ihr Verfahren im Allgemeinen und im Verwaltungsstrafrecht. Die maßgeblichen Gesetze sind das Allgemeine Verwaltungsverfahrensgesetz (AVG), das Verwaltungsstrafgesetz (VStG) und für die Kontrolle das Verwaltungsgerichtsverfahrensgesetz (VwGVG). Das Verfahren vor dem VfGH ist im Verfassungsgerichtshofsgesetz (VfGG), das Verfahren vor dem VwGH im Verwaltungsgerichtshofsgesetz (VwGG) geregelt. Die Inhalte dieser Gesetze werden im Laufe des Studiums in eigenen Lehrveranstaltungen vertieft gelehrt.

VII. Grundbegriffe des Völkerrechts

A. Rechtsnatur und Grundsätze des Völkerrechts

Das Völkerrecht umfasst jene Rechtsvorschriften, die die **Beziehungen zwischen Völkerrechtssubjekten** regeln und nicht dem autonomen Recht eines dieser Völkerrechtssubjekte zugehören. Zu den Völkerrechtssubjekten zählen vor allem Staaten und Internationale Organisationen (s unten VII.C.).

Beispiel: Wenn die USA und China als Staaten vertraglich ihre Handelsbeziehungen regeln, dann liegt ein völkerrechtlicher Vertrag vor. Dieser Vertrag unterliegt nicht dem chinesischen oder dem US-amerikanischen Recht, sondern dem Völkerrecht. Anders wäre die Situation, wenn China eine Fabrik in den USA kauft. Der entsprechende Kaufvertrag würde dem US-amerikanischen Recht unterliegen, weil es dabei nicht um eine Regelung der Beziehungen zwischen den USA und China geht.

Völkerrecht hat normativen Charakter, auch wenn sich Völkerrechtssubjekte mitunter über völkerrechtliche Verpflichtungen hinwegsetzen und Rechtsverletzungen sanktionslos bleiben können (s unten VII.D.).

Beispiel: Wenn die USA einseitig beschließen, den Handelsvertrag mit China nicht mehr einzuhalten, verletzen sie Völkerrecht. China kann zwar mit Sanktionen und gewissen Gegenmaßnahmen reagieren. Eine Vertragsverletzung kann aber nicht durch ein völkerrechtliches Gericht oder/und Vollstreckungsorgan durchgesetzt werden.

Die Grundsätze des modernen Völkerrechts werden in der Erklärung der Generalversammlung der Vereinten Nationen über Grundsätze des Völkerrechts betreffend freundschaftliche Beziehungen und Zusammenarbeit zwischen den Staaten im Einklang mit der Charta der Vereinten Nationen vom 24.10.1970 (UN-Prinzipiendeklaration 1970) allgemein wie folgt umschrieben:

- **Grundsatz des Gewaltverbots:** Jeder Staat hat die Pflicht, in seinen internationalen Beziehungen jede gegen die territoriale Unversehrtheit oder die politische Unabhängigkeit eines Staats gerichtete oder sonst mit den Zielen der Vereinten Nationen unvereinbare Androhung oder Anwendung von Gewalt zu unterlassen.
- **Grundsatz der friedlichen Streitbeilegung:** Jeder Staat hat seine internationalen Streitigkeiten mit anderen Staaten durch friedliche Mittel (etwa durch Verhandlung, Vermittlung, Vergleich, Schiedsspruch oder gerichtliche Entscheidung) beizulegen.
- **Grundsatz des Interventionsverbots:** Kein Staat hat das Recht, in die inneren oder äußeren Angelegenheiten eines anderen Staats einzugreifen.
- **Grundsatz der internationalen Zusammenarbeit:** Die Staaten haben die Pflicht, in den verschiedenen Bereichen der internationalen Beziehungen zusammenzuarbeiten.
- **Grundsatz der Gleichberechtigung und Selbstbestimmung der Völker:** Alle Völker haben das Recht, frei und ohne Einmischung von außen über ihren politischen Status zu entscheiden und ihre wirtschaftliche, soziale und kulturelle Entwicklung zu gestalten.
- **Grundsatz der souveränen Gleichheit der Staaten:** Alle Staaten genießen souveräne Gleichheit. Sie haben gleiche Rechte und Pflichten und sind ungeachtet wirtschaftlicher, sozialer, politischer und anderer Unterschiede gleichberechtigte Mitglieder der internationalen Gemeinschaft (vgl zB den Abstimmungsgrundsatz „*ein Staat – eine Stimme*" in internationalen Organisationen).

- **Grundsatz von Treu und Glauben:** Jeder Staat hat seine völkerrechtlichen Verpflichtungen nach Treu und Glauben zu erfüllen, also unter Achtung der Gemeinschaftswerte und der Interessen der anderen Mitglieder.

Diese Grundsätze sind heute im Wesentlichen durch Völkervertragsrecht (zB durch die Charta der Vereinten Nationen) oder Völkergewohnheitsrecht rechtlich verbindlich.

B. Rechtsquellen des Völkerrechts

Im Völkerrecht gibt es kein zentrales Rechtssetzungsorgan, das gegebenenfalls auch gegen den Willen eines (souveränen) Völkerrechtssubjekts für dieses verbindliche Rechtsvorschriften erzeugen könnte. Vielmehr gilt das Konsensprinzip: Die Bindung eines Völkerrechtssubjekts an eine Vorschrift des Völkerrechts ist grundsätzlich von seiner Zustimmung abhängig. Nur ausnahmsweise existieren völkerrechtliche Rechtssätze, die ein Völkerrechtssubjekt unabhängig von seiner Zustimmung binden.

Beispiel: Die USA können China nicht zum Abschluss eines Handelsvertrags zwingen, und zwar auch dann nicht, wenn alle anderen Staaten sich für dieses Abkommen aussprechen würden.

1. Rechtserzeugungs- und Rechtserkenntnisquellen

Die wichtigsten Quellen des Völkerrechts werden in Art 38 Abs 1 Statut des Internationalen Gerichtshofs (IGH) umschrieben:

a) Völkerrechtliche Verträge („internationale Übereinkünfte“)

Sie bilden – jedenfalls quantitativ – die wichtigste Quelle des Völkerrechts. Rund 250.000 bilaterale (zwischen zwei Vertragsparteien geschlossene) und multilaterale (zwischen mindestens drei Vertragsparteien geschlossene) Verträge sind allein in der Vertragssammlung der Vereinten Nationen (*United Nations Treaty Series – UNTS*) dokumentiert. Die Republik Österreich hat mehr als 2.500 völkerrechtliche Verträge geschlossen.

Rechtsvorschriften, die den Abschluss und das Inkrafttreten, die Anwendung und Auslegung sowie die Änderung und Beendigung von völkerrechtlichen Verträgen regeln, sind im Wiener Übereinkommen über das Recht der Verträge vom 23.5.1969 (WVK), das für Verträge zwischen Staaten gilt, kodifiziert.
Völkerrechtliche Verträge können über jegliche Themen abgeschlossen werden (zB Handelsverträge, Friedensverträge, Klimaschutzverträge etc). Mittels völkerrechtlichen Verträgen werden auch Internationale Organisationen (s unten C.3.) wie zB die UNO (s unten D.), die NATO, der Europarat oder die Europäische Union gegründet.

b) *Völkergewohnheitsrecht*

Unter Völkergewohnheitsrecht versteht man das von Völkerrechtssubjekten dauernd und in der Überzeugung praktizierte Verhalten, dass dieses Verhalten rechtlich geboten ist. Es enthält daher zwei Elemente: die dauernde, einheitliche Übung (*consuetudo*) und die Rechtsüberzeugung (*opinio iuris sive necessitatis*), also die Anerkennung der einheitlichen Übung als „Recht". Völkergewohnheitsrecht bindet auch die Staaten, die an seinem Entstehungsprozess nicht beteiligt waren, es sei denn, sie haben der jeweiligen Vorschrift ausdrücklich widersprochen (*persistent objector*).

> *Beispiel:* Indien ließ über viele Jahre hinweg bewusst portugiesische Zivilisten unkontrolliert durch einen Teil seines Hoheitsgebiets passieren. Darin liegt eine einheitliche Übung dieser beiden Staaten. Da die Staaten davon ausgingen, rechtmäßig zu handeln, entstand daraus Gewohnheitsrecht. Daher konnte Indien dieses Durchgangsrecht nicht einseitig widerrufen.

c) *Allgemeine Rechtsgrundsätze*

Allgemeine Rechtsgrundsätze sind jene Rechtsgrundsätze, die von den „zivilisierten" Staaten in ihren innerstaatlichen Rechtsordnungen bereits positiviert worden sind und damit als allgemein anerkannt gelten können (zB das Verbot des Rechtsmissbrauchs). Die Ermittlung allgemeiner Rechtsgrundsätze erfolgt durch Rechtsvergleichung. Völkerrechtliche Verträge und Völkergewohnheitsrecht gehen den allgemeinen Rechtsgrundsätzen vor.

> *Beispiel:* Das Zivilrecht aller Staaten sieht vor, dass abgeschlossene Verträge einzuhalten sind *(pacta sunt servanda)*. Dieser Grundsatz ist daher auch im Völkerrecht zu beachten.

d) *Richterliche Entscheidungen und Lehrmeinungen von Völkerrechtlern*

Richterliche Entscheidungen (vor allem des IGH, aber auch regionaler internationaler Gerichtshöfe, wie des EGMR und des EuGH) und Lehrmeinungen sind keine Rechtsquellen, sondern bloße Hilfsmittel zur Ermittlung von Völkerrechtsnormen und als solche nicht verbindlich. Man bezeichnet sie aus diesem Grund auch als „Rechtserkenntnisquellen" (im Gegensatz zu den unter a) bis c) angeführten „Rechtserzeugungsquellen").

2. Rang der Völkerrechtsquellen und ius cogens

In ihrem Rang sind die Völkerrechtsquellen grundsätzlich gleichwertig. Das Völkerrecht kennt aber auch zwingende Bestimmungen (*ius cogens*), von denen durch sonstiges Völkerrecht nicht abgewichen werden darf. Ein Rechtssatz ist dann Bestandteil des *ius cogens*, wenn er von der Staatengemeinschaft in ihrer Gesamtheit angenommen und anerkannt wurde. Dies trifft auf den Kern des Gewaltverbots und fundamentale Menschenrechte, wie zB das Verbot der Sklaverei oder das Folterverbot, die in zahlreichen völkerrechtlichen Verträgen (zB Art 3 und 4 EMRK) verankert sind, zu. Welche Vorschriften darüber hinaus zum *ius cogens* zu zählen sind, ist im Einzelnen umstritten.

C. Subjekte des Völkerrechts

1. Übersicht

Die Völkerrechtslehre unterscheidet **ursprüngliche (originäre) Völkerrechtssubjekte** von **abgeleiteten (derivativen) Völkerrechtssubjekten**. Letztere sind dadurch charakterisiert, dass sie von anderen Völkerrechtssubjekten geschaffen wurden, was für Erstere nicht zutrifft.

Zu den originären Völkerrechtssubjekten zählen vor allem Staaten, zu den derivativen hauptsächlich die Internationalen Organisationen.

Internationale Organisationen (s unten 3.) werden von Staaten (oder anderen Internationalen Organisationen) durch völkerrechtlichen Vertrag gegründet. Der Gründungsvertrag regelt zumindest den Zweck der IO sowie deren Organe und deren Kompetenzen.

2. Staaten

Von einem Staat kann gesprochen werden, wenn er über ein Staatsvolk, ein Staatsgebiet sowie eine von anderen Staaten unabhängige (souveräne) Staatsgewalt (Regierung) verfügt und auf Dauer errichtet ist. Die im Völkerrecht vertretenen Lehren zum Begriff des Staats entsprechen im Wesentlichen jenen in der Staatslehre (s oben II.A.).

Der völkerrechtliche Begriff des **Staatsvolks** bezeichnet die Summe jener Menschen, die der Personalhoheit eines bestimmten Staats unterstehen und die zu diesem Staat in einem wechselseitigen Treueverhältnis stehen, das sind die jeweiligen Staatsangehörigen. Nicht darunter fallen Fremde (Staatsangehörige eines anderen Staats) und Staatenlose, die sich auf dem Gebiet eines (anderen) Staats aufhalten. Die Voraussetzungen, unter welchen natürliche Personen die Staatsangehörigkeit erwerben und verlieren, sowie die Rechtsfolgen aus der Staatsangehörigkeit werden nur in begrenztem Maße vom Völkerrecht bestimmt. Zum überwiegenden Teil sind sie durch nationales Recht geregelt (zu Österreich und zur Unterscheidung in *ius sanguinis* und *ius soli* s oben II.A.2.).

Das **Staatsgebiet** ist jenes Gebiet, das der territorialen Souveränität eines Staats unterliegt. Dazu zählen das Landgebiet und der Luftraum sowie das Küstenmeer. Nicht notwendig ist es, dass das gesamte Staatsgebiet räumlich zusammenhängt (insbesondere Inseln, aber auch auf dem Festland s zB Alaska oder Enklaven).

Unter der **Staatsgewalt** eines souveränen Staats versteht man das Recht zur Ausübung der höchsten, völkerrechtsunmittelbaren Gewalt über Personen und Sachen. Die Souveränität ist das wichtigste Charakteristikum des Staats im Vergleich zu anderen Verbänden. Nach außen wird sie zumeist als Unabhängigkeit begriffen: Die Staaten unterliegen keiner anderen Autorität als dem Völkerrecht (Völkerrechtsunmittelbarkeit), das Völkerrecht ist wiederum vom Gedanken der Gleichheit der Staaten untereinander geprägt. Der Staatsgewalt als Gebietshoheit sind alle im Staatsgebiet befindlichen Personen und Sachen unterworfen, der Staatsgewalt als Personalhoheit alle eigenen Staatsangehörigen.

Beispiel: Staat A kann bestimmen, dass der Konsum von Kokain auf seinem Staatsgebiet strafbar ist. Egal ob ein Staatsbürger oder ein Fremder in A Kokain konsumiert, beide können aufgrund der Gebietshoheit von A bestraft werden. Aufgrund der Souveränität von A haben andere Staaten grds kein Mitspracherecht, ob A den Konsum von Kokain bestraft.

Die Handlungsfähigkeit eines Staats kann – freiwillig oder unfreiwillig – beschränkt sein. Bei Formen extremer Abhängigkeit von anderen Staaten spricht man von sog Marionettenstaaten. Sind Staaten rechtsfähig, aber nicht mehr handlungsfähig, bezeichnet man diese als *failed states* (gescheiterte Staaten), in denen das staatliche Gewaltmonopol zusammengebrochen ist (zB Somalia oder Haiti).

Entstehen und Untergehen von Staaten. Völkerrechtlich entsteht ein Staat, sobald er über ein Staatsvolk, ein Staatsgebiet und eine unabhängige (souveräne) Staatsgewalt (Regierung) verfügt und er mit Aussicht auf relative Dauerhaftigkeit errichtet ist. Dies kann Folge einer Loslösung vom Mutterland (**Sezession**), eines **Zusammenschlusses mehrerer Staaten** zu einem Neustaat oder einer **Bildung eines Neustaats** auf staatenlosem Gebiet sein. Die ausdrückliche oder stillschweigende Anerkennung eines Staats durch andere Staaten ist zwar politisch von Bedeutung, hat aber völkerrechtlich nicht konstitutive, sondern bloß deklaratorische Wirkung. Die Anerkennung ist daher keine notwendige Voraussetzung für den Bestand eines Völkerrechtssubjekts.

Beispiel: Auf dem Gebiet des ehemaligen Jugoslawiens haben sich seit 1991 durch Sezession sieben Staaten neu gebildet.

Der Staat geht mit dem endgültigen Wegfall eines der Staatselemente unter. Praktische Fälle sind die Auflösung des Staats durch Wegfall der Staatsgewalt, das Aufgehen eines Staats durch Zusammenschluss mehrerer Staaten in einem Neustaat und die Einverleibung durch einen anderen Staat (**Annexion**).

3. Internationale Organisationen

Seit dem Jahr 1945 entstand eine Vielzahl an Internationalen Organisationen (IO), die Völkerrechtssubjektivität genießen. IO beruhen in der Regel auf einem völkerrechtlichen Vertrag, der häufig als „Satzung“ oder „Charta“ bezeichnet wird. Sie verfügen über institutionalisierte Einrichtungen, dh Organe, die für die IO handeln, und sind auf Dauer eingerichtet. Sie verfügen über Völkerrechtspersönlichkeit, welche ihnen durch den Gründungsvertrag verliehen wird. IO können nach Maßgabe ihrer satzungsmäßigen Aufgabenbereiche Verträge schließen und/oder für ihre Mitglieder verbindliche Beschlüsse fassen.

Beispiel: Die Vereinten Nationen (UNO), die Europäische Union (EU), der Europarat, der Nordatlantikpakt-Organisation (NATO) oder die Welthandelsorganisation (WTO) sind Internationale Organisationen.

Mitglieder der IO sind in der Regel Staaten. Neben den Gründungsmitgliedern, die eine IO durch Abschluss eines Gründungsvertrags entstehen lassen, treten weitere Mitglieder im Rahmen verschiedener Formen von Aufnahmeverfahren bei. Neben dieser Form der „Vollmitgliedschaft“ existieren oftmals abgeschwächte Rechte- und Pflichtenverhältnisse zu IO in Form der Assoziierung oder des Beobachterstatus. Bei der Assoziierung bindet sich der Vertragspartner an die Gemeinschaft, ohne dabei Vollmitglied zu werden. Ein Staat mit Beobachterstatus verfügt nur über beschränkte Mitwirkungsrechte (in der Regel ein Rederecht, nicht aber ein Stimmrecht).

IO handeln durch ihre Organe. Regelmäßig ist eine „Vollversammlung" eingerichtet, in der alle Mitgliedstaaten vertreten sind und die für die (gegebenenfalls für die Mitglieder verbindliche) Beschlussfassung und die Überwachung der anderen Organe zuständig ist. In der Vollversammlung einer IO mit großer Mitgliederzahl werden Beschlüsse meist mit einfacher oder qualifizierter Mehrheit angenommen. In der Regel verfügt jeder Mitgliedstaat über einen Sitz und eine Stimme. Als weitere Organe einer IO sind regelmäßig ein Exekutivorgan und ein monokratisch organisiertes Büro für Verwaltungsagenden vorgesehen.

Beispiel: Der Europarat ist eine IO mit 46 Mitgliedern. Er beruht auf einer Satzung, die einen engen Zusammenschluss seiner Mitglieder zur Förderung von Rechtsstaatlichkeit und Menschenrechten und des wirtschaftlichen und sozialen Fortschritts als Aufgaben bestimmt. Als Organe sind die Parlamentarische Versammlung sowie das Ministerkomitee vorgesehen, und es wird ein Sekretariat eingerichtet.

Auch bei einem **Staatenbund** (s oben II.C.2.) handelt es sich um eine IO. In einem solchen Staatenbund schließen sich völkerrechtlich weiterhin souveräne Staaten zusammen, um bestimmte Aufgaben besser bewältigen zu können. Dies kann auch die Übertragung von einzelnen Rechtssetzungsbefugnissen an den Staatenbund einschließen.

Beispiel: Die NATO ist ein Staatenbund, der den Schutz der Territorien seiner Mitgliedstaaten zum Ziel hat.

Die EU entstand als völkerrechtlicher Zusammenschluss souveräner Staaten mit dem Ziel, Frieden und Stabilität in Europa zu sichern. Durch immer stärkere Integration in vielen Bereichen hat sie sich zu einer „supranationalen" Organisation entwickelt, die über eigene Institutionen mit weitreichenden Kompetenzen verfügt, wie etwa das Europäische Parlament, die Europäische Kommission oder den Europäischen Gerichtshof. Aufgrund des hohen Grads an wirtschaftlicher und politischer Integration in der EU spricht man nicht mehr von einem Staatenbund. Gleichzeitig reicht dieser Integrationsgrad noch nicht aus, um von einem Bundesstaat zu sprechen, dessen Mitglieder keine völkerrechtliche Souveränität mehr hätten. Daher hat sich die Bezeichnung „Staatenverbund" durchgesetzt.

Zu unterscheiden sind IO von sog internationalen Nichtregierungsorganisationen (NGOs, zB Amnesty International, Greenpeace), die transnationale *privatrechtliche* Vereinigungen mit nichtstaatlichen Aufgabenbereichen sind und daher nicht zu den IO gezählt werden.

D. Die Vereinten Nationen

Nach dem Scheitern des Völkerbunds gelang mit der Gründung der Vereinten Nationen (VN oder UNO = *United Nations Organisation*) im Jahr 1945 die Errichtung einer universellen Weltfriedensorganisation. Die Vereinten Nationen nehmen unter den Internationalen Organisationen einen zentralen Platz ein; keinem anderen nichtstaatlichen Akteur kommt, was Fragen der allgemeinen internationalen Politik betrifft, auch nur annähernd gleiche Bedeutung zu. Die Vereinten Nationen zählen heute 193 Mitglieder. Österreich trat den Vereinten Nationen im Jahr 1955 bei.

1. Ziele und Grundsätze der Vereinten Nationen

Hauptziel der Vereinten Nationen ist die Aufrechterhaltung des Weltfriedens und der internationalen Sicherheit. Zu diesem Zweck sollen wirksame Kollektivmaßnahmen ergriffen werden, *„um Bedrohungen des Friedens vorzubeugen und sie zu beseitigen und um Angriffshandlungen und andere Friedensbrüche zu unterdrücken"*. Weiters werden – vom Gedanken der Dekolonisierung geleitet – das Selbstbestimmungsrecht der Völker sowie die Erzielung internationaler Zusammenarbeit zur Lösung internationaler wirtschaftlicher, sozialer, kultureller und humanitärer Probleme unter Förderung und Festigung der Achtung der Menschenrechte und Grundfreiheiten als Ziele der Vereinten Nationen formuliert.

Von den Grundsätzen, nach denen die Organisation und ihre Mitglieder bei der Verwirklichung der genannten Ziele vorzugehen haben, kommt dem **Gewaltverbot** zentrale Bedeutung zu. Die Satzung der Vereinten Nationen (SVN) statuiert – mit Ausnahme von Sicherheitsratsresolutionen und dem Selbstverteidigungsrecht – ein unbedingtes Kriegsverbot und eine korrespondierende Verpflichtung zur friedlichen Streitbeilegung. In Fortführung des Selbstbestimmungsrechts der Völker formuliert die Satzung ferner den Grundsatz der souveränen Gleichheit aller Mitglieder der Vereinten Nationen, der durch das Interventionsverbot (Verbot der Einmischung in interne Angelegenheiten eines Staats) ergänzt wird.

2. Die Organe der Vereinten Nationen

Die Vereinten Nationen haben sechs Hauptorgane: die Generalversammlung, den Sicherheitsrat, den Wirtschafts- und Sozialrat, den Treuhandschaftsrat, den Internationalen Gerichtshof und das Sekretariat. Von großer Bedeutung sind auch die Nebenorgane (Ausschüsse), die von der Generalversammlung und dem Sicherheitsrat eingerichtet werden können.

Die Generalversammlung. Die Generalversammlung bildet das „Basisorgan" der Vereinten Nationen. In ihr sind sämtliche Mitgliedstaaten vertreten. Jedes Mitglied führt ohne Rücksicht auf seine Größe, seine wirtschaftliche Leistungsfähigkeit oder seine Bevölkerungszahl eine Stimme. Versuche, das System zu modifizieren und eine Stimmgewichtung (etwa nach Bevölkerungsgröße) einzuführen, scheiterten bisher am Grundsatz der Gleichheit aller Mitglieder. Bei den Kompetenzen der Generalversammlung ist zwischen rechtsverbindlichen und rechtlich nichtbindenden Akten zu unterscheiden: Rechtsverbindlichkeit kommt nur Beschlüssen über die Genehmigung des Haushaltsplans, der Wahl von nichtständigen Mitgliedern des Sicherheitsrats sowie jener des Wirtschafts- und Sozialrats und des Treuhandschaftsrats, der Aufnahme und dem Ausschluss von Mitgliedern sowie der Suspendierung von Mitgliedschaftsrechten zu. Alle anderen Beschlüsse sind rechtlich unverbindlich. Ungeachtet dessen kann ihnen aber erhebliche praktische (politische) Bedeutung oder im Zusammenwirken mit anderen Vorschriften sogar eine rechtsähnliche Funktion zugeschrieben werden („*soft law*"). Entscheidungen im Rahmen der Generalversammlung werden grundsätzlich mit einfacher Mehrheit gefällt. Beschlüsse über „wichtige Fragen" (ua Empfehlungen bezüglich der Aufrechterhaltung des Weltfriedens und der internationalen Sicherheit, Wahlen der nichtständigen Mitglieder des Sicherheitsrats, Aufnahme und Ausschluss von Mitgliedern) bedürfen einer Zweidrittelmehrheit. Um den umfangreichen Aufgabenbereich adäquat zu bewältigen, hat die Generalversammlung vielfach von der Möglichkeit Gebrauch gemacht, Nebenorgane einzusetzen (sechs „*Main Committees*", zB der Ausschuss für Abrüstung und internationale Sicherheit). Daneben bestehen weitere Spezialorgane wie das Amt des Hohen Kommissars der Vereinten Nationen für Flüchtlinge (UNHCR), das Kinderhilfswerk der Vereinten Nationen (UNICEF) oder das Welternährungsprogramm (WFP).

Der Sicherheitsrat. Dem Sicherheitsrat kommt „*die Hauptverantwortung für die Aufrechterhaltung des Weltfriedens und der internationalen Sicherheit*" zu. Die vom Sicherheitsrat gefassten Beschlüsse sind von den Mitgliedstaaten „*anzunehmen und durchzuführen*", sie sind also rechtsverbindlich. Der Sicherheitsrat setzt sich aus fünf ständigen (China, Frankreich, Russland, Vereinigtes Königreich, USA) und zehn nichtständigen Mitgliedern zusammen. Eine Erweiterung des Kreises ständiger Mitglieder (insbesondere um Deutschland, Japan, oder Indien) wurde wiederholt diskutiert, bisher jedoch nicht umgesetzt. Von den insgesamt zehn nichtständigen Mitgliedern des Sicherheitsrats werden im Jahresrhythmus jeweils fünf für einen Zeitraum von zwei Jahren von der Generalversammlung gewählt. Eine unmittelbare Wiederwahl ist nicht möglich. Bei der Besetzung ist insbesondere die geografische Streuung zu beachten. Österreich war bisher dreimal (in den Jahren 1973/74, 1991/92 und 2009/10) im Sicherheitsrat vertreten. Beschlüsse im Sicherheitsrat bedürfen der Zustimmung von mindestens neun Mitgliedern. Die ständigen Mitglieder verfügen allerdings über ein „Vetorecht" und können das Zustandekommen von Beschlüssen verhindern.

Der Internationale Gerichtshof. Der IGH ist das Hauptorgan der Rechtsprechung der Vereinten Nationen. Seine Entscheidungen sind zu befolgen, widrigenfalls der Sicherheitsrat Empfehlungen abgeben oder Maßnahmen beschließen kann, um der Entscheidung Wirksamkeit zu verschaffen. Nähere Regelungen der Organisation, der Zuständigkeit und des Verfahrens vor dem IGH enthält das Statut des Internationalen Gerichtshofs. Nur Staaten können als Parteien vor dem IGH auftreten. Grundsätzlich kann die Zuständigkeit des IGH von Fall zu Fall durch eine Unterwerfungserklärung begründet werden oder im Wege der generellen Anerkennung der Jurisdiktion des IGH für einen bestimmten Bereich bzw bestimmten Partnern gegenüber erfolgen. Ohne eine Unterwerfung eines Staats unter die Jurisdiktion des IGH kann dieser nicht über völkerrechtliche Streitigkeiten diesen Staat betreffend entscheiden.

Das Sekretariat. Das Sekretariat ist das Administrativorgan der Vereinten Nationen. Ihm steht ein Generalsekretär vor, der auf Empfehlung des Sicherheitsrats von der Generalversammlung ernannt wird. Der Generalsekretär nimmt an den Sitzungen der Organe der Vereinten Nationen teil und ist der Generalversammlung gegenüber berichtspflichtig. Er kann den Sicherheitsrat auf Vorgänge aufmerksam machen, die geeignet sind, den Weltfrieden oder die internationale Sicherheit zu bedrohen. Die Praxis hat gezeigt, dass dem Generalsekretär ein weiter Ermessensspielraum zur Erfüllung seiner Aufgaben zugestanden wird, auch wenn er sich Kompetenzen anderer Organe nicht aneignen darf. Insbesondere kann der Generalsekretär auf eigene Initiative politisch tätig werden, wenn die übrigen Organe in dringlichen Fragen zu keinem Ergebnis gelangen und dadurch ein Vakuum im Friedenssicherungssystem der Vereinten Nationen entstünde.

3. Instrumente der Friedenssicherung

Die Sicherung des Weltfriedens ist eine der Hauptaufgaben der Vereinten Nationen. Bestehende Konflikte sollen gewaltfrei gelöst und neue Konflikte verhindert werden. Dafür stehen den Vereinten Nationen eine Reihe von Instrumenten der Friedenssicherung zur Verfügung.

Das System der kollektiven Sicherheit. Charakteristisch für ein System der kollektiven Sicherheit ist die Einbeziehung potenzieller Kriegsgegner in eine gemeinsame Struktur. Hierdurch soll erreicht werden, Konflikte gewaltfrei im Rahmen des Systems zu bewältigen, anstatt die Eskalation (bis hin zu einem militärischen Konflikt) tatenlos geschehen zu lassen. Hinzu tritt die Möglichkeit, die Unterlassung potenzieller oder faktischer Aggression zu erzwingen. Führt ein ständiges Mitglied des Sicherheitsrats oder einer seiner Verbündeten einen Angriffskrieg, kann das System allerdings wegen des Vetorechts dieses Mitglieds nicht effektiv werden.

Feststellung eines Bedrohungsszenarios durch den Sicherheitsrat. Vor der Einleitung von Maßnahmen hat der Sicherheitsrat festzustellen, ob eine Bedrohung oder ein Bruch des Friedens oder eine Angriffshandlung vorliegt. Diese Feststellung ist für die Mitgliedstaaten verbindlich. Stellt der Sicherheitsrat das Vorliegen eines entsprechenden Bedrohungsszenarios fest, obliegt es ihm, Empfehlungen abzugeben oder entsprechende friedliche oder militärische Sanktionsmaßnahmen nach Kapitel VII SVN zu beschließen (sog **„Kapitel-VII-Resolutionen“**). Vor der Durchführung dieser Akte hat der Sicherheitsrat die Möglichkeit, die beteiligten Parteien aufzufordern, sich *„vorläufigen Maßnahmen zu fügen, die er für nötig und erwünscht hält“*.

Selbstverteidigungsrecht. Die SVN lässt das *„Naturrecht individueller oder kollektiver Selbstverteidigung“* im Falle eines Angriffs mit Waffengewalt gegen ein Mitglied der Vereinten Nationen so lange unberührt, bis der Sicherheitsrat die zur Aufrechterhaltung des Weltfriedens und der internationalen Sicherheit erforderlichen Maßnahmen ergriffen hat. Bis die erforderlichen Maßnahmen beschlossen werden, darf sich ein Staat gegen völkerrechtswidrige Angriffe auf sein Staatsgebiet verteidigen.

Sanktionsinstrumente. Primär kann der Sicherheitsrat friedliche Sanktionsmaßnahmen beschließen. Derartige Boykottmaßnahmen können in der Unterbrechung wirtschaftlicher oder diplomatischer Beziehungen und infrastruktureller Verbindungen bestehen. Sollte der Sicherheitsrat zur Auffassung gelangen, dass friedliche Maßnahmen nicht genügen oder sich als ungeeignet erwiesen haben, kann er durch Luft-, See- oder Landstreitkräfte die zur Aufrechterhaltung oder Wiederherstellung des Weltfriedens und der internationalen Sicherheit nötigen Operationen autorisieren. Solche Maßnahmen können Demonstrationen, Blockaden und andere Operationen von Luft-, See- oder Landstreitkräften von Mitgliedern der Vereinten Nationen umfassen. Nachdem die Vereinten Nationen nicht über einen eigenen Militärapparat verfügen, sind sie auf das Tätigwerden der Mitgliedstaaten angewiesen.

Entsendung von *observing* und *peace-keeping forces* („Blauhelme"). Die Möglichkeit der Entsendung von Truppen durch einzelne Mitgliedstaaten unter der Aufsicht der Vereinten Nationen findet in der SVN keine explizite Erwähnung. Der IGH hat jedoch bereits im Jahr 1962 die Zuständigkeit der Vereinten Nationen zu derartigem Vorgehen bestätigt. Ziel solcher Operationen ist es, Hilfestellungen zur Verhinderung von Kampfhandlungen durch humanitäre Interventionen, Überwachung der Einhaltung von Waffenstillständen etc zu gewähren. Die Bewaffnung von *peace-keeping forces* erfolgt grundsätzlich nur zur Selbstverteidigung. Ihre Entsendung erfordert außerdem das Einverständnis der Streitparteien. Beispiele für solche friedenserhaltenden Operationen sind die Einsätze der UN-Friedenstruppen im Kosovo, auf den Golanhöhen oder im Libanon.

E. Rechtsdurchsetzung im Völkerrecht

Wie es dem Völkerrecht an einem zentralen Rechtssetzungsorgan fehlt (s oben B.), so fehlt es ihm auch an einem zentralen Rechtsdurchsetzungsorgan und an effektiven zentralisierten Sanktionsmechanismen bei Rechtsverstößen. Es existieren zwar internationale Rechtsprechungsorgane, wie etwa der Internationale Gerichtshof, doch ist die Begründung ihrer Zuständigkeit zur Entscheidung internationaler Streitigkeiten stets von der Zustimmung der beteiligten Völkerrechtssubjekte abhängig, die entweder generell für alle zukünftigen Streitfälle oder bloß individuell für einen konkreten (bereits entstandenen) Streitfall erteilt werden kann.

Abgesehen von den Fällen einer gerichtsförmigen Durchsetzung von Völkerrecht erfolgt die Rechtsdurchsetzung im Völkerrecht **dezentral**: Die Staaten beurteilen selbst, ob eine Verletzung des Völkerrechts vorliegt, und ergreifen bejahendenfalls entsprechende Maßnahmen zur Selbsthilfe, wobei sie an die Grundsätze des Gewaltverbots und der friedlichen Beilegung von internationalen Streitigkeiten gebunden sind. In der Regel erschöpfen sich Abhilfemaßnahmen in angemessenen Repressalien, wie beispielsweise wirtschaftliche Sanktionen.

Im Rahmen der **Vereinten Nationen** steht das **System kollektiver Sicherheit** zur Rechtsdurchsetzung zur Verfügung (s oben D.3.).

F. Völkerrecht und innerstaatliches Recht

1. Die Übernahme von Völkerrecht in das nationale Recht

Damit Völkerrecht auch innerstaatlich gilt, muss es in die innerstaatliche Rechtsordnung übernommen werden. Das Völkerrecht ist gegenüber der Frage, in welcher Weise ein Staat das Völkerrecht im nationalen Recht zur Geltung bringt, weitgehend indifferent. Es enthält insbesondere kein Gebot, wonach das Völkerrecht in den nationalen Rechtsordnungen unmittelbar anwendbar sein soll. Vielmehr bleibt es jedem Staat selbst überlassen, eine unmittelbare Geltung für völkerrechtliche Regelungen vorzusehen oder die völkerrechtlichen Regelungen erst durch besondere staatliche Akte innerstaatlich anwendbar zu machen.

In der österreichischen Rechtsordnung finden sich Vorschriften über das Völkerrecht und seinen innerstaatlichen Vollzug sowohl auf Ebene des Verfassungsrechts als auch auf einfachgesetzlicher Ebene. Die Bundesverfassung regelt das Verfahren des Abschlusses und der Ratifikation von völkerrechtlichen Verträgen („Staatsverträgen") insb in Art 50 und Art 65 B-VG.
Art 9 Abs 1 B-VG regelt das Verhältnis zwischen staatlichem Recht und Völkergewohnheitsrecht. Darin wird normiert, dass die allgemein anerkannten Regeln des Völkerrechts als Bestandteile des Bundesrechts zu gelten haben. Als allgemein anerkannte Regeln des Völkerrechts sind das Völkergewohnheitsrecht und das gesamte ungeschriebene Völkerrecht und damit auch die Allgemeinen Rechtsgrundsätze anzusehen.

2. Rechtsfolgen einer Kollision von Völkerrecht und nationalem Recht

Eine Kollision zwischen unmittelbar anwendbarem Völkerrecht und österreichischem nationalen Recht ist grundsätzlich nach den allgemeinen Regeln von „**lex posterior derogat legi priori**" bzw von „**lex specialis derogat legi generali**" zu lösen. Voraussetzung dafür ist, dass die kollidierenden Bestimmungen denselben Rang haben. Ist dies der Fall, so derogiert das Völkerrecht dem früher erlassenen bzw allgemeiner gefassten innerstaatlichen Recht. Andererseits derogiert aber späteres innerstaatliches Recht früherem Völkerrecht.

4. Teil
Grundzüge der Rechts- und Staatsphilosophie

Die Beschäftigung mit dem Recht im Rahmen der Rechtswissenschaften wäre unvollständig, wenn die Rückbesinnung und Reflexion der hinter dem Recht im Allgemeinen und einer konkreten Rechtsordnung im Besonderen stehenden philosophischen und theoretischen Überlegungen und Ideen über das Recht und den Staat ausgeklammert blieben. Angesprochen sind damit so grundsätzliche Fragen wie die folgenden: Was ist Recht? Was ist Gerechtigkeit? Wenn ein bestimmtes Verhalten unmoralisch ist, muss oder soll es dann auch gegen die Gesetze verstoßen? Ist die Rechtsordnung einer Diktatur „Recht", das von allen in diesem Staat lebenden Menschen befolgt werden muss? Was unterscheidet (staatliches) Recht von moralischen oder religiösen Normen? Welchen Geltungsgrund hat das Recht?

Diese Fragen werden in der **Rechts- und Staatsphilosophie** behandelt. Dabei handelt es sich um ein Teilgebiet der Philosophie, aber auch um eine Disziplin der Rechtswissenschaft an sich. Sie beschäftigt sich mit den philosophischen Ideen und Grundlagen des Staats und des Rechts und ist von anderen Disziplinen wie der Rechtsdogmatik zu unterscheiden (zu den Disziplinen oben 1. Teil I.B.). Die Inhalte der Staatsphilosophie werden auch als **Allgemeine Staatslehre** bezeichnet.

Im Folgenden wird, ohne jeden Anspruch auf Vollständigkeit, ein skizzenhafter Einblick in wichtige Strömungen der Rechtsphilosophie gegeben, wobei der Schwerpunkt auf der Antike und auf der Neuzeit, und hier insbesondere auf den Theorien zum Gesellschaftsvertrag, liegt.

I. Naturrechtslehre und Rechtspositivismus

Zur Frage, was das Wesen des Rechts ausmacht und welchem Zweck es zu dienen bestimmt ist, haben sich mannigfaltige Theorieansätze gebildet, die sich in zwei Hauptströmungen teilen lassen, die **Naturrechtslehre** einerseits und den **Rechtspositivismus** andererseits.

In der Einleitung wurde das Recht (im objektiven Sinn) als die Summe jener Normen definiert, die unter der Anforderung der Gerechtigkeit stehend das menschliche Zusammenleben verbindlich regeln und allenfalls mit staatlicher Zwangsgewalt durchsetzbar sind (s oben 1. Teil II.A.). Diese Definition entspricht dem **positivistischen Rechtsbegriff**. Der Rechtspositivismus versteht Recht als normative Zwangsordnung und identifiziert es anhand bestimmter formeller (nicht aber inhaltlicher) Eigenschaften.

Aus den verschiedenen Theorieansätzen des Rechtspositivismus ragt die „**Reine Rechtslehre**" von *Hans Kelsen* hervor. *Kelsen* begreift Recht als normative Zwangsordnung, in der die Geltung jeder Norm auf einer anderen Norm beruht. Auch die

Verfassung – als die höchste positive Norm – muss nach *Kelsen* in einer höheren Norm begründet sein, die nicht mehr Bestandteil des positiven Rechts ist, sondern von *Kelsen* vorausgesetzt und als „Grundnorm" bezeichnet wird. Diese Grundnorm ermächtigt zur Erzeugung aller anderen Normen (s unten V.A).

Das positive Recht gilt daher unabhängig davon, ob es den Ansprüchen der Gerechtigkeit genügt. Recht und Moral werden strikt getrennt („**Trennungsthese**"); die Frage, ob positives Recht auch „gerecht" ist, klammert der Rechtspositivismus aus. Eine Einschränkung dieser These nimmt die **Radbruch'sche Formel** vor. Danach kann es in den Fällen, in denen das im positiven Recht gelegene Maß an Unrecht unerträglich wird, geboten sein, dieses Recht nicht als Recht anzuerkennen.

„Der Konflikt zwischen der Gerechtigkeit und der Rechtssicherheit dürfte dahin zu lösen sein, daß das positive, durch Satzung und Macht gesicherte Recht auch dann den Vorrang hat, wenn es inhaltlich ungerecht und unzweckmäßig ist, es sei denn, daß der Widerspruch des positiven Gesetzes zur Gerechtigkeit ein so unerträgliches Maß erreicht, daß das Gesetz als ‚unrichtiges Recht' der Gerechtigkeit zu weichen hat. Es ist unmöglich, eine schärfere Linie zu ziehen zwischen den Fällen des gesetzlichen Unrechts und den trotz unrichtigen Inhalts dennoch geltenden Gesetzen; eine andere Grenzziehung aber kann mit aller Schärfe vorgenommen werden: wo Gerechtigkeit nicht einmal erstrebt wird, wo die Gleichheit, die den Kern der Gerechtigkeit ausmacht, bei der Setzung positiven Rechts bewußt verleugnet wurde, da ist das Gesetz nicht etwa nur ‚unrichtiges' Recht, vielmehr entbehrt es überhaupt der Rechtsnatur. Denn man kann Recht, auch positives Recht, gar nicht anders definieren als eine Ordnung und Satzung, die ihrem Sinne nach bestimmt ist, der Gerechtigkeit zu dienen." (*Gustav Radbruch,* Gesetzliches Unrecht und übergesetzliches Recht, SJZ 1946, 105 [107]).

Der **naturrechtliche Rechtsbegriff** stellt darauf ab, ob das Recht bestimmten Gerechtigkeitsmaßstäben entspricht, mithin einen bestimmten Inhalt aufweist. Recht und Moral werden miteinander verbunden („**Verbindungsthese**").

Die Naturrechtslehre geht davon aus, dass es bestimmte, allgemeingültige und unverfügbare **Grundsätze der Gerechtigkeit und der Moral** gibt, die als solche **rechtliche Geltung** beanspruchen und Vorrang vor dem positiven Recht haben („**überpositives Recht**"). In der Frage, aus welchen Quellen sich diese Grundsätze speisen, gibt es unterschiedliche Ansätze: Das **anthropologische Naturrecht** leitet diese Grundsätze aus der Natur des Menschen ab. Das **religiöse Naturrecht** gewinnt aus dem Willen Gottes ein höheres (gottgegebenes) Recht (s *Thomas von Aquin*). Das **rationale Naturrecht** begründet die allgemeinen Grundsätze der Gerechtigkeit und der Moral aus der Vernunft („**Vernunftrecht**"; s va *Immanuel Kant*).

II. Die Frage nach der idealen Staatsform in der Antike

Eine die Rechtsphilosophie zu allen Zeiten beschäftigende Frage ist die nach der idealen Staatsform (vgl auch 3. Teil II.); die Anfänge dieser staatstheoretischen Diskussion reichen in das antike Griechenland der Stadtstaaten (**Polis**) zurück. Hier gab es auf kleinstem Raum oft gleichzeitig ganz unterschiedliche politische Strukturen – einer Tyrannenherrschaft in Korinth stand eine Demokratie in Athen gegenüber. Die bekanntesten griechischen Philosophen dieser Zeit, *Sokrates, Platon* und *Aristoteles,* fanden reiches Anschauungsmaterial für ihre Ideen, die dann im antiken

Rom, später auch in ganz Europa und der übrigen Welt aufgenommen und weiterverfolgt wurden. Die zentralen Fragen waren: In welcher Staatsform wird am ehesten **Gerechtigkeit** realisiert? Wie kann der oft nur wenige tausend Bürger umfassende Stadtstaat am besten organisiert, „verfasst“ werden?

Die Rechts- und Staatsphilosophie umfasst daher die Geschichte der Frage nach der idealen Staatsform – von der antiken Polis zur Demokratischen Republik der Neuzeit. Das Ringen um diese Frage wird im Folgenden anhand ausgewählter Arbeiten nachgezeichnet.

A. Platons Idee von der Herrschaft des Gesetzes

Platon (428/427 v. Chr. – 348/347 v. Chr.) war Schüler des *Sokrates* und gilt neben diesem als Begründer der politischen Philosophie. Die staatsphilosophischen Werke *Platons* prägen bis heute die Entwicklung der Staatslehre (zum Begriff oben 1. Teil).

Platon gilt als Begründer des Naturrechtsdenkens. Er entwickelt in seinem Hauptwerk **Politeia** („Der Staat“) das **Idealmodell** eines der Gerechtigkeit verbundenen **Staats** (**Polis**). Der Ausgangspunkt seiner Überlegungen ist ein „**Schweinestaat**“, in dem sich eine Arbeitsteilung zur Befriedigung der elementaren Bedürfnisse entwickelt und der allmählich von Konflikten mit Nachbarstaaten bedroht wird, woraus die Notwendigkeit der Etablierung eines **Wächterstands** resultiert. Aus dem Wächterstand geht wiederum eine geringe Anzahl von Herrschern hervor. Die **Polis** besteht aus drei Ständen: den Handwerkern und Bauern (als wirtschaftendem Stand), daneben den Wächtern (als verteidigendem Stand) und schließlich den Herrschern (als Regenten). Der Zweck dieses Staats liegt darin, Gerechtigkeit zu verwirklichen (wobei anhand von Gleichnissen ausführlich die Frage behandelt wird, was Gerechtigkeit ist). Um das Idealbild der gerechten Polis zu verwirklichen, müssten nach *Platon* die **Philosophen Könige** werden oder die Könige zu philosophieren beginnen. Insoweit erscheint *Platon* als ein Vertreter der Lehre von der „**gemischten Verfassung**“: Danach ist jene Verfassung die beste, bei der sich die Elemente verschiedener Herrschaftsformen wiederfinden. Als Idealform erkennt *Platon* die **Mischung aus Autokratie**, dh der Herrschaft durch eine Person, **und** der **Demokratie** als der Herrschaft des Gesetzes.

Dies führt dazu, dass *Platon* im Werk **Politikos** („Der Staatsmann“) die Frage aufwirft, ob ein Staatsmann oder das Gesetz den Staat regieren sollen. Seine Antwort lautet: Ein **Philosophenkönig** würde den Staat am weisesten lenken und zur Gerechtigkeit führen, er beherrsche die dafür notwendige „Staatskunst“. *Platon* erkennt aber, dass eine solche Herrschaft wenig realistisch ist und sucht nach der zweitbesten Verfassungsform, nämlich der Gesetzesherrschaft: Der Staat wird durch das Gesetz beherrscht, das unveränderbar sein muss, um der Disposition der nach Macht Strebenden entzogen zu sein.

Den Gedanken der Gesetzesherrschaft verfeinert *Platon* in **Nomoi** („Die Gesetze“). Er beschreibt darin einerseits die grundlegenden Prinzipien der **Freiheit, Einheit und Weisheit**, auf denen der Staat beruhen soll, andererseits erarbeitet er ein **musterartiges Gesetzeswerk**, das für die Umsetzung dieser Verfassungsform

Modell stehen kann. *Platon* hält aber auch in den **Nomoi** daran fest, dass die beste Staatsform jene der Herrschaft eines Philosophenkönigs ist, weil die gewöhnliche Gesetzgebung in größerem Maße von äußeren Umständen (etwa Krieg und Elend) motiviert sei.

B. Aristoteles: Gerechte Herrscher und vernünftige Bürger als Voraussetzung eines gelungenen Staats

Die Ideen *Platons* wurden durch seinen Schüler *Aristoteles* (384 v. Chr. – 322 v. Chr.) weitergeführt. Er war neben diesem einer der bedeutendsten Philosophen der Antike und der Geschichte überhaupt. Seine Schriften haben sich für zahlreiche Wissenschaftsdisziplinen als grundlegend erwiesen, so auch für die Staatslehre. Aus seinem umfangreichen Schaffenswerk sind die *Nikomachische Ethik* und die staatsphilosophische Schrift *Politik* hervorzuheben.

Aristoteles definiert das Gute und das Beste als das Ziel allen Handelns, auf das auch das Erkenntnisinteresse der Wissenschaft gerichtet sein müsse. Für ihn ist es die politische Wissenschaft, als die oberste Wissenschaft, die darauf ausgerichtet ist, das Handeln des Menschen unter dem Gesichtspunkt des höchsten Guts zu untersuchen. Dreh- und Angelpunkt seiner Überlegungen ist dabei der griechische Kleinstaat in der Verfassung der **Polis**. Wie *Platon* beschäftigt sich *Aristoteles* mit der Einrichtung einer Staatsform nach sittlichen Maßstäben. Er will aber entgegen seinem Lehrer kein Modell entwickeln, sondern an bereits bestehende Systemen anknüpfen.

Aristoteles geht vom menschlichen Wesen aus. Er knüpft an **das Gute für den Menschen** an, das er in einem tugendhaften und guten Leben erblickt. Zugleich entspricht es für *Aristoteles* der Natur des Menschen, dass dieser in einer politischen Gemeinschaft lebt und in diesem Sinne „von Natur politisch" ist (Bild des Menschen als **zoon politikón**). Dies bedeutet, dass der Daseinszweck des Menschen in der Polis verwirklicht wird und insoweit auf die Staatenbildung gerichtet ist. Die aristotelische Staatslehre kreist in der Folge um die Frage, wie die Verfassung der Polis beschaffen sein muss, um das tugendhafte Leben ihrer Bürger hervorzubringen. Eine „gute" Polis ist für *Aristoteles* die, in der sich ein tugendhaftes Leben verwirklicht; dies definiert er als **Ziel der Polis**.

In seiner Schrift **Politik** untersucht *Aristoteles* die Natur der Polis und entwickelt, ausgehend davon, eine Theorie der Staatsformenlehre. Er knüpft dabei an bestehende Staatsformen an. Die denkbaren Staatsformen kategorisiert er nach zwei Gesichtspunkten:

- zum einen nach dem **Ziel** der Polis. Diesbezüglich sieht *Aristoteles* jene Staatsform als richtig an, die den gemeinsamen **Nutzen aller Bürger** verfolgt. Verfehlt ist umgekehrt jene, in der der Herrscher nur zu seinem eigenen Nutzen regiert.
- zum anderen nach der **Person** (den Personen) **des (der) Herrschenden**. Denkbar sind die Herrschaft durch einen, die Herrschaft durch wenige und die Herrschaft durch viele.

Aus der Verschränkung dieser Kategorien leitet *Aristoteles* einen Katalog von sechs Staatsformen ab: die drei „richtigen“ (weil dem Gemeinwohl verpflichteten) Staatsformen

- **Monarchie** (Herrschaft durch einen),
- **Aristokratie** (Herrschaft durch wenige) und
- **Politie** (Herrschaft durch viele)

sowie die drei „verfehlten“ (weil dem Eigennutz des Herrschenden dienenden) Staatsformen

- **Tyrannis** (Herrschaft durch einen),
- **Oligarchie** (Herrschaft durch wenige) und
- **Demokratie** (Herrschaft durch viele)

Auf dieser Basis entwickelt er eine Tabelle, in der er die Zahl der Regierenden in Bezug zu ihrer Stellung für die Beförderung des Gemeinwohls setzt:

	Einer	**Wenige**	**Viele**
Gemeinwohl	Monarchie	Aristokratie	Politie
Eigennutz	Tyrannis	Oligarchie	Demokratie

Aristoteles gibt zwar zu bedenken, dass unterschiedliche Umstände unterschiedliche Staatsformen als ideal erscheinen lassen können. Regierende mit Gerechtigkeitssinn sorgen für gerechte Gesetze. Vernünftige Menschen als Regierte gehorchen von sich aus diesen Gesetzen. Beides zusammen begünstigt einen guten Staat. Unter den richtigen Verfassungen kann die **Aristokratie** die beste Staatsform sein, weil sie die besten Voraussetzungen dafür bietet, das Ziel des tugendhaften Lebens in der Polis zu verwirklichen. Dem steht die **Tyrannis** als schlechteste aller Verfassungen gegenüber.

C. Cicero: Die römische Republik als ideale Staatsform

Marcus Tullius Cicero (106 v. Chr. – 43 v. Chr.) ist der wichtigste Vertreter der Staatsphilosophie aus dem antiken Rom; er übernimmt zentrale Gedanken der Staatsphilosophie des antiken Griechenlands. *Cicero* war Rechtsanwalt und Politiker und gilt als der eloquenteste Rhetoriker des antiken Roms. Neben seinen Reden und rhetorischen Werken (insb *De oratore* – „Über den Redner“) hinterließ *Cicero* auch staatsphilosophische Schriften. *Cicero* war vor allem von den Schriften *Platons* beeinflusst, die er während seiner Reisen nach Griechenland kennenlernte.

In seinem Werk **De re publica** („Über den Staat“) beschäftigt sich *Cicero* mit der idealen Staatsform, die für ihn prinzipiell jene ist, die nach Gerechtigkeit strebt und zur Selbsterhaltung fähig ist. Er lehnt dabei die Monarchie, die Aristokratie und die Demokratie als unvollkommen ab. Die Monarchie und die Aristokratie widerstreben seiner staatstheoretischen Vorstellung, dass alle Bürger Anteil an der Herrschaftsgewalt nehmen sollen; die Demokratie wiederum vernachlässigt für ihn die besondere Fähigkeit und Würde Einzelner, an der Herrschaftsgewalt größeren Anteil zu nehmen und Herrschaftsverantwortung im Staat zu tragen.

Er erblickt ähnlich wie Aristoteles die ideale Staatsform in einer Kombination der einzelnen Elemente der grundlegenden Staatsformen („**Mischverfassung**"). In Anwendung der Staatstheorie auf die römische Republik nimmt *Cicero* an, dass die ideale Staatsform nicht Utopie ist, sondern in der römischen Verfassung real verwirklicht ist, die gleichermaßen Elemente der Monarchie (Konsuln), der Aristokratie (Senat) und der Demokratie (Bürgerversammlung) in sich vereinigt.

Im Werk **De legibus** („Über die Gesetze") geht *Cicero* der Frage nach den idealen Gesetzen nach. Kennzeichnend ist dabei ein naturrechtlicher Ansatz: Für *Cicero* erfließen die Gesetze aus der göttlichen Vernunft, die der Erkenntnis der Menschen aber zugänglich ist und daher ein Leben nach den daraus entspringenden Gesetzen ermöglicht. Zugleich stellt *Cicero* aber fest, dass im realen Staatswesen auch Gesetze existieren, die mit dem Naturrecht nicht in Einklang stehen und daher nicht als Gesetz bezeichnet werden dürften. *Cicero* nimmt damit den Grundgedanken der *Radbruch'schen Formel* (s oben I.) im Kern vorweg.

III. Die Rechts- und Staatsphilosophie des Mittelalters

Im Mittelalter (vom 6. bis 15. Jahrhundert n. Chr.) etablierte sich in Europa der sog **Feudalstaat**. Das politische System des Feudalstaats ist gekennzeichnet von monarchischen Strukturen, die Gesellschaftsordnung ist zugleich tiefgreifend im christlichen Glauben verwurzelt. Dementsprechend verlagerte sich der Schwerpunkt des politischen Diskurses auf die Frage nach dem Verhältnis von Staat und Kirche. Wichtige Vertreter aus dieser Zeit waren *Thomas von Aquin* (1225–1274) *Dante Alighieri* (1265–1321) und *Marsilius von Padua* (ca. 1290–1342). Neben den antiken Gedanken der Staatsphilosophie waren vor allem die Schriften von *Augustinus* (354–430) von einigem Einfluss auf diese Philosophen. Göttliches Naturrecht und die Aristotelischen Lehren blieben aktuell und rückten mehr und mehr ins Zentrum der Staatslehre. Einige Theorieansätze versuchten, die Vormachtstellung des Kaisers zu begründen, andere die Vorherrschaft des Papstes zu beweisen. Eng damit verbunden war die Frage, welche Aufgaben der Staat und welche die Kirche zu erfüllen habe. Stellvertretend werden die Lehren von *Thomas von Aquin* dargestellt.

Thomas von Aquin (1225–1274) war Mitglied des Dominikanerordens, Theologe und Philosoph und zählt zu den bedeutendsten Vertretern der Scholastik, der in lateinischer Sprache publizierenden *scientific community* des Mittelalters. Sein Werk umfasst (auch) zahlreiche staatstheoretische und staatsphilosophische Schriften, in denen er die Lehren von *Platon*, *Aristoteles* und *Augustinus* zusammen- und weiterführt. In der politischen Lehre des *Thomas von Aquin* ist Gott die grundlegende Bedingung von Politik, weil menschliches und politisches Handeln nur unter der Voraussetzung der Existenz Gottes rational (auf ein Ziel gerichtet) sein kann. Notwendig muss daher die gesamte **weltliche Ordnung von Gott ausgehen** („**ewiges**

Gesetz" – *lex aeterna*). Die *lex aeterna* selbst bleibt der menschlichen Erkenntnis zwar verborgen, doch kann der Mensch ihre Wirkungen in der Natur und gerade auch in der Natur des Menschen erkennen. Was der Mensch solcherart als *lex aeterna* erkennt, bezeichnet *Thomas von Aquin* als „Naturgesetz" (*lex naturalis*). In der *lex naturalis* wiederum liegt für *Thomas von Aquin* der Ursprung von Politik und Recht, verstanden als das „menschliche Gesetz" (*lex humana*). Der *lex humana* fällt die Aufgabe zu, die *lex naturalis* zu konkretisieren, wobei ihr ein gewisser Spielraum zukommt, auf sich ändernde Verhältnisse zu reagieren. Daraus ergibt sich folgende Hierarchisierung:

Die Hierarchisierung der normativen Ordnung nach der Lehre *Thomas von Aquins* lässt sich so darstellen:

lex aeterna („ewiges Gesetz")

↓

lex naturalis („Naturgesetz")

↓

lex humana („menschliches Gesetz")

Setzt sich die *lex humana* in Widerspruch zur *lex naturalis*, so kann sie nicht Recht sein, sodass es Normwidersprüche von vornherein nicht geben kann.

Seiner Staatslehre legt *Thomas von Aquin* zugrunde, dass der Mensch danach streben muss, in einer arbeitsteilig organisierten Gesellschaft zu leben; insofern entspringt der Staat der menschlichen Vernunft, sein Zweck liegt aber letztlich darin, ein überirdisches Ziel zu erreichen, jenes der ewigen Glückseligkeit. Der Herrscher hat zur Aufgabe, den Frieden zu wahren, zum rechten Leben anzuleiten und die dafür erforderlichen materiellen Grundlagen bereitzustellen.

IV. Die Staatsphilosophie in der Neuzeit

In der Neuzeit (etwa ab der Wende vom 15. zum 16. Jahrhundert n. Chr.) wandelte sich der mittelalterliche Feudalstaat zum modernen **Nationalstaat** monarchischer Prägung übergegangen, was den staatstheoretischen Diskurs – nicht zuletzt vor dem Hintergrund der englischen Revolutionen des 17. Jahrhunderts und der Französischen Revolution 1789 sowie der allmählichen Bildung souveräner Staaten – auf die Frage nach der Legitimation staatlicher Gewalt und Souveränität lenkte. In diesem Sinne setzte eine **Verweltlichung der Staatsphilosophie** ein. Auf den Staat gerichtet gibt es verschiedene Theorieansätze zur Legitimation staatlicher Gewalt und Souveränität.

Zusehends rückte der **Mensch** in den **Mittelpunkt** der Betrachtung. Die modernen Vorstellungen von der Menschenwürde und von den Grund- und Freiheitsrechten machten in der Neuzeit einen erheblichen Entwicklungsschritt. Die Basis war die Entwicklung verschiedener Lehren des Naturrechts, von denen jene *Kants* und

Hegels im Folgenden hervorgehoben werden (A.). Theorien eines Gesellschaftsvertrages (B.) bauen in gewisser Weise darauf auf oder nehmen darauf Bezug. Damit im Zusammenhang stehen erste Theorieansätze moderner Gewaltenteilung (C.).

A. Naturrechtslehren der Neuzeit

In der Neuzeit begegnen uns unterschiedliche Naturrechtslehren. Sie haben nun weniger religiösen Charakter, sondern sind stärker auf das Menschenbild („anthropologisches Naturrecht") und die Vernunft („rationales Naturrecht") ausgerichtet. Auch die Frage nach dem Verhältnis des Naturrechts zum positiven Recht wurde eingehender untersucht. Die beiden wichtigsten Vertreter sind *Immanuel Kant* und *Georg Wilhelm Friedrich Hegel.*

1. Kant: Die Vernunft als Quelle naturrechtlicher Rechtsprinzipien

Immanuel Kant (1724–1804) war einer der wichtigsten Philosophen der Aufklärung, dessen erkenntnistheoretische Arbeiten die Rechtsphilosophie und Rechtstheorie bis heute prägen. Er stammte aus einer Handwerksfamilie und verbrachte fast sein ganzes Leben in der Universitätsstadt Königsberg an der Ostsee (heute Kaliningrad in Russland). Er studierte zunächst neben Philosophie auch Naturwissenschaften und Mathematik. Nach seiner Habilitation zur Erkenntnistheorie wirkte er 15 Jahre als Privatdozent und Bibliothekar, bevor er 1770 eine Professur für Logik und Metaphysik antrat. Rufe an mehrere andere deutsche Universitäten lehnte er ab.

Die Werke *Kants* – allen voran die **Kritik der reinen Vernunft** (1. Auflage 1781, 2. Auflage 1787), die **Kritik der praktischen Vernunft** (1788), die **Kritik der Urteilskraft** (1790) und **Die Metaphysik der Sitten** (1797) – haben die deutsche Aufklärung maßgebend bestimmt und sich für die moderne Philosophie insgesamt als wegweisend erwiesen.

In seiner Schrift **Die Metaphysik der Sitten** entwickelt *Kant* eine Rechts- und Tugendlehre. Erstere gründet er auf rational-naturrechtliche Vorstellungen: In Abkehr von früheren Ansätzen in der Naturrechtslehre leitet *Kant* die Existenz allgemeiner naturrechtlicher Rechtsprinzipien allein aus der Vernunft ab („Vernunftrecht"). Das positive Recht habe dem Maßstab des Naturrechts zu genügen.

Ausgangspunkt der Rechtslehre *Kants* ist die Freiheit eines jeden Menschen, die ihre Grenze erst in der Freiheit der anderen findet. Die Aufgabe des Rechts ist es, diese Freiheitsräume gegeneinander abzugrenzen und solcherart die Freiheit des Einzelnen zu beschränken, um gerade dadurch die Ausübung der Freiheit zu gewährleisten. Auch wenn nämlich das Recht die Freiheit des Einzelnen um der Freiheit der anderen willen einschränkt, so gewährleistet es doch, dass der Einzelne innerhalb seiner Freiheitssphäre in seiner Entfaltung unbeschränkt bleibt.

Auch das Entstehen des Staats hat nach *Kant* seinen Ursprung in der Vernunft, indem diese es gebietet, den anarchischen Naturzustand durch die Errichtung eines Staats zu überwinden. Die einzelnen Bürger gliedern sich mithin aus Vernunftgründen in einen Staat ein, stellen Gesetze auf und verpflichten sich zu deren Befolgung.

Insoweit geben sie ihre Freiheit auf, dies aber mit dem Ziel, dass fortan der Souverän (der nach *Kant* das Volk selbst zu sein hat) die Freiheit aller Bürger im Staat gewährleistet.

Die Rechtslehre *Kants* wirkt bis in die Gegenwart auch in Rechtssetzung und Rechtsprechung nach. Die Abgrenzung der Freiheitssphären kann man als Grundlegung der modernen Grundrechtstheorien ansehen. Ansätze des Vernunftrechts finden sich auch in § 16 ABGB, wonach jeder Mensch *„angeborne, schon durch die Vernunft einleuchtende Rechte"* hat. Aber auch wenn der VfGH unter Berufung auf die *„allgemeinen Wertungsgrundsätze unserer Rechtsordnung"* fordert, dass *„kein Mensch jemals als bloßes Mittel für welche Zwecke immer betrachtet und behandelt werden darf"* (VfSlg 13.635/1993, mit Hinweis auf *F. Bydlinski*, Fundamentale Rechtsgrundsätze [1988] 176), dann geht dies letztlich auf den kategorischen Imperativ *Kants* zurück: *„Handle so, daß du die Menschheit sowohl in deiner Person, als in der Person eines jeden andern jederzeit zugleich als Zweck, niemals bloß als Mittel brauchst"* („Menschheitszweckformel").

2. Hegel: Vernunftrecht und positives Recht

Auch *Georg Wilhelm Friedrich Hegel* (1770–1831), Vertreter des „deutschen Idealismus", hatte mit seinen Schriften maßgeblichen Einfluss auf die Rechtsphilosophie des 19. und 20. Jahrhunderts. *Hegel* studierte in Tübingen Theologie und Philosophie. Nach Jahren als Hauslehrer in Bern, wo ihm das Studium zentraler philosophischer Werke ermöglicht wurde, und in Frankfurt begann er seine Universitätslaufbahn. Sie führte ihn über Jena, Nürnberg und Heidelberg nach Berlin, wo er bis zu seinem Tod wirkte.

Hegels Arbeiten sind darauf gerichtet, die Wirklichkeit im Zusammenhang und eingebettet in ein Gesamtsystem zu erklären („Das Wahre ist das Ganze"). Dabei spielt die geschichtliche Entwicklung eine entscheidende Rolle. Als eines seiner zentralen Werke gilt die dreibändige **Enzyklopädie der philosophischen Schriften** (1817), zunächst eine Vorlesungsunterlage in Heidelberg. Für die Rechtswissenschaften erlangten die **Grundlinien der Philosophie des Rechts** (1821) besondere Bedeutung.

Hegel sieht im Rahmen seiner „Philosophie des objektiven Geistes" das Recht (neben der Moralität und der Sittlichkeit) als Form gesellschaftlichen Lebens an. Er steht auf dem Boden des Naturrechts, wobei er den Begriff ablehnt, weil er den Geltungsgrund von Rechtsvorschriften nicht in der Natur, sondern in der Vernunft sieht. Das Naturrecht ist die Grundlage für das positive Recht, das zu jenem komplementär ist und es konkretisiert.

Für *Hegel* ist das Recht mit dem „freien Willen" gleichzusetzen. Es beschränkt nicht die Freiheit, sondern führt sie zur Vollendung, indem es die Willkür ausschließt. Dadurch, dass er dem Recht eine zentrale Funktion in der Wahrung der Freiheit zuschreibt, setzt er sich tendenziell in Gegensatz zu *Kant*, aber auch zu *Rousseau*, da bei diesen gedanklich zunächst die Einschränkung individueller Freiheiten im Vordergrund steht.

Hegel ist auch ein früher Verfechter der allgemeinen Gleichheit aller Bürger im Recht. Dabei spielen das „Gesetz" und der Begriff der „Person" eine zentrale Rolle. Das Recht muss in Gesetzesform gegossen sein, weil nur so Allgemeinheit und Bestimmtheit zu erreichen sind. Mit dem formalen Begriff der Person wird ein abstrakter Anknüpfungspunkt für Rechtsvorschriften geschaffen, der losgelöst ist von den besonderen Merkmalen der einzelnen Individuen.

B. Die wichtigsten Theorien des Gesellschaftsvertrags

Im Mittelpunkt der Gesellschaftsvertragstheorien steht die Frage, auf welchen Wegen die individuelle Gewalt des Menschen an einen mit einem Gewaltmonopol ausgestatteten Staat übertragen werden kann. Dieser Gedanke wurde mehr und mehr mit der Idee der Volkssouveränität als dem zentralen Element der Demokratie verbunden, der einen vernunftbegabten Menschen als Bezugspunkt besitzt. Dieser Mensch gibt aus freiem Willen Macht zugunsten des Staats im Wissen ab, dass dieser Staat selbst wiederum die individuellen Rechte schützen kann, was insoweit einen Vorteil gegenüber einem vorstaatlichen Naturzustand darstellt. Zugleich wurde deutlich gemacht, dass die Übertragung von Macht an den Staat nicht bedingungslos ist und daher unter gewissen Umständen auch ein Widerstandsrecht besteht. Damit wurde anerkannt, dass es unveräußerliche Rechte gibt, die nicht übertragen und die auch nicht verletzt werden dürfen. Insoweit wurde auch das Bestehen von Grundrechten anerkannt.

1. Hobbes: Gesellschaftsvertrag und absolutistische Monarchie

Thomas Hobbes (1588–1679) war Mathematiker und Philosoph und hat – abseits seiner naturwissenschaftlichen (*De corpore*) und erkenntnistheoretischen (*De Homine*) Schriften – mit seinem staatsphilosophischen Werk auf die politische Entwicklung in England (und weit darüber hinaus) maßgebenden Einfluss genommen. Neben *John Locke* und *Jean-Jacques Rousseau* gilt er als einer der bedeutendsten Vertragstheoretiker.

Hobbes entwickelt seine Staatskunde vor dem Hintergrund der religiösen Konflikte und des Bürgerkriegs im England des 17. Jahrhunderts, die ihn zunächst in seinen Werken **Elements of Law** (1640) und **De cive** (1642), aber vor allem in seinem Hauptwerk **Leviathan** (1651) mit der Staatsform der absolutistischen Monarchie sympathisieren lassen. Nach *Hobbes* erfordert die Bewältigung des anarchistischen Naturzustands die Übertragung der Macht auf einen Herrscher. Dies geschieht durch einen „Gesellschaftsvertrag": Die Menschen überbinden unwiderruflich alle Macht einem Souverän, der fortan zur absoluten Herrschaft berufen ist, dafür aber im Gegenzug die Menschen voreinander zu schützen hat. Den Souverän identifiziert *Hobbes* mit dem Staat selbst. Daraus leitet er ab, dass der Souverän selbst außerhalb der Gesetze steht, wäre er doch sonst sich selbst gegenüber gebunden.

Die Rechtslehre *Hobbes'* stellt – dem Gedanken absoluter Herrschaft entsprechend – nicht die Frage nach dem „richtigen" Inhalt des Rechts in den Mittelpunkt, sondern fordert die *Effektivität* des Rechts, also dessen tatsächliche Beachtung durch die Rechtsunterworfenen, deren Aggressionstriebe das Recht beherrschen soll (Bild des *homo homini lupus*). Der Staat hat in diesem System daher eine wichtige Friedensfunktion.

Die Lehren *Hobbes'* blieben nicht unwidersprochen. Vor allem hielten seine Kritiker ihm vor, mit seiner Staatstheorie den Absolutismus zu legitimieren. *Hobbes* erwiderte dem, dass einerseits der anarchistische Naturzustand das noch größere Übel darstelle und dass andererseits die dem Herrscher im Gesellschaftsvertrag auferlegten Pflichten die Gefahr des Machtmissbrauchs einhegten.

2. Locke: „Vollkommene Freiheit" der Bürger im Staat

Der englische Philosoph *John Locke* (1632–1704) wurde als Sohn eines Gerichtsbeamten in eine wohlhabende Familie hineingeboren. Nach Schulbesuch an der Westminster School in London studierte er am renommierten Christ Church College der Universität Oxford klassische Wissenschaften, später auch Medizin. Nach einer wenig erfolgreichen akademischen Karriere arbeitete er als Diplomat, als Erzieher und als Arzt. Im Gefolge der politischen Entwicklung wurde er aus dem Christ Church College ausgeschlossen. Mit dem Machtwechsel durch William von Oranien wurde er wieder rehabilitiert, die letzten Jahre bis zu seinem Tod 1704 lebte er jedoch weitgehend zurückgezogen.

Lockes Hauptwerk sind die 1689 (zunächst anonym) veröffentlichten **Two Treaties of Government** („Zwei Abhandlungen über die Regierung"). Sie hatten maßgeblichen Einfluss auf die politische Entwicklung zunächst in England und hundert Jahre später in Amerika und in Frankreich. Das Hauptanliegen war die Stärkung des Bürgertums und die Begrenzung der Macht des Königs in der Auseinandersetzung zwischen dem Parlament und der Krone, also eine Ablehnung jeder absolutistischen Herrschaft. Der Ausgangspunkt von *Locke* ist ein naturrechtlicher, nämlich die Annahme von dem Menschen von Natur aus zustehenden Rechten. Leben, Gesundheit, Freiheit und Eigentum (**Life, Health, Liberty, Property**) sind die höchsten Güter des Menschen. Die „vollkommene Freiheit" wird an die Spitze des zweiten Buches gestellt, nämlich die Freiheit, „innerhalb der Grenzen des Naturgesetzes seine Handlungen zu lenken und über seinen Besitz und seine Person zu verfügen, wie es einem am besten scheint – ohne jemandes Erlaubnis einzuholen und ohne von dem Willen eines anderen abhängig zu sein". Die Freiheit ist jedoch durch die Rechte der anderen Menschen begrenzt.

Locke führt die Theorie *Hobbes'* vom Gesellschaftsvertrag fort und leitet aus ihr Kriterien für die Beurteilung der Legitimität der Regierung ab. Ihm zufolge ist eine Regierung legitim, die die genannten Rechte des Menschen schützt; verletzt sie diese, ist sie nicht legitim. Gegen Letztere nimmt *Locke* ein Widerstandsrecht an. Aus der Theorie vom Gesellschaftsvertrag leitet *Locke* auch erste theoretische Gewaltenteilungsüberlegungen ab, an die *Montesquieu* 50 Jahre später anknüpfen wird. Die zunächst dem Einzelnen zugeschriebenen Gewalten der Exekutive und der „Föderative" (Gewalt mit der Zuständigkeit zur Entscheidung über Bündnisse, Krieg und Frieden) werden im Gesellschaftsvertrag abgegeben und im Staat um die Legislative und die „Prärogative" (einen Teil der Exekutive, der ohne Gesetzesbindung im öffentlichen Wohl handeln darf) erweitert.

3. Rousseau: Gesellschaftsvertrag und Volkssouveränität

Das Leben von *Jean-Jacques Rousseau* (1712–1778) war geprägt von einer schweren Kindheit und ausgedehnten – verschiedentlich freiwilligen, häufiger aber auf Verfolgung zurückgehenden – Wanderschaften durch Frankreich und darüber hinaus. Es verwundert daher kaum, dass *Rousseau* der französischen Gesellschaft des 18. Jahrhunderts ablehnend gegenübersteht: Auch wenn der Mensch von Natur aus gut sei, so würde er sich doch dann, wenn er in Gesellschaft lebt, zum Bösen wenden. Im Naturzustand sei er hingegen von Selbstliebe und Mitleid erfüllt und danach bestrebt, in Frieden mit seinen Mitmenschen zu leben. Von diesem Menschenbild ist die Philosophie des *Jean-Jacques Rousseau* durchdrungen.

Rousseau fordert dennoch nicht die Rückkehr zum Naturzustand. Er beschäftigt sich in seinen staatstheoretischen Schriften – vor allem in seinem 1762 erschienenen Hauptwerk **Du Contrat Social ou Principes du Droit Politique** („Vom Gesellschaftsvertrag oder Prinzipien des Staatsrechtes") – vielmehr mit der Frage, wie der in Gesellschaft lebende Mensch seine Freiheit bewahren kann. Sein Theorieansatz ist, dass sich die Menschen einem Sozialvertrag (Gesellschaftsvertrag) unterwerfen, der ausschließlich dem Wohl des Gesamtvolkes verpflichtet zu sein hat. Folglich ist es fortan auch das Gesamtvolk, das den staatlichen Willen („*volonté générale*") zu bilden hat (Volkssouveränität). Dies geschieht in Form des Gesetzes, das durch die Stimmenmehrheit beschlossen wird.

In der Konsequenz des Postulats der Volkssouveränität liegt es, dass *Rousseau* der Königsherrschaft die Legitimation abspricht, da sie sich tendenziell in die Tyrannei oder Despotie wendet. Auch wenn sein Werk deswegen sogleich verboten wurde, so hat es sich dennoch als zentrale Abhandlung der Aufklärung etabliert und entscheidenden Anteil daran gehabt, den Weg für die Französische Revolution zu bereiten. Nicht zuletzt ist der Gedanke von der Volkssouveränität auch in der modernen Demokratie- und Verfassungstheorie unverändert lebendig.

C. Rechtsphilosophische Grundlagen der modernen Gewaltenteilung

Der französische Schriftsteller und Staatsphilosoph *Charles Louis de Montesquieu* (1689–1755) entwickelte als erster die Grundlagen des heutigen theoretischen Verständnisses der Gewaltenteilung. Nach seinem Rechtsstudium in Bordeaux wurde *Montesquieu* Gerichtspräsident und betätigte sich zudem schriftstellerisch. Später gab er das Richteramt auf, um sich mehr seiner philosophischen Tätigkeit zu widmen. Sein für die Verfassungstheorie bedeutendstes Werk ist das 1748 erschienene Buch **De l'esprit des lois** („Vom Geist der Gesetze"). Mit dieser Schrift gilt er neben *John Locke* als der Vordenker und Begründer der heutigen Vorstellungen von der Gewaltenteilung.

Vor dem Hintergrund und in Ablehnung des französischen Absolutismus des frühen 18. Jahrhunderts beschreibt *Montesquieu* die theoretischen Grundlagen eines modernen Staats. In Fortführung der Ideen von *John Locke* fordert er die Trennung von Legislative, Exekutive und Judikative (= Regierungsgewalt). Damit beschreibt er der Sache nach die Gewaltenteilung, ohne sie schon beim Namen zu nennen. Auch gibt es noch keine Festlegung auf die Staatsform der Demokratie. Vielmehr geht es *Montesquieu* um den Zusammenhang zwischen der Freiheit und Gewaltenteilung; ihm zufolge könne Freiheit nur unter maßvollen Regierungen bestehen. Freiheit gebe es nur, wenn die Staatsgewalten strikt voneinander getrennt seien. Da jeder Mensch dazu tendiere, Macht zu missbrauchen, müssten der Macht Grenzen gesetzt werden.

Im Besonderen fordert er die Begrenzung der richterlichen Macht. Es gäbe keine Freiheit, wenn die richterliche Befugnis nicht von der legislativen und von der exekutiven Befugnis geschieden wird. Die Macht über Leben und Freiheit der Bürger wäre unumschränkt, wenn die richterliche mit der legislativen Befugnis gekoppelt wäre; denn der Richter wäre Gesetzgeber. Der Richter hätte umgekehrt dann die Zwangsgewalt eines Unterdrückers, wenn die richterliche mit der exekutiven Gewalt gekoppelt wäre.

V. Vielfalt der Theorieansätze im 20. Jahrhundert

Die moderne Rechts- und Staatsphilosophie des 20. und des beginnenden 21. Jahrhunderts wie auch die politische Theorie sind von einer großen Vielfalt unterschiedlicher Forschungsthemen und -ansätze geprägt. Tendenziell ist zu beobachten, dass zunehmend interdisziplinär gearbeitet und dadurch versucht wird, die Erkenntnisgewinne verwandter Disziplinen (etwa der Soziologie) für die politische Theorie nutzbar zu machen. Ferner basieren zahlreiche Arbeiten nicht (nur) auf philosophischen Überlegungen, sondern auf empirisch gewonnenem Erkenntnismaterial. Bei alledem ist allerdings eine Rückbeziehung auf die politische Ideengeschichte (ausgesprochen oder unausgesprochen) allgegenwärtig.

Aus der Perspektive der Rechts- und Staatsphilosophie sind folgende theoretische Ansätze besonders bedeutend: der Rechtspositivismus (A.), die Systemtheorie (B.) und die Diskurstheorie (C.).

A. Der Rechtspositivismus: Recht als positiv gesetzte Zwangsordnung

Der Rechtspositivismus sieht als Recht nur dasjenige an, welches positiv gesetzt und mit Zwangscharakter ausgestattet ist. Die Geltung des positiven Rechts hängt dabei nicht davon ab, ob es den Ansprüchen der Gerechtigkeit genügt. Die strikte Trennung von Recht und Moral ist für den Rechtspositivismus kennzeichnend. Die Frage, ob positives Recht auch „gerecht" ist, wird weitgehend ausgeklammert bzw nur in jenen Fällen aufgeworfen, in denen das im positiven Recht gelegene Maß an Unrecht unerträglich wird (Radbruch'sche Formel; s näher oben I.).

Ein früher Vertreter des Rechtspositivismus war *Georg Jellinek* (1851–1911). *Jellinek* studierte Rechtswissenschaften und Philosophie in Wien, Heidelberg und Leipzig. Nach seiner Habilitation 1879 war er Professor für Staatsrecht und Völkerrecht.

Sein wissenschaftliches Wirken führte ihn von der Universität Wien nach Basel und schließlich nach Heidelberg, wo *Jellinek* 1911 verstarb.

In seinem Hauptwerk **Allgemeine Staatslehre** (1900) entwickelt *Jellinek* die Drei-Elemente-Lehre, nach welcher zur völkerrechtlichen Qualifikation als Staat Staatsgebiet, Staatsvolk und Staatsgewalt vorliegen müssen. Weitere Schriften beschäftigen sich mit der sozialethischen Bedeutung des Rechts (*Die sozialethische Bedeutung von Recht, Unrecht und Strafe*, 1887: Recht als „ethisches Minimum" der Gesellschaft), dem Völkerrecht (*Lehre von den Staatenverbindungen*, 1882) und Fragen der Geltung und der Wirksamkeit des Rechts. *Jellinek* vertritt, dass Geltung und Wirksamkeit zusammenfallen müssen, damit das Recht effektiv sein kann. Begrifflich unterscheidet er streng zwischen Normativität und Faktizität, weist aber auch auf die rechtliche Bedeutung faktisch geübten Verhaltens hin („normative Kraft des Faktischen"). In seinem Werk **Ein Verfassungsgerichtshof für Österreich** (1885) konzipiert *Jellinek* ein erstes Modell für eine zentralisierte Verfassungsgerichtsbarkeit, wie sie schließlich – aufgrund der Folgearbeiten *Hans Kelsens* – 1920 in Österreich und fortan in zahlreichen Staaten der Welt eingerichtet wurde.

Als die bedeutendste theoretische Richtung des Rechtspositivismus gilt heute die **Reine Rechtslehre**, die von der **Wiener Schule des Rechtspositivismus** entwickelt wurde. Sie wurde von *Hans Kelsen* (1881–1973) begründet und nachhaltig geprägt. *Kelsen* verbrachte, nach dem Umzug der Familie aus Prag, fünfzig Jahre seines Lebens in Wien. Nach der Habilitation (*Hauptprobleme der Staatsrechtslehre*, 1911) wurde er 1917 Professor an der Universität Wien. Parallel dazu war er Experte auf Regierungsebene; dies führte dazu, dass er auch zentrale Inhalte des B-VG maßgeblich mitbestimmte, so zB das Hauptstück über die Gerichtsbarkeit des öffentlichen Rechts. Wenig überraschend wurde er auch zu einem der Verfassungsrichter der ersten Stunde ernannt, ein Amt, das er bis 1929 innehatte. 1930 wechselte er an die Universität zu Köln, die er aber nach der Machtergreifung der Nationalsozialisten im Jahr 1933 verlassen musste, um bis 1940 eine Professur in Genf auszuüben. Nach seiner Emigration in die USA lehrte *Kelsen* noch zwölf Jahre in Berkeley.

Hans Kelsen war der Begründer der Reinen Rechtslehre, mit der er den Rechtspositivismus auf eine neue Grundlage stellte („Wiener Schule des Rechtspositivismus"). *Kelsen* versteht das Recht als positiv gesetzte normative Zwangsordnung und als System von Normen. Dieses System geht von der sog Grundnorm aus, die nicht Bestandteil des positiven Rechts, sondern eine theoretische Annahme ist, der zufolge die Normen des Normensystems „gelten", also Verbindlichkeit haben. Als Recht wird dann – in positivistischer Sichtweise – nur anerkannt, was auf höherrangiges Recht und letztlich auf die Grundnorm zurückzuführen ist. Auf diese Weise wird zwischen „Sein" und „Sollen" streng getrennt. Auch die Frage nach den Staatsformen beantwortet *Kelsen* im Lichte unterschiedlicher Möglichkeiten der Schaffung einer staatlichen Rechtsordnung.

Adolf Julius Merkl (1890–1970) war Schüler von *Kelsen* sowie Mitbegründer und einer der wichtigsten Vertreter der Wiener Schule des Rechtspositivismus. *Merkl* war Professor an der Universität Wien, sodann von 1943 bis 1950 in Tübingen und ab 1950 wieder in Wien. Er prägte in seinen Arbeiten zum Stufenbau der Rechtsordnung (s 3. Teil III.) den Begriff der „**Janusköpfigkeit des Rechtsaktes**“, da innerhalb des positiven Rechts nicht eindeutig zwischen Gesetzgebung und Vollziehung unterschieden werden könne.

Der englische Rechtsphilosoph *H. L. A. Hart* (*Herbert Lionel Adolphus*, 1907–1992) erarbeitete in seinem Hauptwerk **The Concept of Law** (1961) eine Theorie des Rechts, die grundsätzlich rechtspositivistisch angelegt ist. *Hart* führt die Geltung des Rechts auf eine Grundnorm zurück, die er aber – im Gegensatz zu *Hans Kelsen* – nicht als normativ-theoretische Annahme, sondern als faktische Tatsache beschreibt. Im Übrigen unterscheidet auch *Hart* zwischen Recht und Moral, wobei er aber – ähnlich der *Radbruch'schen Formel* – ausnahmsweise die Möglichkeit anerkennt, „ungerechtes Recht“ unbefolgt zu lassen.

B. Die Systemtheorie des Rechts

Die so genannte *Systemtheorie des Rechts* wurde vom deutschen Philosoph *Niklas Luhmann* (1927–1998) entwickelt. Als Hauptwerke *Luhmanns* sind die Schriften **Soziale Systeme** (1984), **Das Recht der Gesellschaft** (1993) und **Die Gesellschaft der Gesellschaft** (1997) hervorzuheben. *Luhmann* widmet sich vor allem dem Verhältnis von Recht und Gesellschaft, näherhin der Frage, welche Funktion das Recht in der und für die Gesellschaft hat. Er beschreibt das Recht in seiner Gesamtheit als „autopoietisches System“, das heißt, dass das Recht seine Erzeugung und seinen Untergang selbst regelt und auf diese Weise als System „aus sich selbst heraus“ funktioniert („*Systemtheorie*“).

C. Die Diskurstheorie des Rechts

Jürgen Habermas (geboren 1929) ist ein deutscher Philosoph und Soziologe. Seine Arbeiten – anzuführen sind vor allem seine Habilitationsschrift **Strukturwandel der Öffentlichkeit** (1962) und die Schrift **Theorie des kommunikativen Handelns** (1981) – haben die moderne Philosophie und Soziologie nachhaltig geprägt. Auf *Habermas* geht auch die *Diskurstheorie des Rechts* zurück. Ausgangspunkt dieser Theorie ist die sog ideale Sprechsituation, bei der alle Kommunikationsteilnehmer gleichberechtigt sind und stets nur sachliche Interessen verfolgen (weil nur solche Interessen im Diskurs anerkannt werden). Wird ein Ergebnis im Wege eines solchen Diskurses entwickelt, so kann es letztlich von sämtlichen Kommunikationsteilnehmern unterstützt werden. Auf das Recht umgelegt bedeutet dies, dass der im Wege eines Diskurses erarbeitete Konsens der Rechtsunterworfenen den eigentlichen Geltungsgrund des Rechts darstellt. Entscheidend ist für *Habermas* dabei die Öffentlichkeit als eine der Voraussetzungen demokratischer Partizipation.

In Weiterentwicklung seiner Gedanken aus der Habilitationsschrift publizierte er das Spätwerk **Ein neuer Strukturwandel der Öffentlichkeit und die deliberative Politik** (2022), das vor allem die Bedingungen der modernen Kommunikationsgesellschaft nach der digitalen Revolution in den Blick nimmt und berücksichtigt.

VI. Die rechts- und staatstheoretischen Grundlagen des Bundesverfassungsrechts

Das Bundes-Verfassungsgesetz vom 1.10.1920 als Kernstück des österreichischen Bundesverfassungsrechts gründet maßgeblich auf den Theorieansätzen der **Wiener Schule des Rechtspositivismus**, insbesondere auf den rechtstheoretischen Arbeiten von *Hans Kelsen* („Reine Rechtslehre“, s oben I.). Eine Konsequenz des positivistischen Grundansatzes ist es, dass das B-VG **kein überpositives Naturrecht** und auch **kein Gewohnheitsrecht** anerkennt. Allenfalls können aber in einzelnen Bestimmungen der positiven Rechtsordnung naturrechtliche Vorstellungen sichtbar werden oder kann Gewohnheitsrecht als Rechtsquelle ausdrücklich positivrechtlich anerkannt werden (zB im Unternehmensrecht).

Sprache und Stil der Bundesverfassung sind **überwiegend neutral und schlicht**, seine Regelungen eher technisch als wertaufgeladen. Dem entspricht, dass das B-VG – anders als viele anderen europäischen Verfassungen – keine Präambel besitzt. Das B-VG gibt zwar die Spielregeln des politischen Prozesses vor („**Spielregelverfassung**“), überlässt hingegen die nähere inhaltliche Gestaltung einzelner Regelungsbereiche weitgehend – innerhalb der Grenzen der Verfassung und insbesondere der Grundrechte – dem einfachen Gesetzgeber. Demgegenüber regelt das B-VG etwa die Organisation der Verwaltung in einer sehr hohen Dichte. Nur vereinzelt geben Staatszielbestimmungen und Gesetzesaufträge dem einfachen Gesetzgeber auch (grobe) inhaltliche Ziele vor, die dieser in seiner Rechtssetzung verfolgen und verwirklichen soll (vgl dazu oben 3. Teil V.A.).

Die **Staatsform** des B-VG ist die demokratische Republik. Die österreichische Bundesverfassung rezipiert die staatstheoretische Vorstellung der **Volkssouveränität**, die in der Verfassung selbst positiviert wird (Art 1 B-VG: *„Österreich ist eine demokratische Republik. Ihr Recht geht vom Volk aus.“*). Der Umstand, dass das Recht nicht durch das Volk selbst, sondern durch gewählte Volksvertreter erzeugt wird (**mittelbare, parlamentarische Demokratie**), ändert nichts daran, dass das Recht stets auf das Volk zurückzuführen ist. Als Staatsoberhaupt fungiert nicht ein durch Erbfolge berufener und/oder göttlich legitimierter Monarch, sondern ein auf Zeit gewählter und für die Ausübung seines Amtes rechtlich und politisch verantwortlicher Bundespräsident; dies weist Österreich als Republik aus (s oben 3. Teil V.B.5.).

Das System der **Gewaltenteilung** ist in Österreich sowohl in **horizontaler** als auch in **vertikaler** (föderativer) Hinsicht verwirklicht. Das B-VG teilt die Hoheitsbefugnisse auf die legislative, exekutive und judikative Staatsgewalt auf und verschränkt diese Staatsfunktionen durch ein System wechselseitiger Kontrolle („**checks and balances**“). Insoweit wird Machtmissbrauch durch eine Aufteilung der staatlichen Funktionen verhindert und dem historischen Grundgedanken der Gewaltenteilung Rechnung getragen. Als Ausfluss einer vertikalen Gewaltenteilung ist Österreich als **Bundesstaat** organisiert, in dem Gesetzgebungs- und Verwaltungszuständigkeiten zwischen dem Bund und den Ländern geteilt sind und die Länder an der Gesetzgebung und Vollziehung des Bundes mitwirken (näher oben 3. Teil V.B.4.).

Die österreichische Bundesverfassung geht von einer grundsätzlichen Trennung von Staat und Religion aus (**Prinzip der Säkularität**), lässt aber Kooperationen zwischen Staat und Kirche durchaus zu (Religionsunterricht). Das staatskirchenrechtliche System Österreichs kann daher treffender als Kooperationssystem (statt als striktes Trennungssystem) charakterisiert werden. Dies ändert aber nichts daran, dass der Staat zu **religiöser Neutralität** verpflichtet ist, die wiederum Grundvoraussetzung für die Gewährleistung individueller und korporativer Religionsfreiheit ist (s Art 14 und 15 StGG sowie Art 9 EMRK).

Der österreichischen Bundesverfassung liegt ferner der Gedanke einer **Trennung von Staat und Gesellschaft** zugrunde, wodurch eine Selbstbeschränkung des Staats erreicht und individuelle Freiheitssphären gesichert werden. Ein Bündel an **Grund- und Freiheitsrechten** gewährleistet, dass sich die Gesellschaft ohne übermäßige staatliche Intervention frei entfalten kann. Diese durch das B-VG geschaffene und gesicherte liberale Ordnung genießt im Rang eines Grundprinzips der österreichischen Bundesverfassung besonderen Bestandsschutz (s oben 3. Teil V.B.5. und V.C.). Staatliche Interventionen, die Grundrechte beschränken, sind dann zulässig, wenn sie **verhältnismäßig** sind, was letztlich auch im Rahmen der **Verfassungsgerichtsbarkeit** überprüfbar ist (s oben 3. Teil V.D.).

Auf ein bestimmtes **Wirtschaftssystem** hat sich die Bundesverfassung zwar **nicht ausdrücklich festgelegt**, aus einer Zusammenschau einzelner Verfassungsvorschriften – insbesondere der wirtschaftsbezogenen Grundrechte (vor allem Erwerbsfreiheit und Eigentumsgarantie) und dem Grundsatz der Einheitlichkeit des Wirtschaftsgebiets (Art 4 B-VG) – lässt sich aber **ableiten**, dass die Bundesverfassung prinzipiell auf ein marktwirtschaftliches System abzielt. Staatliche Interventionsmöglichkeiten insbesondere zugunsten sozial schwacher Bevölkerungsgruppen charakterisieren Österreich als **soziale Marktwirtschaft**. Die Haushaltsführung hat nach der Bundesverfassung die Sicherstellung des gesamtwirtschaftlichen Gleichgewichtes und nachhaltig geordnete Haushalte anzustreben (Art 13 Abs 2 B-VG).